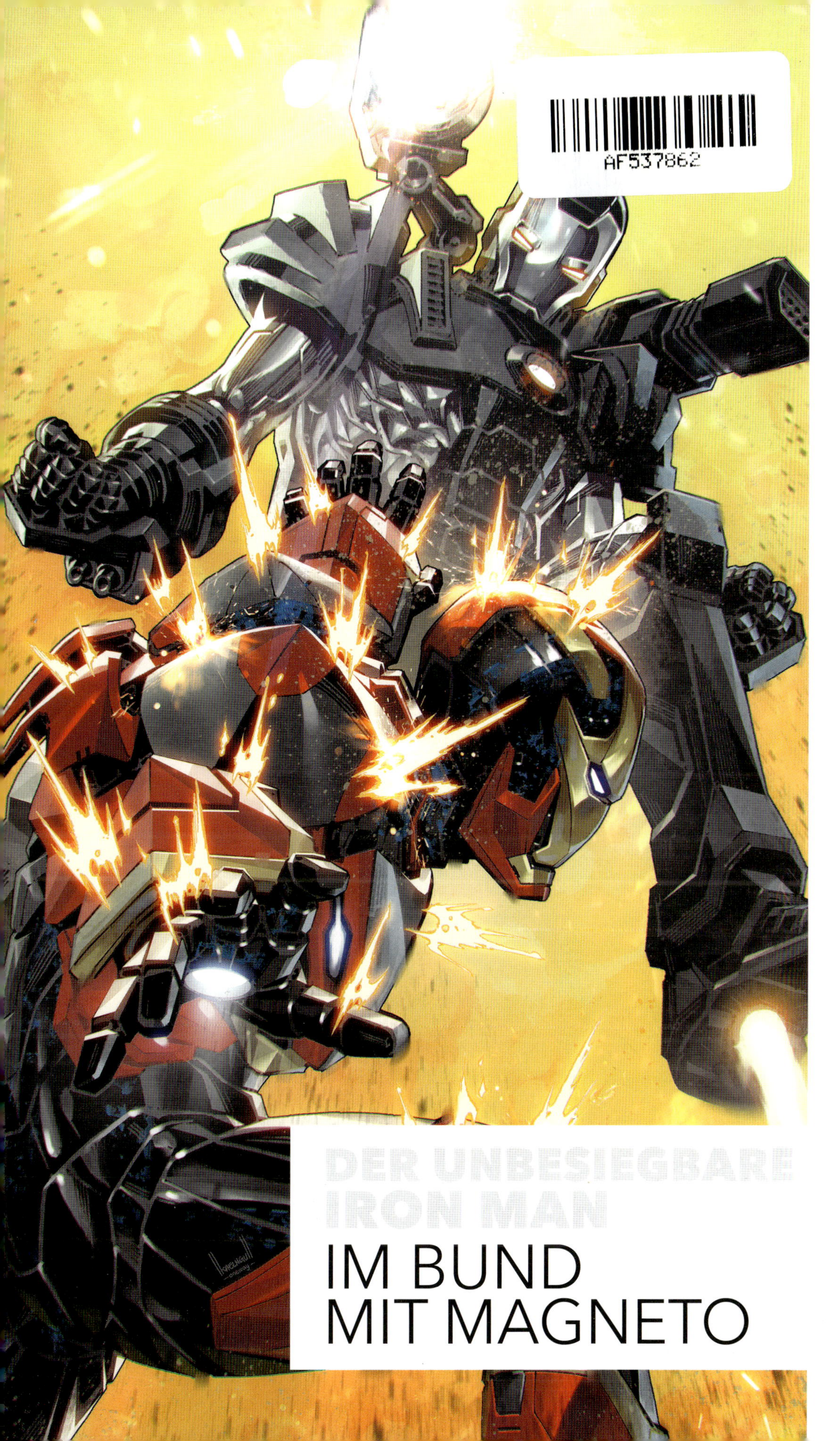

DER UNBESIEGBARE IRON MAN

IM BUND MIT MAGNETO

DER UNBESIEGBARE IRON MAN

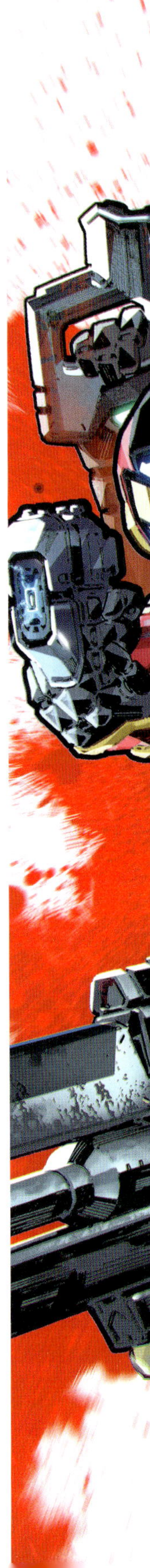

DIE MYSTERIUM-MARODEURE
The Mysterium Marauders
Invincible Iron Man (2022) 13
Februar 2024

HIC SUNT ANULI MANDARINI
Here Be Mandarin Rings
Invincible Iron Man (2022) 14
März 2024

DER FLUSS
The River
Invincible Iron Man (2022) 15
April 2024

FLÄCHENSCHÄDEN
Splash Damage
Invincible Iron Man (2022) 16
Mai 2024

DER PREIS DES WISSENS
The Price of Knowledge
Invincible Iron Man (2022) 17
Juni 2024

ICH HÄTT' SO GERN EIN HERZ
If I Only Had a Heart
Invincible Iron Man (2022) 18
Juli 2024

DAS LETZTE GEFECHT
The Last Stand
Invincible Iron Man (2022) 19
August 2024

ENDE DER FAHNENSTANGE
End of the Line
Invincible Iron Man (2022) 20
September 2024

GERRY DUGGAN
STORY

ANDREA DI VITO (14, 19-20)
JUAN FRIGERI (13)
CREEES LEE (15-16, 18)
PATCH ZIRCHER (17)
ZEICHNUNGEN

ANDREA DI VITO (14, 19-20)
JUAN FRIGERI (13)
WALDEN WONG (15-16, 18)
PATCH ZIRCHER (17)
TUSCHE

BRYAN VALENZA
FARBEN

WALPROJECT
LETTERING

ALEXANDER RÖSCH
ÜBERSETZUNG

TOM BREVOORT
DARREN SHAN
NOAH SHARMA
REDAKTION USA

C. B. CEBULSKI
CHEFREDAKTEUR USA

DER UNBESIEGBARE IRON MAN erscheint bei **PANINI COMICS**, Schloßstraße 76, D-70176 Stuttgart. Druck: Lito Terrazzi S.r.l. – Prato. Pressevertrieb: Stella Distribution GmbH, D-22297 Hamburg. Direkt-Abos auf **www.paninicomics.de**. Geschäftsführer **Hermann Paul**, Publishing Director Europe **Marco M. Lupoi**, Finanzen/Logistik **Felix Bauer**, Marketing Director **Holger Wiest**, Marketing **Fabio Cunetto**, Vertrieb **Alexander Bubenheimer**, PR/Presse **Steffen Volkmer**, Publishing Manager **Lisa Pancaldi**, Redaktion **Christian Endres**, **Harald Gantzberg**, **Aurelio Pasini**, **Anja Seiffert**, **Kristina Starschinski**, **Daniela Uhlmann**, Übersetzung **Alexander Rösch**, Proofreading **Monja Reichert**, Lettering **Walproject**, grafische Gestaltung **Rudy Remitti**, **Nicola Spano**, Art Director **Alessandro Gucciardo**, Redaktion Panini Comics **Annalisa Califano**, **Beatrice Doti**, Prepress **Francesca Aiello**, **Andrea Bisi**, Repro/Packager **Alessandro Nalli** (coordinator), **Anna Boselli**, **Mario Da Rin Zanco**, **Valentina Esposito**, **Luca Ficarelli**, **Linda Leporati**. Deutsche Edition bei Panini Verlags-GmbH unter Lizenz von Marvel Characters B.V. Cover von **Kael Ngu**, *Invincible Iron Man* (2022) 18.

Digitale Ausgaben:
ISBN 978-3-7569-1457-9 (.pdf) / ISBN 978-3-7569-1458-6 (.epub) /
ISBN 978-3-7569-1459-3 (.mobi)

Bibliografische Information der Deutschen Nationalbibliothek
Die Deutsche Nationalbibliothek verzeichnet diese Publikation in der Deutschen Nationalbibliografie; detaillierte bibliografische Daten sind im Internet über dnb.d-nb.de abrufbar.

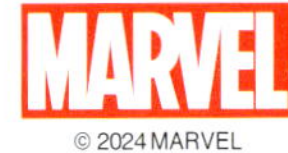

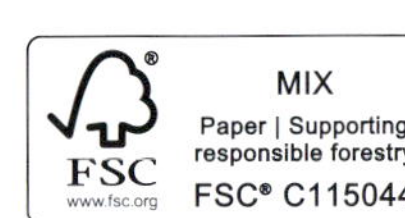

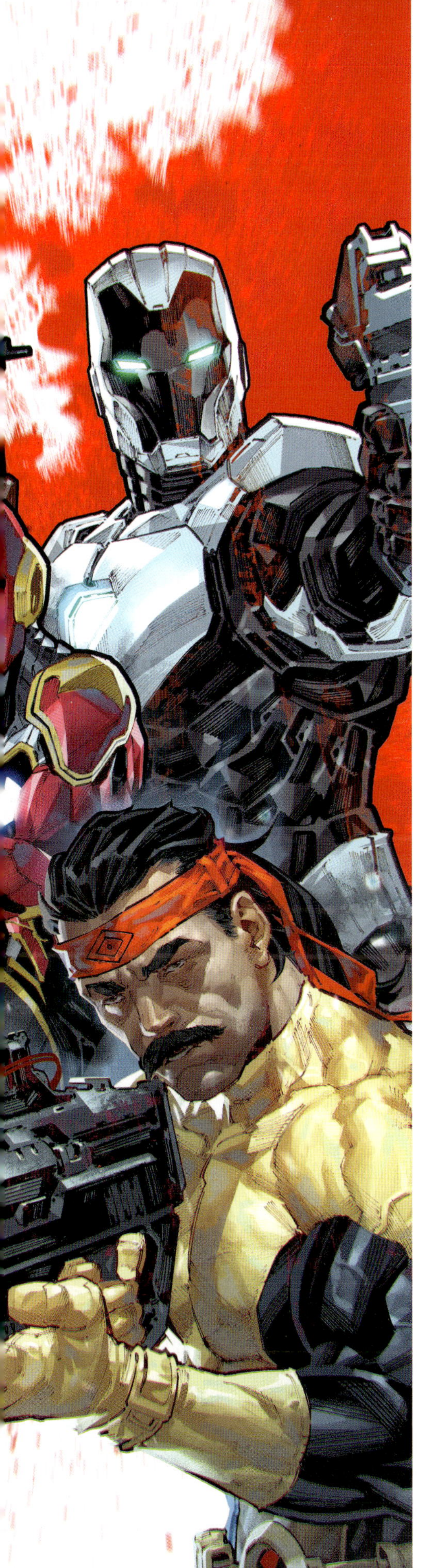

Seit einiger Zeit ist **Tony Stark**, auch bekannt als der Avenger **Iron Man**, sehr in die Belange der Mutanten verstrickt. Für diese hatte durch *X-Men: House of X & Powers of X* von Star-Autor **Jonathan Hickman** vor einigen Jahren eine völlig neue Ära begonnen: Fortan lebten so gut wie alle Mutanten auf der fantastischen, lebendigen Insel **Krakoa** und traten als wirtschaftliche und politische Weltmacht auf. Außerdem besiedelten sie den Mars alias **Arakko**. Dank Krakoas Wundern, Bewusstseins-Back-ups und anderer Komponenten war es den Mutanten überdies möglich, den Tod zu überwinden. Aber nun geht diese große, strahlende Epoche des Aufschwungs und der Einheit zu Ende. Denn in den aktuellen Mutanten-Comics geht es um den **Fall of the House of X**, also den Sturz dieser Mutanten-Ordnung. Vorangetrieben wird der Fall der Mutanten von Feinden wie **Moira MacTaggert**, **Nimrod**, dem Industriellen **Kelvin Heng** aka **Feilong** und anderen des Mutanten-Hasser-Kollektivs **Orchis**. Feilong vollzog für den Krieg gegen die Mutanten sogar eine feindliche Übernahme von Tonys Firma Stark Unlimited, um mit deren Ressourcen eine Armee **Stark-Sentinels** zu bauen, also Mutanten jagende Riesenroboter! Darüber hinaus hängte Feilong Tonys bestem Freund **Jim Rhodes** alias **War Machine** einen Mord an. Tony hat sich unterdessen mit **Emma Frost** und dem **Hellfire Club** zusammengetan – die beiden haben sogar geheiratet, wobei Emma das Alias **Hazel Kendal** nutzt. Um die Mutanten zu retten und Feilong aufzuhalten, will Tony eine Flotte bauen, die es mit den Stark-Sentinels aufnehmen kann. Aber dafür braucht er selbst Ressourcen, nämlich das seltene außerirdische Mutanten-Metall Mysterium. Und die Feinde der Mutanten, die nun auch Iron Mans Feinde sind, lauern überall und verfügen über beträchtliche Mittel. Aber dafür hat Iron Man nun ja die smarte, skrupellose Emma an seiner Seite. Und auch das junge Genie **Riri Williams** alias **Ironheart** unterstützt ihn und fliegt für ihn ins All, um Tonys Flotten-Baupläne umzusetzen …

Christian Endres

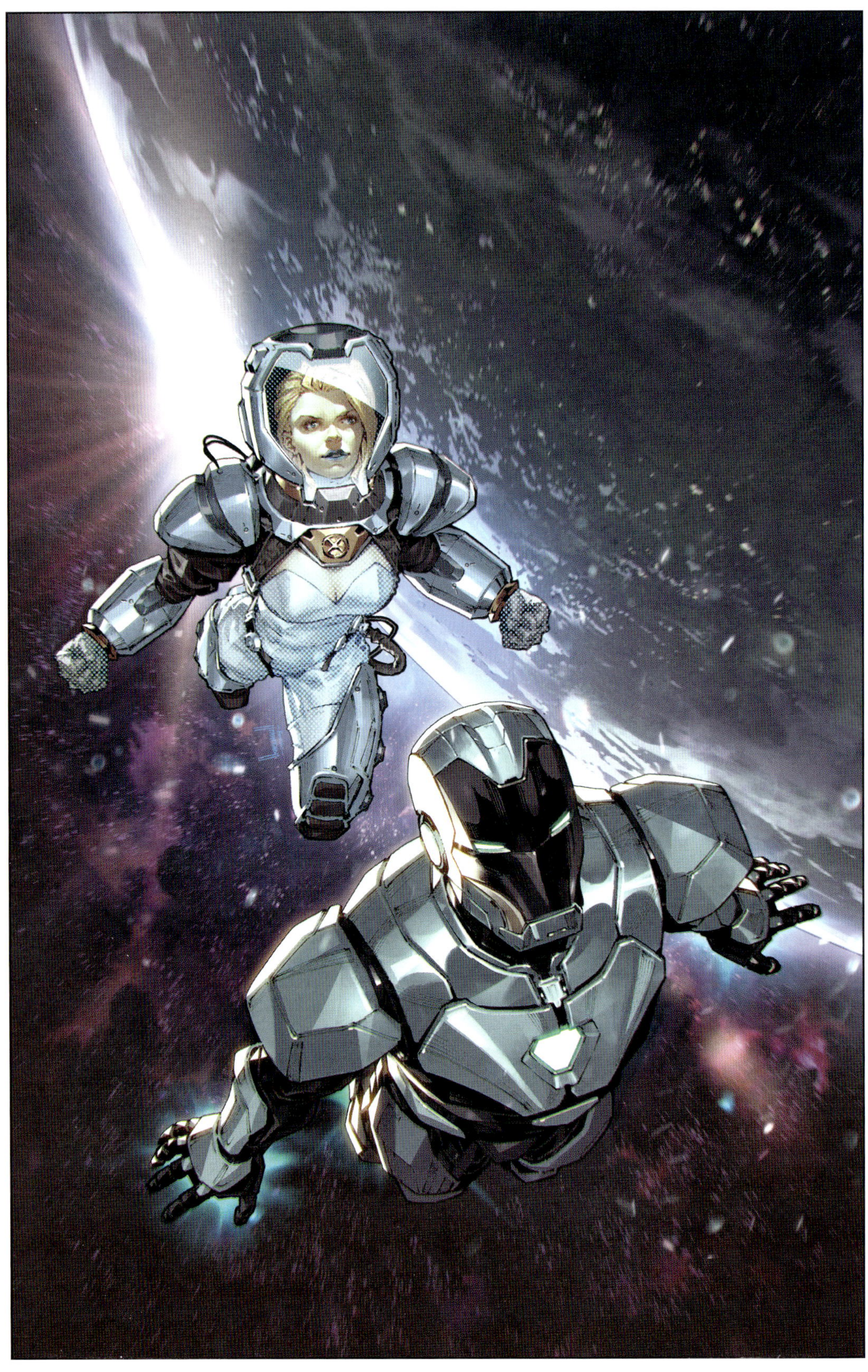

Invincible Iron Man (2022) 13
Cover von **KAEL NGU**

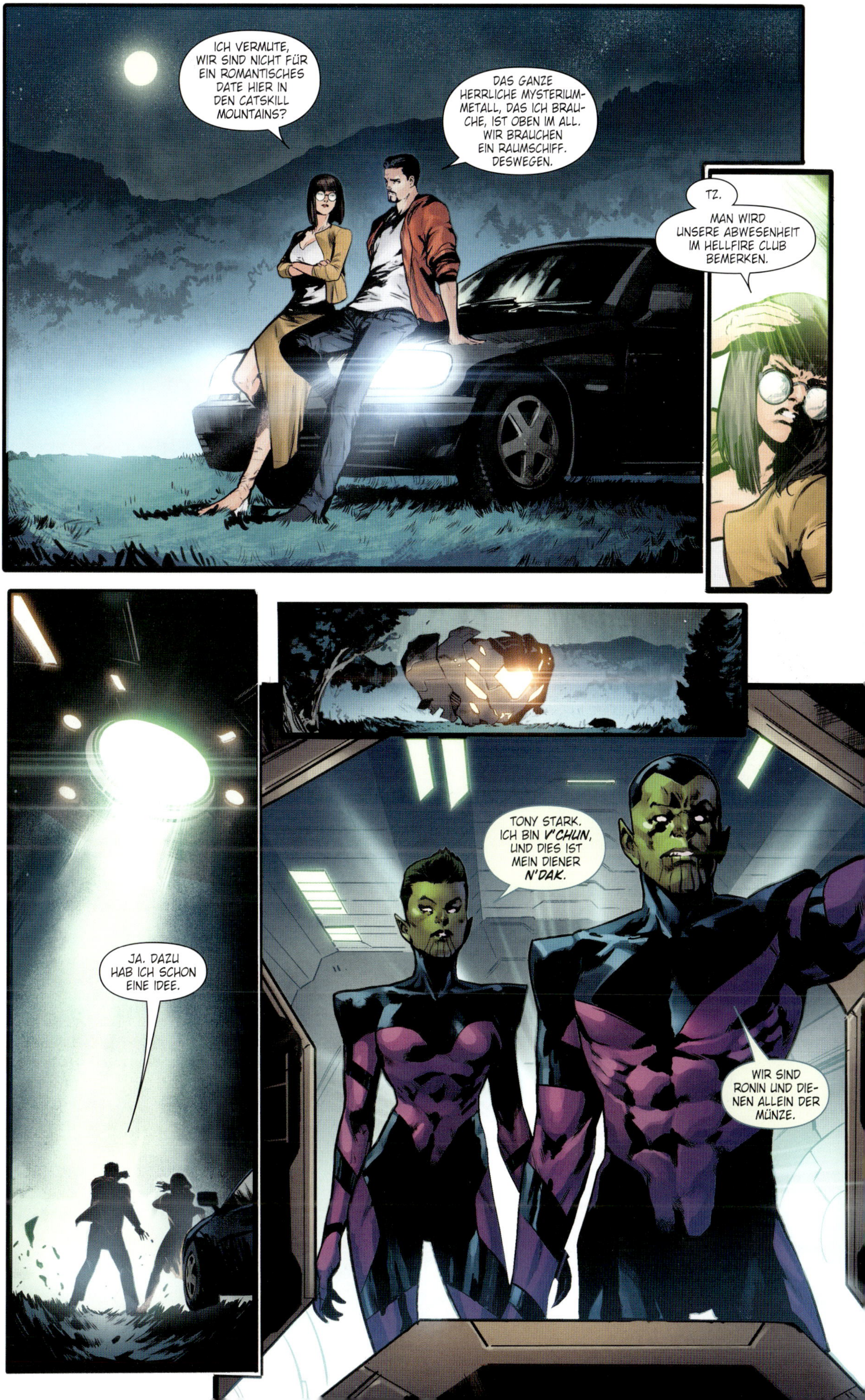

ICH VERMUTE, WIR SIND NICHT FÜR EIN ROMANTISCHES DATE HIER IN DEN CATSKILL MOUNTAINS?

DAS GANZE HERRLICHE MYSTERIUM-METALL, DAS ICH BRAUCHE, IST OBEN IM ALL. WIR BRAUCHEN EIN RAUMSCHIFF. DESWEGEN.

TZ.

MAN WIRD UNSERE ABWESENHEIT IM HELLFIRE CLUB BEMERKEN.

JA. DAZU HAB ICH SCHON EINE IDEE.

TONY STARK. ICH BIN ***V'CHUN***, UND DIES IST MEIN DIENER ***N'DAK***.

WIR SIND RONIN UND DIENEN ALLEIN DER MÜNZE.

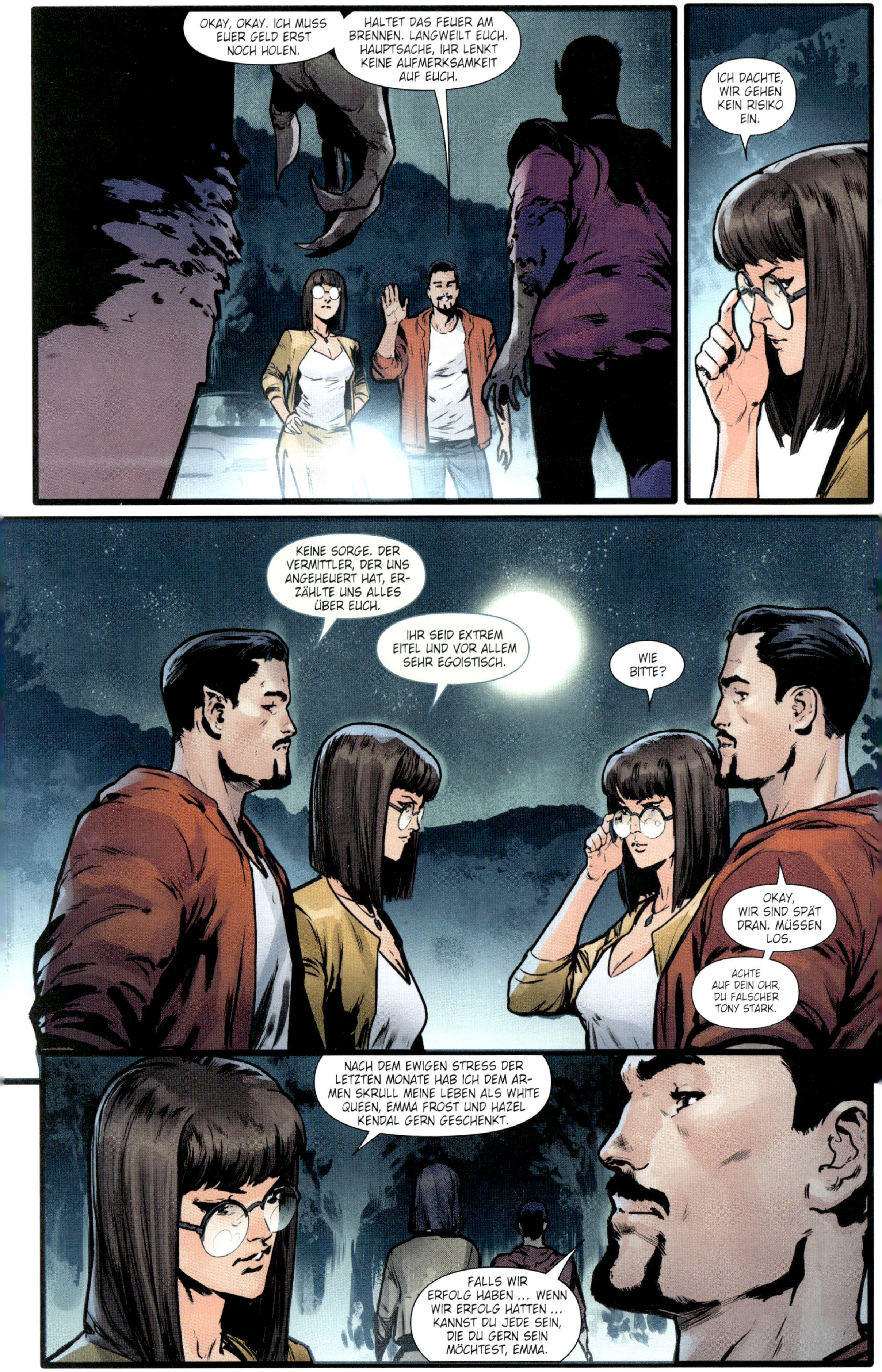

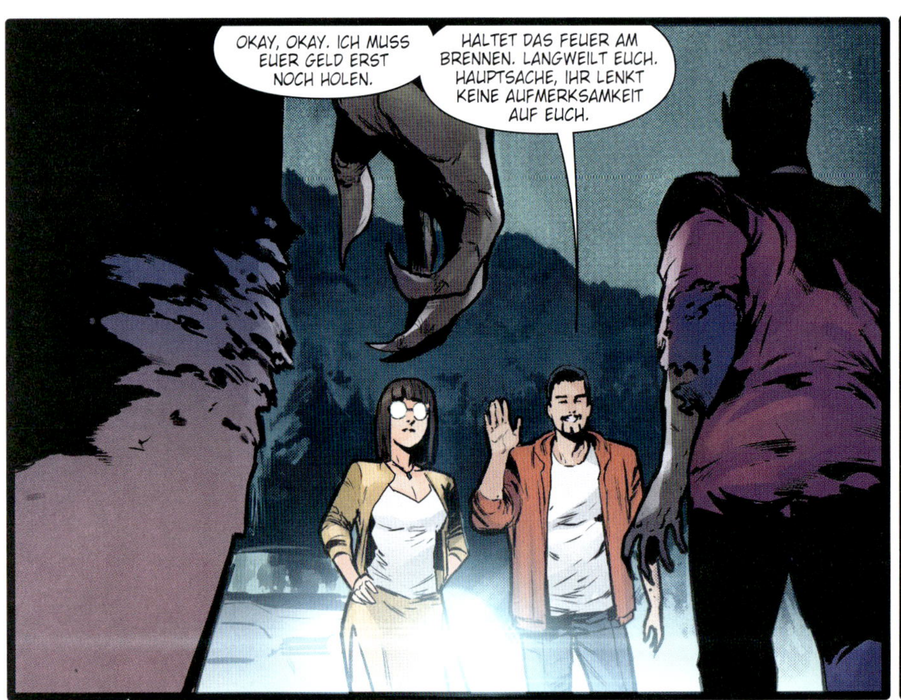

OKAY, OKAY. ICH MUSS EUER GELD ERST NOCH HOLEN.
HALTET DAS FEUER AM BRENNEN. LANGWEILT EUCH. HAUPTSACHE, IHR LENKT KEINE AUFMERKSAMKEIT AUF EUCH.

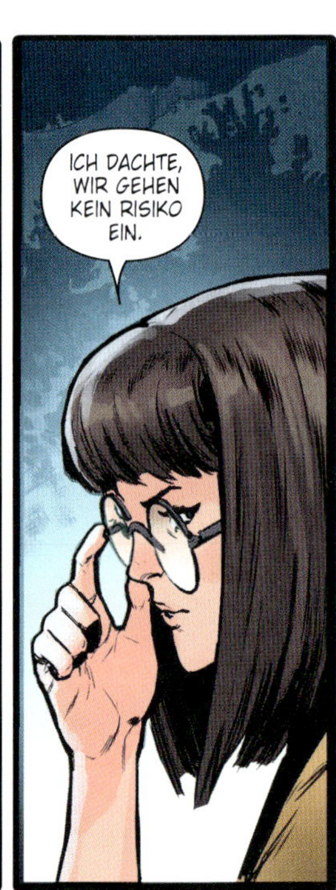

ICH DACHTE, WIR GEHEN KEIN RISIKO EIN.

KEINE SORGE. DER VERMITTLER, DER UNS ANGEHEUERT HAT, ER-ZÄHLTE UNS ALLES ÜBER EUCH.
IHR SEID EXTREM EITEL UND VOR ALLEM SEHR EGOISTISCH.
WIE BITTE?
OKAY, WIR SIND SPÄT DRAN. MÜSSEN LOS.
ACHTE AUF DEIN OHR, DU FALSCHER TONY STARK.
NACH DEM EWIGEN STRESS DER LETZTEN MONATE HAB ICH DEM AR-MEN SKRULL MEINE LEBEN ALS WHITE QUEEN, EMMA FROST UND HAZEL KENDAL GERN GESCHENKT.
FALLS WIR ERFOLG HABEN ... WENN WIR ERFOLG HATTEN ... KANNST DU JEDE SEIN, DIE DU GERN SEIN MÖCHTEST, EMMA.

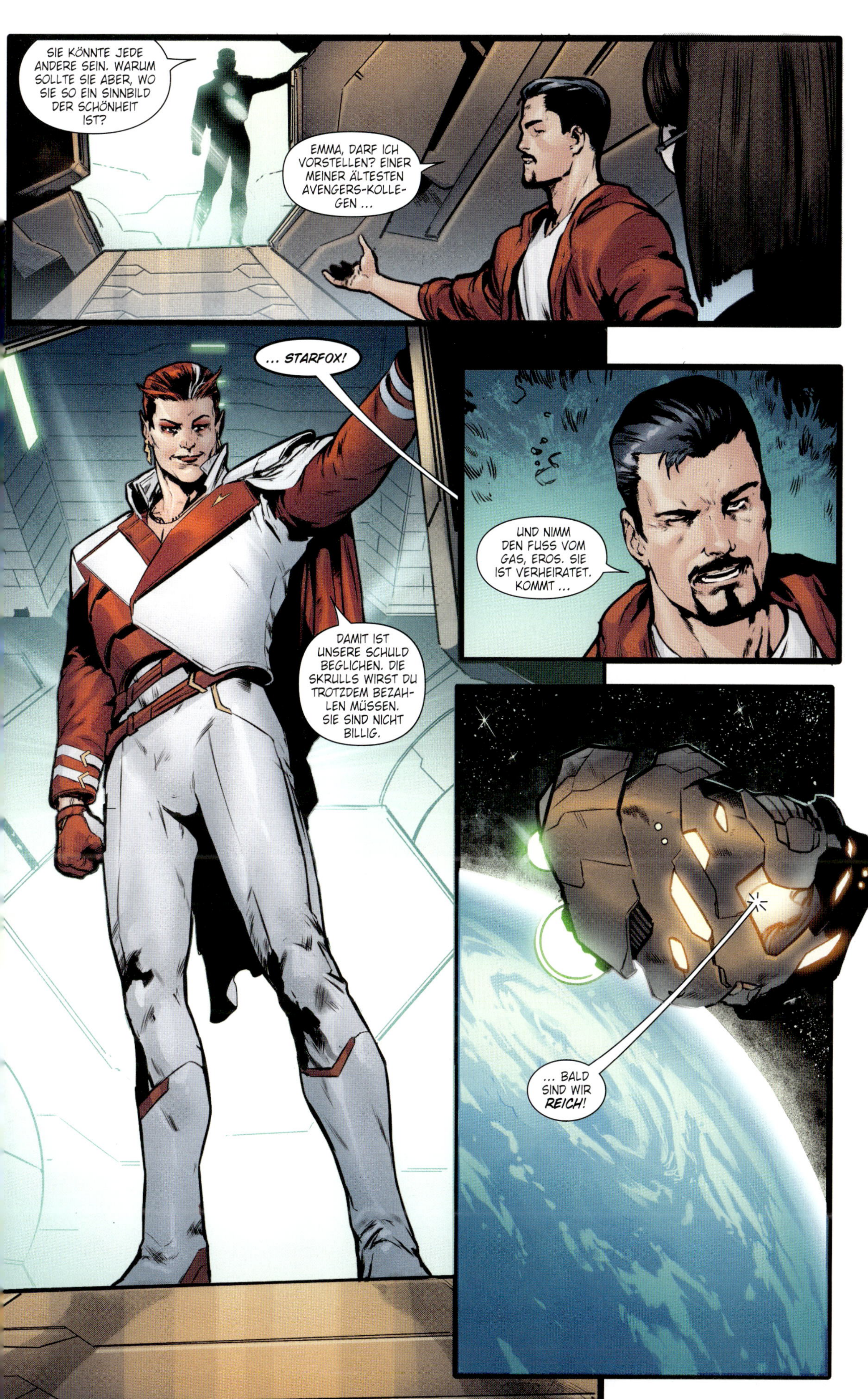
SIE KÖNNTE JEDE ANDERE SEIN. WARUM SOLLTE SIE ABER, WO SIE SO EIN SINNBILD DER SCHÖNHEIT IST?
EMMA, DARF ICH VORSTELLEN? EINER MEINER ÄLTESTEN AVENGERS-KOLLE-GEN ...
... STARFOX!
UND NIMM DEN FUSS VOM GAS, EROS. SIE IST VERHEIRATET. KOMMT ...
DAMIT IST UNSERE SCHULD BEGLICHEN. DIE SKRULLS WIRST DU TROTZDEM BEZAH-LEN MÜSSEN. SIE SIND NICHT BILLIG.
... BALD SIND WIR REICH!

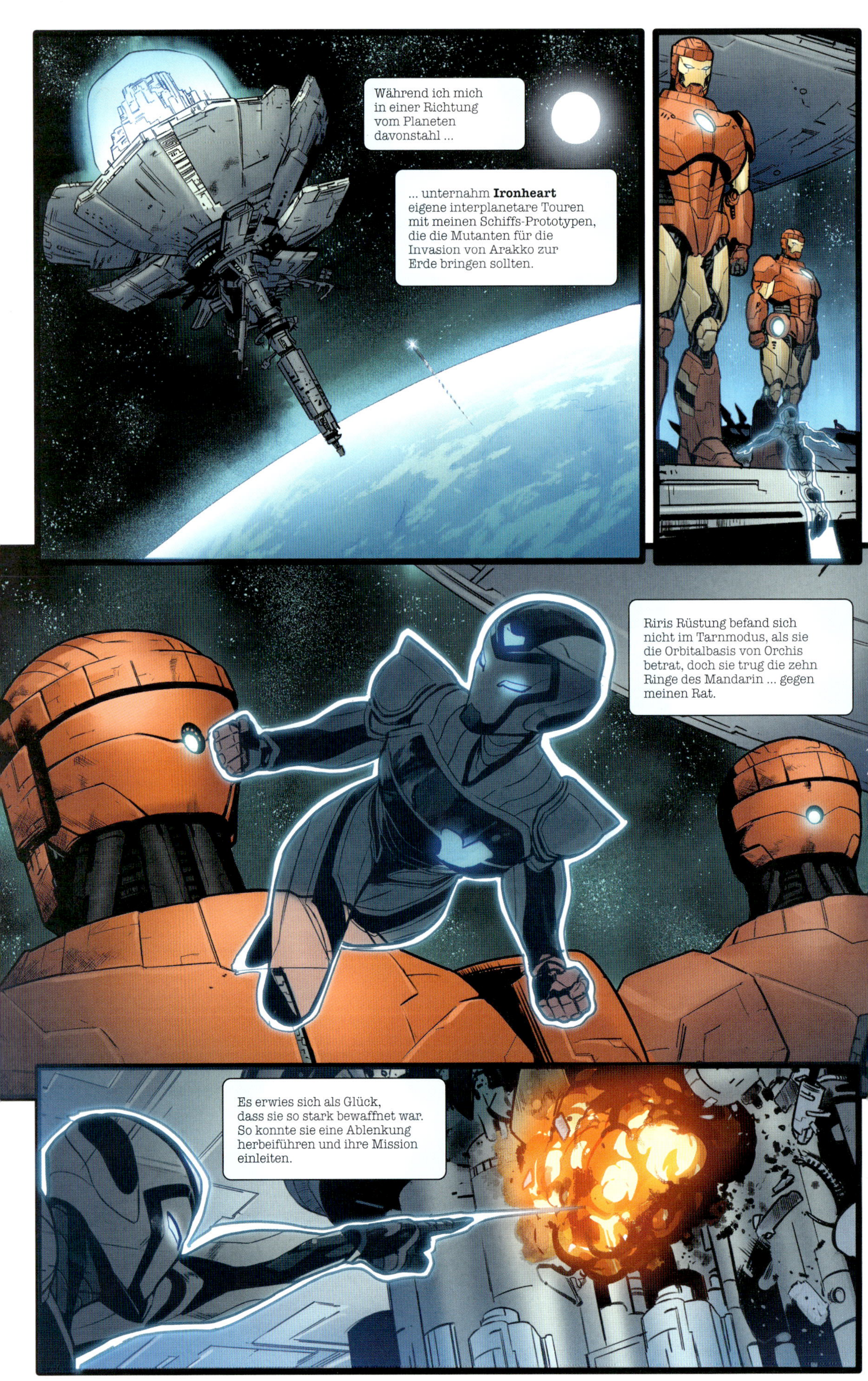
Während ich mich in einer Richtung vom Planeten davonstahl ...
... unternahm **Ironheart** eigene interplanetare Touren mit meinen Schiffs-Prototypen, die die Mutanten für die Invasion von Arakko zur Erde bringen sollten.
Riris Rüstung befand sich nicht im Tarnmodus, als sie die Orbitalbasis von Orchis betrat, doch sie trug die zehn Ringe des Mandarin ... gegen meinen Rat.
Es erwies sich als Glück, dass sie so stark bewaffnet war. So konnte sie eine Ablenkung herbeiführen und ihre Mission einleiten.

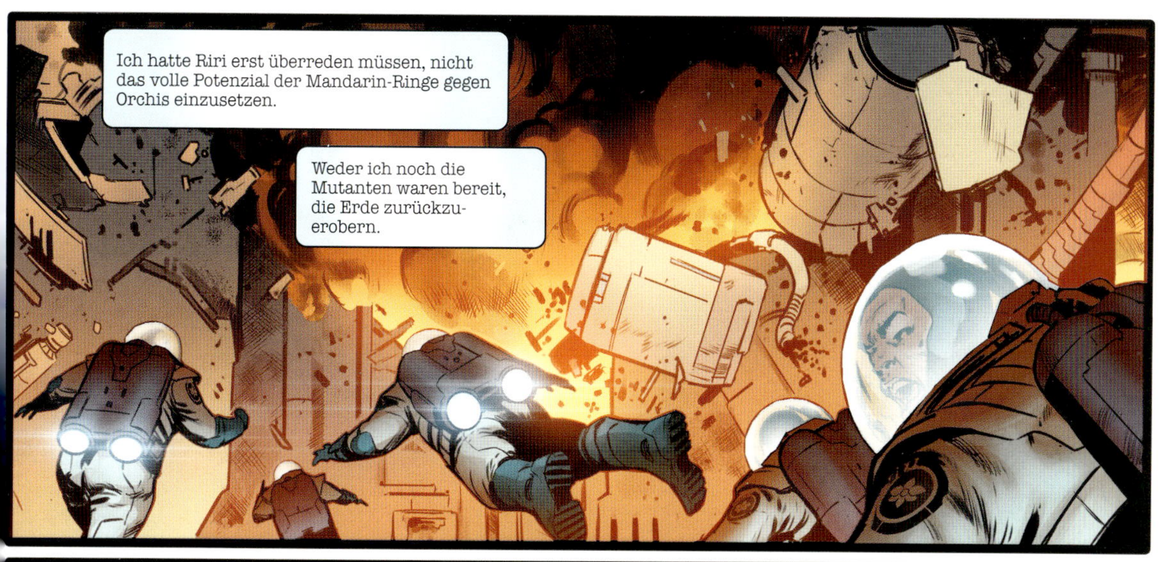
Ich hatte Riri erst überreden müssen, nicht das volle Potenzial der Mandarin-Ringe gegen Orchis einzusetzen.
Weder ich noch die Mutanten waren bereit, die Erde zurückzuerobern.

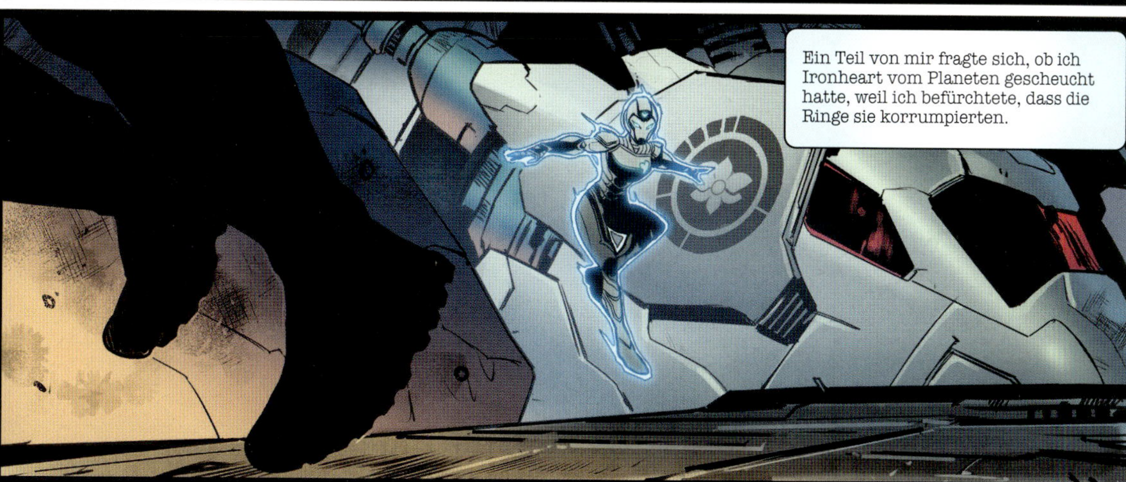
Ein Teil von mir fragte sich, ob ich Ironheart vom Planeten gescheucht hatte, weil ich befürchtete, dass die Ringe sie korrumpierten.

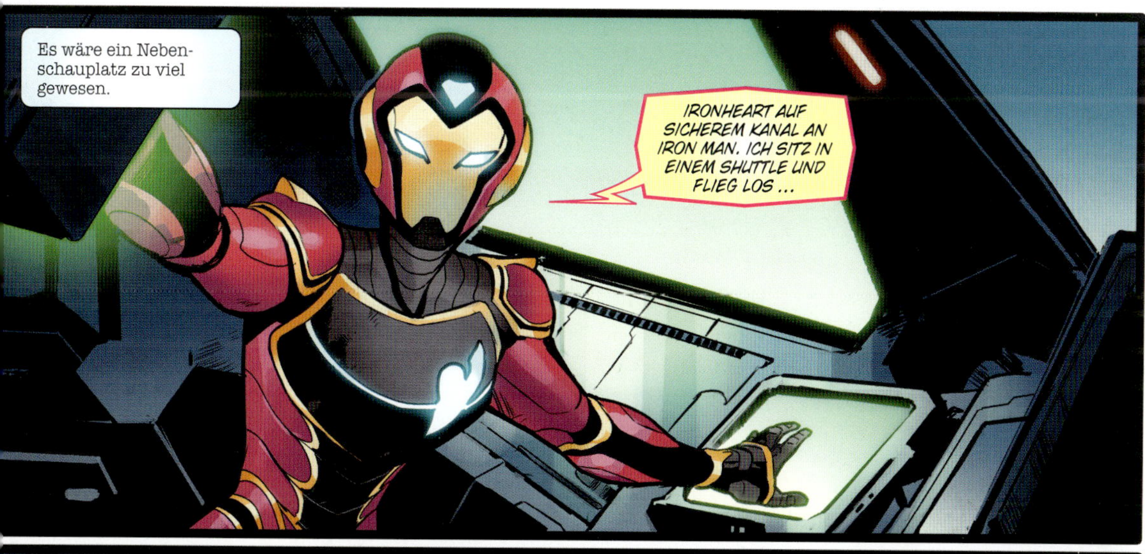
Es wäre ein Nebenschauplatz zu viel gewesen.
IRONHEART AUF SICHEREM KANAL AN IRON MAN. ICH SITZ IN EINEM SHUTTLE UND FLIEG LOS ...

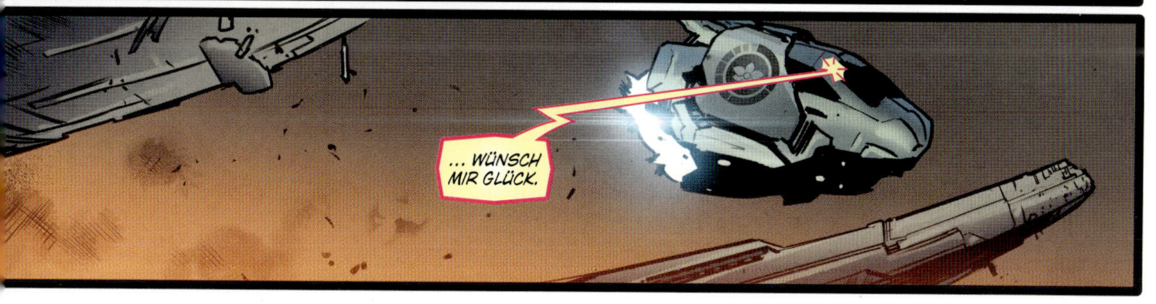
... WÜNSCH MIR GLÜCK.

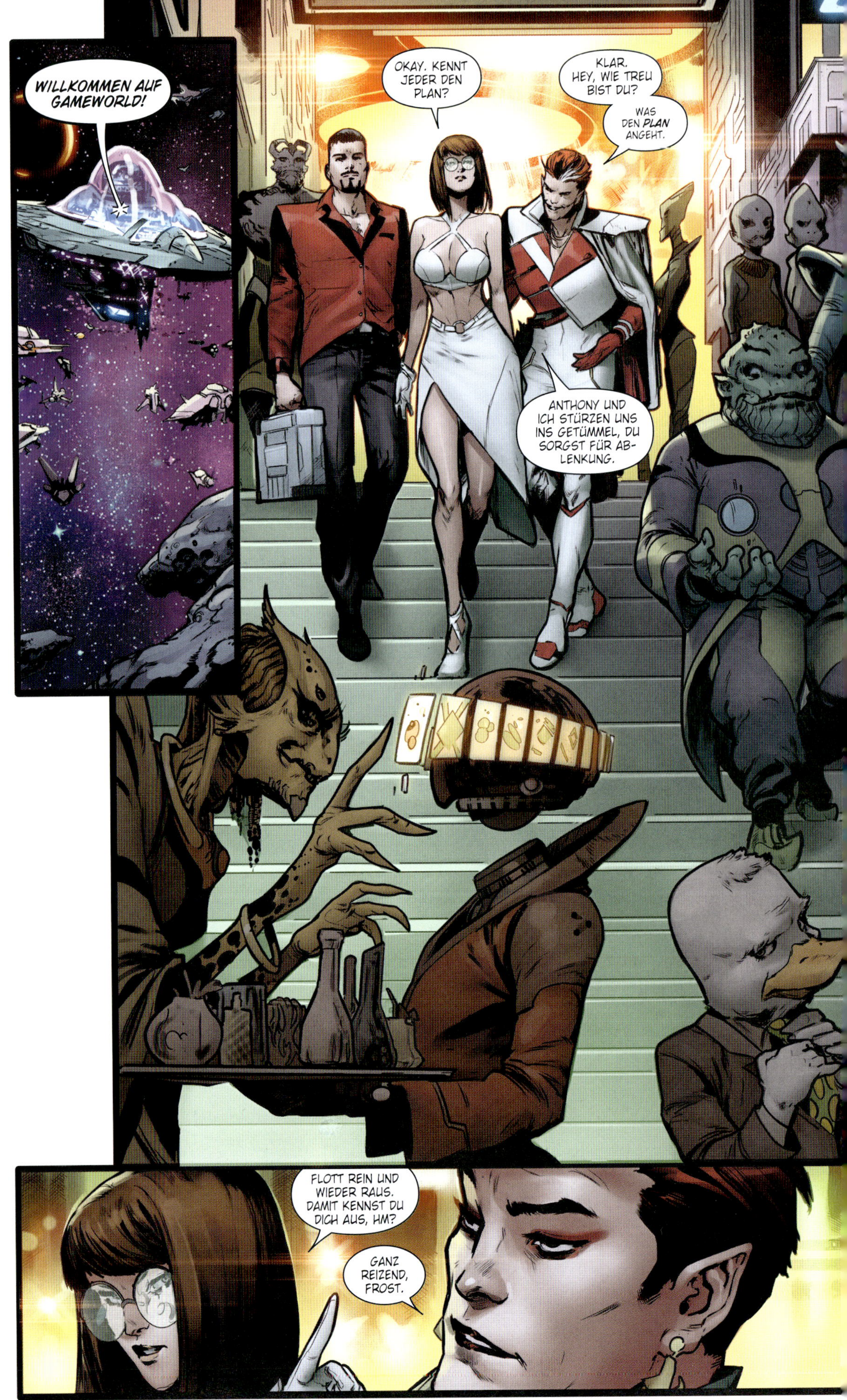
WILLKOMMEN AUF GAMEWORLD!
OKAY. KENNT JEDER DEN PLAN?
KLAR. HEY, WIE TREU BIST DU?
WAS DEN PLAN ANGEHT.
ANTHONY UND ICH STÜRZEN UNS INS GETÜMMEL, DU SORGST FÜR AB-LENKUNG.
FLOTT REIN UND WIEDER RAUS. DAMIT KENNST DU DICH AUS, HM?
GANZ REIZEND, FROST.

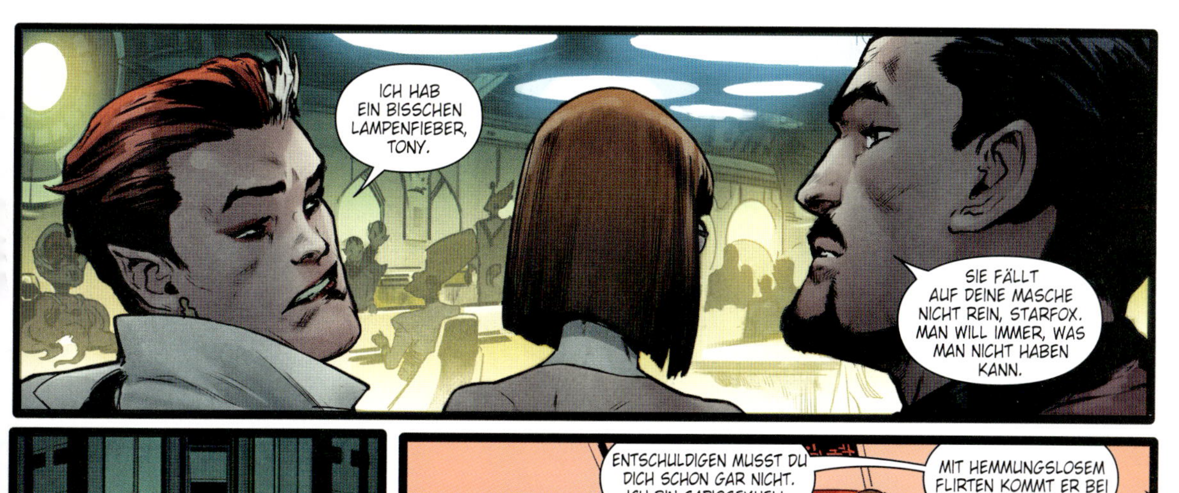

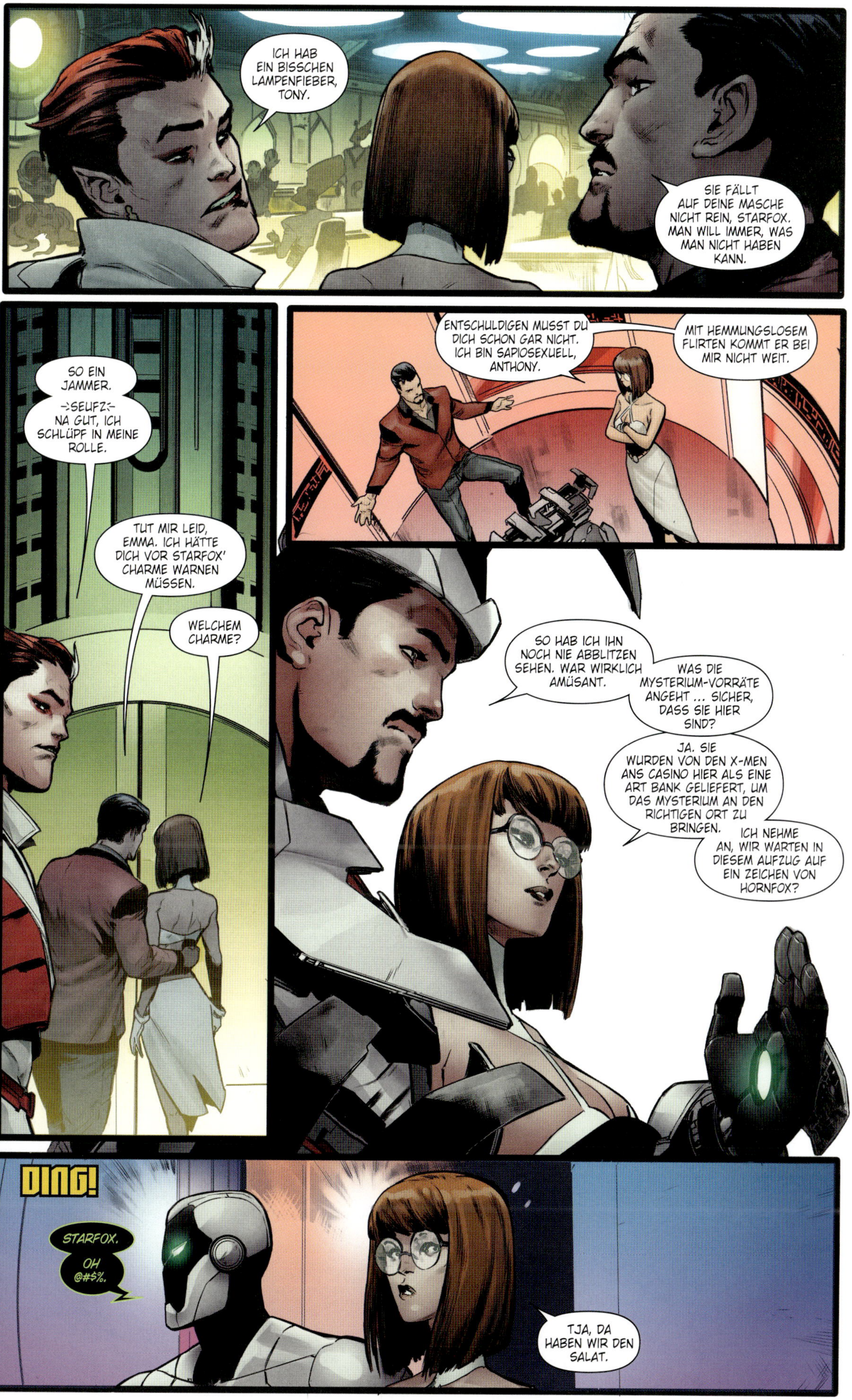

SO EIN JAMMER.

-SEUFZ- NA GUT, ICH SCHLÜPF IN MEINE ROLLE.

ENTSCHULDIGEN MUSST DU DICH SCHON GAR NICHT. ICH BIN SAPIOSEXUELL, ANTHONY.

MIT HEMMUNGSLOSEM FLIRTEN KOMMT ER BEI MIR NICHT WEIT.

TUT MIR LEID, EMMA. ICH HÄTTE DICH VOR STARFOX' CHARME WARNEN MÜSSEN.

WELCHEM CHARME?

SO HAB ICH IHN NOCH NIE ABBLITZEN SEHEN. WAR WIRKLICH AMÜSANT.

WAS DIE MYSTERIUM-VORRÄTE ANGEHT ... SICHER, DASS SIE HIER SIND?

JA. SIE WURDEN VON DEN X-MEN ANS CASINO HIER ALS EINE ART BANK GELIEFERT, UM DAS MYSTERIUM AN DEN RICHTIGEN ORT ZU BRINGEN.

ICH NEHME AN, WIR WARTEN IN DIESEM AUFZUG AUF EIN ZEICHEN VON HORNFOX?

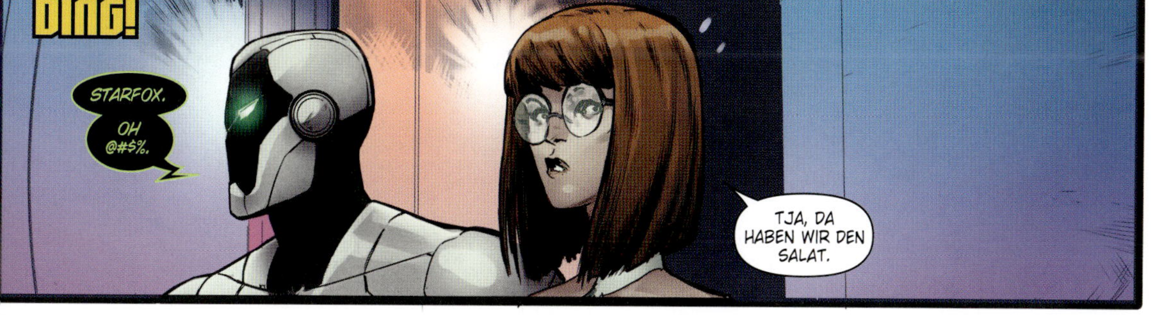

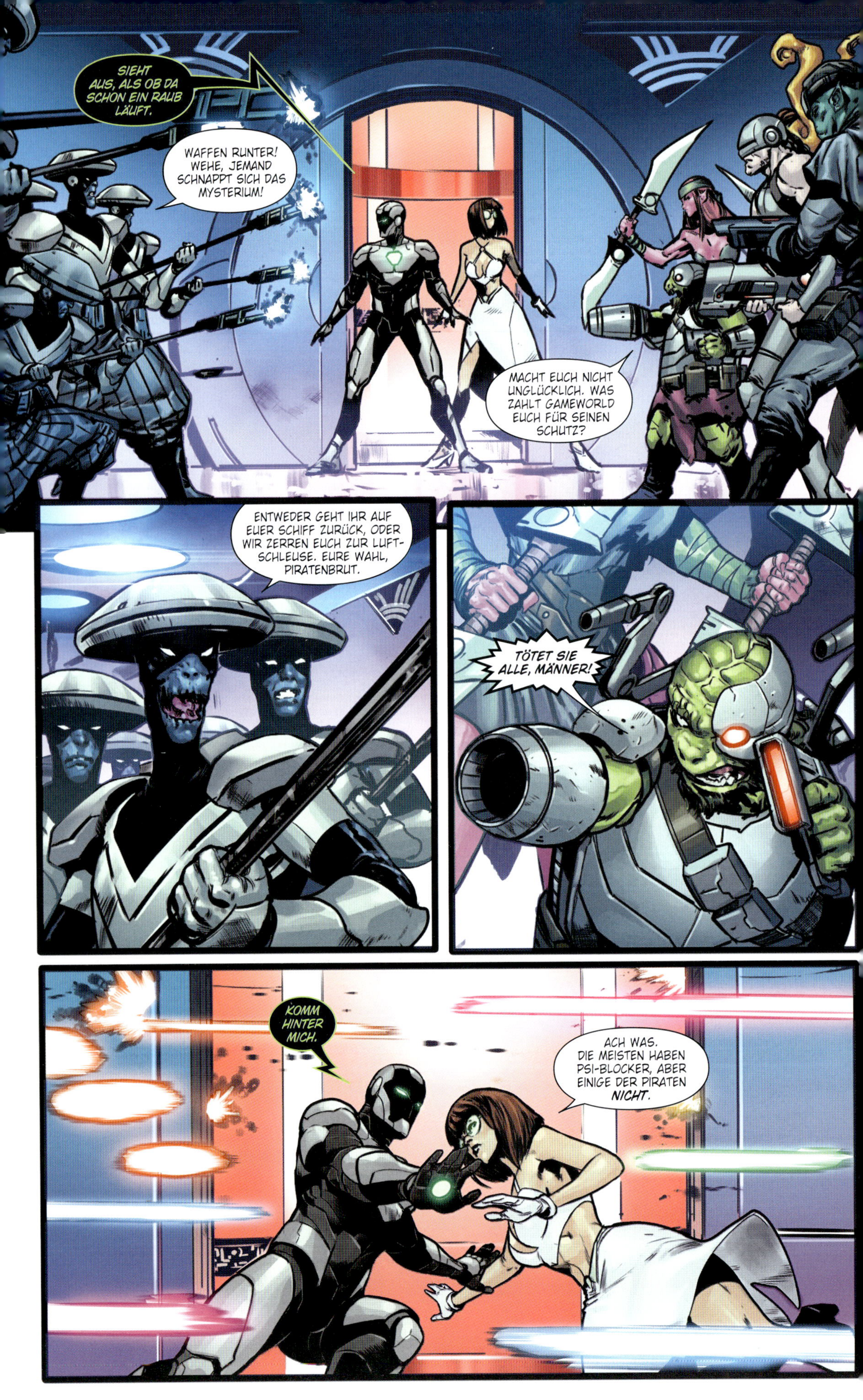

SIEHT AUS, ALS OB DA SCHON EIN RAUB LÄUFT.
WAFFEN RUNTER! WEHE, JEMAND SCHNAPPT SICH DAS MYSTERIUM!
MACHT EUCH NICHT UNGLÜCKLICH. WAS ZAHLT GAMEWORLD EUCH FÜR SEINEN SCHUTZ?
ENTWEDER GEHT IHR AUF EUER SCHIFF ZURÜCK, ODER WIR ZERREN EUCH ZUR LUFT-SCHLEUSE. EURE WAHL, PIRATENBRUT.
TÖTET SIE ALLE, MÄNNER!

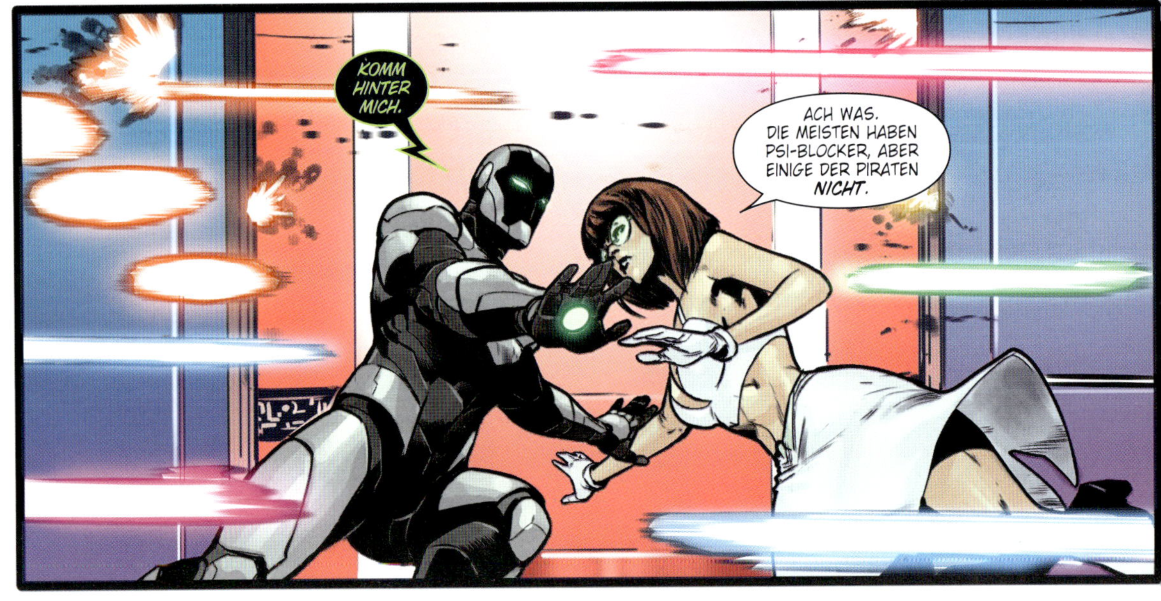

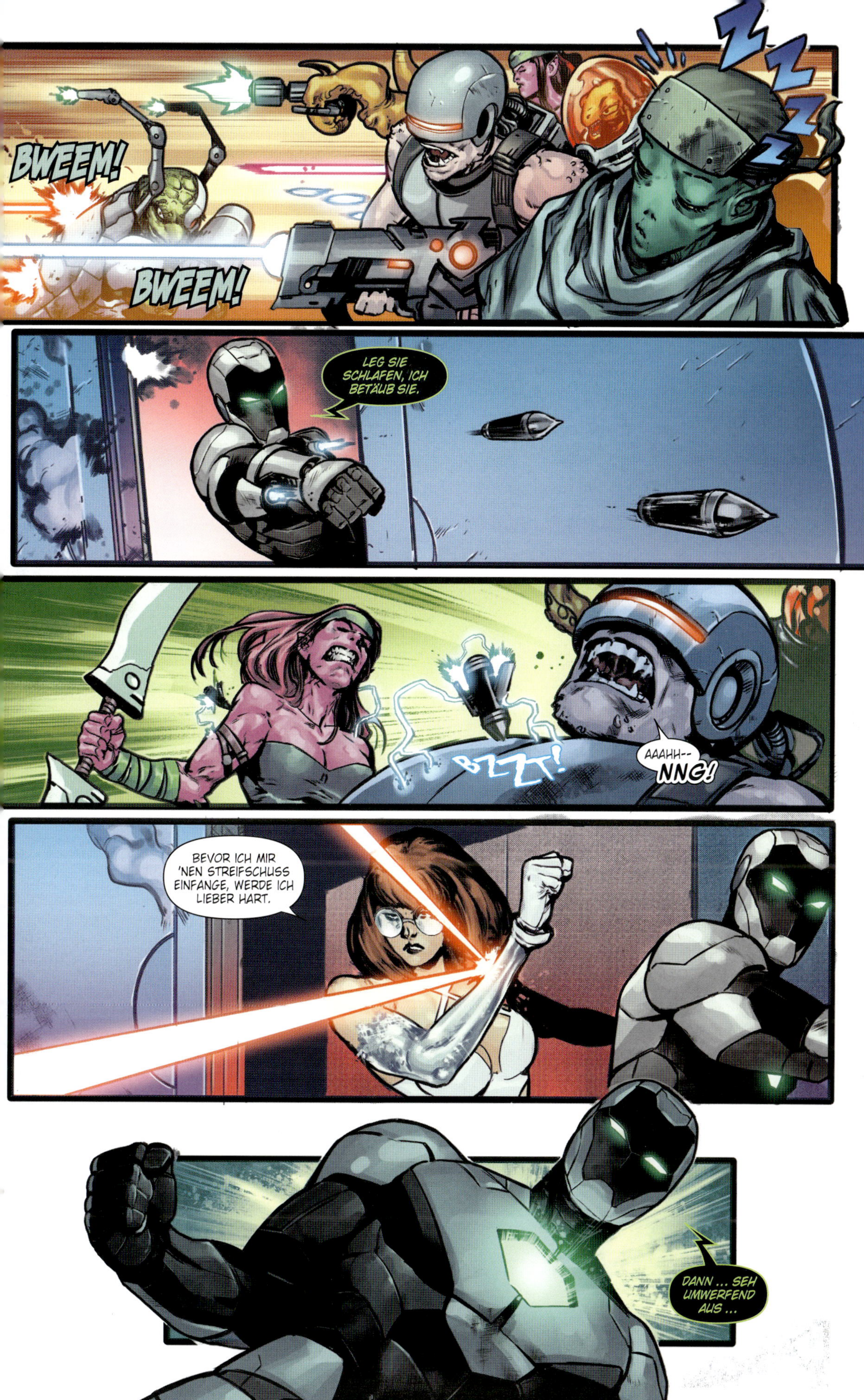
BWEEM!
BWEEM!
Z Z Z Z
LEG SIE SCHLAFEN, ICH BETÄUB SIE.
BZZT!
AAAHH-- NNG!
BEVOR ICH MIR 'NEN STREIFSCHUSS EINFANGE, WERDE ICH LIEBER HART.
DANN ... SEH UMWERFEND AUS ...

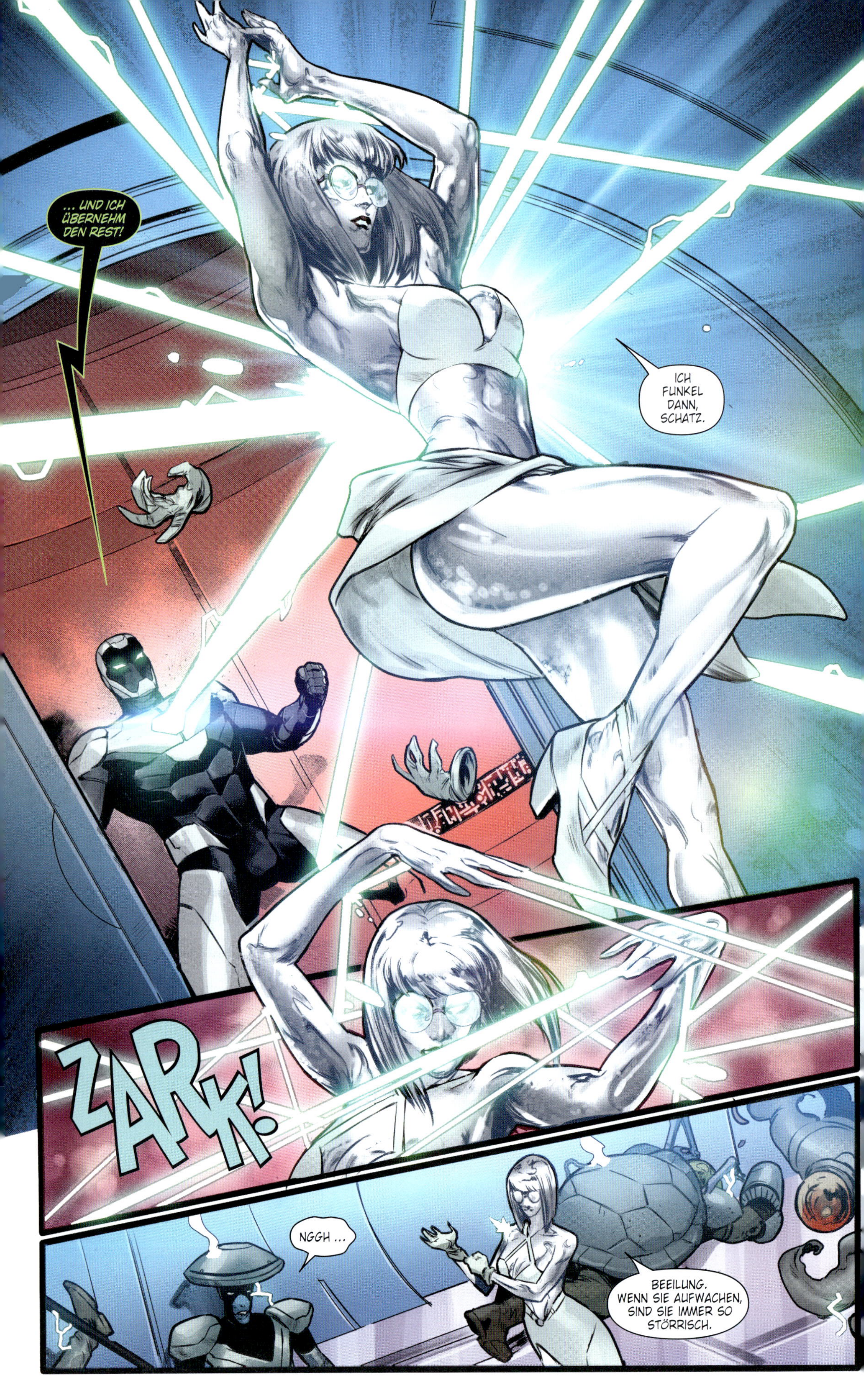
… UND ICH ÜBERNEHM DEN REST!
ICH FUNKEL DANN, SCHATZ.
ZARK!
NGGH …
BEEILUNG. WENN SIE AUFWACHEN, SIND SIE IMMER SO STÖRRISCH.

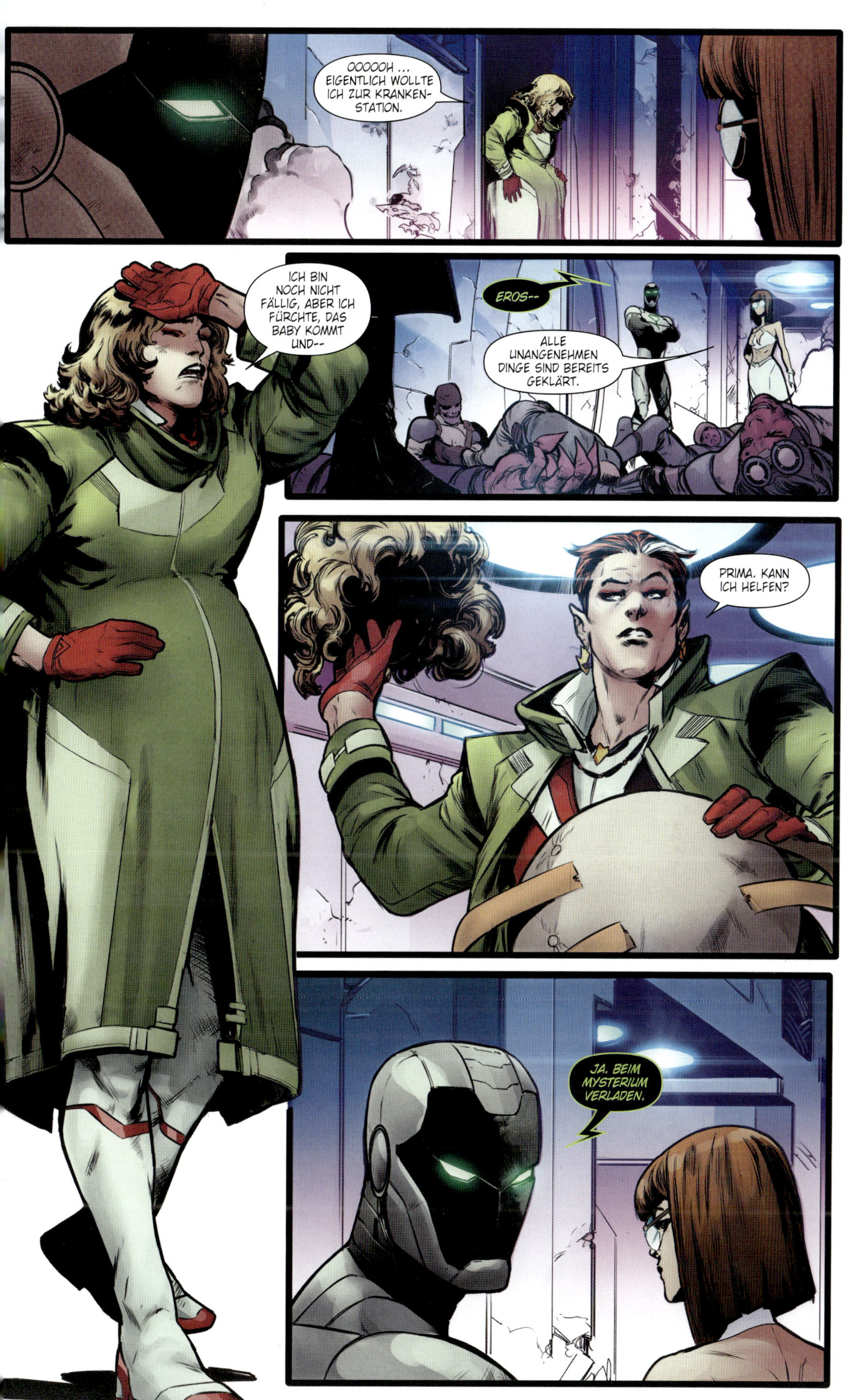
OOOOOH ... EIGENTLICH WOLLTE ICH ZUR KRANKEN-STATION.
ICH BIN NOCH NICHT FÄLLIG, ABER ICH FÜRCHTE, DAS BABY KOMMT UND--
EROS--
ALLE UNANGENEHMEN DINGE SIND BEREITS GEKLÄRT.
PRIMA. KANN ICH HELFEN?
JA. BEIM MYSTERIUM VERLADEN.

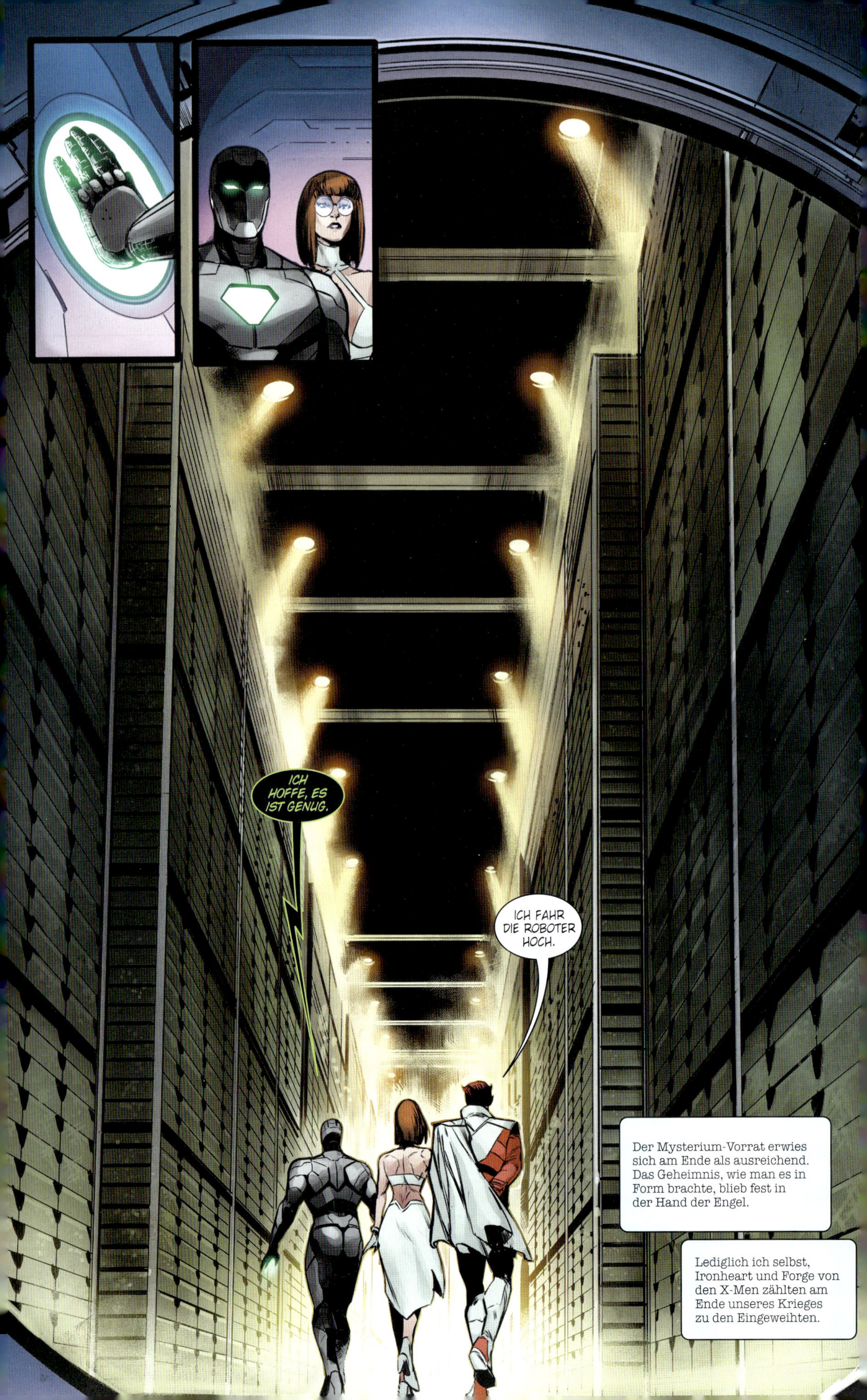
ICH HOFFE, ES IST GENUG.
ICH FAHR DIE ROBOTER HOCH.
Der Mysterium-Vorrat erwies sich am Ende als ausreichend. Das Geheimnis, wie man es in Form brachte, blieb fest in der Hand der Engel.
Lediglich ich selbst, Ironheart und Forge von den X-Men zählten am Ende unseres Krieges zu den Eingeweihten.

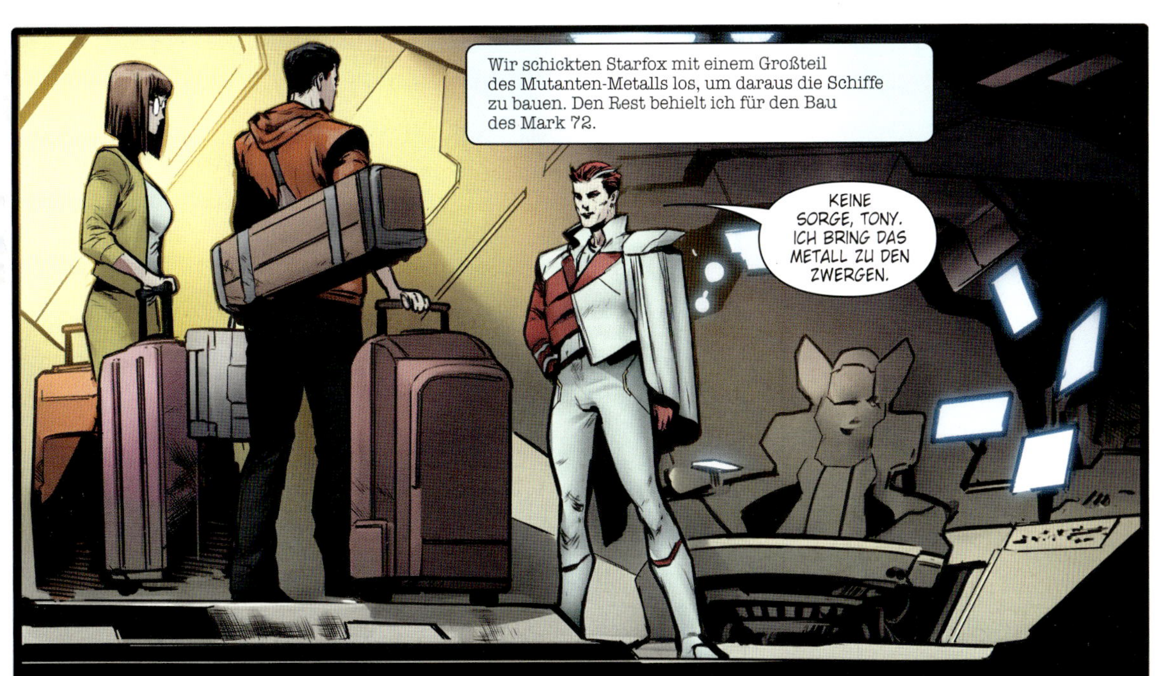
Wir schickten Starfox mit einem Großteil des Mutanten-Metalls los, um daraus die Schiffe zu bauen. Den Rest behielt ich für den Bau des Mark 72.
KEINE SORGE, TONY. ICH BRING DAS METALL ZU DEN ZWERGEN.
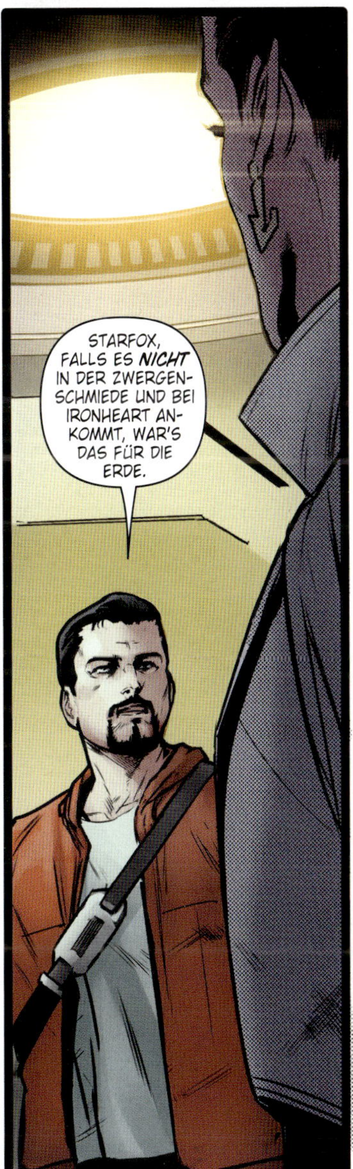
STARFOX, FALLS ES *NICHT* IN DER ZWERGEN-SCHMIEDE UND BEI IRONHEART AN-KOMMT, WAR'S DAS FÜR DIE ERDE.
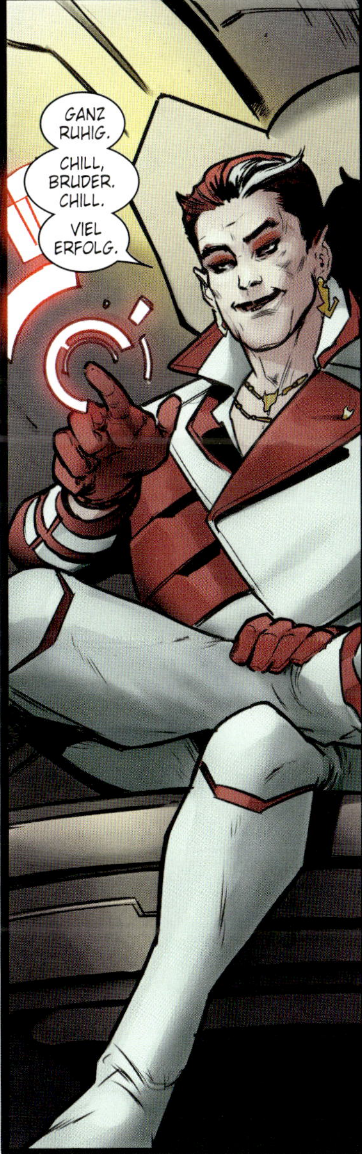
GANZ RUHIG.
CHILL, BRUDER. CHILL.
VIEL ERFOLG.
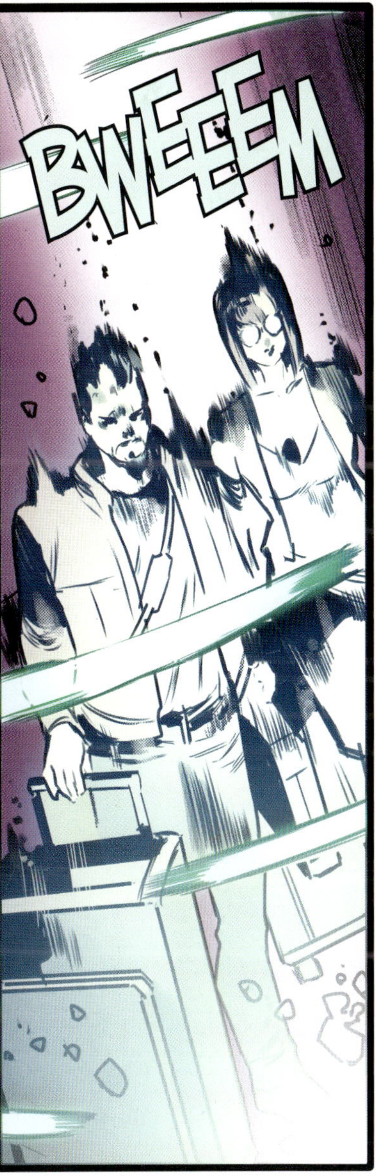
BWEEEM

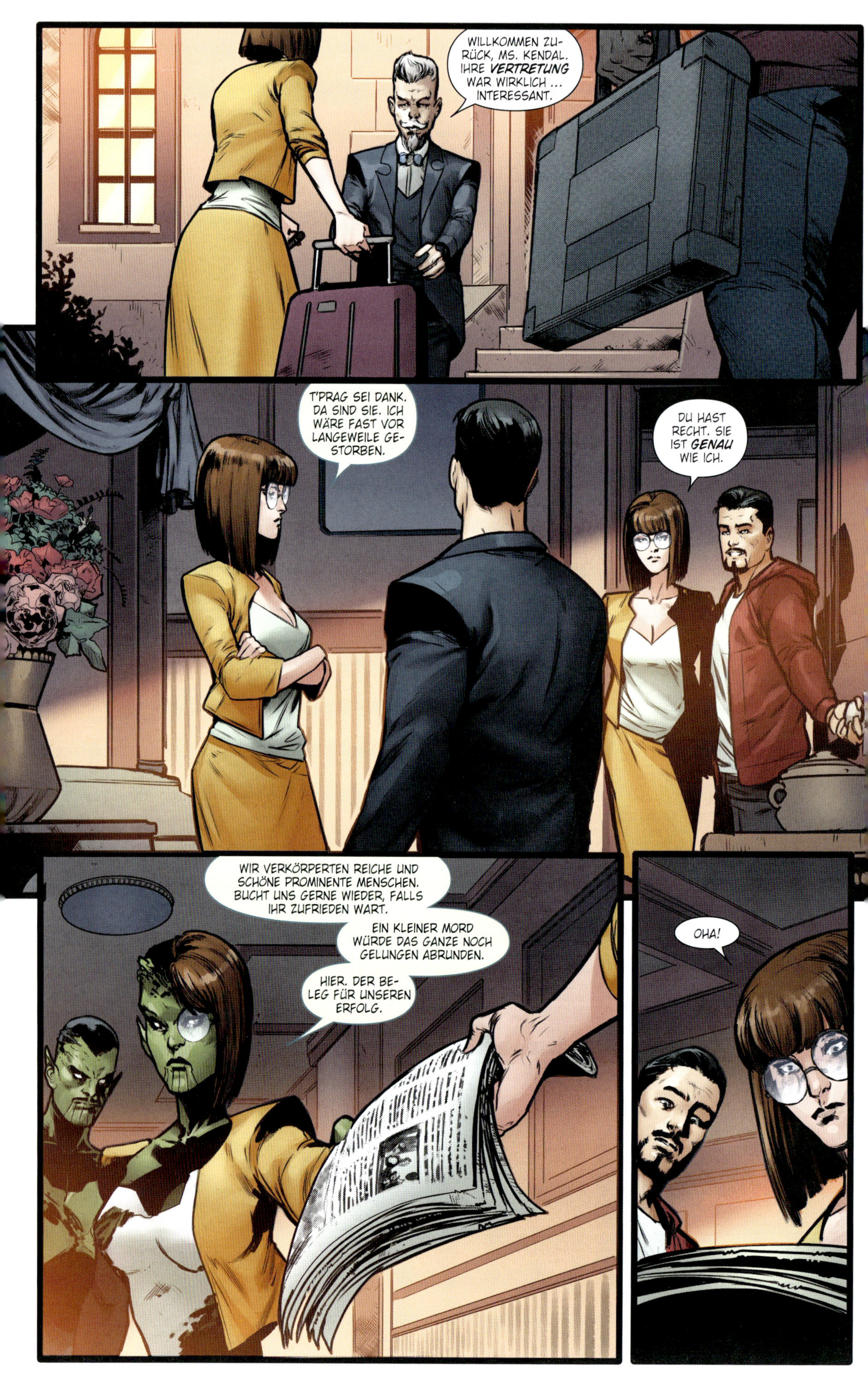
WILLKOMMEN ZURÜCK, MS. KENDAL. IHRE *VERTRETUNG* WAR WIRKLICH ... INTERESSANT.
T'PRAG SEI DANK. DA SIND SIE. ICH WÄRE FAST VOR LANGEWEILE GESTORBEN.
DU HAST RECHT. SIE IST *GENAU* WIE ICH.
WIR VERKÖRPERTEN REICHE UND SCHÖNE PROMINENTE MENSCHEN. BUCHT UNS GERNE WIEDER, FALLS IHR ZUFRIEDEN WART.
EIN KLEINER MORD WÜRDE DAS GANZE NOCH GELUNGEN ABRUNDEN.
HIER. DER BELEG FÜR UNSEREN ERFOLG.
OHA!

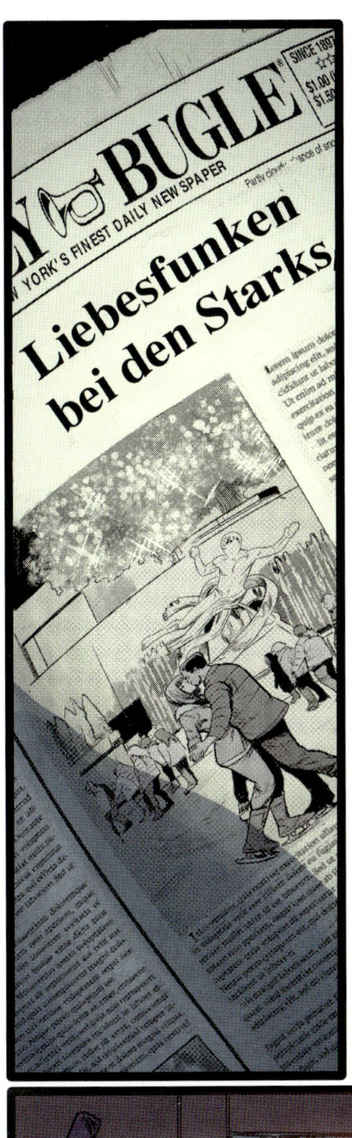
BUGLE
YORK'S FINEST DAILY NEWSPAPER
Liebesfunken bei den Starks

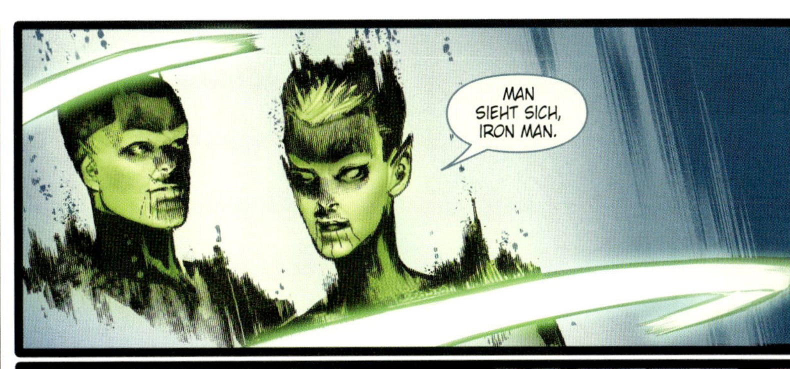
MAN SIEHT SICH, IRON MAN.

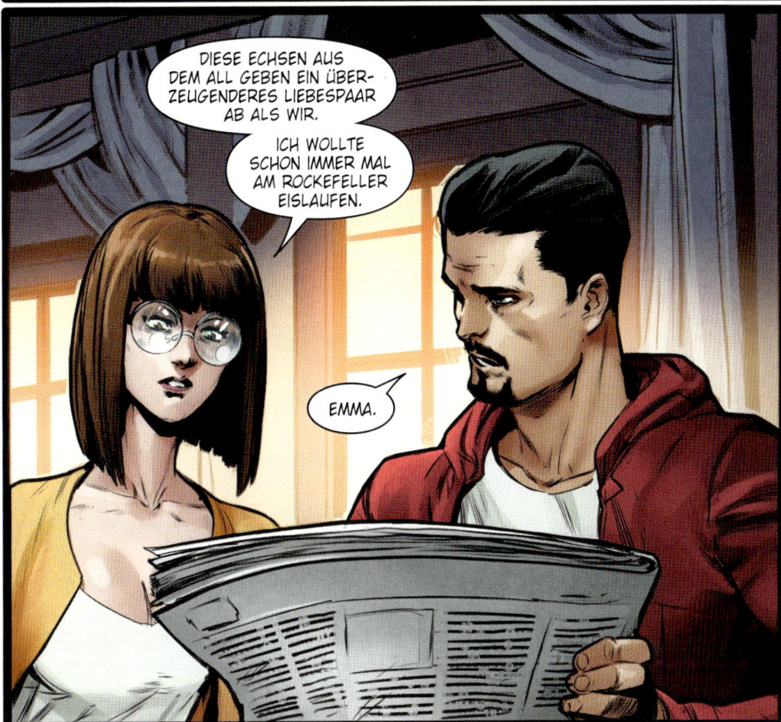
DIESE ECHSEN AUS DEM ALL GEBEN EIN ÜBERZEUGENDERES LIEBESPAAR AB ALS WIR.
ICH WOLLTE SCHON IMMER MAL AM ROCKEFELLER EISLAUFEN.
EMMA.

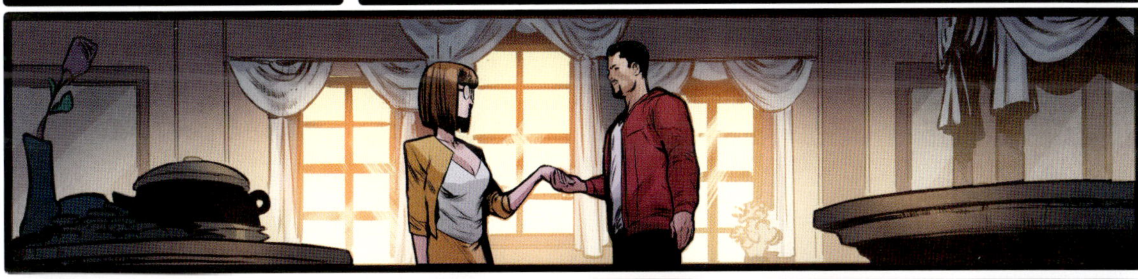

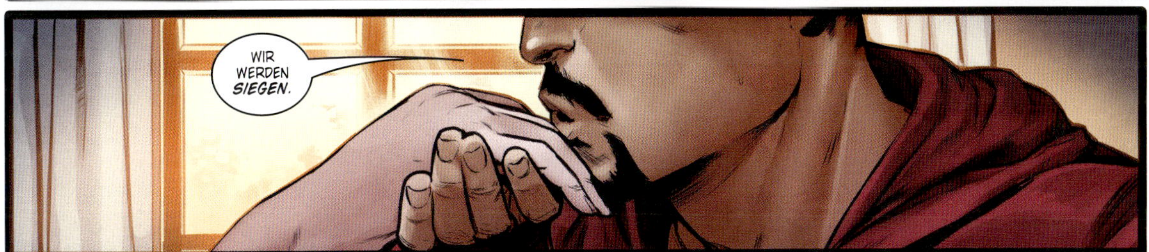
WIR WERDEN *SIEGEN*.

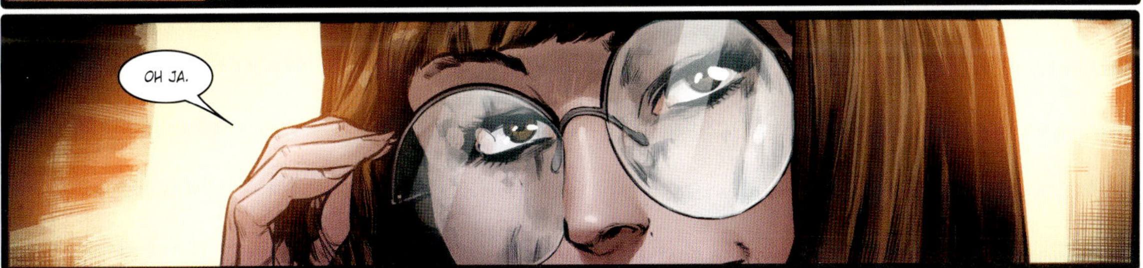
OH JA.

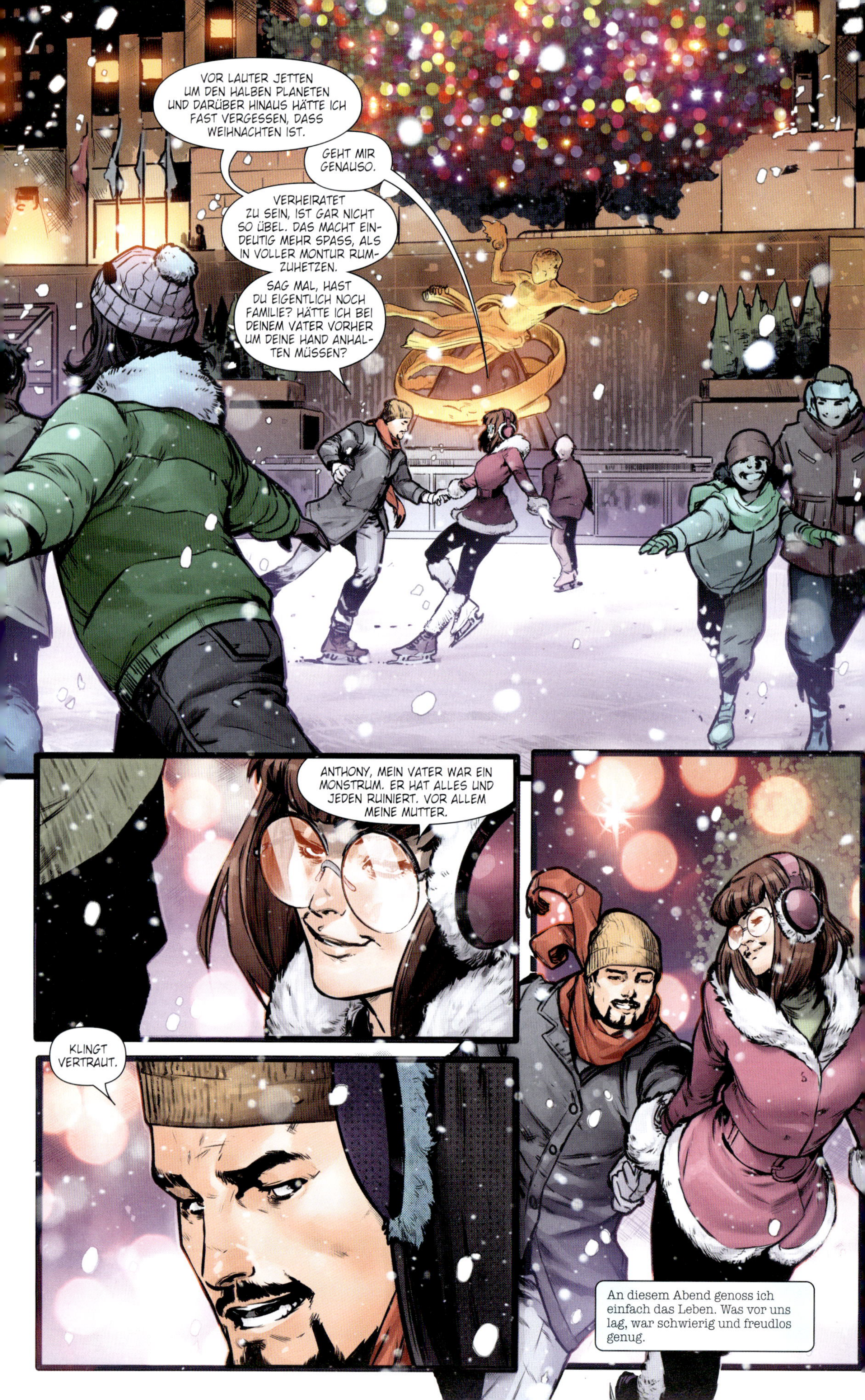
VOR LAUTER JETTEN UM DEN HALBEN PLANETEN UND DARÜBER HINAUS HÄTTE ICH FAST VERGESSEN, DASS WEIHNACHTEN IST.
GEHT MIR GENAUSO.
VERHEIRATET ZU SEIN, IST GAR NICHT SO ÜBEL. DAS MACHT EINDEUTIG MEHR SPASS, ALS IN VOLLER MONTUR RUMZUHETZEN.
SAG MAL, HAST DU EIGENTLICH NOCH FAMILIE? HÄTTE ICH BEI DEINEM VATER VORHER UM DEINE HAND ANHALTEN MÜSSEN?
ANTHONY, MEIN VATER WAR EIN MONSTRUM. ER HAT ALLES UND JEDEN RUINIERT. VOR ALLEM MEINE MUTTER.
KLINGT VERTRAUT.
An diesem Abend genoss ich einfach das Leben. Was vor uns lag, war schwierig und freudlos genug.

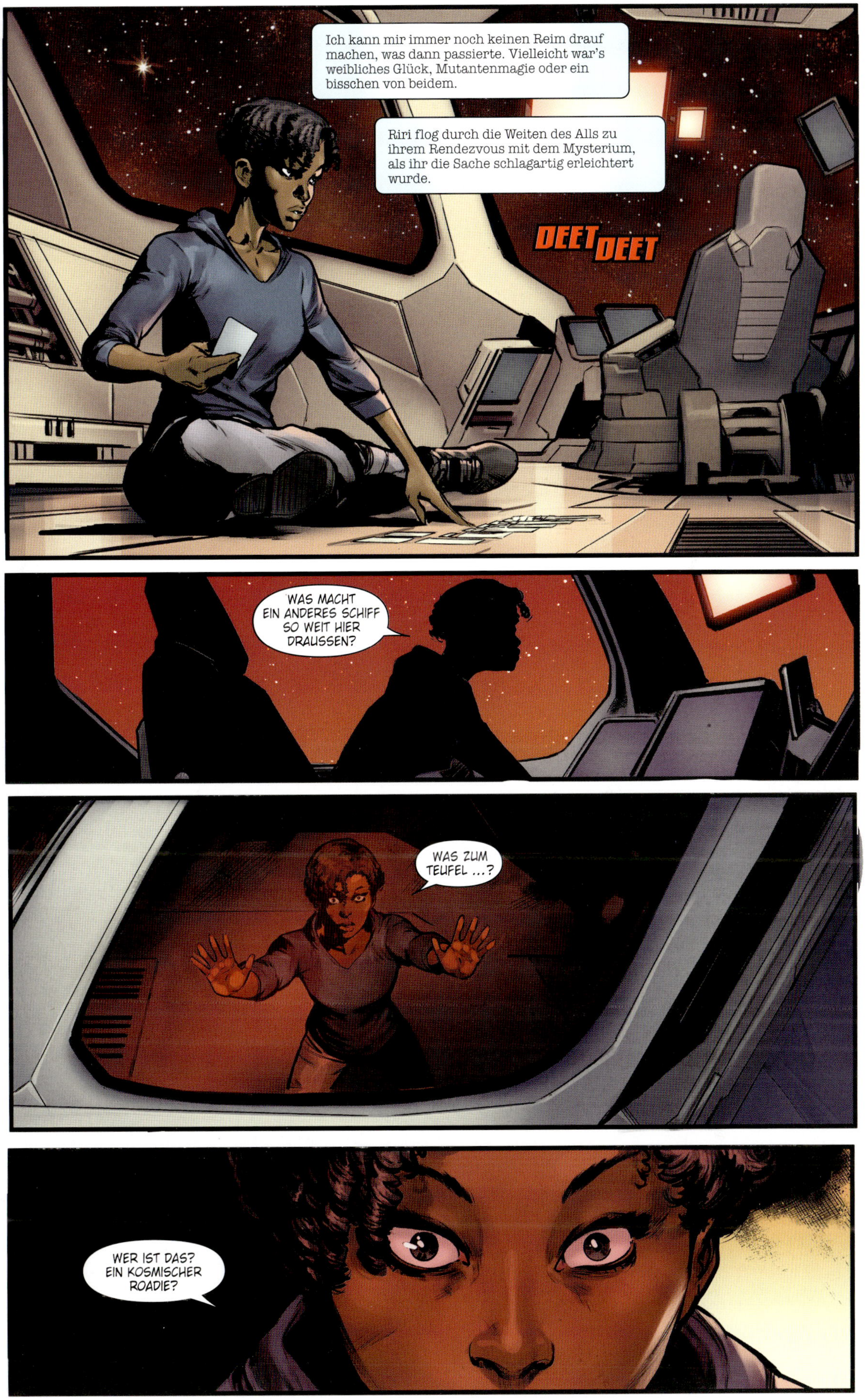

Ich kann mir immer noch keinen Reim drauf machen, was dann passierte. Vielleicht war's weibliches Glück, Mutantenmagie oder ein bisschen von beidem.

Riri flog durch die Weiten des Alls zu ihrem Rendezvous mit dem Mysterium, als ihr die Sache schlagartig erleichtert wurde.

DEET DEET

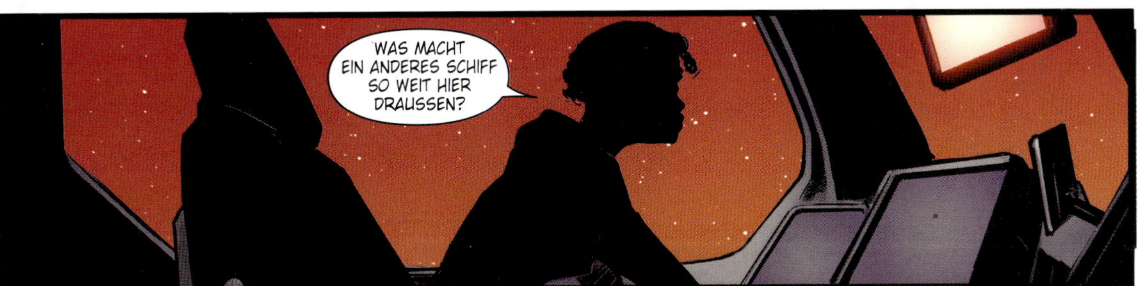

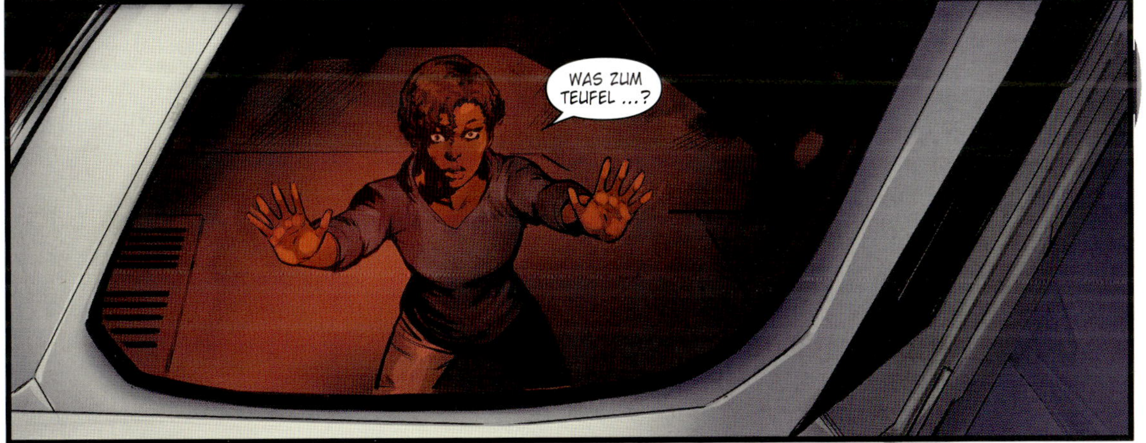

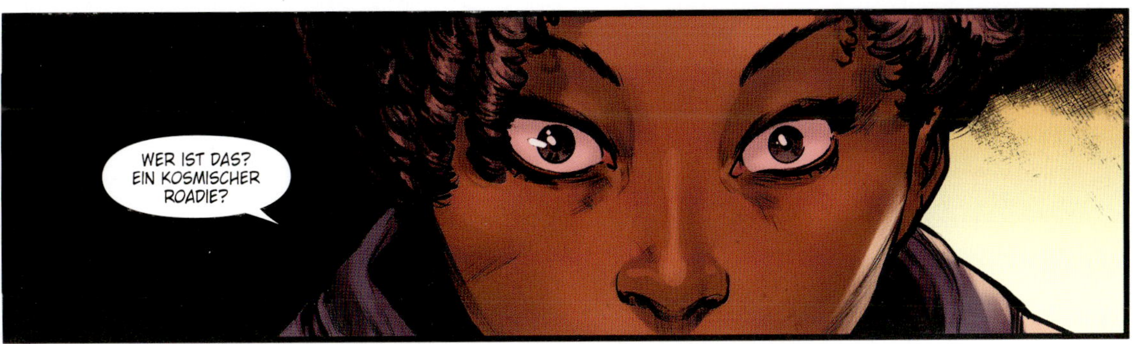

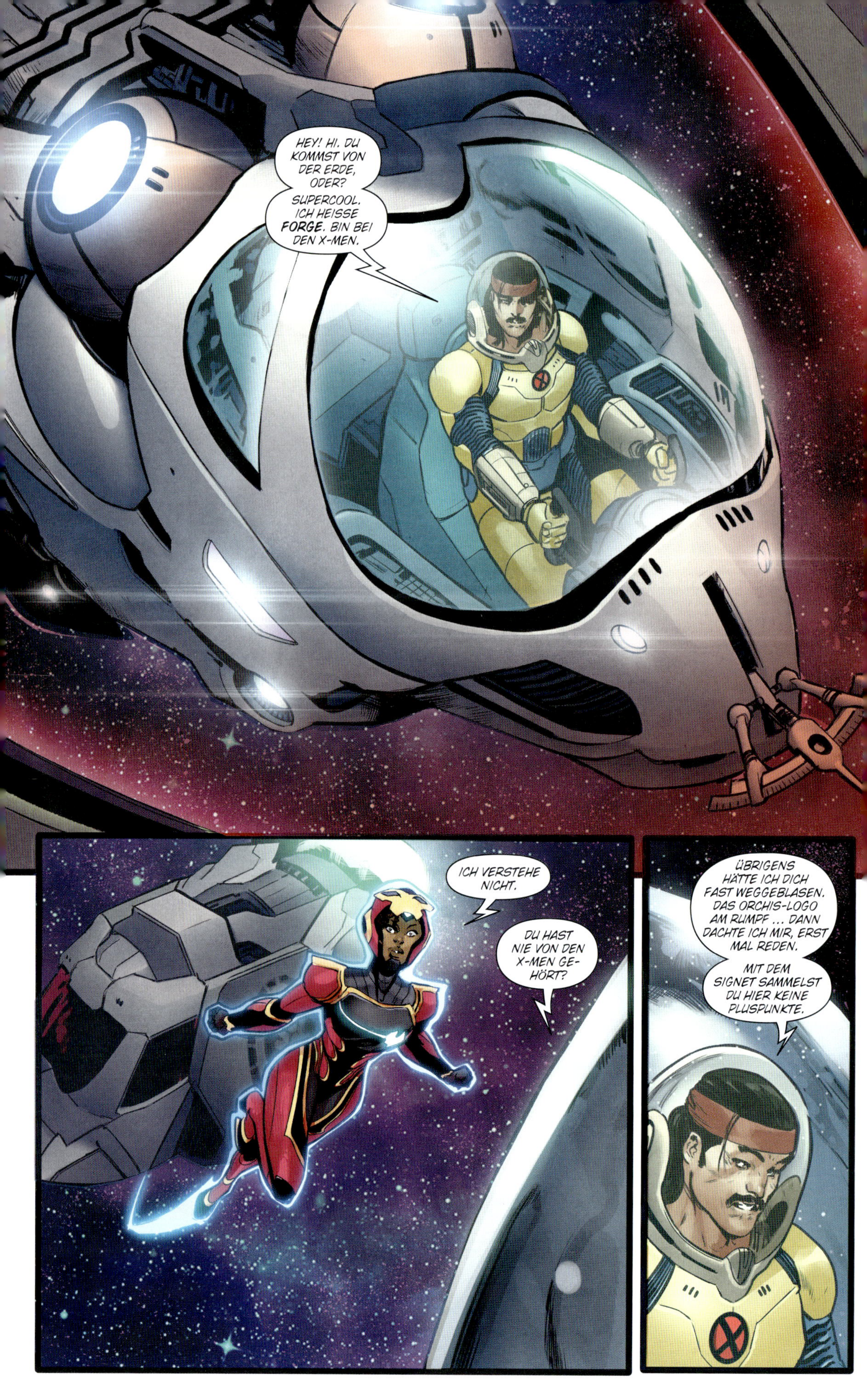
HEY! HI. DU KOMMST VON DER ERDE, ODER?
SUPERCOOL. ICH HEISSE FORGE. BIN BEI DEN X-MEN.
ICH VERSTEHE NICHT.
DU HAST NIE VON DEN X-MEN GE-HÖRT?
ÜBRIGENS HÄTTE ICH DICH FAST WEGGEBLASEN. DAS ORCHIS-LOGO AM RUMPF ... DANN DACHTE ICH MIR, ERST MAL REDEN.
MIT DEM SIGNET SAMMELST DU HIER KEINE PLUSPUNKTE.

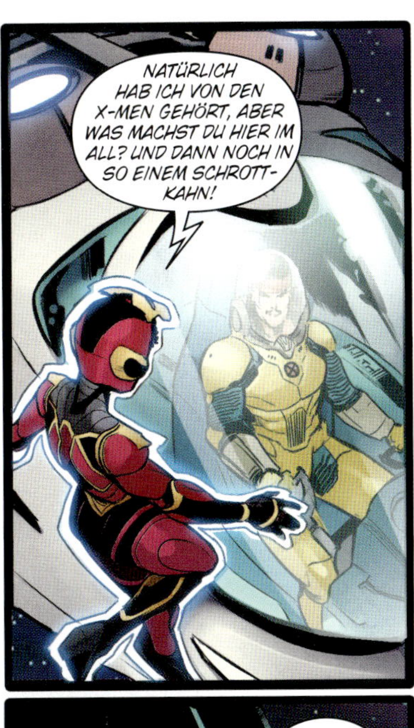
NATÜRLICH HAB ICH VON DEN X-MEN GEHÖRT, ABER WAS MACHST DU HIER IM ALL? UND DANN NOCH IN SO EINEM SCHROTT-KAHN!

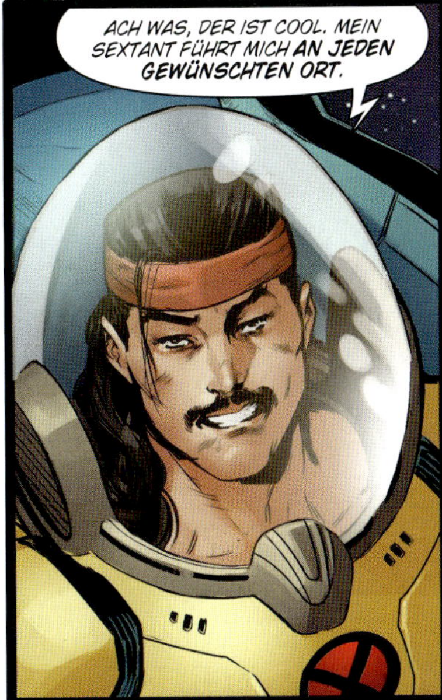
ACH WAS, DER IST COOL. MEIN SEXTANT FÜHRT MICH **AN JEDEN GEWÜNSCHTEN ORT**.

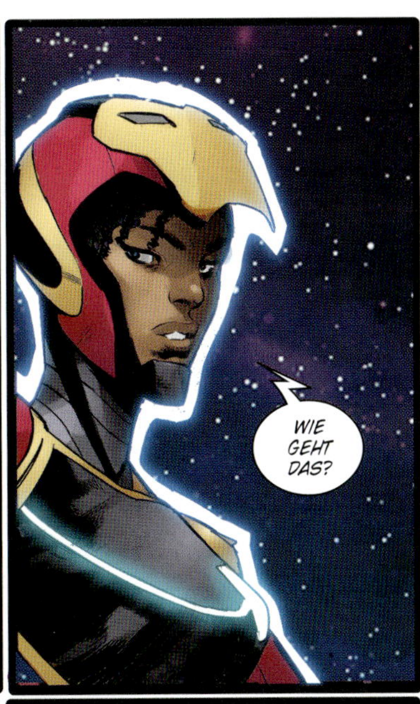
WIE GEHT DAS?

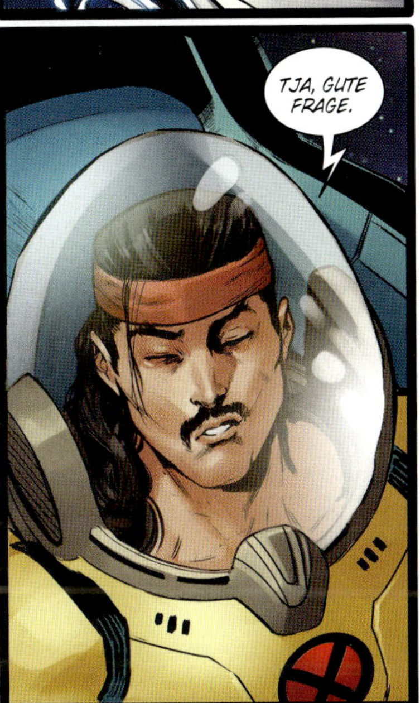
TJA, GUTE FRAGE.

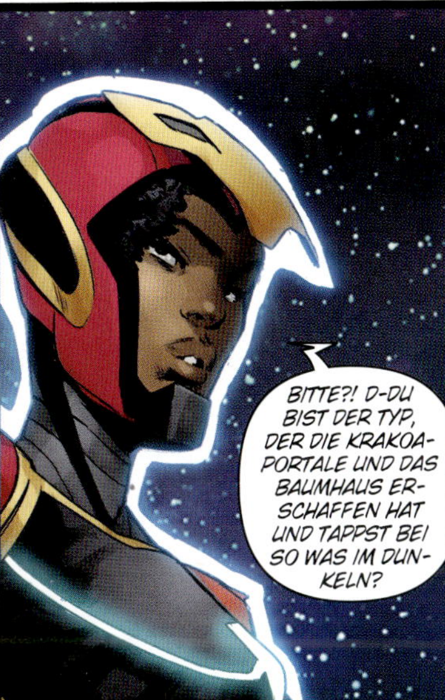
BITTE?! D-DU BIST DER TYP, DER DIE KRAKOA-PORTALE UND DAS BAUMHAUS ER-SCHAFFEN HAT UND TAPPST BEI SO WAS IM DUN-KELN?

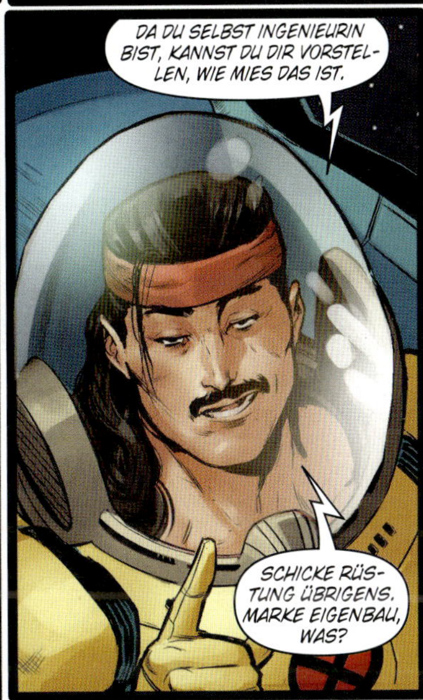
DA DU SELBST INGENIEURIN BIST, KANNST DU DIR VORSTEL-LEN, WIE MIES DAS IST.
SCHICKE RÜS-TUNG ÜBRIGENS. MARKE EIGENBAU, WAS?

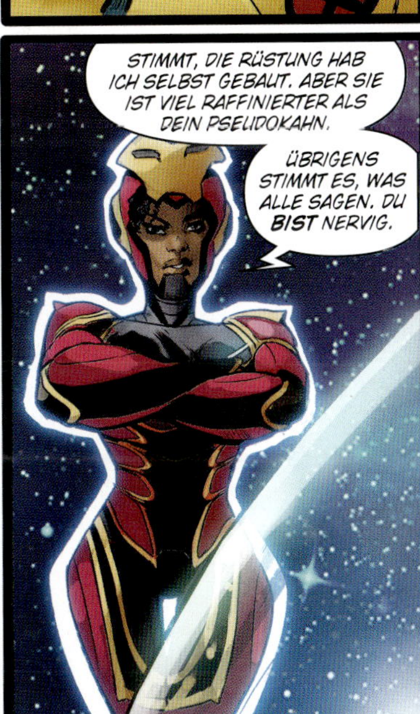
STIMMT, DIE RÜSTUNG HAB ICH SELBST GEBAUT. ABER SIE IST VIEL RAFFINIERTER ALS DEIN PSEUDOKAHN.
ÜBRIGENS STIMMT ES, WAS ALLE SAGEN. DU **BIST** NERVIG.

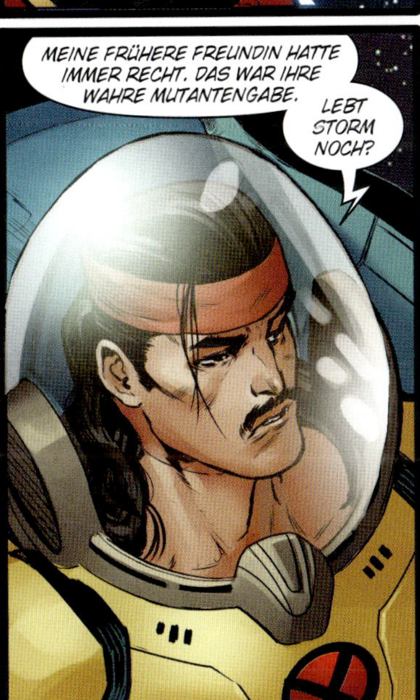
MEINE FRÜHERE FREUNDIN HATTE IMMER RECHT. DAS WAR IHRE WAHRE MUTANTENGABE.
LEBT STORM NOCH?

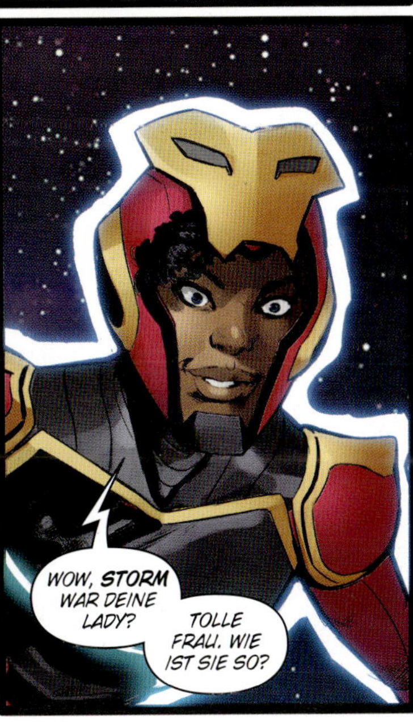
WOW, **STORM** WAR DEINE LADY?
TOLLE FRAU. WIE IST SIE SO?

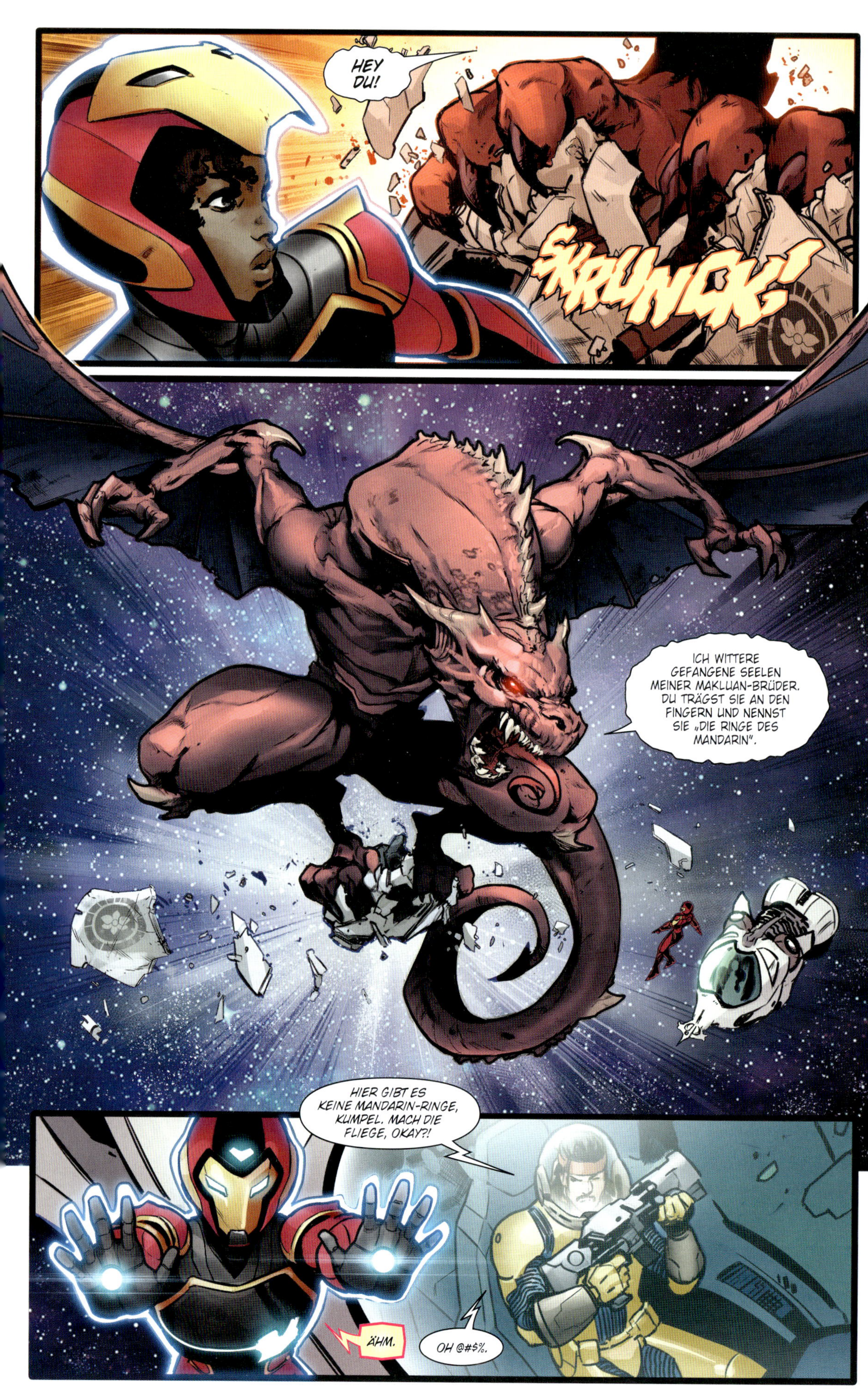
HEY DU!
SKRUNCK!
ICH WITTERE GEFANGENE SEELEN MEINER MAKLUAN-BRÜDER. DU TRÄGST SIE AN DEN FINGERN UND NENNST SIE „DIE RINGE DES MANDARIN".
HIER GIBT ES KEINE MANDARIN-RINGE, KUMPEL. MACH DIE FLIEGE, OKAY?!
ÄHM.
OH @#$%.

HIC SUNT ANULI MANDARINI

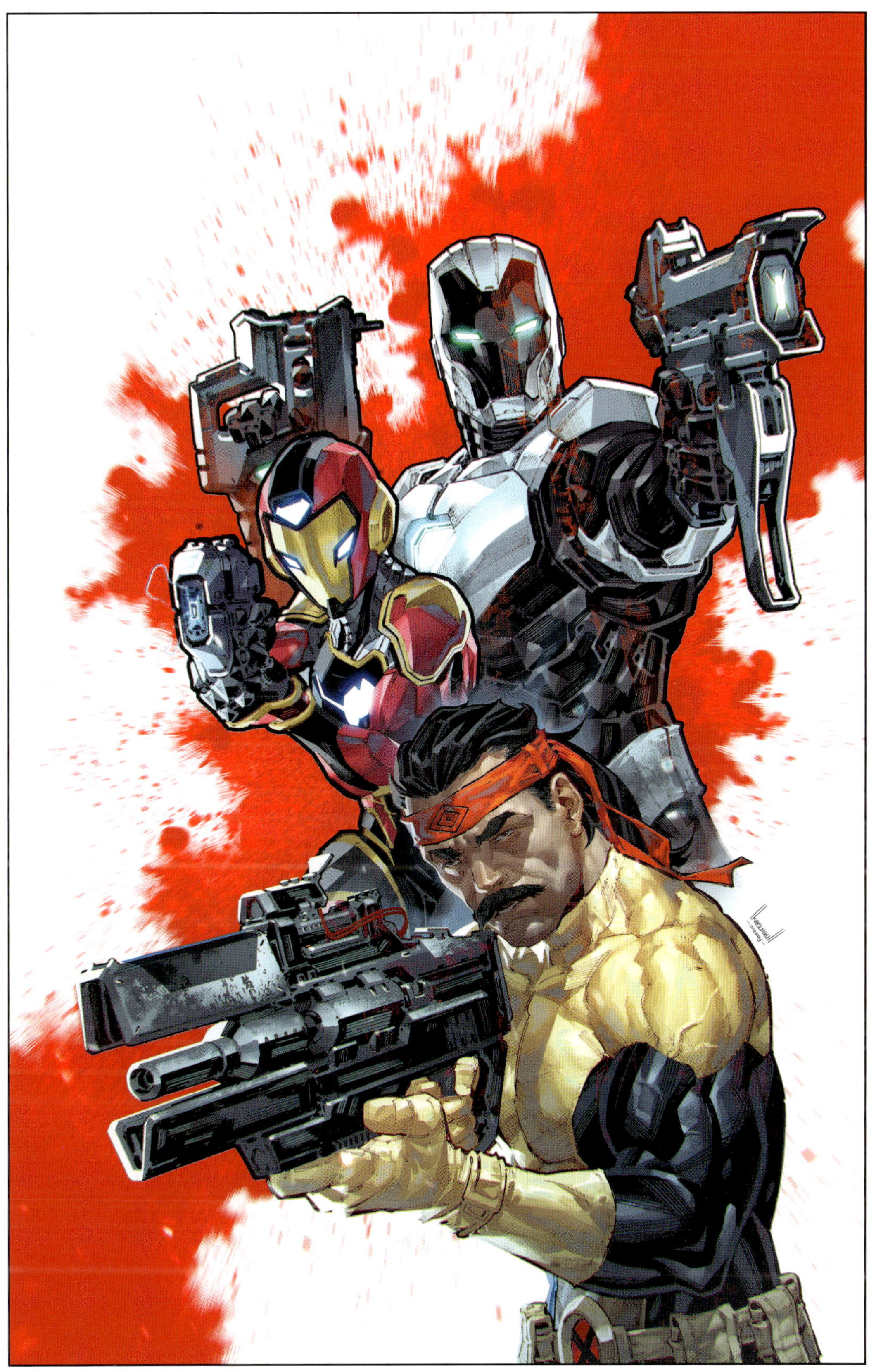

Invincible Iron Man (2022) 14
Cover von **KAEL NGU**

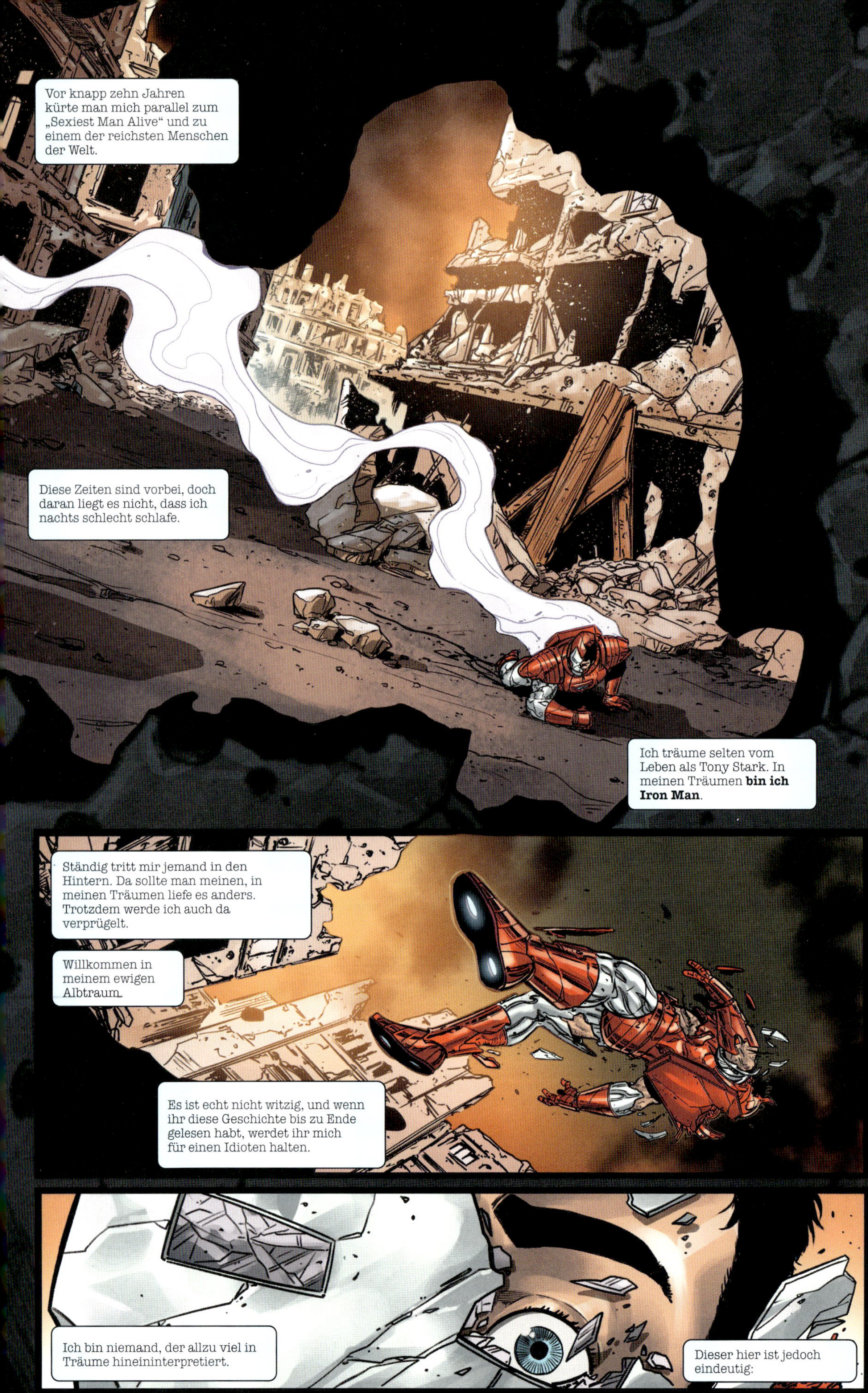
Vor knapp zehn Jahren kürte man mich parallel zum „Sexiest Man Alive" und zu einem der reichsten Menschen der Welt.
Diese Zeiten sind vorbei, doch daran liegt es nicht, dass ich nachts schlecht schlafe.
Ich träume selten vom Leben als Tony Stark. In meinen Träumen **bin ich Iron Man**.
Ständig tritt mir jemand in den Hintern. Da sollte man meinen, in meinen Träumen liefe es anders. Trotzdem werde ich auch da verprügelt.
Willkommen in meinem ewigen Albtraum.
Es ist echt nicht witzig, und wenn ihr diese Geschichte bis zu Ende gelesen habt, werdet ihr mich für einen Idioten halten.
Ich bin niemand, der allzu viel in Träume hineininterpretiert.
Dieser hier ist jedoch eindeutig:

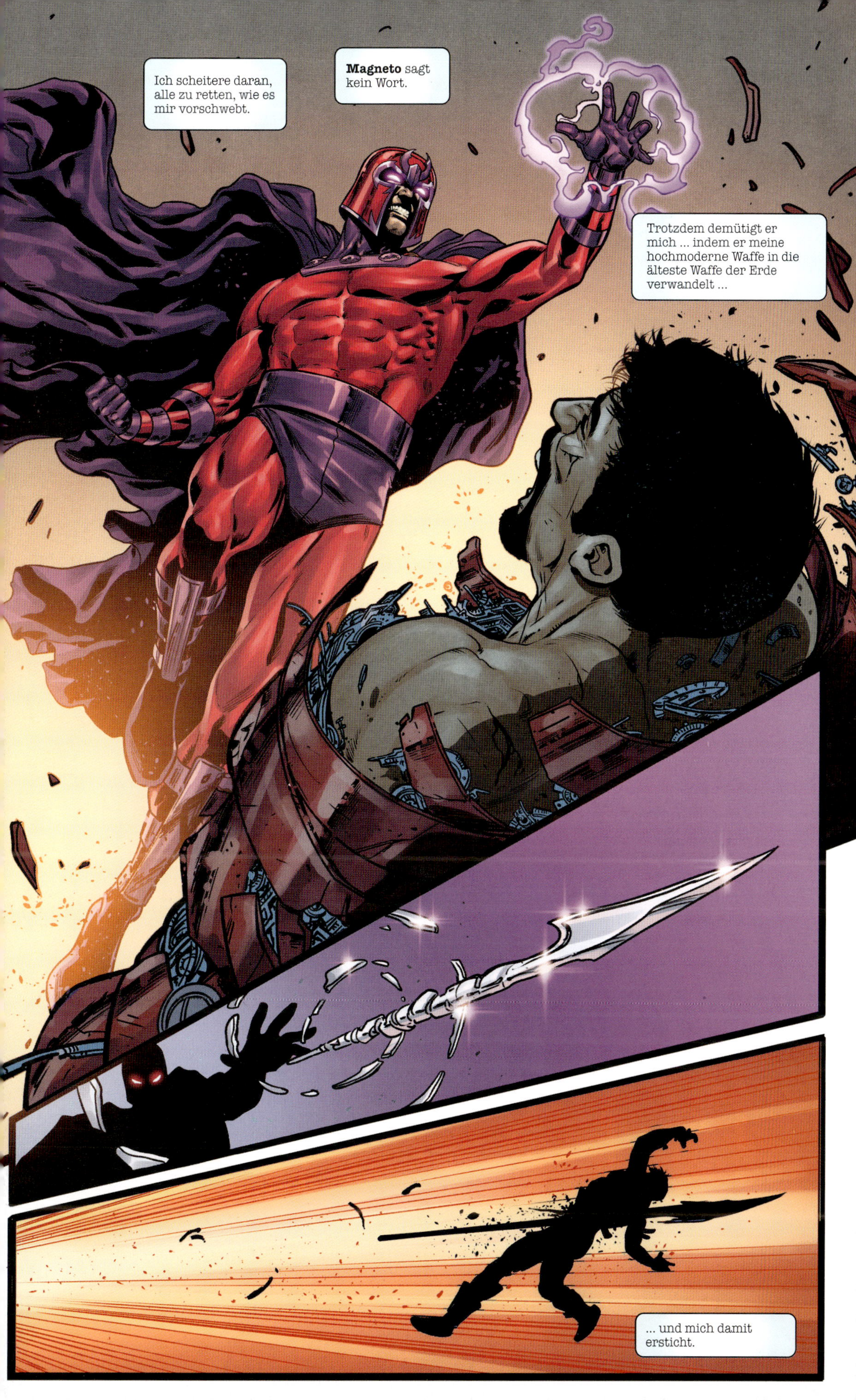
Ich scheitere daran, alle zu retten, wie es mir vorschwebt.
Magneto sagt kein Wort.
Trotzdem demütigt er mich ... indem er meine hochmoderne Waffe in die älteste Waffe der Erde verwandelt ...
... und mich damit ersticht.

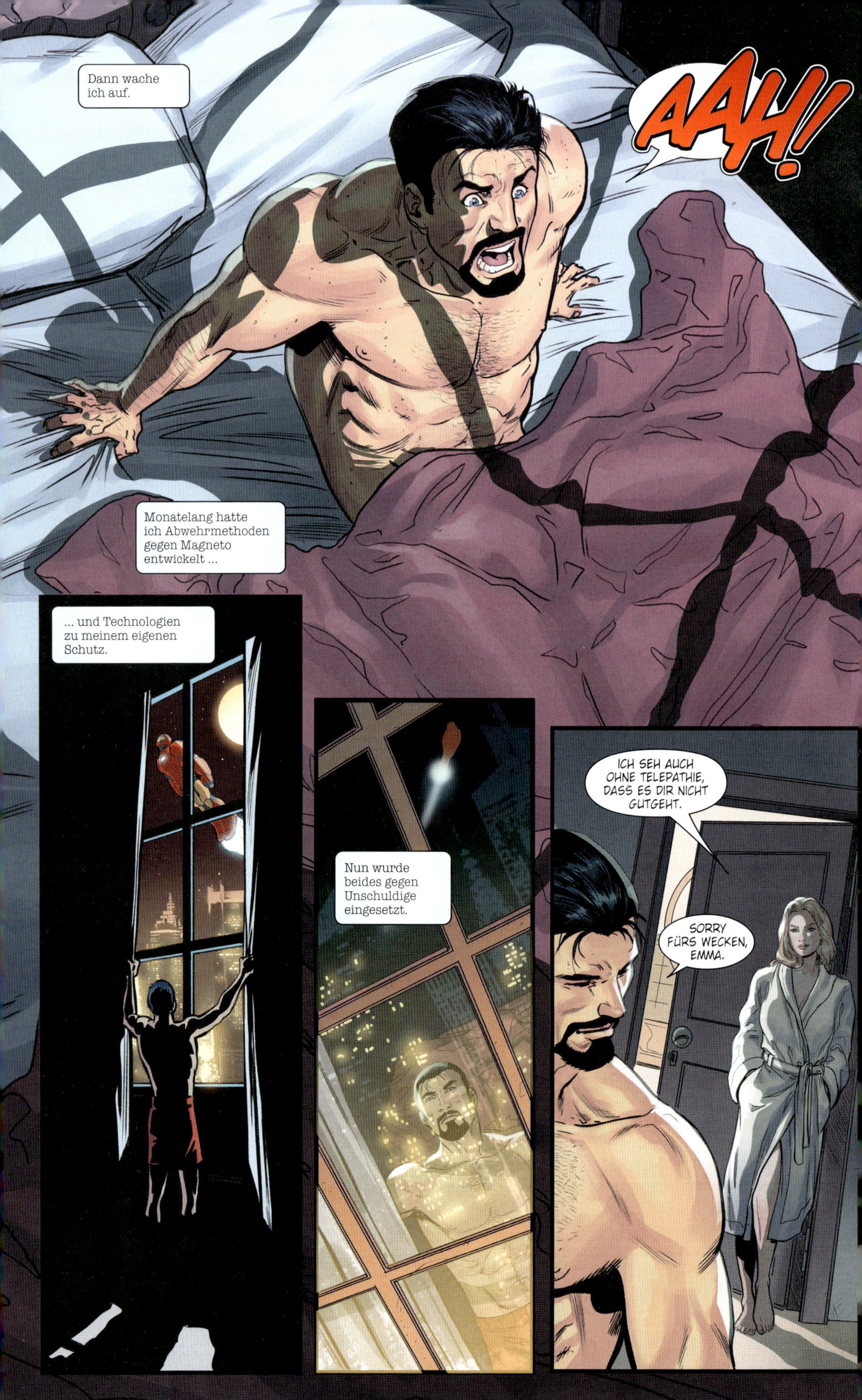
Dann wache ich auf.
AAH!
Monatelang hatte ich Abwehrmethoden gegen Magneto entwickelt ...
... und Technologien zu meinem eigenen Schutz.
Nun wurde beides gegen Unschuldige eingesetzt.
ICH SEH AUCH OHNE TELEPATHIE, DASS ES DIR NICHT GUTGEHT.
SORRY FÜRS WECKEN, EMMA.

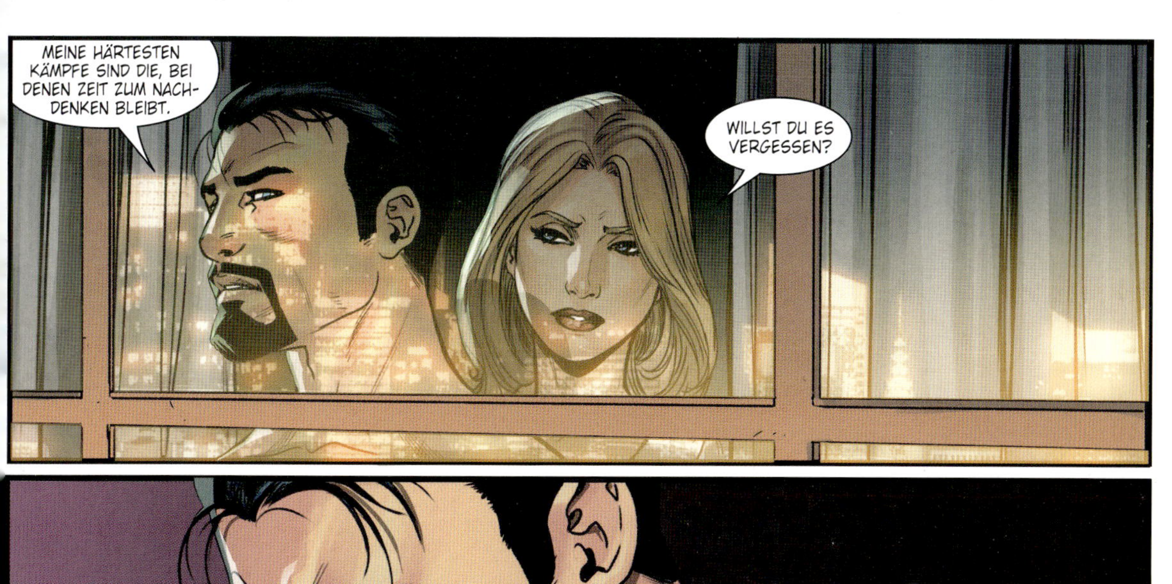
MEINE HÄRTESTEN KÄMPFE SIND DIE, BEI DENEN ZEIT ZUM NACH-DENKEN BLEIBT.
WILLST DU ES VERGESSEN?

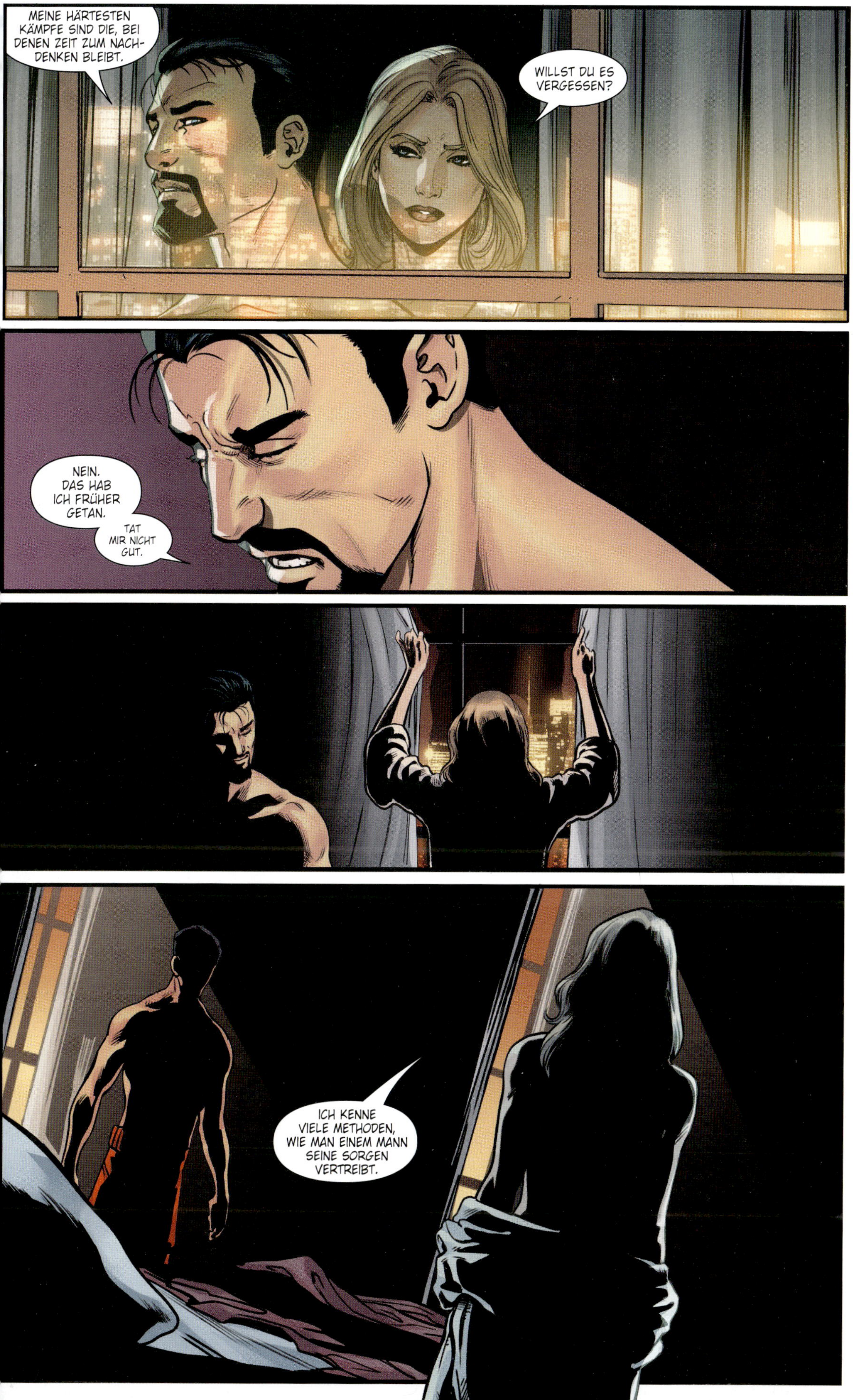

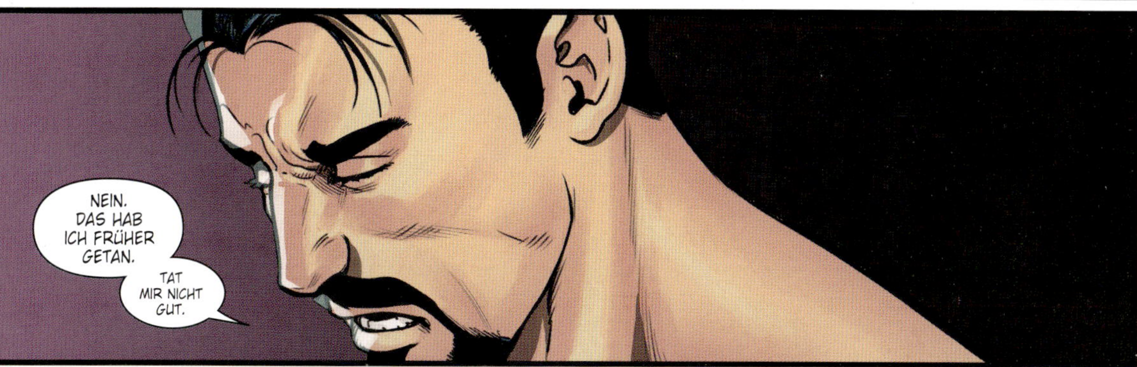
NEIN. DAS HAB ICH FRÜHER GETAN.
TAT MIR NICHT GUT.

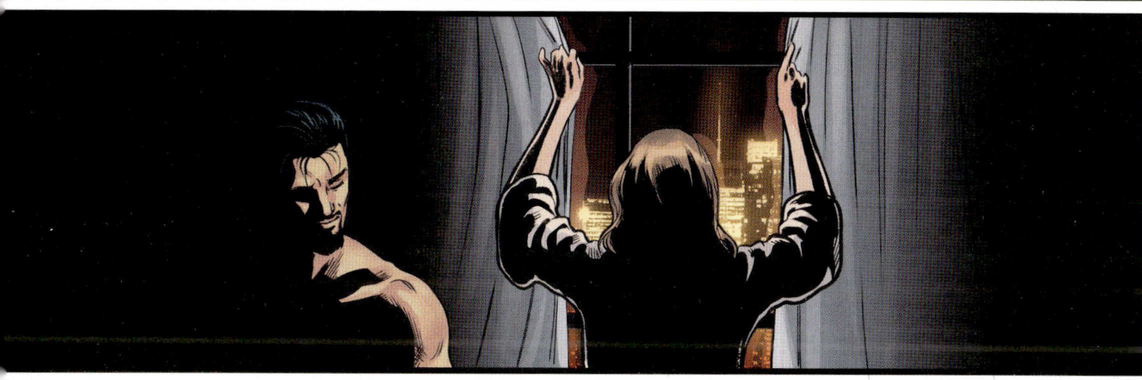

ICH KENNE VIELE METHODEN, WIE MAN EINEM MANN SEINE SORGEN VERTREIBT.

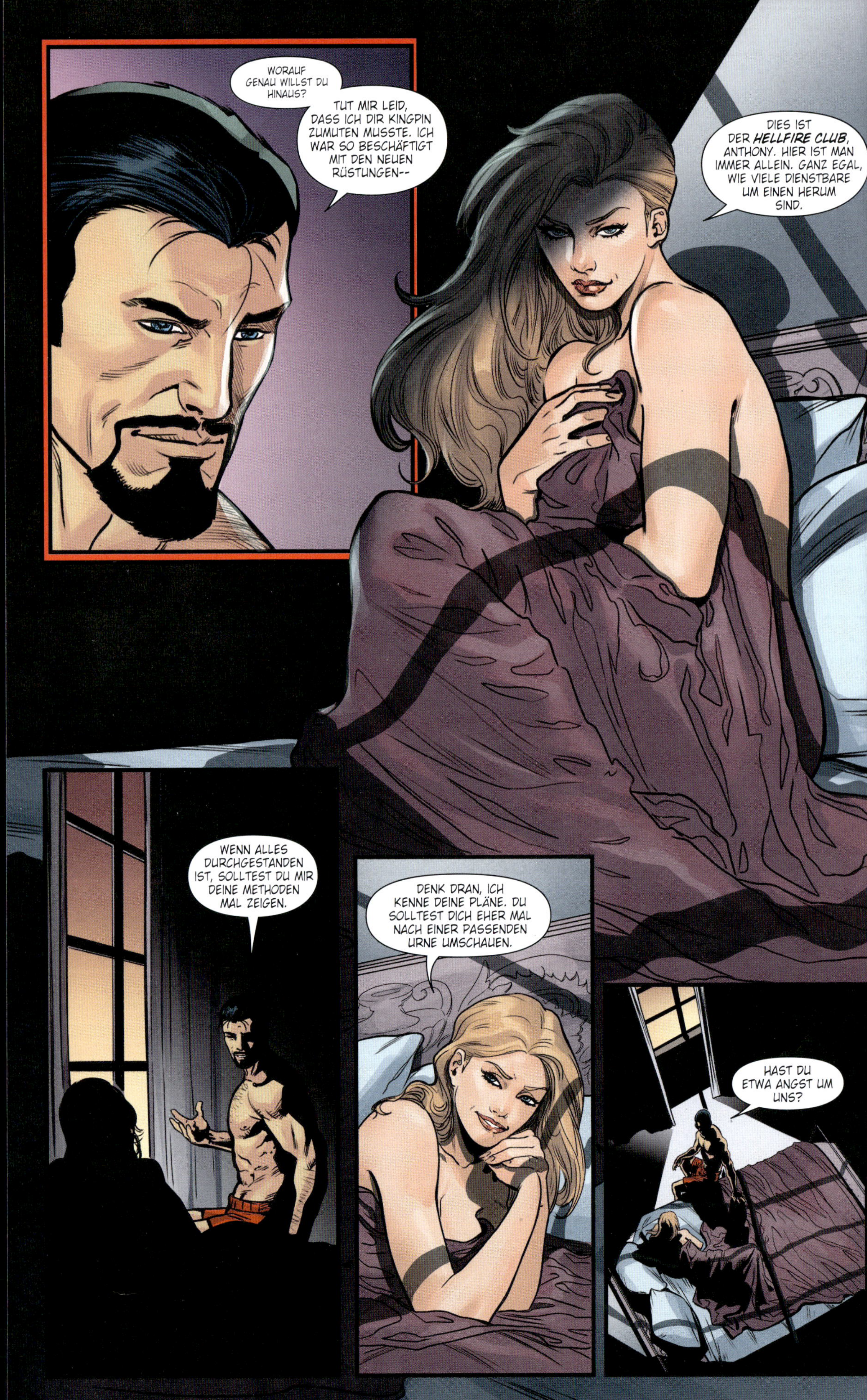
WORAUF GENAU WILLST DU HINAUS?
TUT MIR LEID, DASS ICH DIR KINGPIN ZUMUTEN MUSSTE. ICH WAR SO BESCHÄFTIGT MIT DEN NEUEN RÜSTUNGEN--
DIES IST DER HELLFIRE CLUB, ANTHONY. HIER IST MAN IMMER ALLEIN. GANZ EGAL, WIE VIELE DIENSTBARE UM EINEN HERUM SIND.
WENN ALLES DURCHGESTANDEN IST, SOLLTEST DU MIR DEINE METHODEN MAL ZEIGEN.
DENK DRAN, ICH KENNE DEINE PLÄNE. DU SOLLTEST DICH EHER MAL NACH EINER PASSENDEN URNE UMSCHAUEN.
HAST DU ETWA ANGST UM UNS?

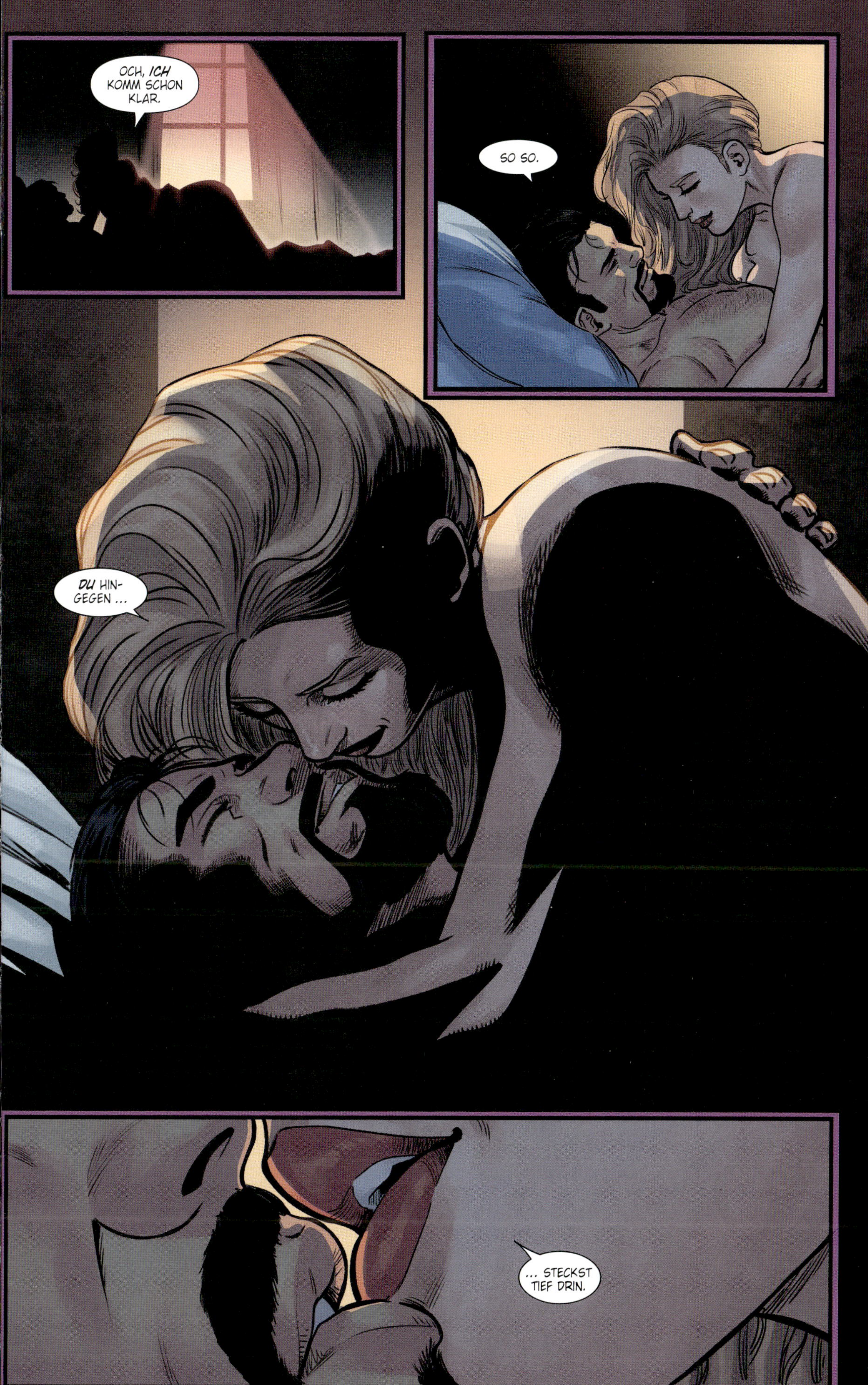
OCH, *ICH* KOMM SCHON KLAR.
SO SO.
DU HIN-GEGEN ...
... STECKST TIEF DRIN.

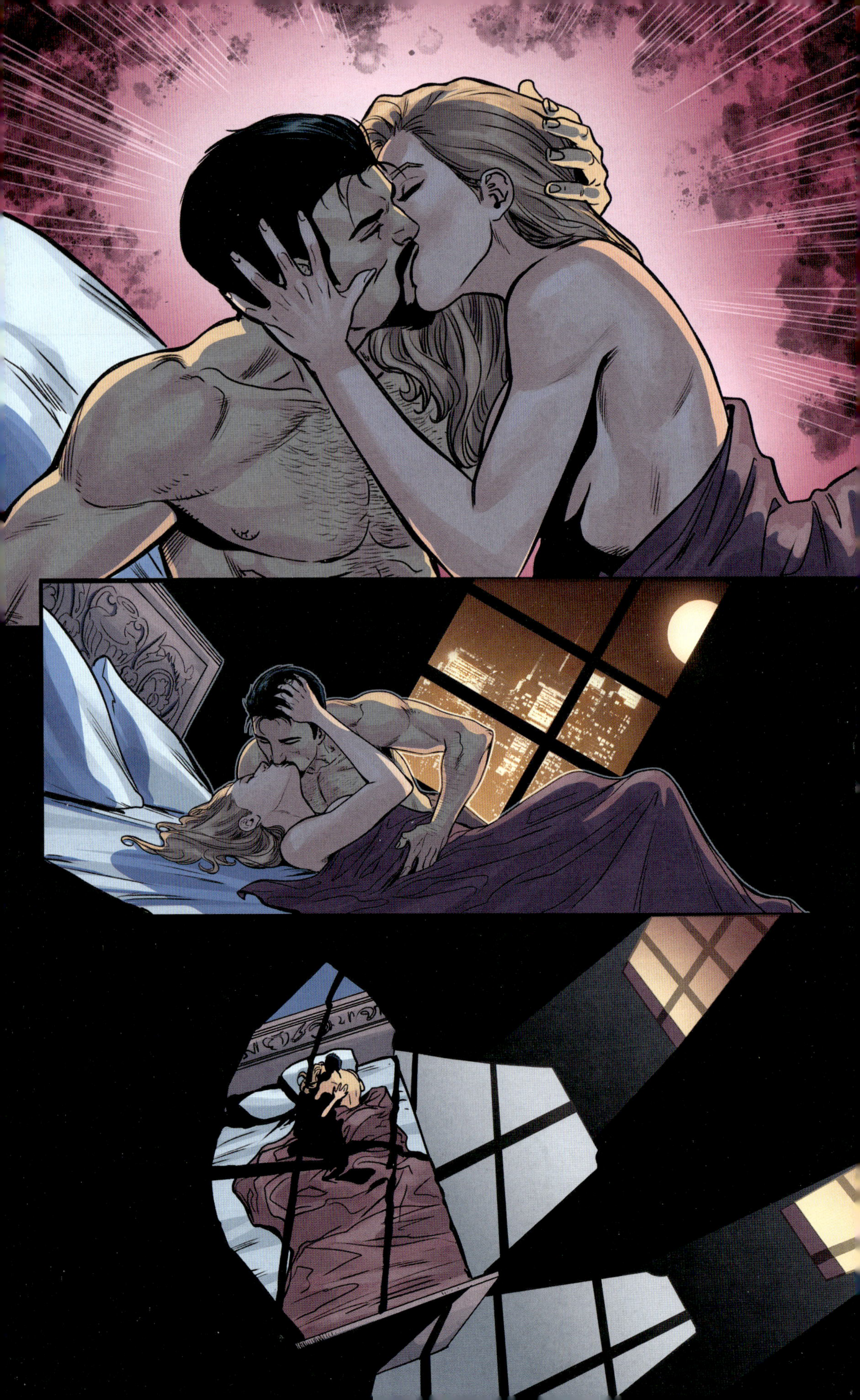

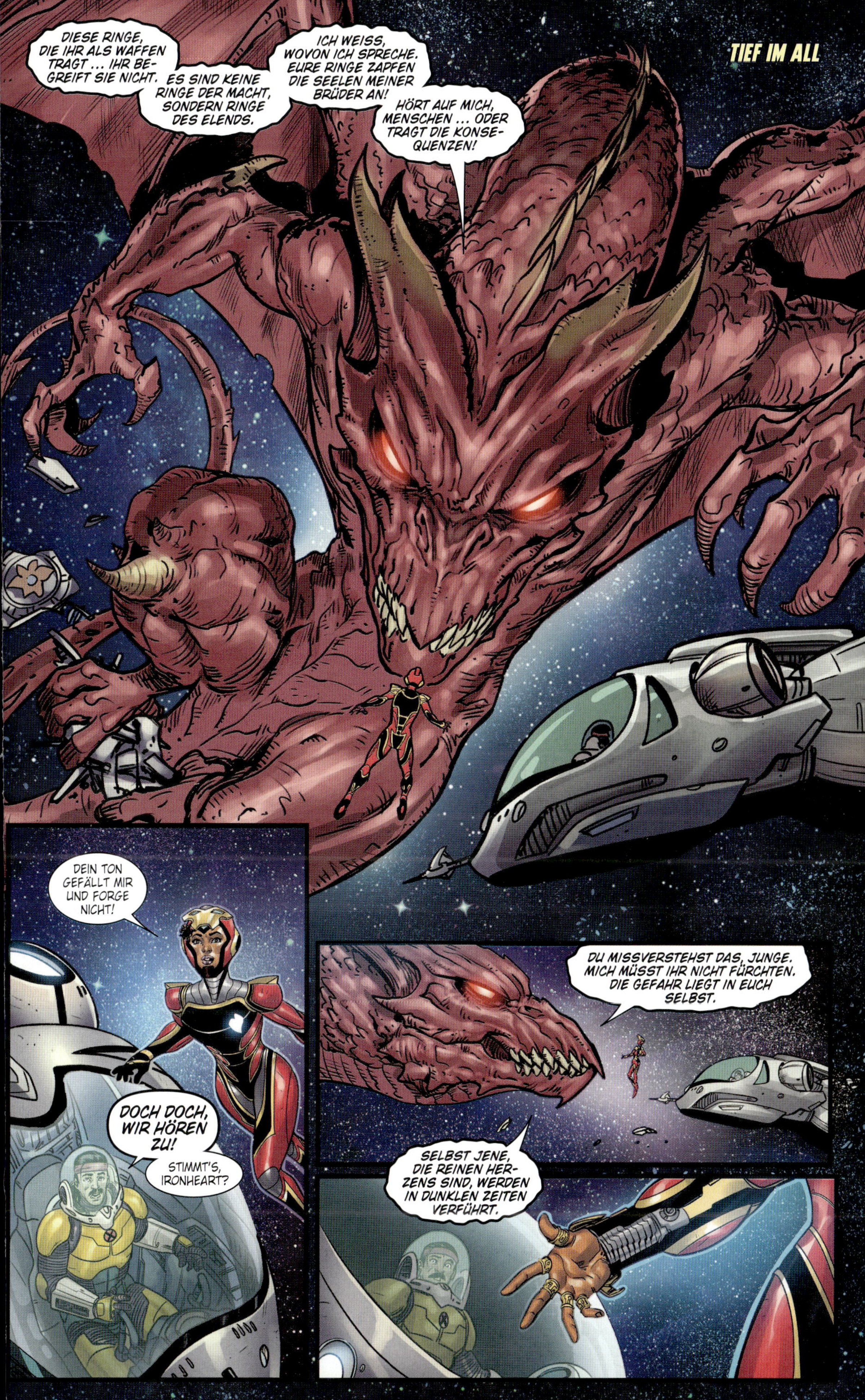
TIEF IM ALL
DIESE RINGE, DIE IHR ALS WAFFEN TRAGT ... IHR BEGREIFT SIE NICHT.
ES SIND KEINE RINGE DER MACHT, SONDERN RINGE DES ELENDS.
ICH WEISS, WOVON ICH SPRECHE. EURE RINGE ZAPFEN DIE SEELEN MEINER BRÜDER AN!
HÖRT AUF MICH, MENSCHEN ... ODER TRAGT DIE KONSEQUENZEN!
DEIN TON GEFÄLLT MIR UND FORGE NICHT!
DOCH DOCH, WIR HÖREN ZU!
STIMMT'S, IRONHEART?
DU MISSVERSTEHST DAS, JUNGE. MICH MÜSST IHR NICHT FÜRCHTEN. DIE GEFAHR LIEGT IN EUCH SELBST.
SELBST JENE, DIE REINEN HERZENS SIND, WERDEN IN DUNKLEN ZEITEN VERFÜHRT.

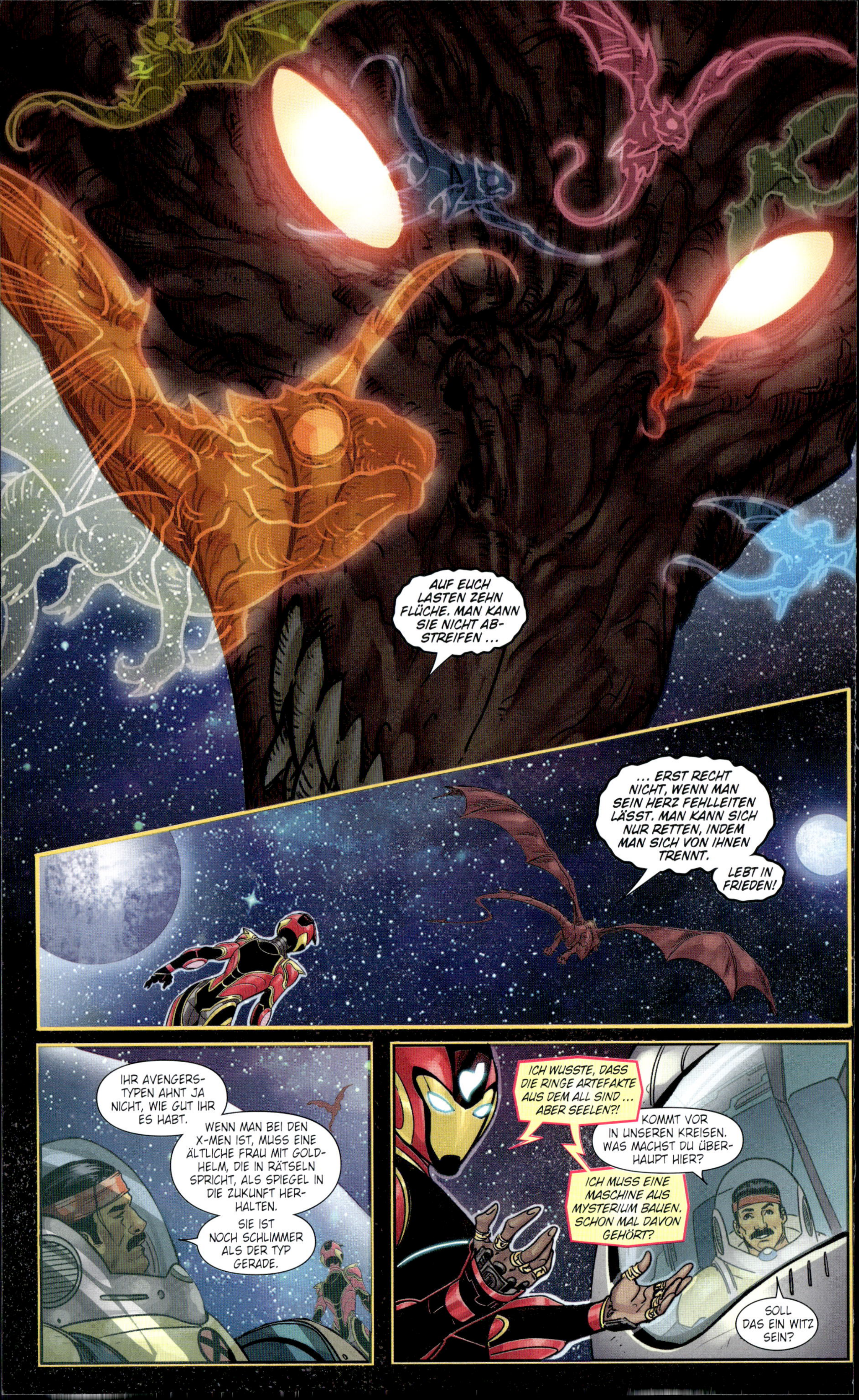

AUF EUCH LASTEN ZEHN FLÜCHE. MAN KANN SIE NICHT AB-STREIFEN …

… ERST RECHT NICHT, WENN MAN SEIN HERZ FEHLLEITEN LÄSST. MAN KANN SICH NUR RETTEN, INDEM MAN SICH VON IHNEN TRENNT.

LEBT IN FRIEDEN!

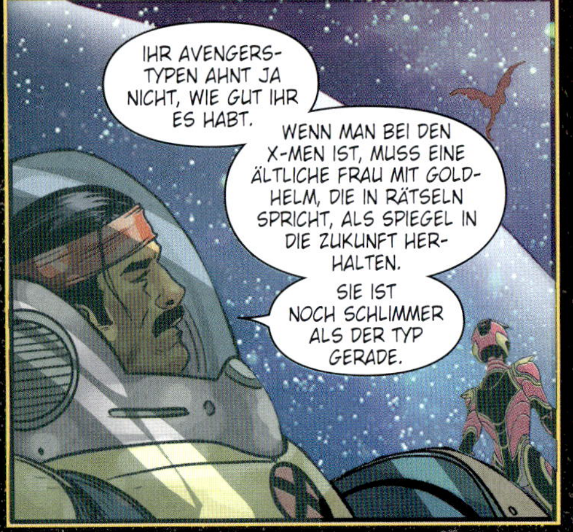

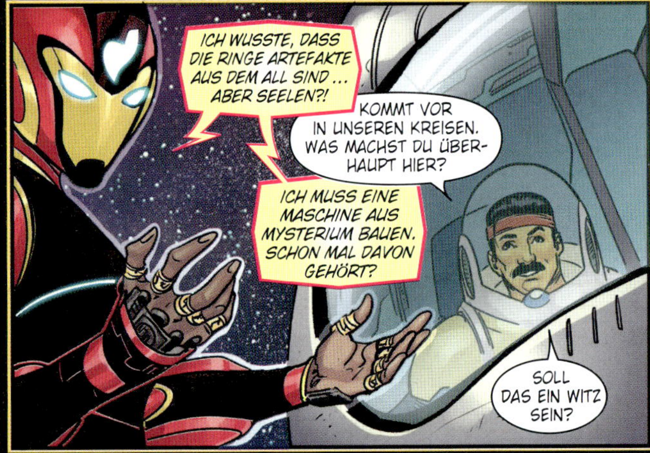

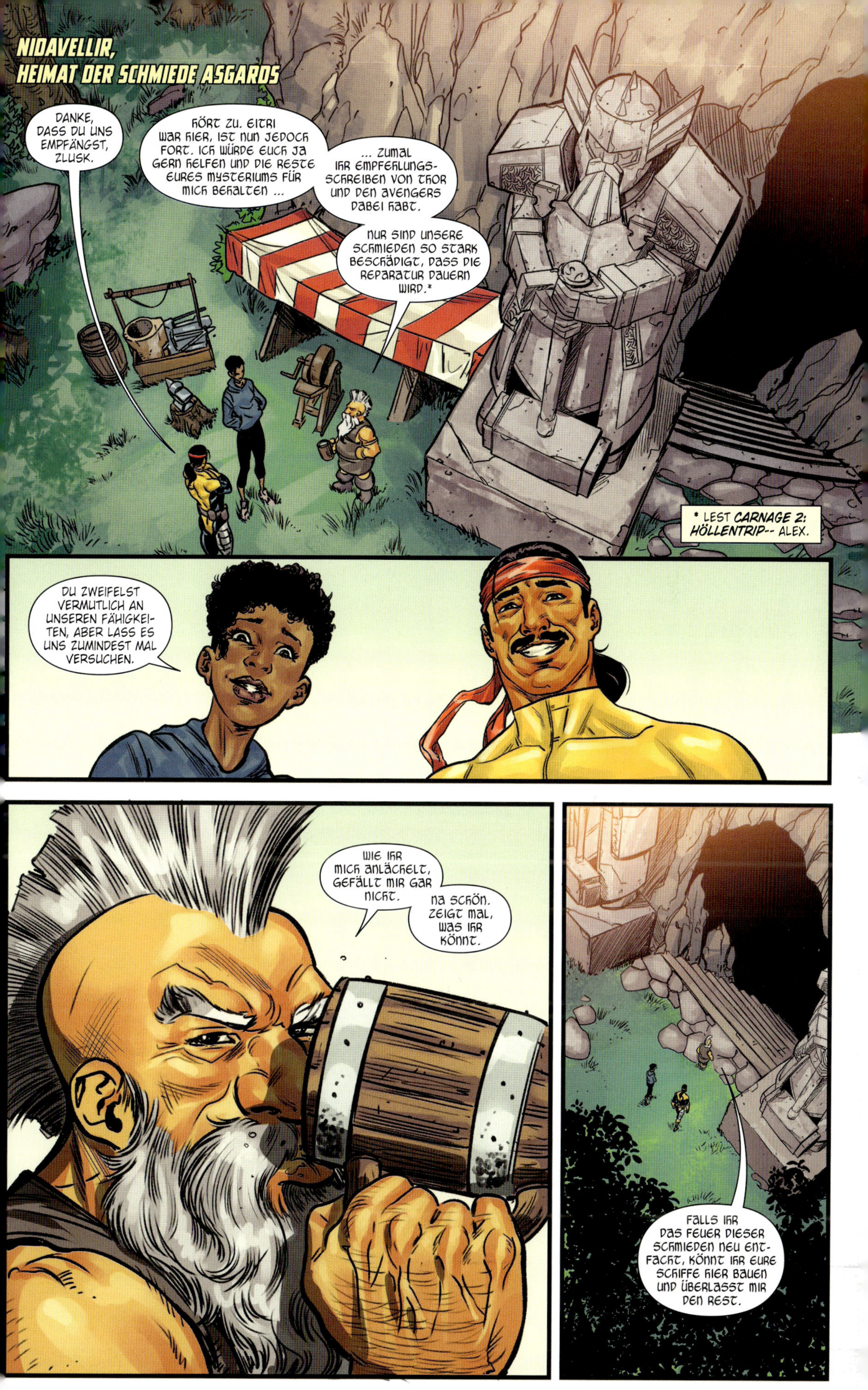

**NIDAVELLIR,
HEIMAT DER SCHMIEDE ASGARDS**

DANKE, DASS DU UNS EMPFÄNGST, ZLUSK.

HÖRT ZU. EITRI WAR HIER, IST NUN JEDOCH FORT. ICH WÜRDE EUCH JA GERN HELFEN UND DIE RESTE EURES MYSTERIUMS FÜR MICH BEHALTEN ...

... ZUMAL IHR EMPFEHLUNGSSCHREIBEN VON THOR UND DEN AVENGERS DABEI HABT.

NUR SIND UNSERE SCHMIEDEN SO STARK BESCHÄDIGT, DASS DIE REPARATUR DAUERN WIRD.*

* LEST ***CARNAGE 2: HÖLLENTRIP***-- ALEX.

DU ZWEIFELST VERMUTLICH AN UNSEREN FÄHIGKEITEN, ABER LASS ES UNS ZUMINDEST MAL VERSUCHEN.

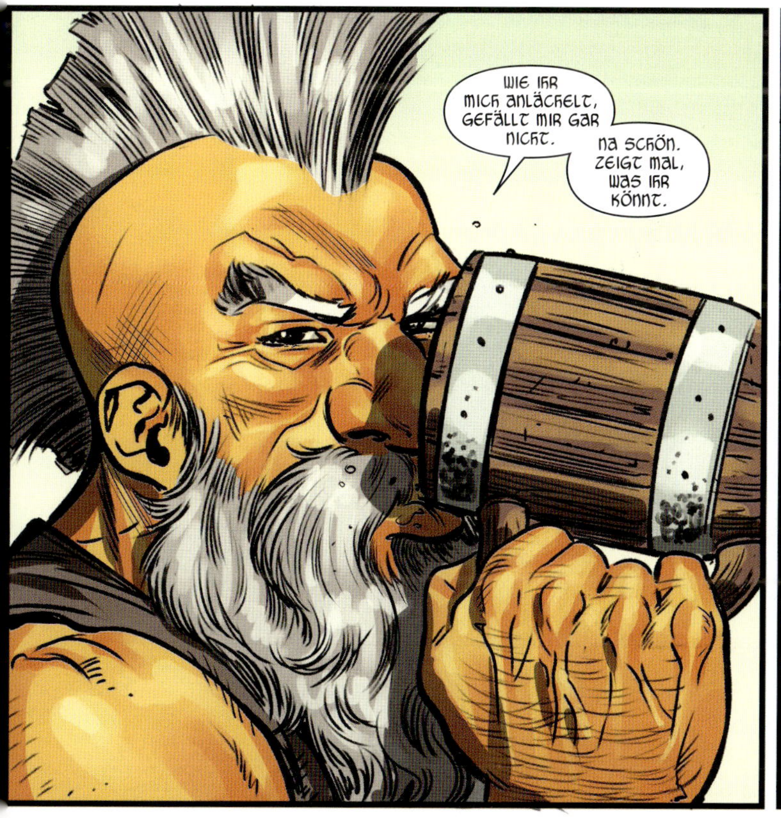

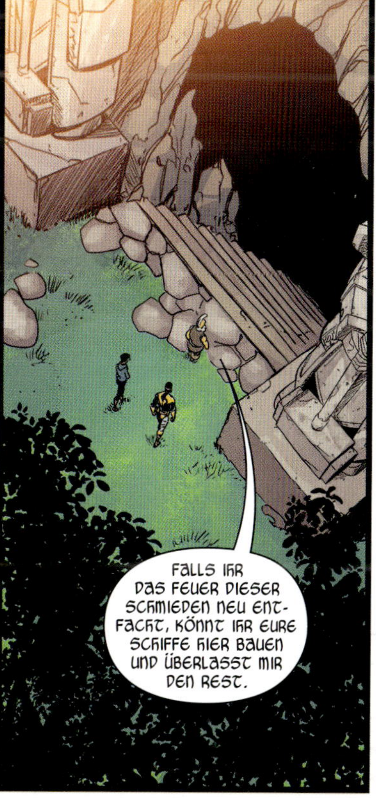

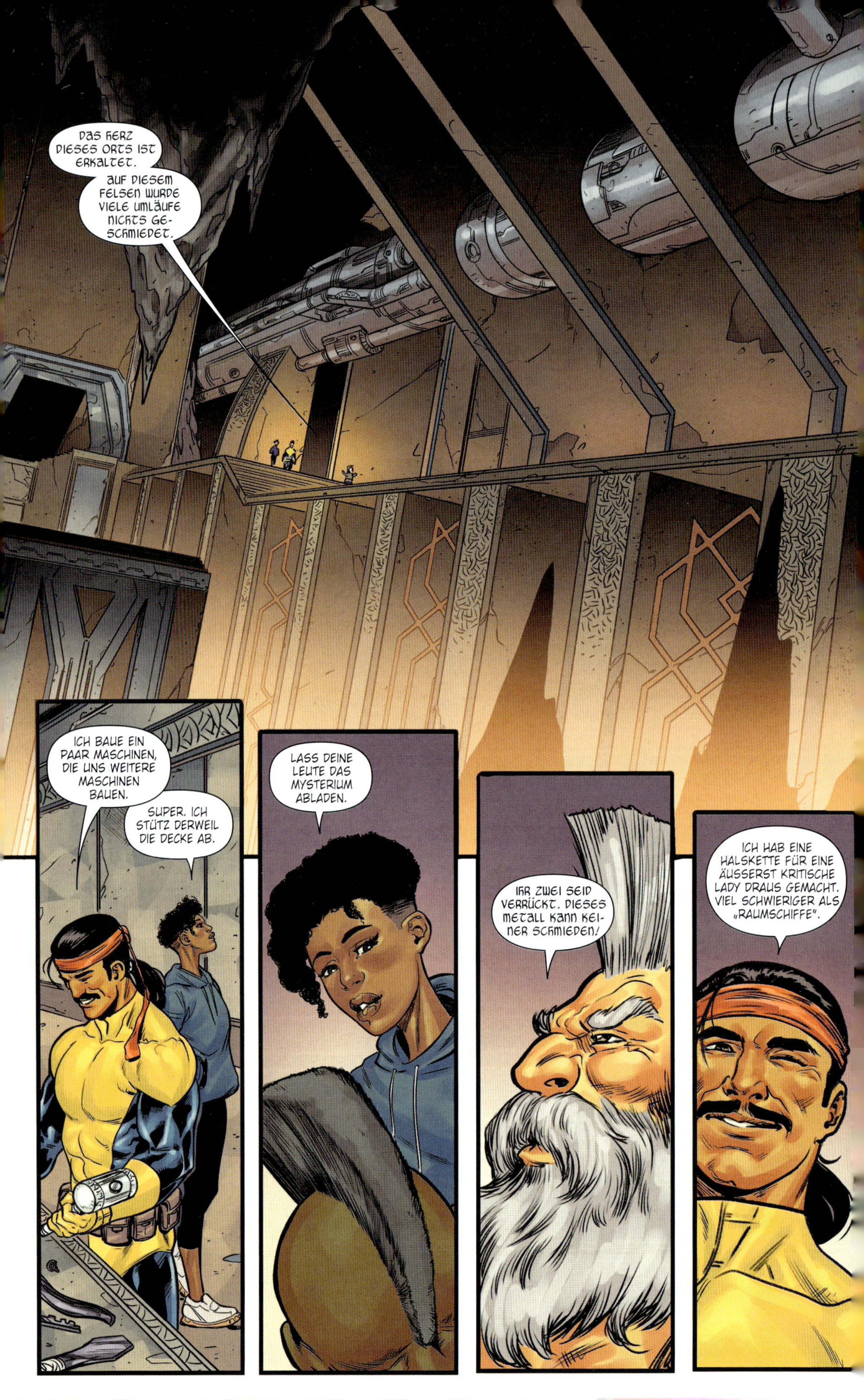
DAS HERZ DIESES ORTS IST ERKALTET.
AUF DIESEM FELSEN WURDE VIELE UMLÄUFE NICHTS GE-SCHMIEDET.
ICH BAUE EIN PAAR MASCHINEN, DIE UNS WEITERE MASCHINEN BAUEN.
SUPER. ICH STÜTZ DERWEIL DIE DECKE AB.
LASS DEINE LEUTE DAS MYSTERIUM ABLADEN.
IHR ZWEI SEID VERRÜCKT. DIESES METALL KANN KEI-NER SCHMIEDEN!
ICH HAB EINE HALSKETTE FÜR EINE ÄUSSERST KRITISCHE LADY DRAUS GEMACHT. VIEL SCHWIERIGER ALS „RAUMSCHIFFE“.

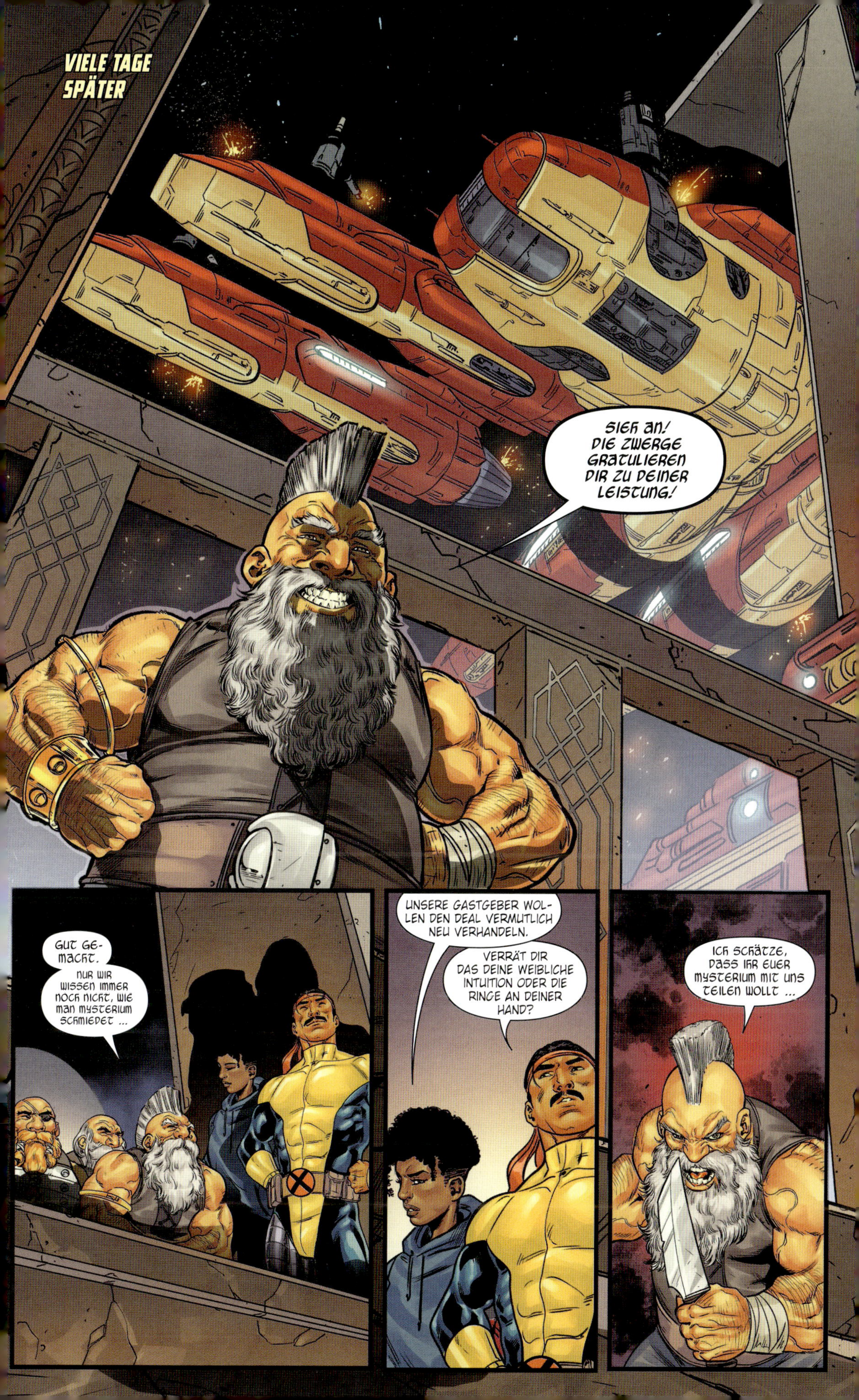
VIELE TAGE SPÄTER
SIEH AN! DIE ZWERGE GRATULIEREN DIR ZU DEINER LEISTUNG!
GUT GEMACHT.
NUR WIR WISSEN IMMER NOCH NICHT, WIE MAN MYSTERIUM SCHMIEDET ...
UNSERE GASTGEBER WOLLEN DEN DEAL VERMUTLICH NEU VERHANDELN.
VERRÄT DIR DAS DEINE WEIBLICHE INTUITION ODER DIE RINGE AN DEINER HAND?
ICH SCHÄTZE, DASS IHR EUER MYSTERIUM MIT UNS TEILEN WOLLT ...

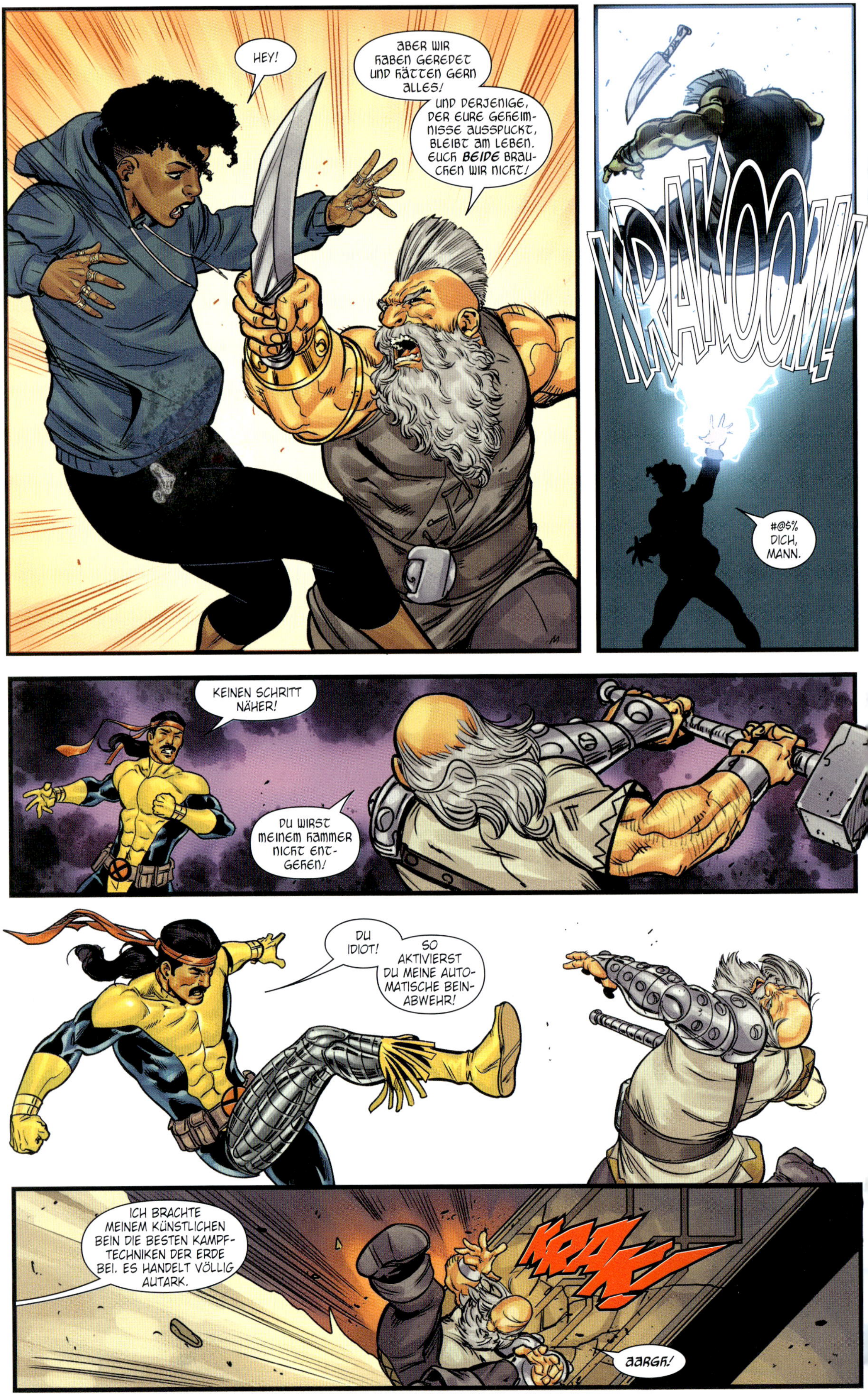

HEY!
ABER WIR HABEN GEREDET UND HÄTTEN GERN ALLES!
UND DERJENIGE, DER EURE GEHEIM-NISSE AUSSPUCKT, BLEIBT AM LEBEN. EUCH **BEIDE** BRAU-CHEN WIR NICHT!
KRAKOOM!
#@$% DICH, MANN.
KEINEN SCHRITT NÄHER!
DU WIRST MEINEM HAMMER NICHT ENT-GEHEN!
DU IDIOT!
SO AKTIVIERST DU MEINE AUTO-MATISCHE BEIN-ABWEHR!
ICH BRACHTE MEINEM KÜNSTLICHEN BEIN DIE BESTEN KAMPF-TECHNIKEN DER ERDE BEI. ES HANDELT VÖLLIG AUTARK.
KRAK
AARGH!

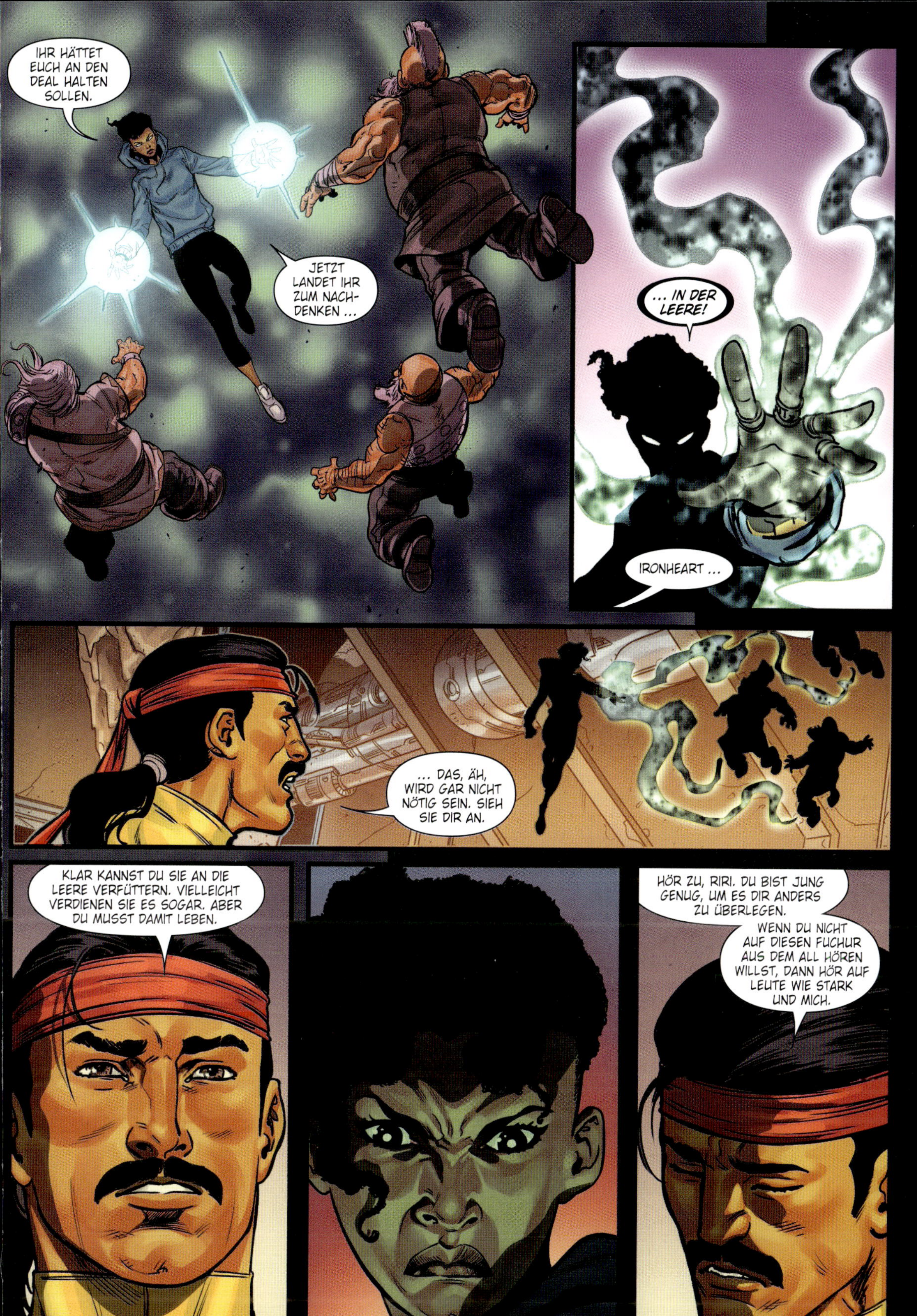
IHR HÄTTET EUCH AN DEN DEAL HALTEN SOLLEN.
JETZT LANDET IHR ZUM NACH-DENKEN ...
... IN DER LEERE!
IRONHEART ...
... DAS, ÄH, WIRD GAR NICHT NÖTIG SEIN. SIEH SIE DIR AN.
KLAR KANNST DU SIE AN DIE LEERE VERFÜTTERN. VIELLEICHT VERDIENEN SIE ES SOGAR. ABER DU MUSST DAMIT LEBEN.
HÖR ZU, RIRI. DU BIST JUNG GENUG, UM ES DIR ANDERS ZU ÜBERLEGEN.
WENN DU NICHT AUF DIESEN FUCHUR AUS DEM ALL HÖREN WILLST, DANN HÖR AUF LEUTE WIE STARK UND MICH.

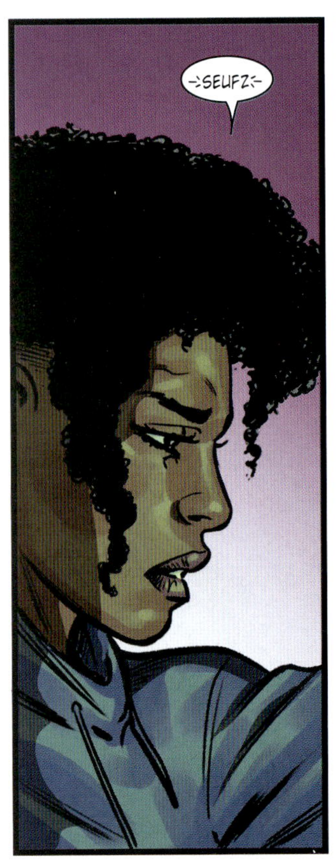
-:SEUFZ:-

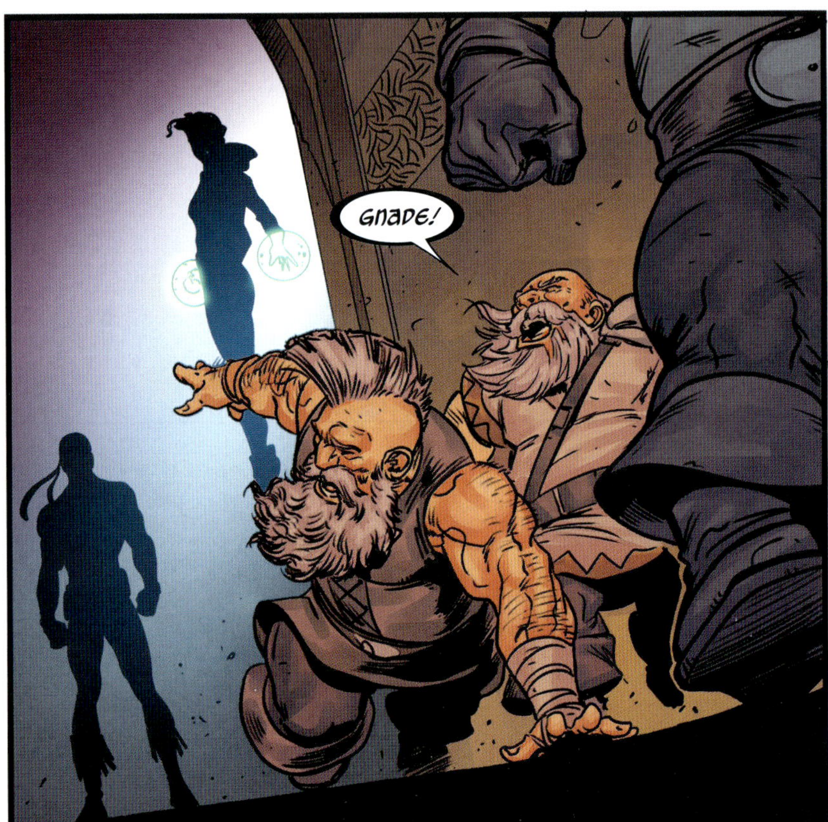
GNADE!

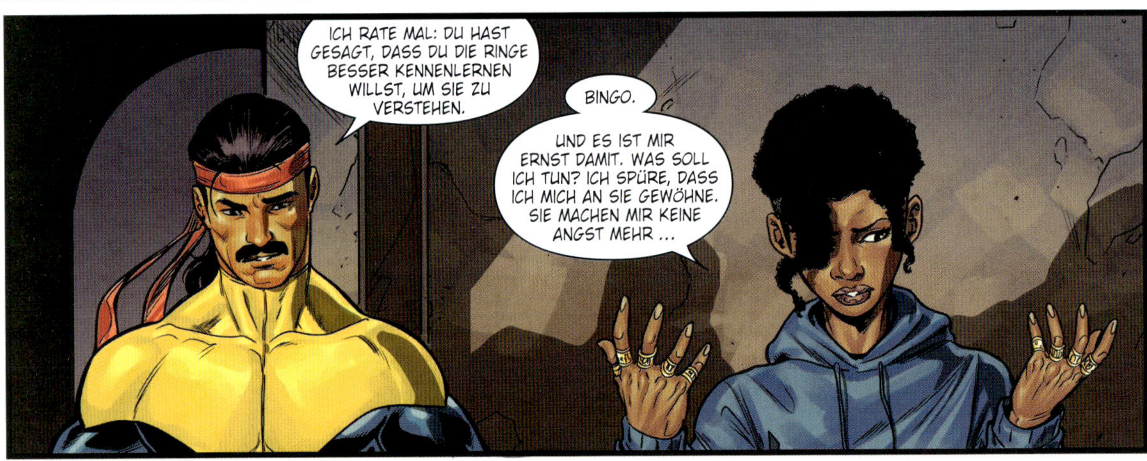
ICH RATE MAL: DU HAST GESAGT, DASS DU DIE RINGE BESSER KENNENLERNEN WILLST, UM SIE ZU VERSTEHEN.
BINGO.
UND ES IST MIR ERNST DAMIT. WAS SOLL ICH TUN? ICH SPÜRE, DASS ICH MICH AN SIE GEWÖHNE. SIE MACHEN MIR KEINE ANGST MEHR ...

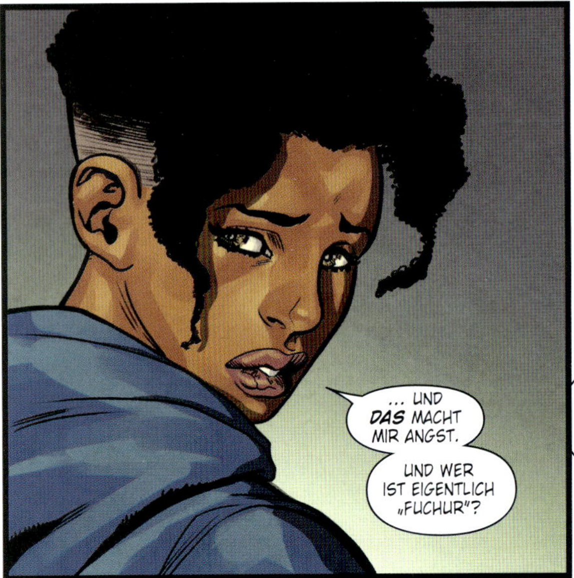
... UND *DAS* MACHT MIR ANGST.
UND WER IST EIGENTLICH „FUCHUR"?

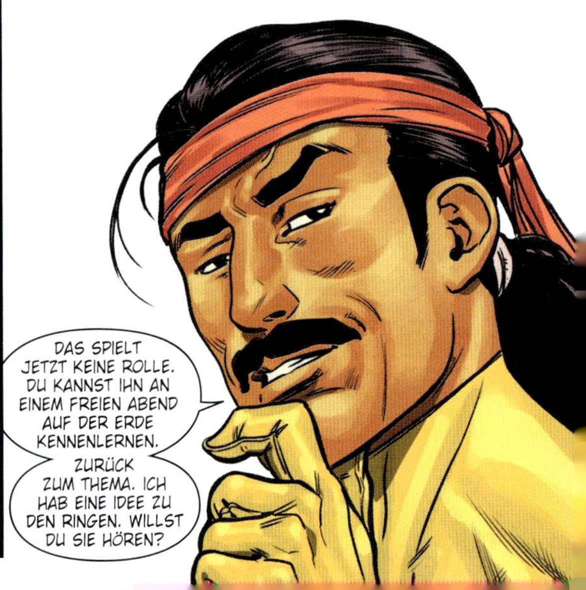
DAS SPIELT JETZT KEINE ROLLE. DU KANNST IHN AN EINEM FREIEN ABEND AUF DER ERDE KENNENLERNEN.
ZURÜCK ZUM THEMA. ICH HAB EINE IDEE ZU DEN RINGEN. WILLST DU SIE HÖREN?

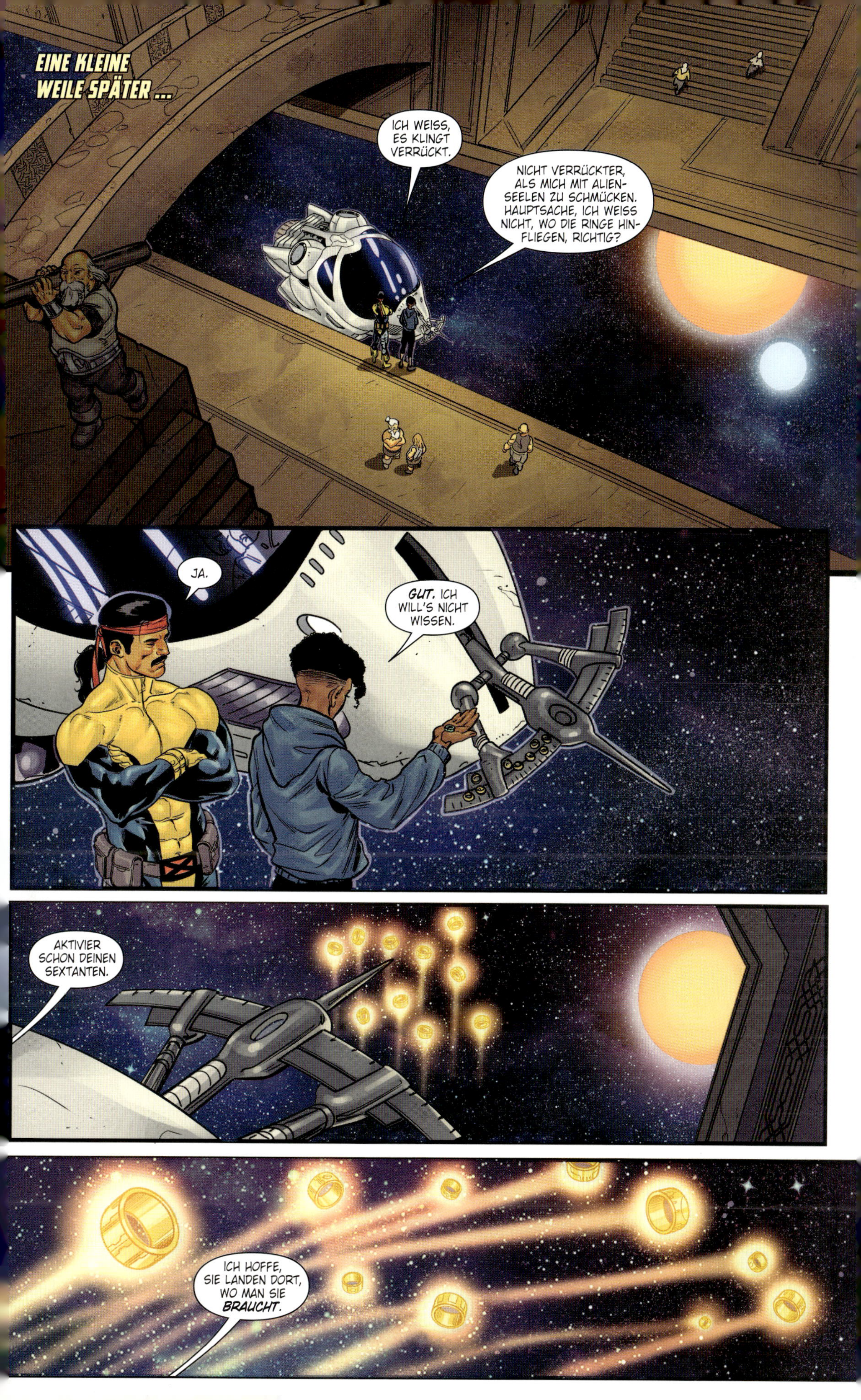

EINE KLEINE WEILE SPÄTER ...

ICH WEISS, ES KLINGT VERRÜCKT.

NICHT VERRÜCKTER, ALS MICH MIT ALIEN-SEELEN ZU SCHMÜCKEN. HAUPTSACHE, ICH WEISS NICHT, WO DIE RINGE HIN-FLIEGEN, RICHTIG?

JA.

GUT. ICH WILL'S NICHT WISSEN.

AKTIVIER SCHON DEINEN SEXTANTEN.

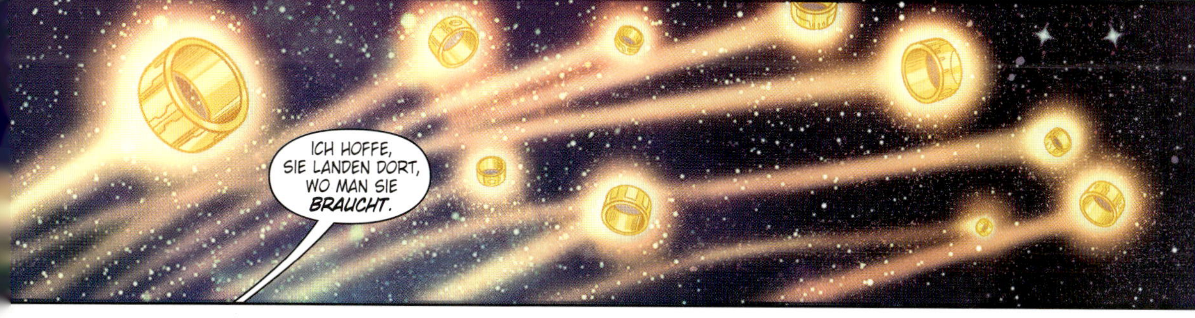

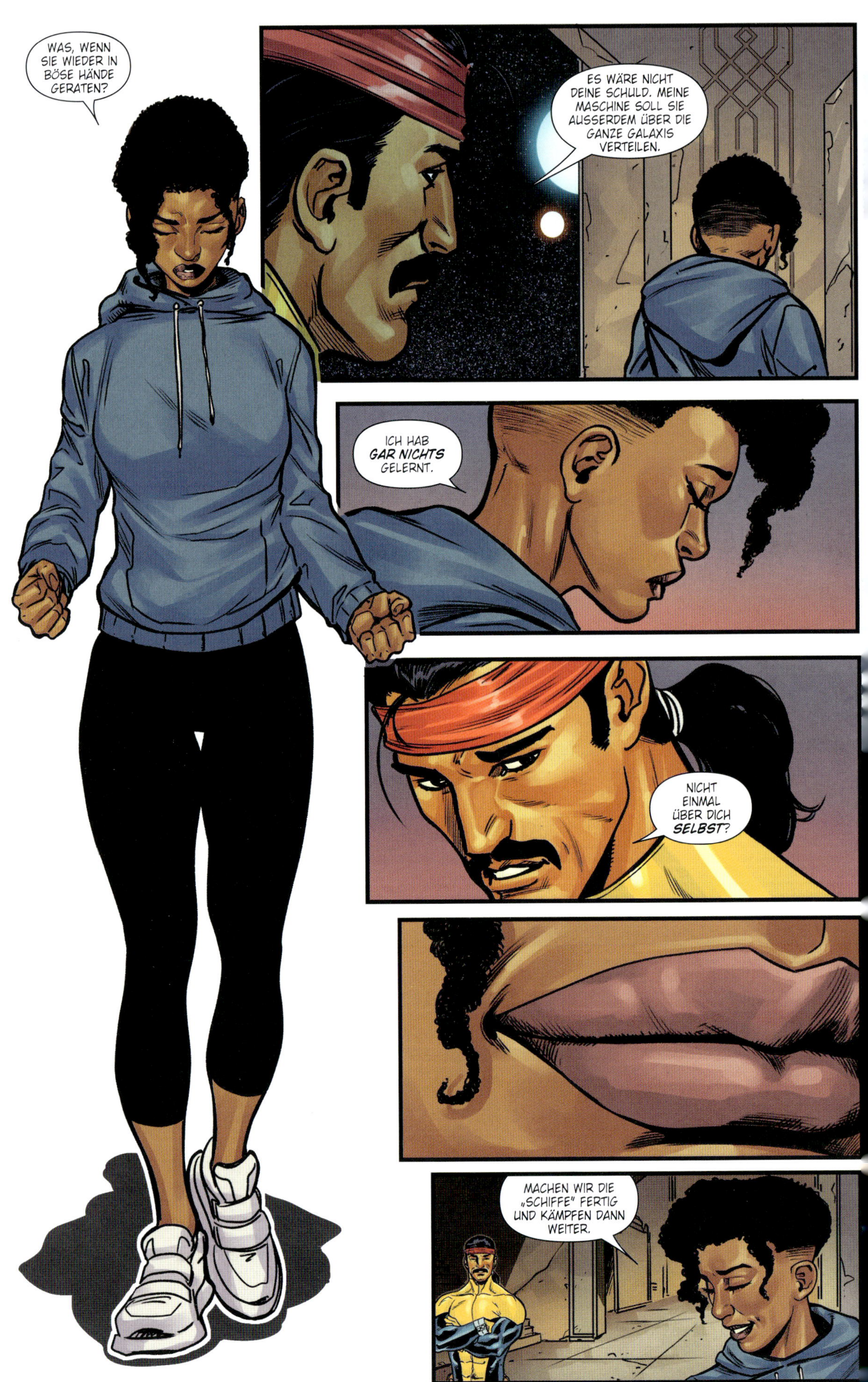
WAS, WENN SIE WIEDER IN BÖSE HÄNDE GERATEN?
ES WÄRE NICHT DEINE SCHULD. MEINE MASCHINE SOLL SIE AUSSERDEM ÜBER DIE GANZE GALAXIS VERTEILEN.
ICH HAB GAR NICHTS GELERNT.
NICHT EINMAL ÜBER DICH SELBST?
MACHEN WIR DIE „SCHIFFE" FERTIG UND KÄMPFEN DANN WEITER.

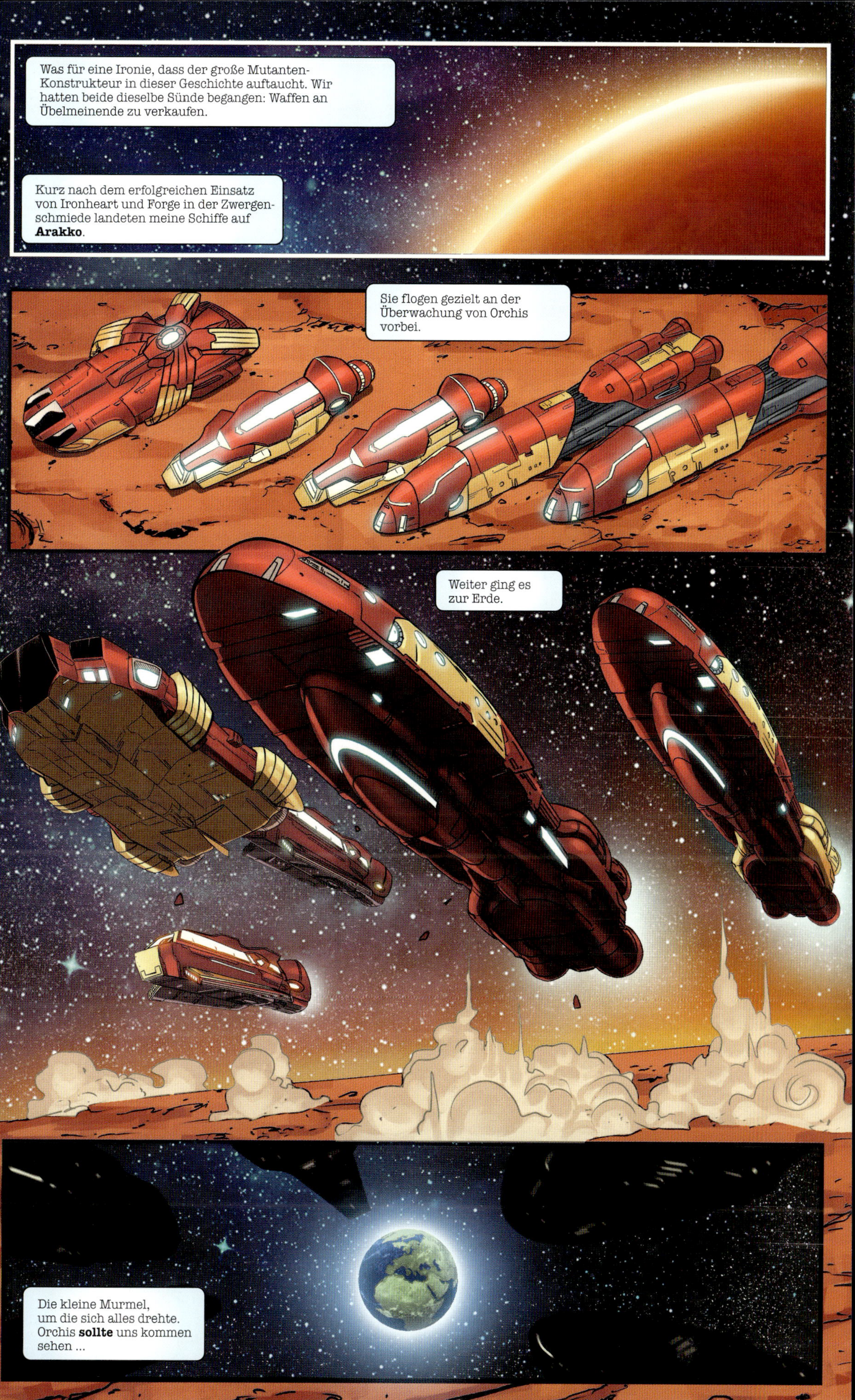
Was für eine Ironie, dass der große Mutanten-Konstrukteur in dieser Geschichte auftaucht. Wir hatten beide dieselbe Sünde begangen: Waffen an Übelmeinende zu verkaufen.
Kurz nach dem erfolgreichen Einsatz von Ironheart und Forge in der Zwergen-schmiede landeten meine Schiffe auf **Arakko**.
Sie flogen gezielt an der Überwachung von Orchis vorbei.
Weiter ging es zur Erde.
Die kleine Murmel, um die sich alles drehte. Orchis **sollte** uns kommen sehen ...

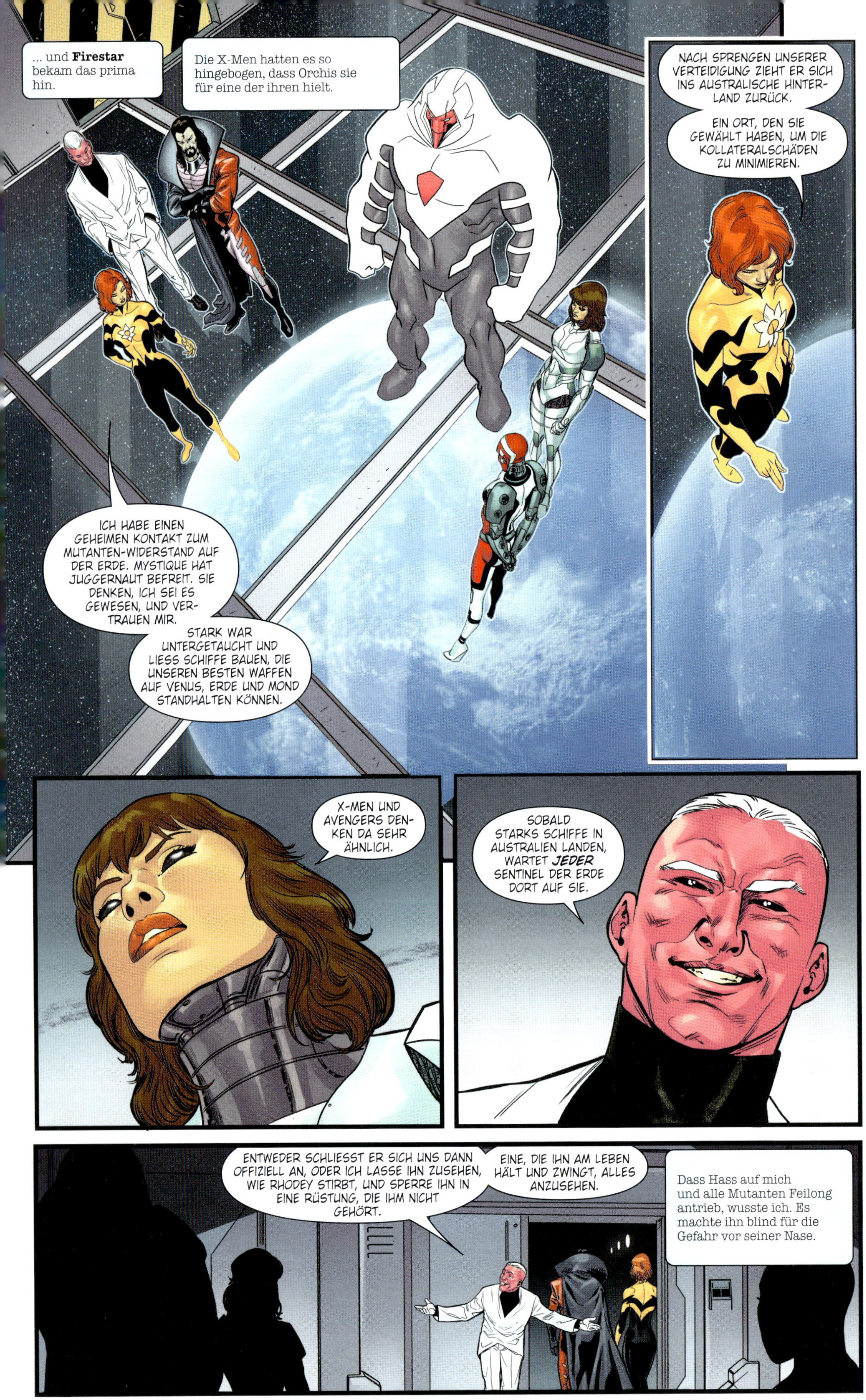

... und **Firestar** bekam das prima hin.

Die X-Men hatten es so hingebogen, dass Orchis sie für eine der ihren hielt.

ICH HABE EINEN GEHEIMEN KONTAKT ZUM MUTANTEN-WIDERSTAND AUF DER ERDE. MYSTIQUE HAT JUGGERNAUT BEFREIT. SIE DENKEN, ICH SEI ES GEWESEN, UND VERTRAUEN MIR.

STARK WAR UNTERGETAUCHT UND LIESS SCHIFFE BAUEN, DIE UNSEREN BESTEN WAFFEN AUF VENUS, ERDE UND MOND STANDHALTEN KÖNNEN.

NACH SPRENGEN UNSERER VERTEIDIGUNG ZIEHT ER SICH INS AUSTRALISCHE HINTERLAND ZURÜCK.

EIN ORT, DEN SIE GEWÄHLT HABEN, UM DIE KOLLATERALSCHÄDEN ZU MINIMIEREN.

X-MEN UND AVENGERS DENKEN DA SEHR ÄHNLICH.

SOBALD STARKS SCHIFFE IN AUSTRALIEN LANDEN, WARTET ***JEDER*** SENTINEL DER ERDE DORT AUF SIE.

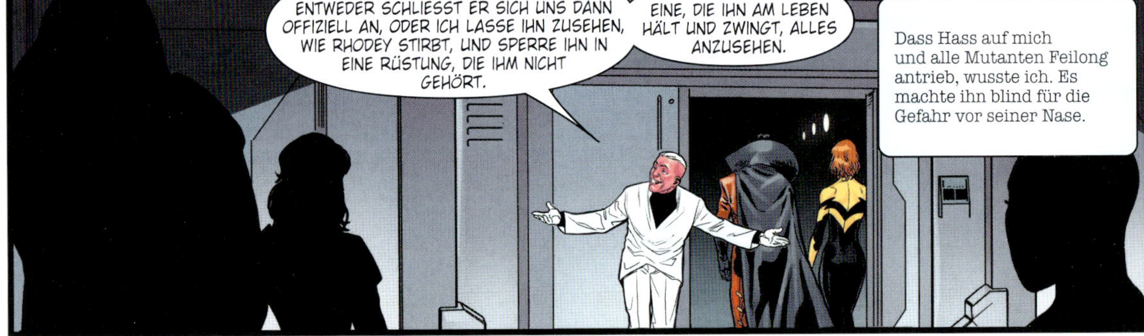

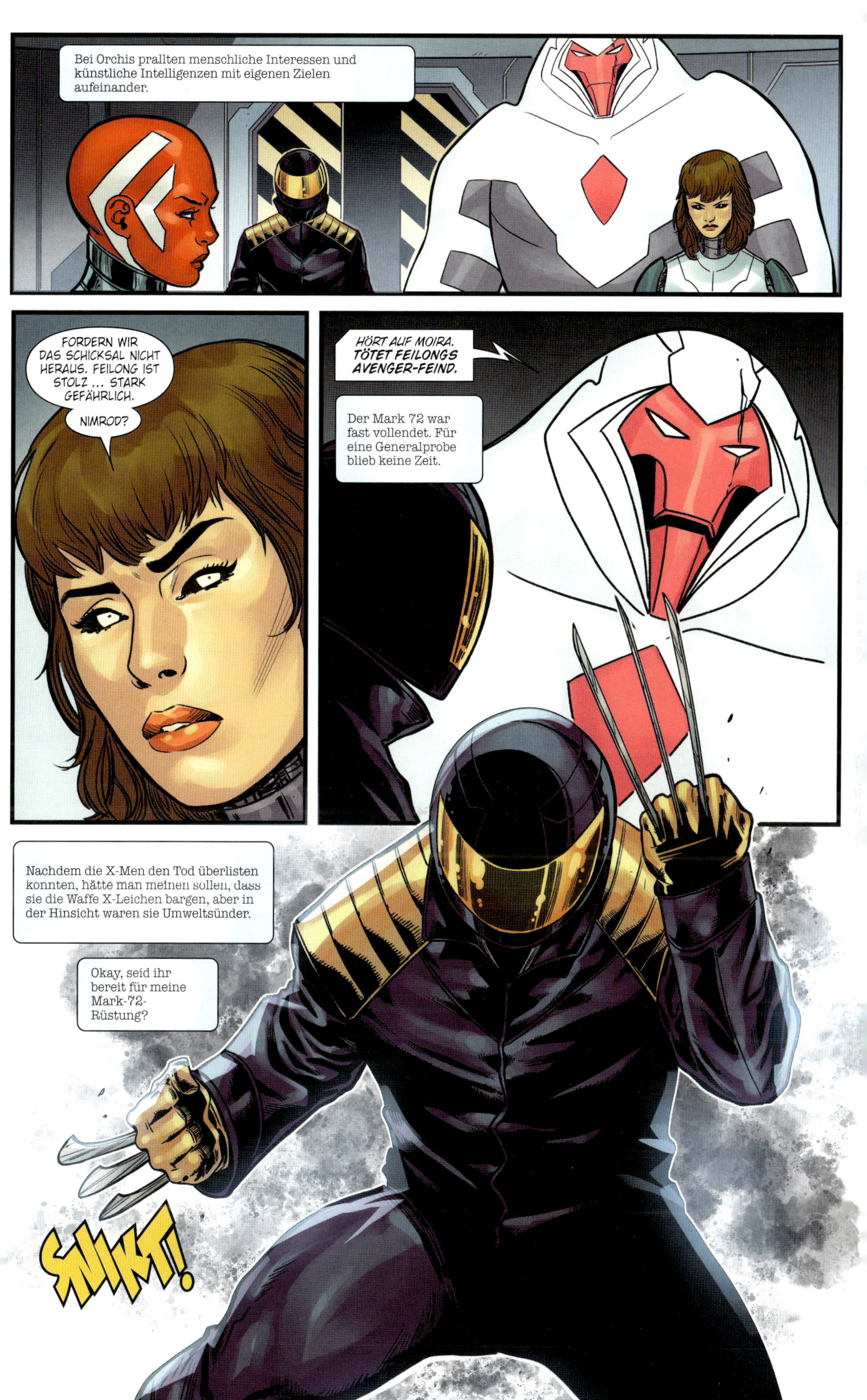
Bei Orchis prallten menschliche Interessen und künstliche Intelligenzen mit eigenen Zielen aufeinander.
FORDERN WIR DAS SCHICKSAL NICHT HERAUS. FEILONG IST STOLZ ... STARK GEFÄHRLICH.
NIMROD?
HÖRT AUF MOIRA. TÖTET FEILONGS AVENGER-FEIND.
Der Mark 72 war fast vollendet. Für eine Generalprobe blieb keine Zeit.
Nachdem die X-Men den Tod überlisten konnten, hätte man meinen sollen, dass sie die Waffe X-Leichen bargen, aber in der Hinsicht waren sie Umweltsünder.
Okay, seid ihr bereit für meine Mark-72-Rüstung?
SNIKT!

DER FLUSS

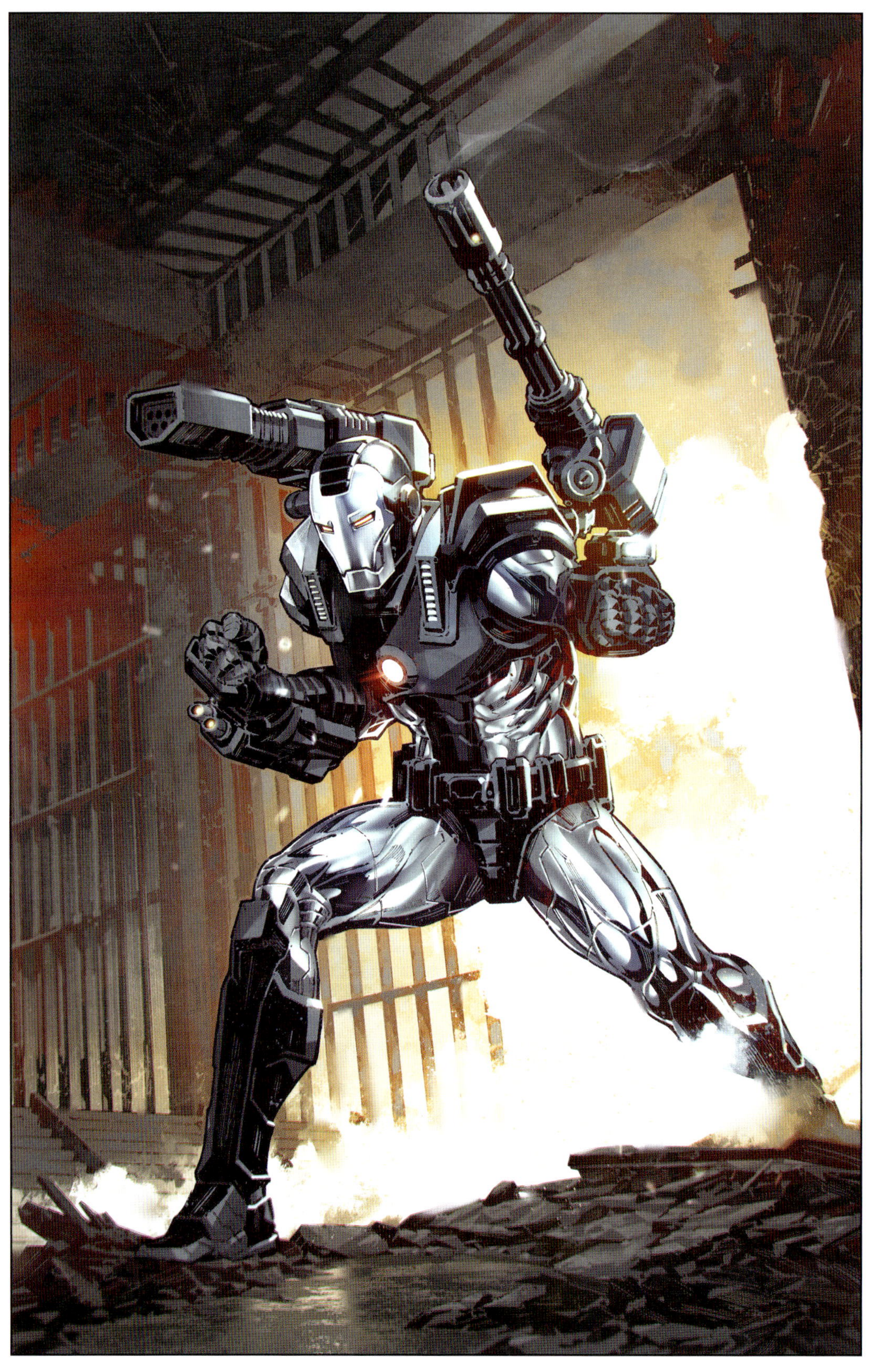

Invincible Iron Man (2022) 15
Cover von **KAEL NGU**

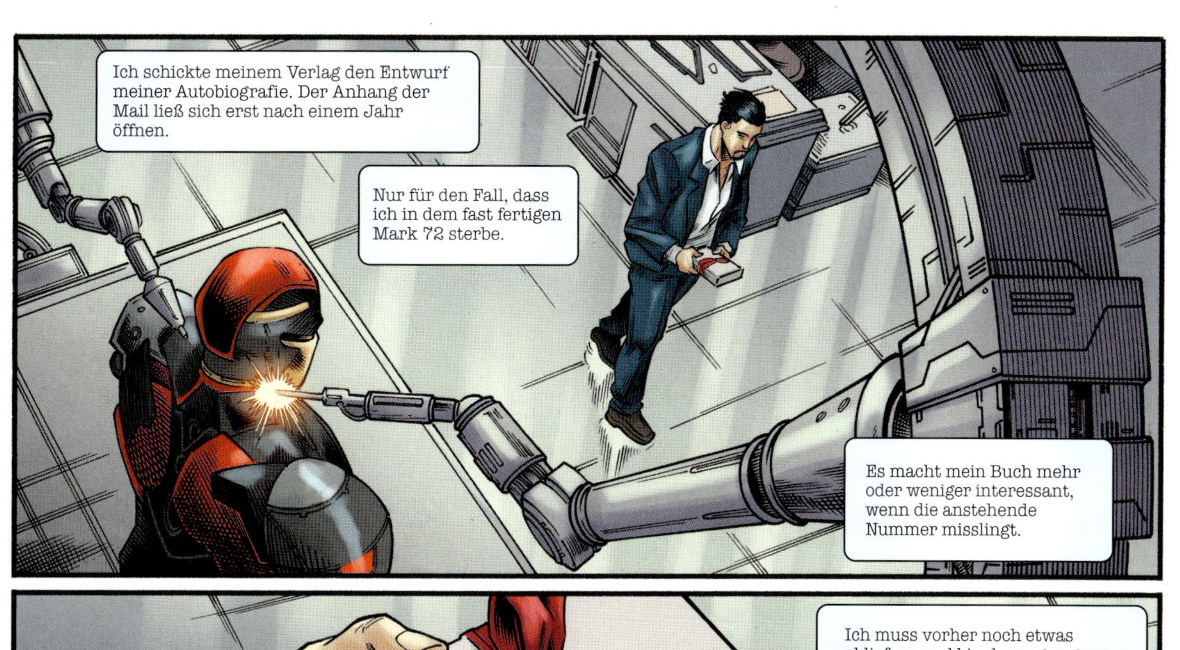
Ich schickte meinem Verlag den Entwurf meiner Autobiografie. Der Anhang der Mail ließ sich erst nach einem Jahr öffnen.
Nur für den Fall, dass ich in dem fast fertigen Mark 72 sterbe.
Es macht mein Buch mehr oder weniger interessant, wenn die anstehende Nummer misslingt.

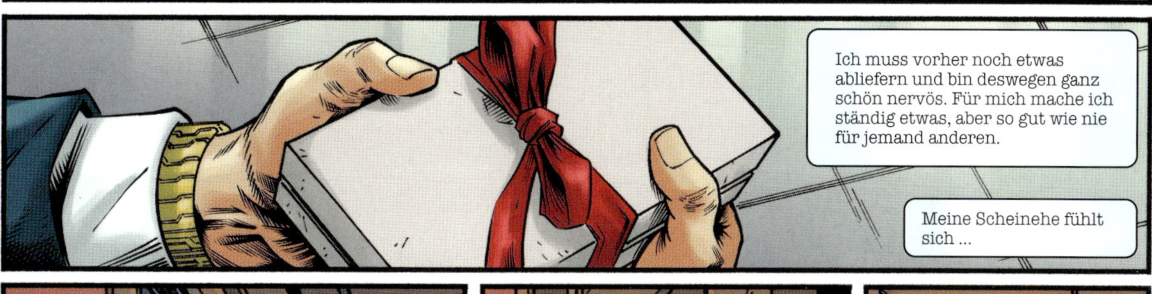
Ich muss vorher noch etwas abliefern und bin deswegen ganz schön nervös. Für mich mache ich ständig etwas, aber so gut wie nie für jemand anderen.
Meine Scheinehe fühlt sich ...

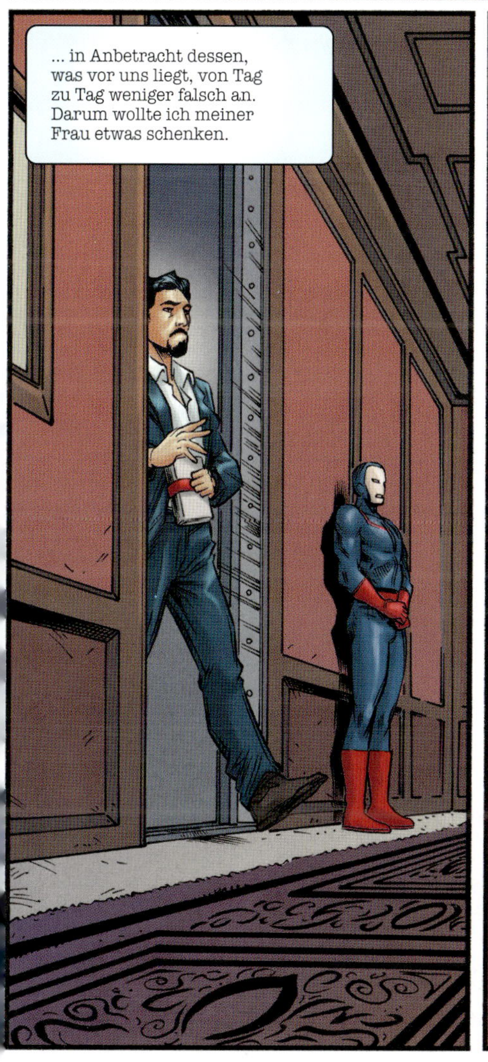
... in Anbetracht dessen, was vor uns liegt, von Tag zu Tag weniger falsch an. Darum wollte ich meiner Frau etwas schenken.

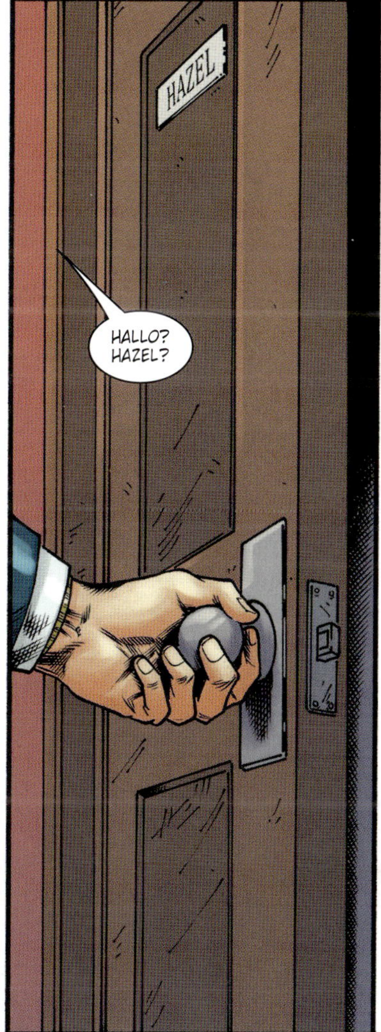
HAZEL
HALLO? HAZEL?

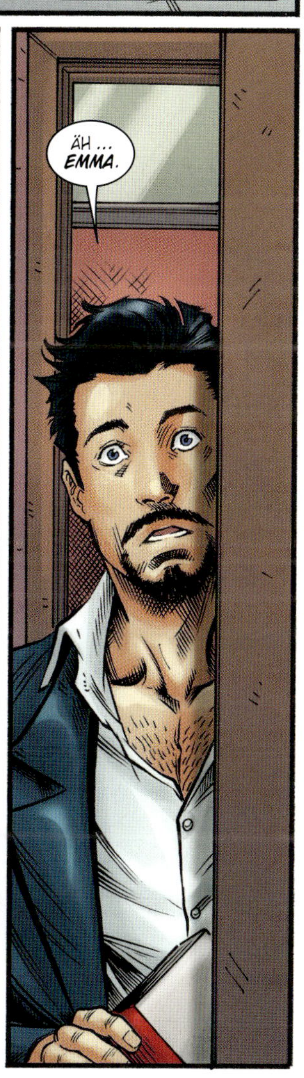
ÄH ... *EMMA*.

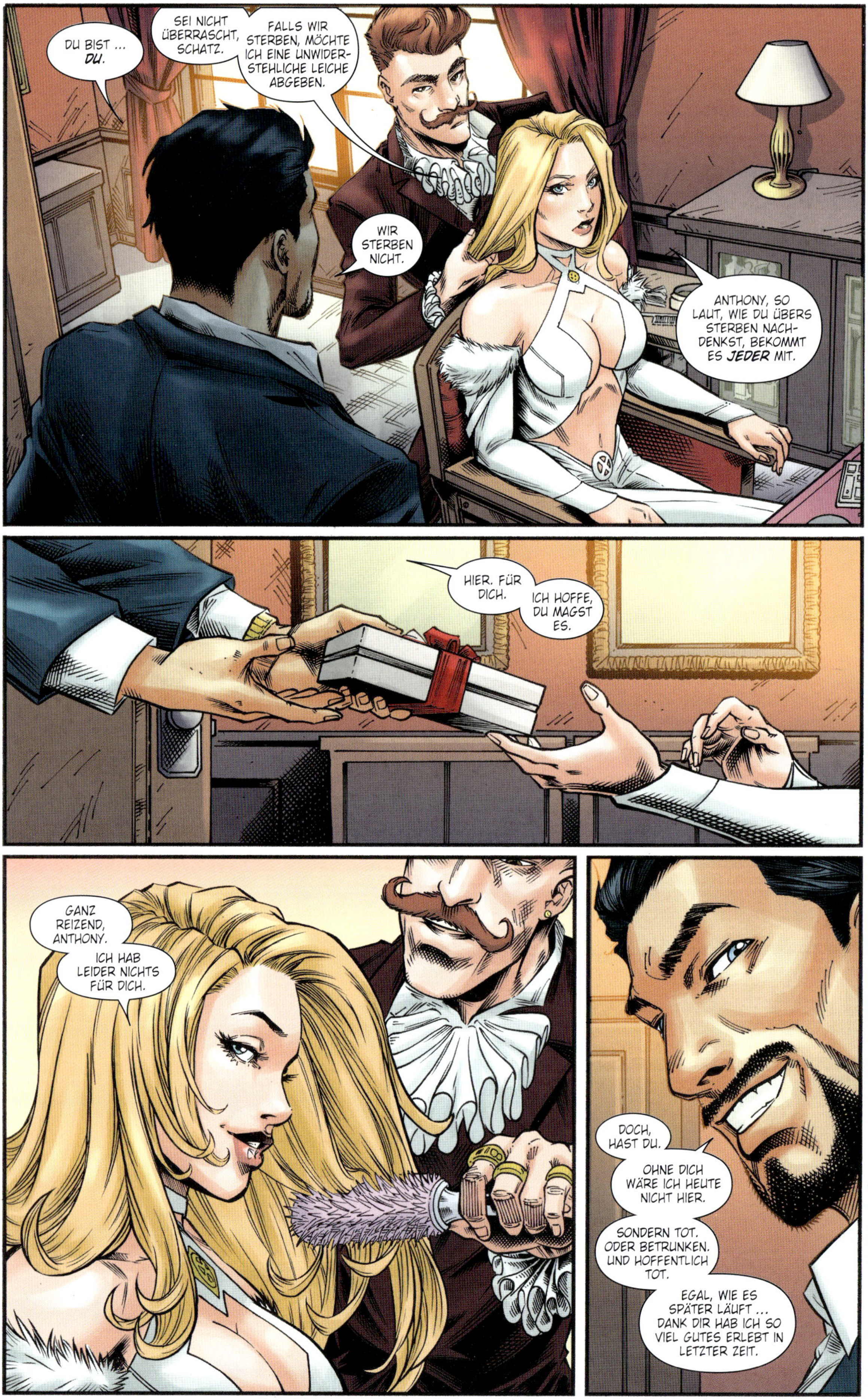

DU BIST ... *DU*.
SEI NICHT ÜBERRASCHT, SCHATZ.
FALLS WIR STERBEN, MÖCHTE ICH EINE UNWIDERSTEHLICHE LEICHE ABGEBEN.
WIR STERBEN NICHT.
ANTHONY, SO LAUT, WIE DU ÜBERS STERBEN NACHDENKST, BEKOMMT ES *JEDER* MIT.

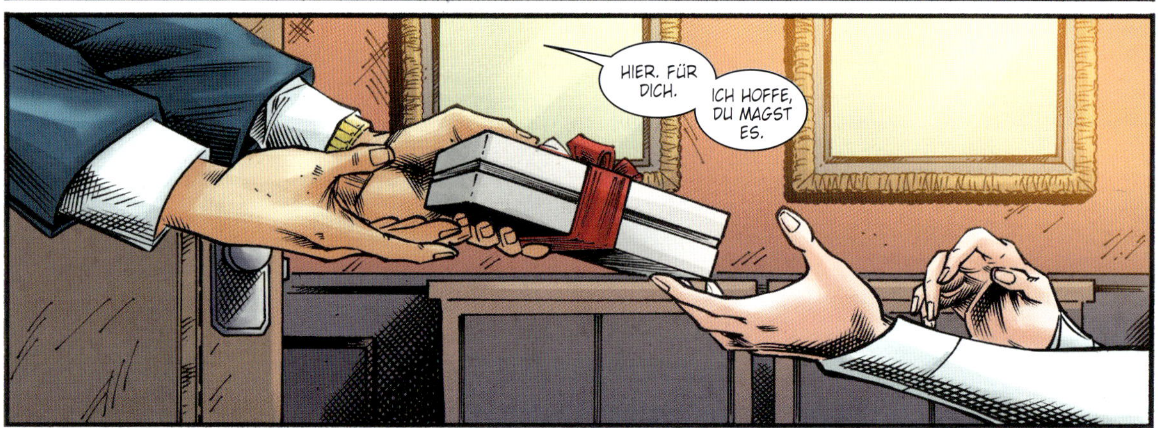
HIER. FÜR DICH.
ICH HOFFE, DU MAGST ES.

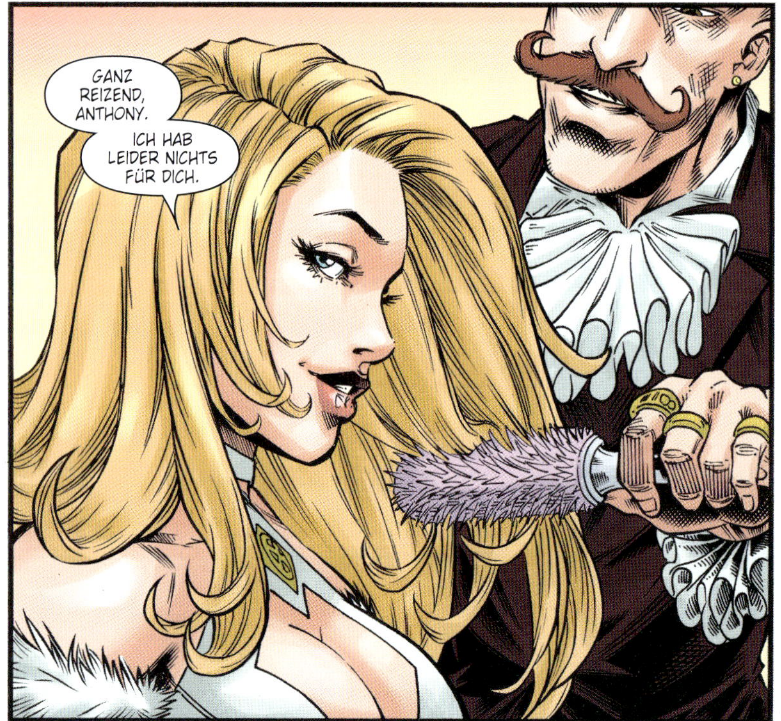
GANZ REIZEND, ANTHONY.
ICH HAB LEIDER NICHTS FÜR DICH.

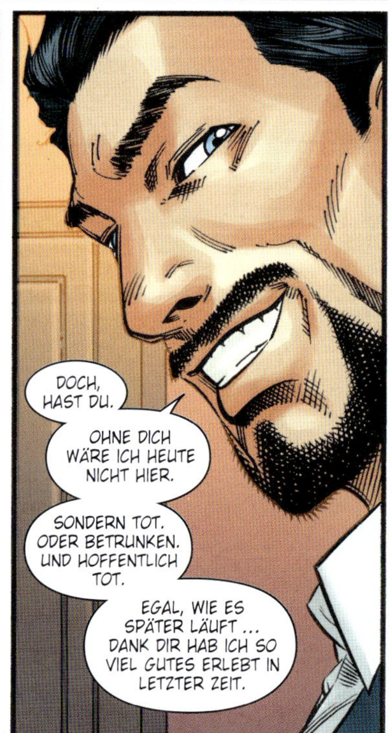
DOCH, HAST DU.
OHNE DICH WÄRE ICH HEUTE NICHT HIER.
SONDERN TOT. ODER BETRUNKEN. UND HOFFENTLICH TOT.
EGAL, WIE ES SPÄTER LÄUFT ... DANK DIR HAB ICH SO VIEL GUTES ERLEBT IN LETZTER ZEIT.

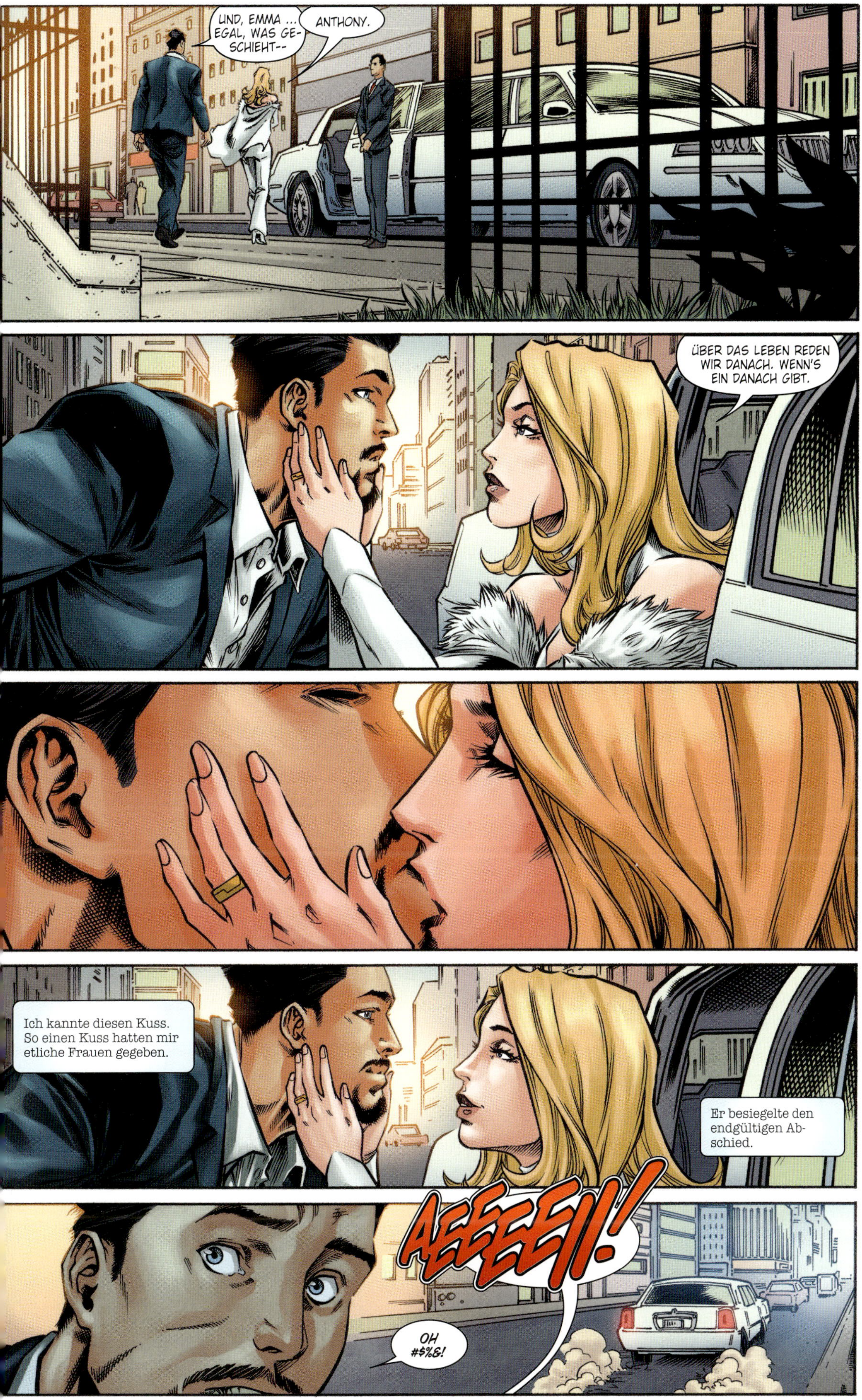

UND, EMMA ... EGAL, WAS GESCHIEHT--
ANTHONY.

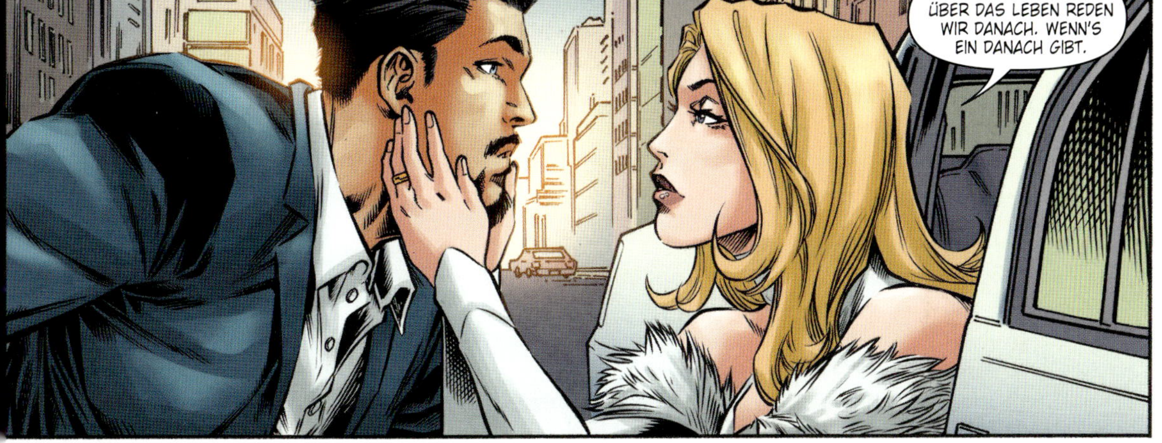

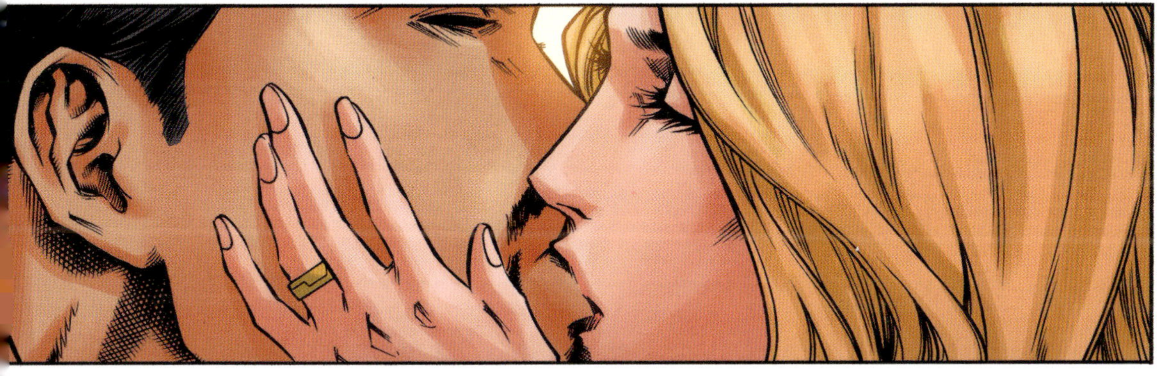

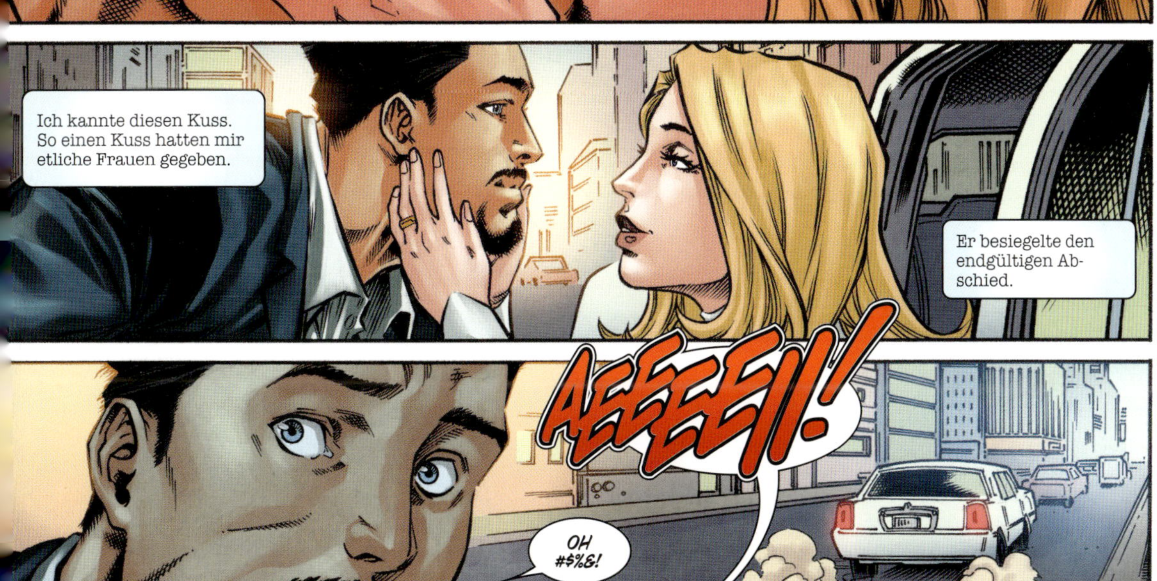

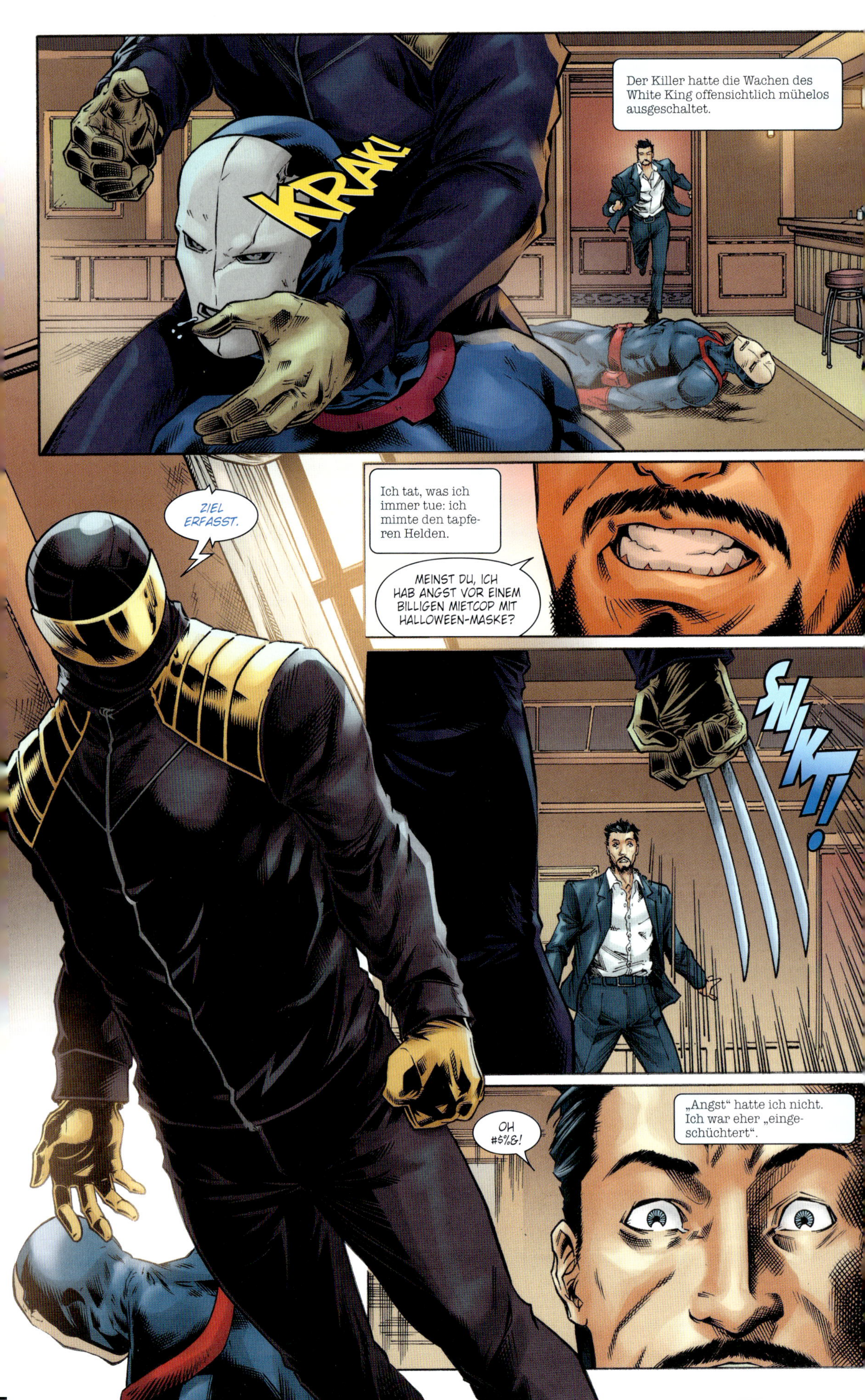
Der Killer hatte die Wachen des White King offensichtlich mühelos ausgeschaltet.
KRAK!
ZIEL ERFASST.
Ich tat, was ich immer tue: ich mimte den tapferen Helden.
MEINST DU, ICH HAB ANGST VOR EINEM BILLIGEN MIETCOP MIT HALLOWEEN-MASKE?
SNIKT!
OH #$%&!
„Angst" hatte ich nicht. Ich war eher „eingeschüchtert".

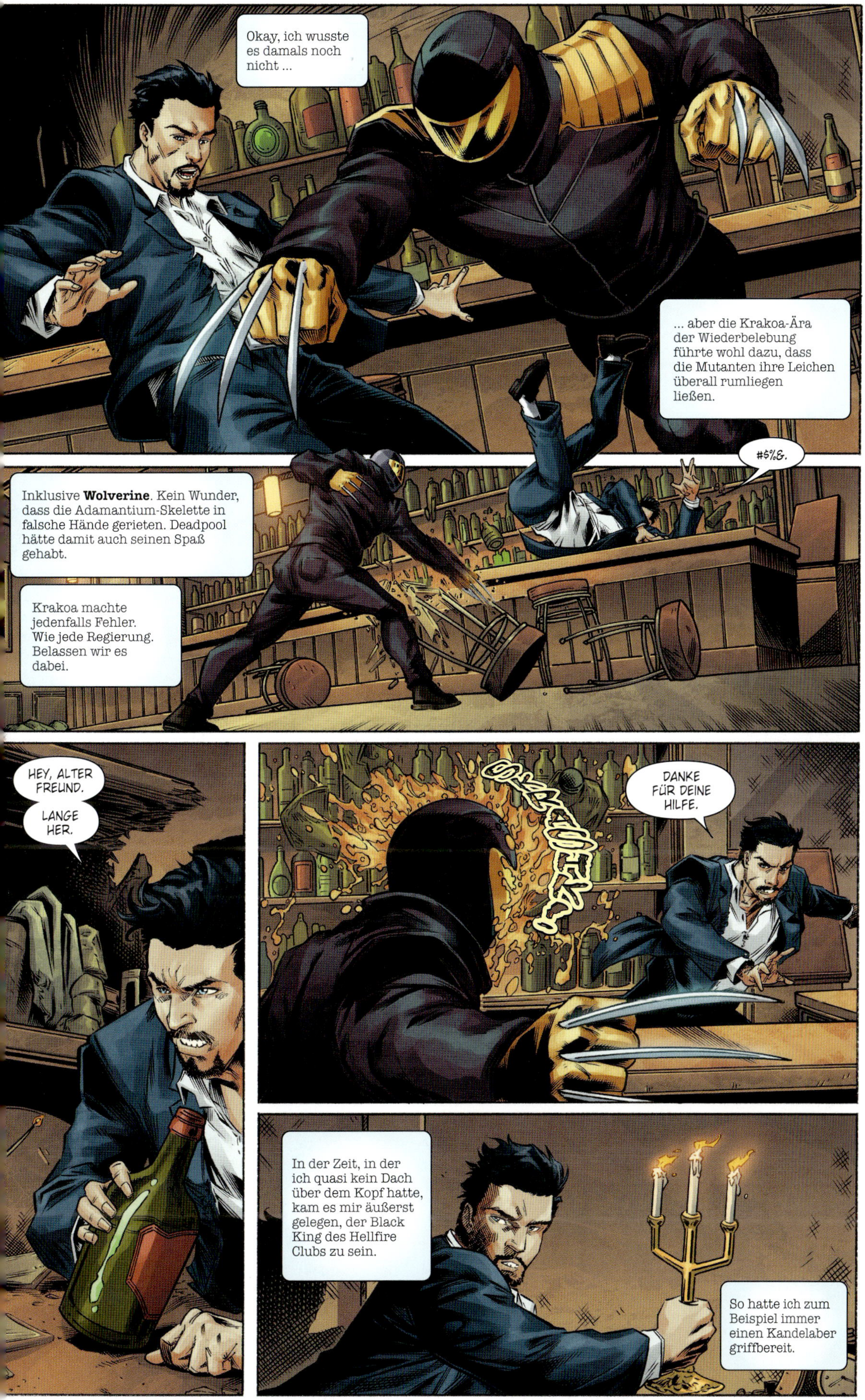

Okay, ich wusste es damals noch nicht ...

... aber die Krakoa-Ära der Wiederbelebung führte wohl dazu, dass die Mutanten ihre Leichen überall rumliegen ließen.

Inklusive **Wolverine**. Kein Wunder, dass die Adamantium-Skelette in falsche Hände gerieten. Deadpool hätte damit auch seinen Spaß gehabt.

#$%&.

Krakoa machte jedenfalls Fehler. Wie jede Regierung. Belassen wir es dabei.

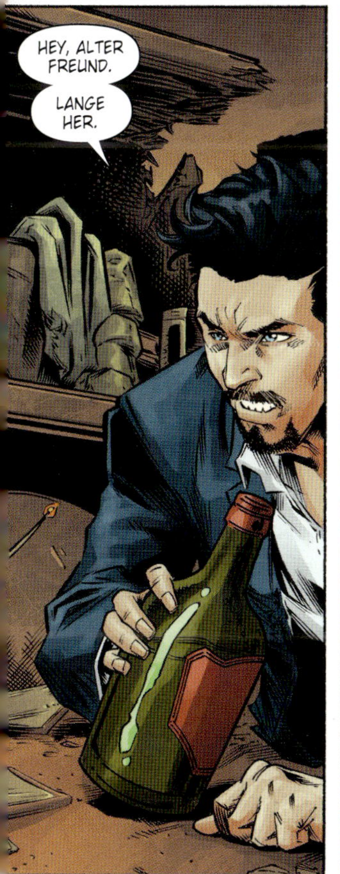

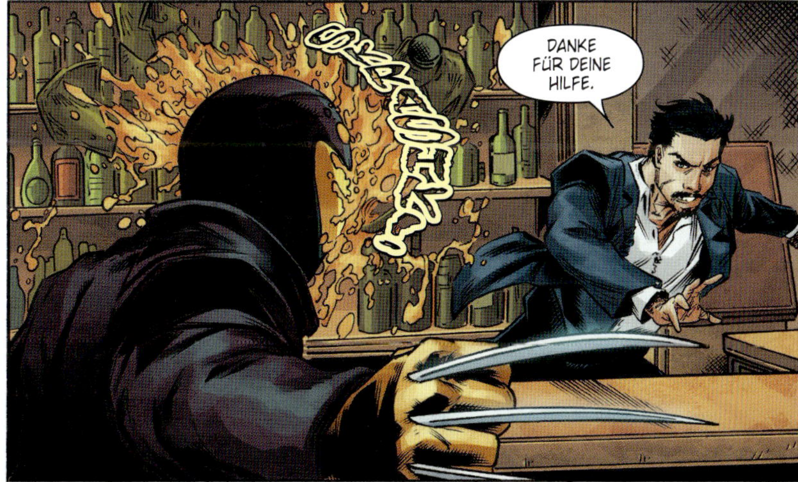

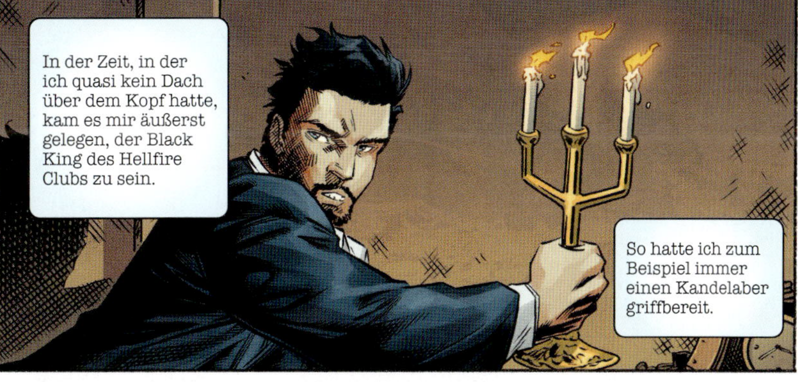

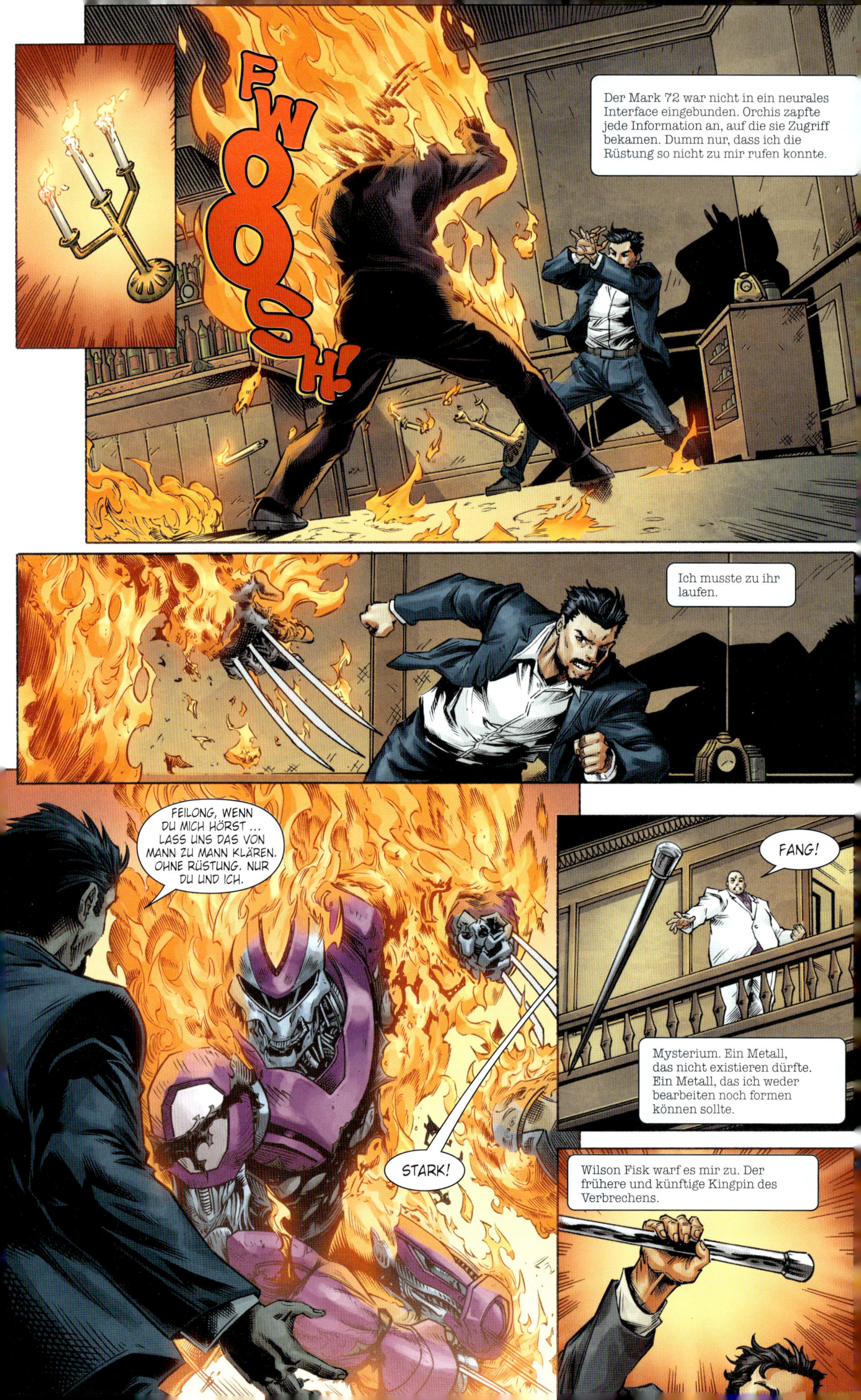
FWOOOSH!
Der Mark 72 war nicht in ein neurales Interface eingebunden. Orchis zapfte jede Information an, auf die sie Zugriff bekamen. Dumm nur, dass ich die Rüstung so nicht zu mir rufen konnte.
Ich musste zu ihr laufen.
FEILONG, WENN DU MICH HÖRST ... LASS UNS DAS VON MANN ZU MANN KLÄREN. OHNE RÜSTUNG. NUR DU UND ICH.
STARK!
FANG!
Mysterium. Ein Metall, das nicht existieren dürfte. Ein Metall, das ich weder bearbeiten noch formen können sollte.
Wilson Fisk warf es mir zu. Der frühere und künftige Kingpin des Verbrechens.

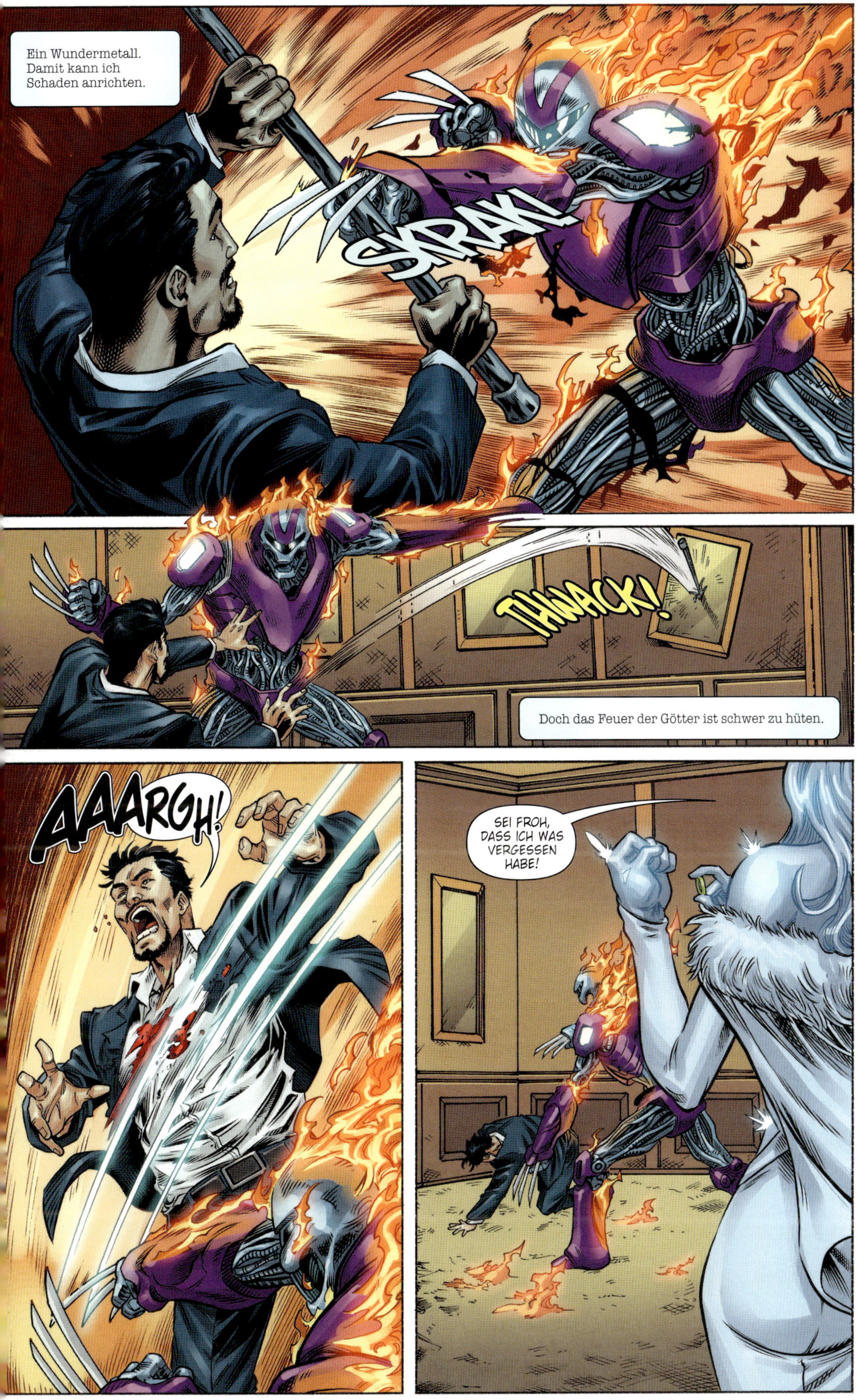

Ein Wundermetall.
Damit kann ich
Schaden anrichten.

SKRAK!

THWACK!

Doch das Feuer der Götter ist schwer zu hüten.

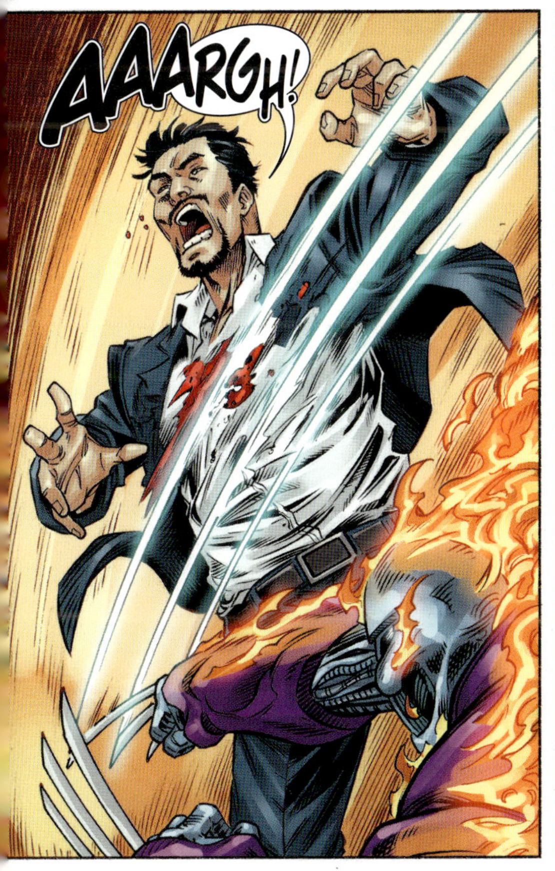

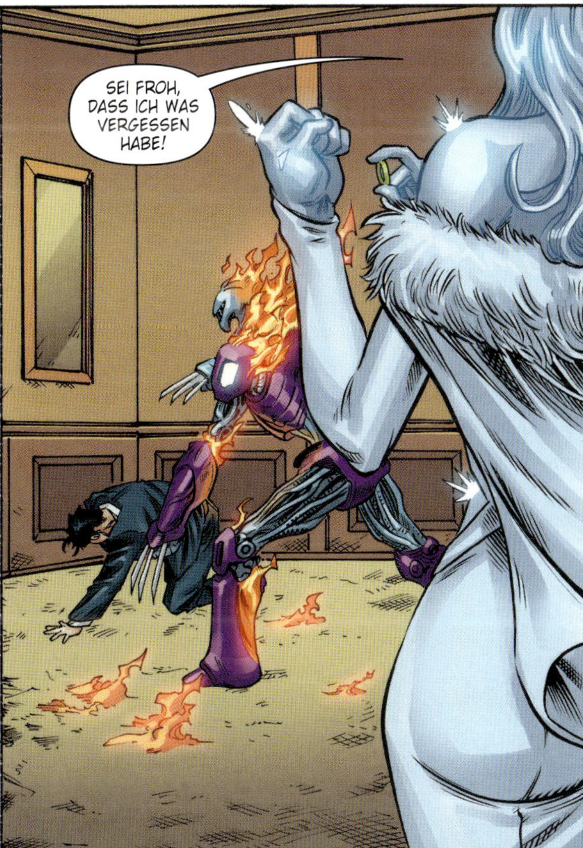

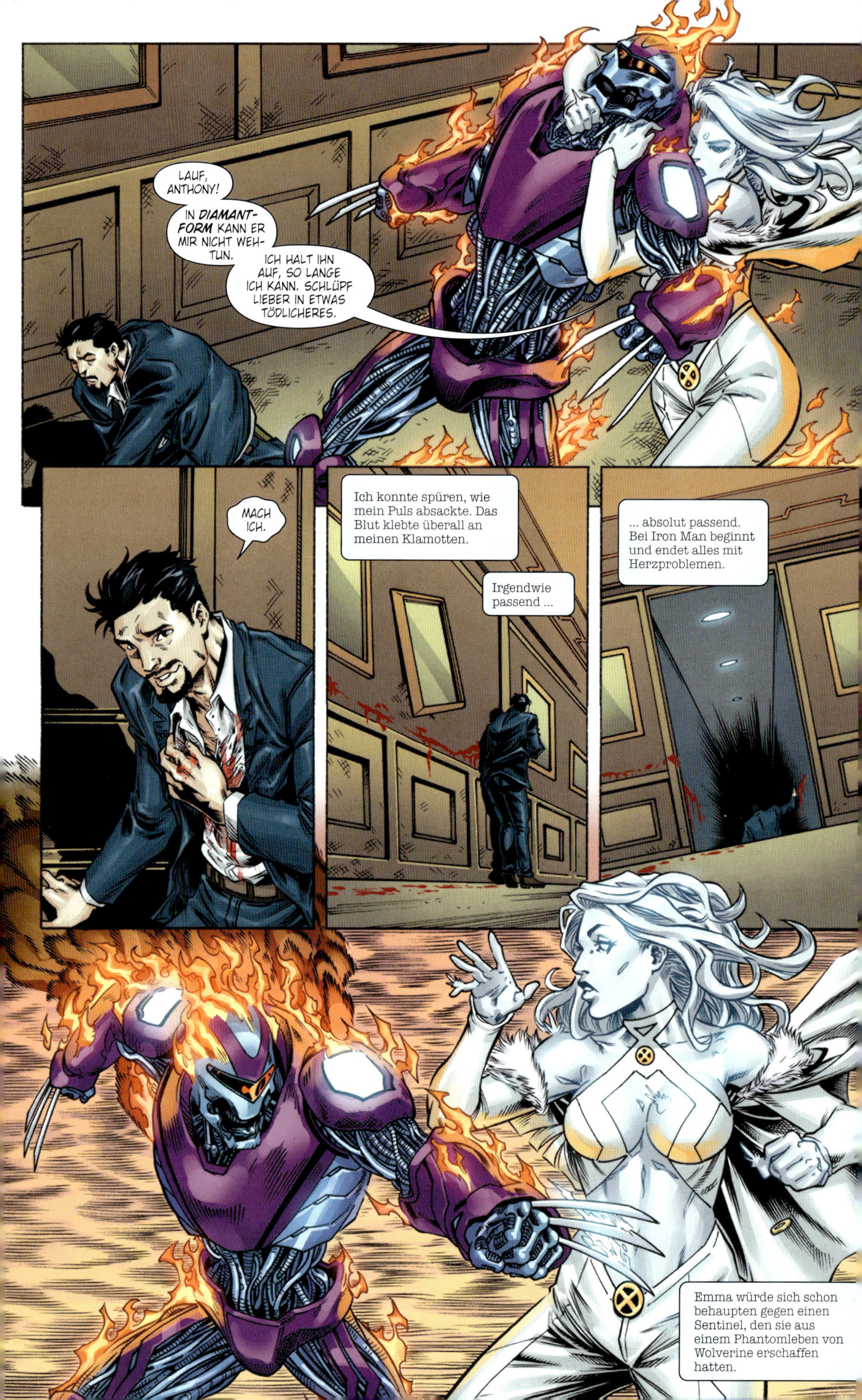
LAUF, ANTHONY!
IN **DIAMANT-FORM** KANN ER MIR NICHT WEH-TUN.
ICH HALT IHN AUF, SO LANGE ICH KANN. SCHLÜPF LIEBER IN ETWAS TÖDLICHERES.
MACH ICH.
Ich konnte spüren, wie mein Puls absackte. Das Blut klebte überall an meinen Klamotten.
Irgendwie passend ...
... absolut passend. Bei Iron Man beginnt und endet alles mit Herzproblemen.
Emma würde sich schon behaupten gegen einen Sentinel, den sie aus einem Phantomleben von Wolverine erschaffen hatten.

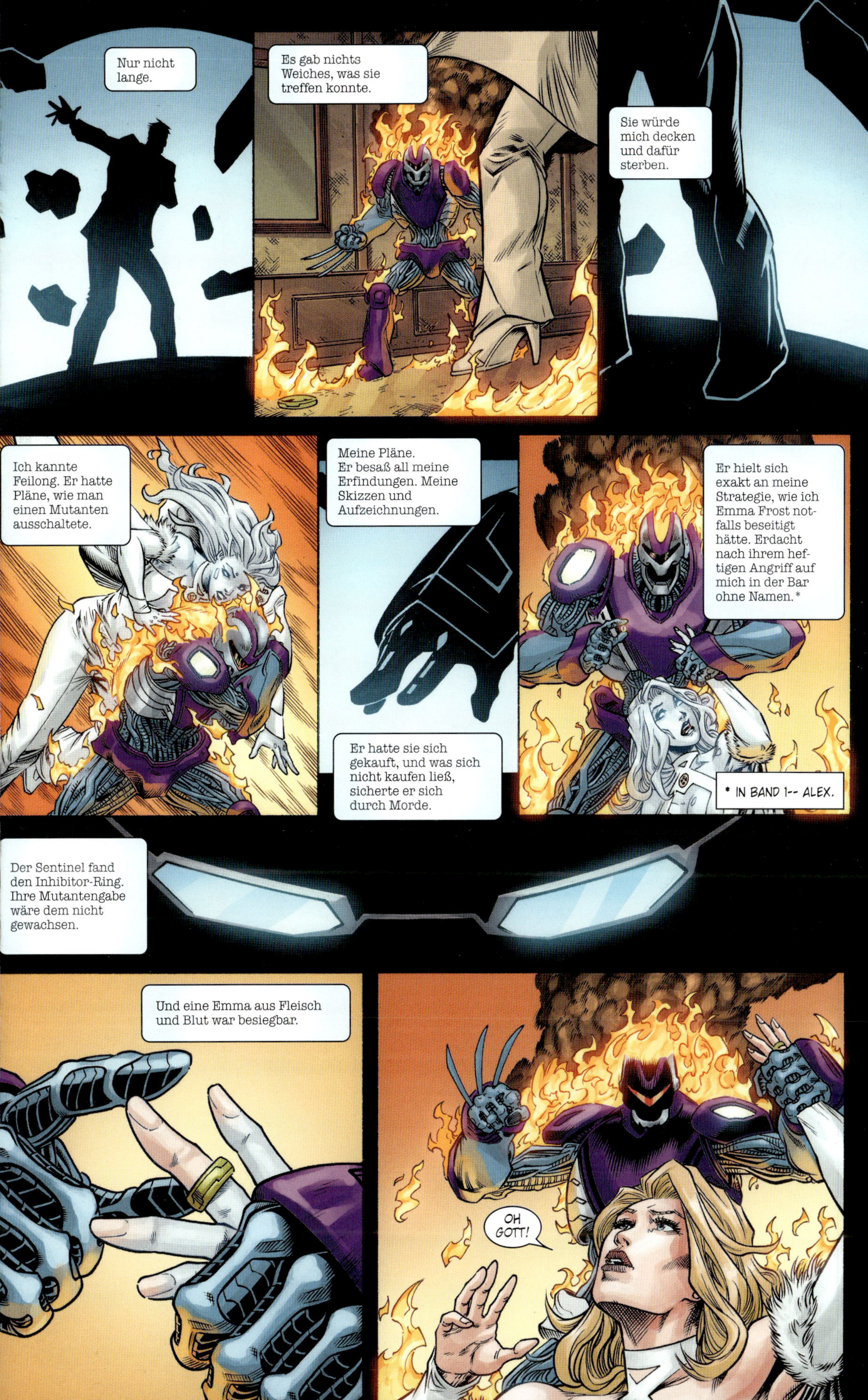
Nur nicht lange.
Es gab nichts Weiches, was sie treffen konnte.
Sie würde mich decken und dafür sterben.
Ich kannte Feilong. Er hatte Pläne, wie man einen Mutanten ausschaltete.
Meine Pläne. Er besaß all meine Erfindungen. Meine Skizzen und Aufzeichnungen.
Er hatte sie sich gekauft, und was sich nicht kaufen ließ, sicherte er sich durch Morde.
Er hielt sich exakt an meine Strategie, wie ich Emma Frost notfalls beseitigt hätte. Erdacht nach ihrem heftigen Angriff auf mich in der Bar ohne Namen.*
* IN BAND 1-- ALEX.
Der Sentinel fand den Inhibitor-Ring. Ihre Mutantengabe wäre dem nicht gewachsen.
Und eine Emma aus Fleisch und Blut war besiegbar.
OH GOTT!

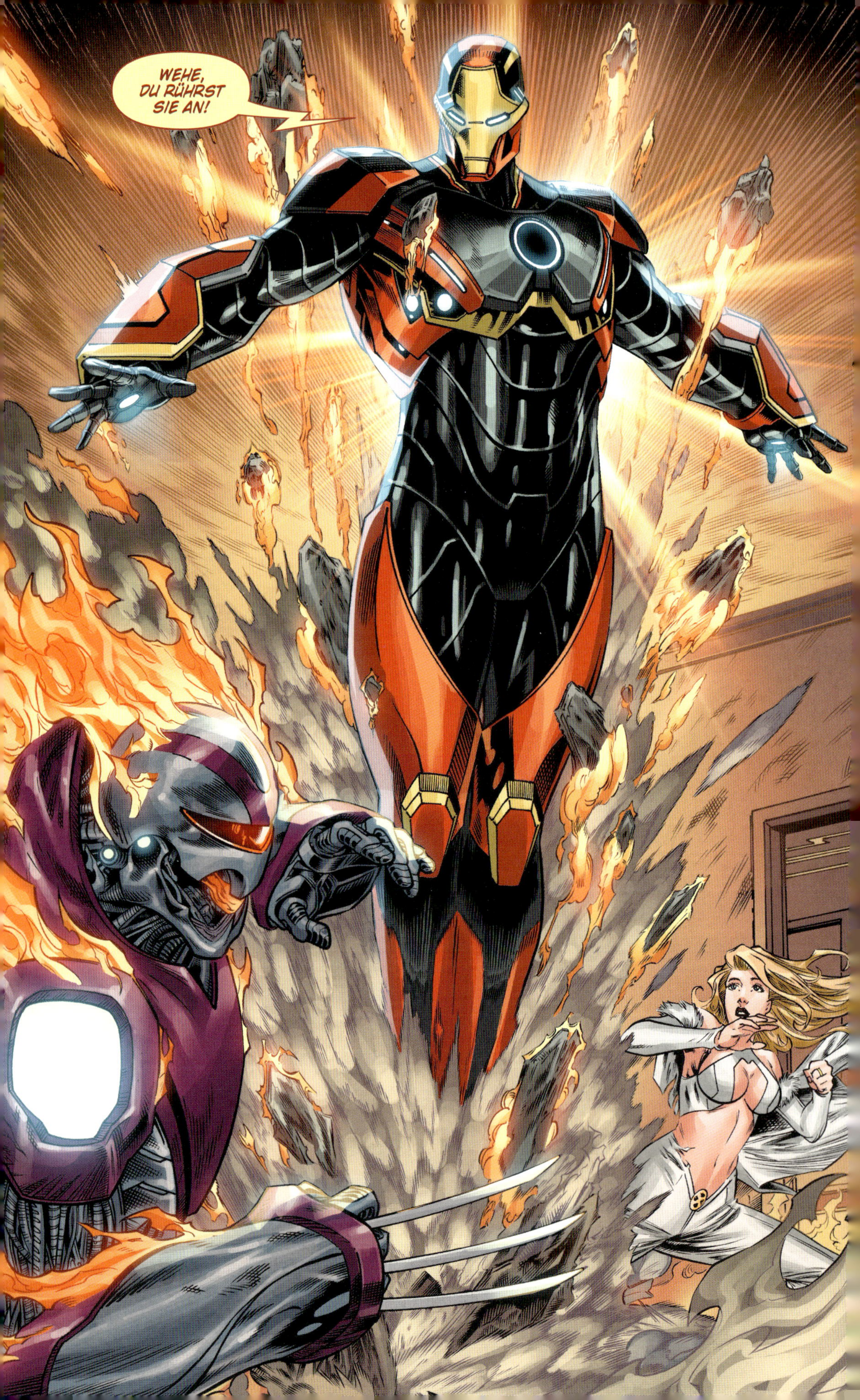
WEHE, DU RÜHRST SIE AN!

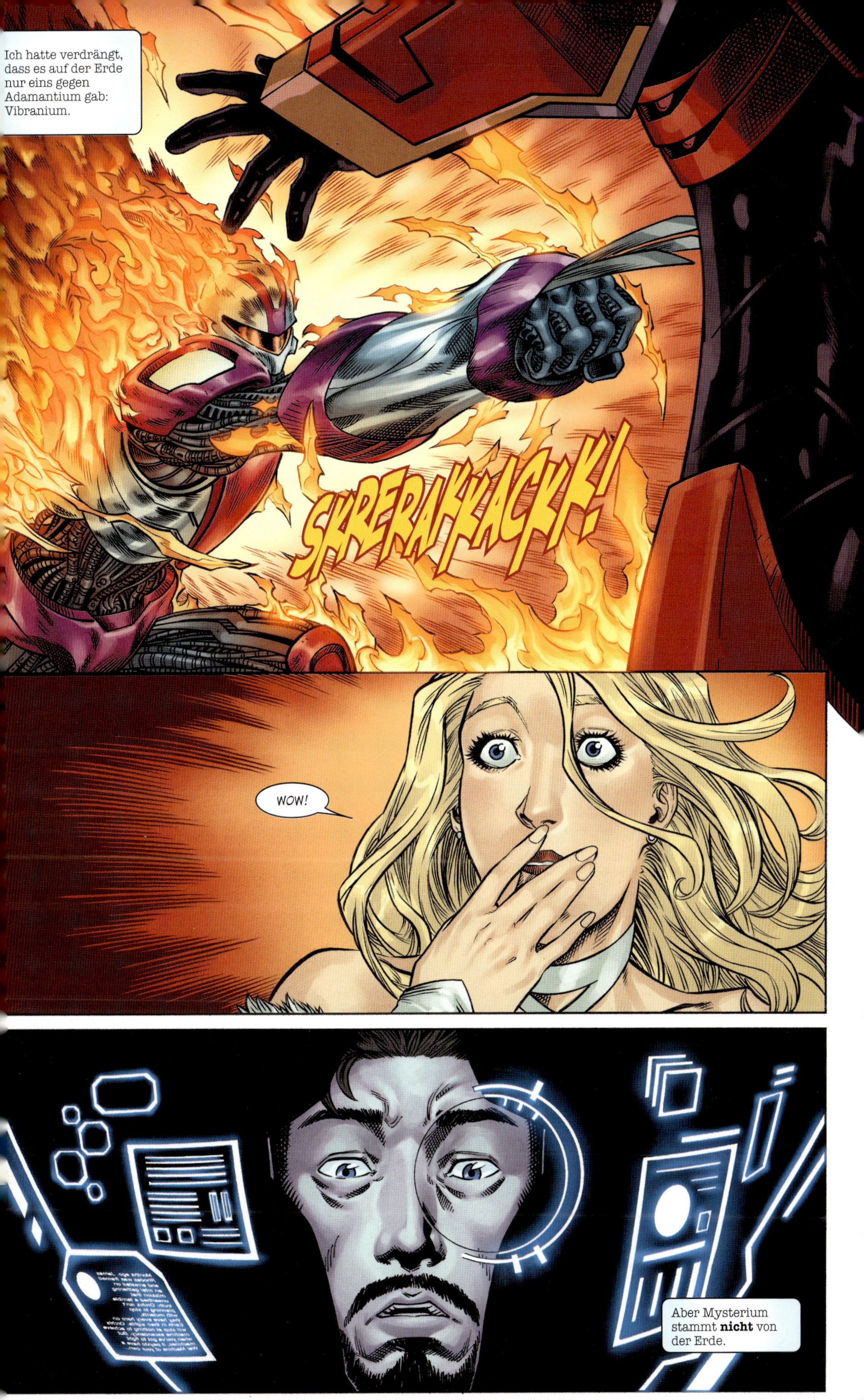

Ich hatte verdrängt, dass es auf der Erde nur eins gegen Adamantium gab: Vibranium.

SKRERAKKACKK!

WOW!

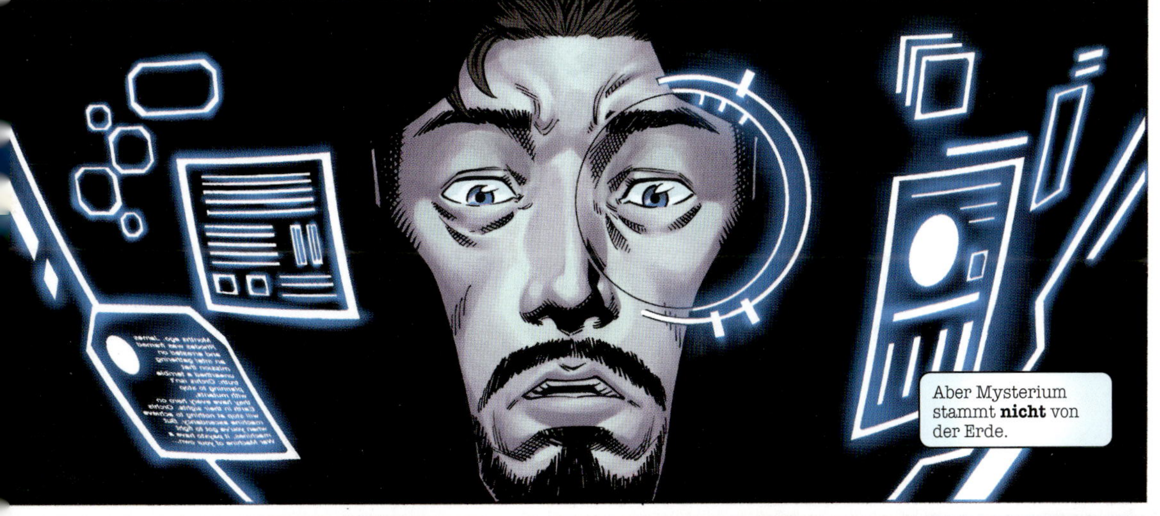

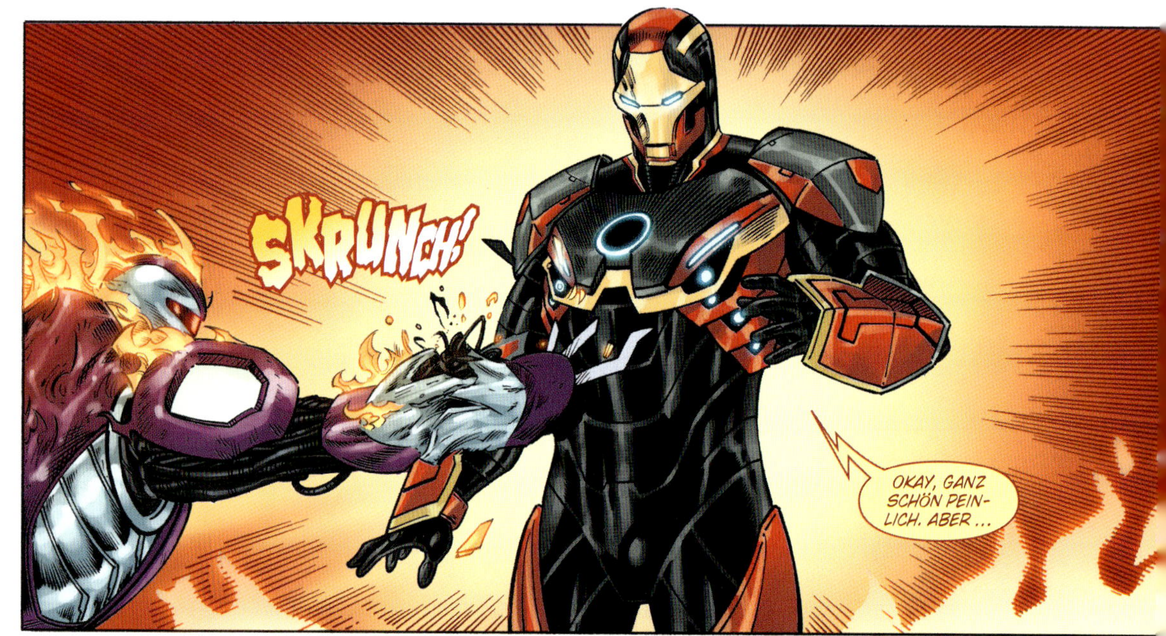
SKRUNCH!
OKAY, GANZ SCHÖN PEIN-LICH. ABER ...

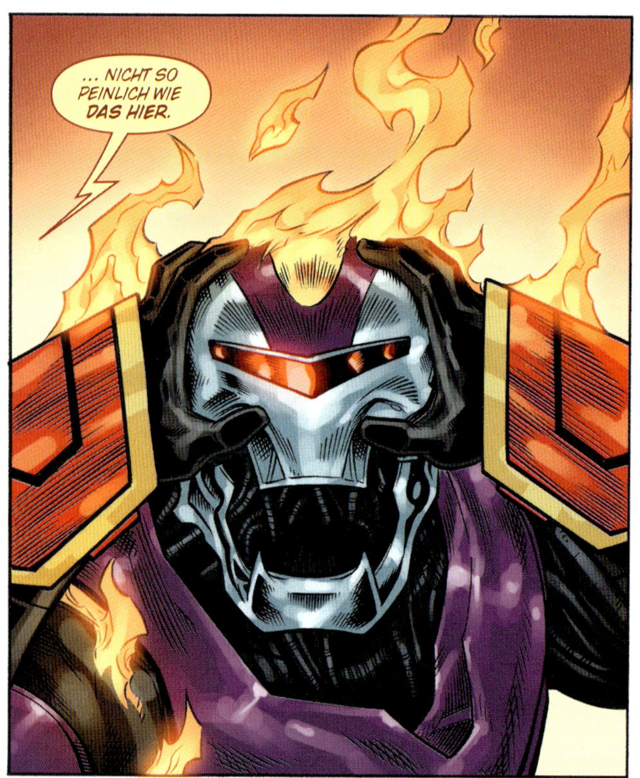
... NICHT SO PEINLICH WIE DAS HIER.

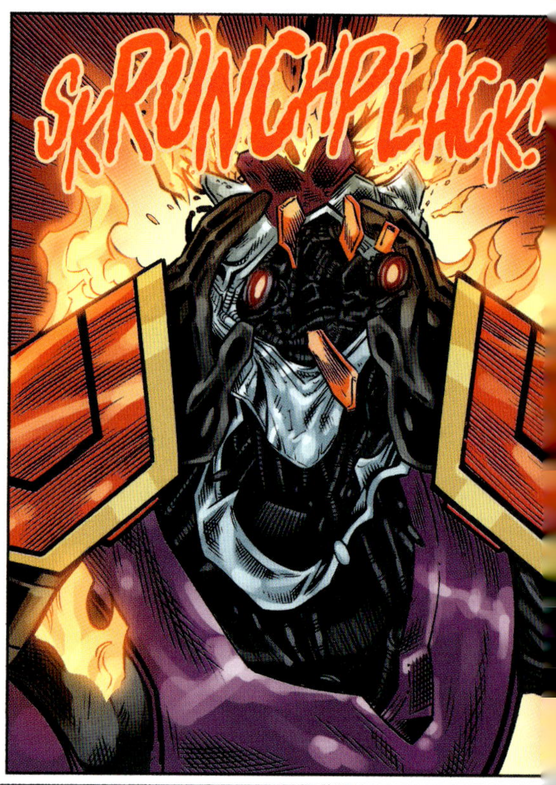
SKRUNCHPLACK!

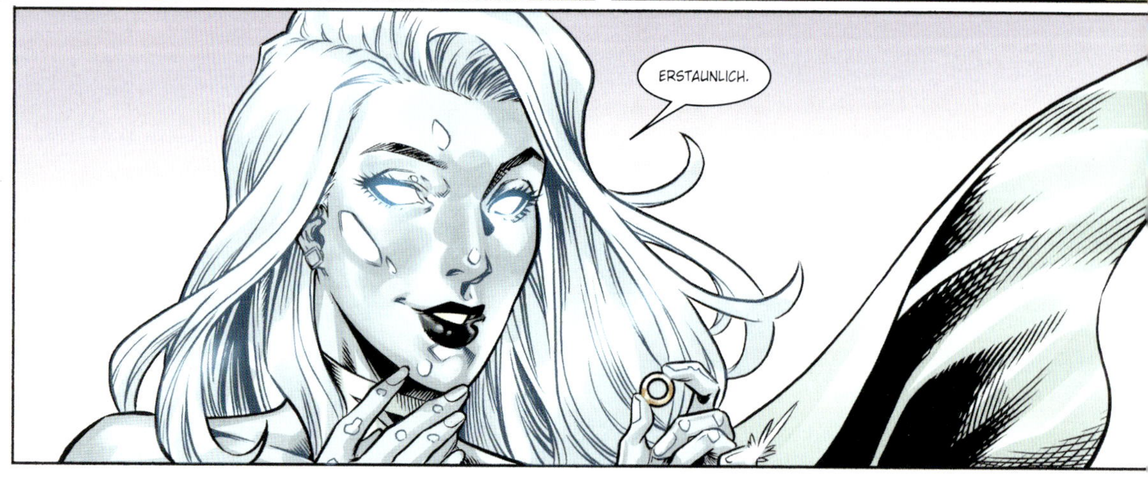
ERSTAUNLICH.

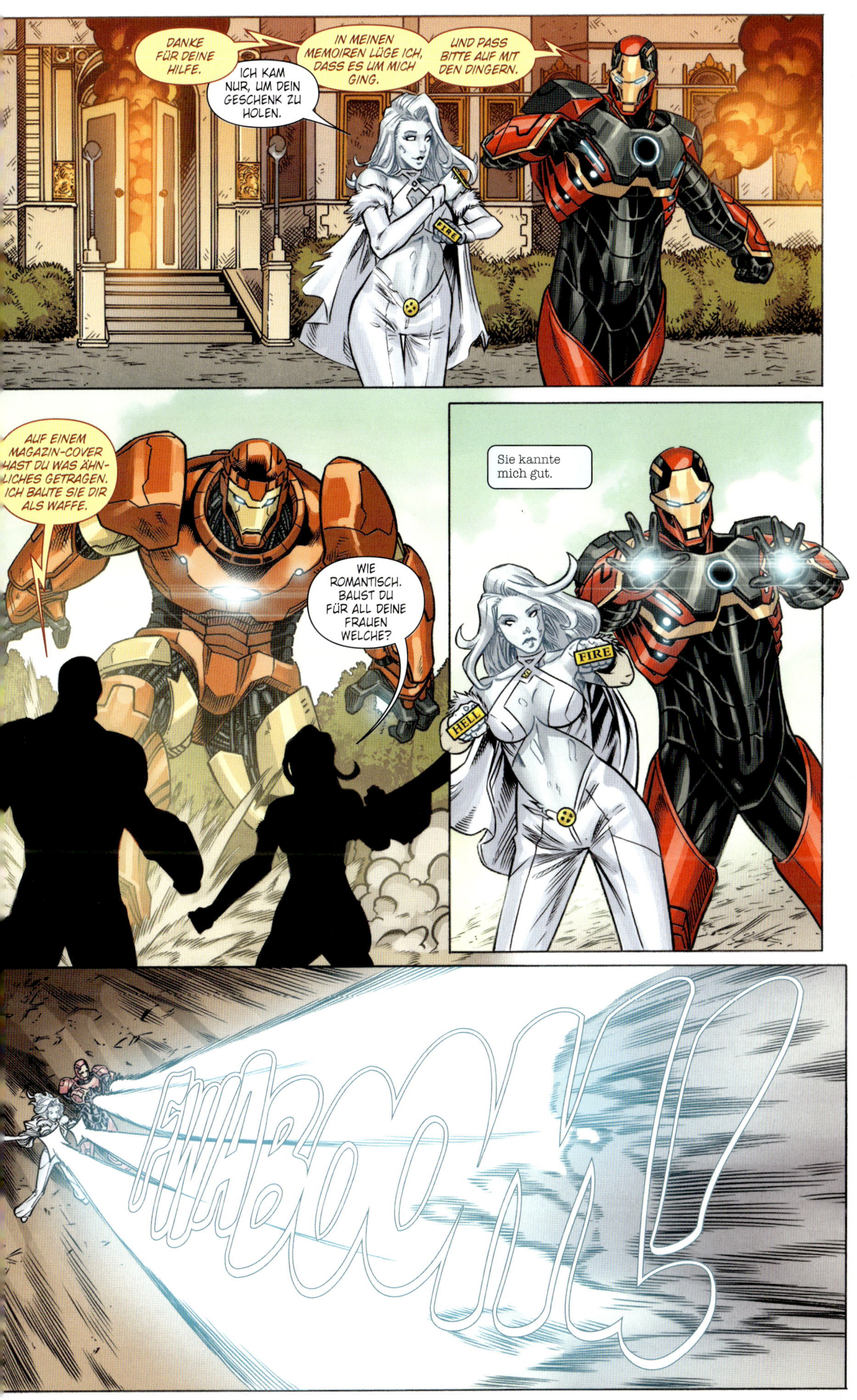
DANKE FÜR DEINE HILFE.
ICH KAM NUR, UM DEIN GESCHENK ZU HOLEN.
IN MEINEN MEMOIREN LÜGE ICH, DASS ES UM MICH GING.
UND PASS BITTE AUF MIT DEN DINGERN.
AUF EINEM MAGAZIN-COVER HAST DU WAS ÄHNLICHES GETRAGEN. ICH BAUTE SIE DIR ALS WAFFE.
WIE ROMANTISCH. BAUST DU FÜR ALL DEINE FRAUEN WELCHE?
Sie kannte mich gut.
FIRE
HELL

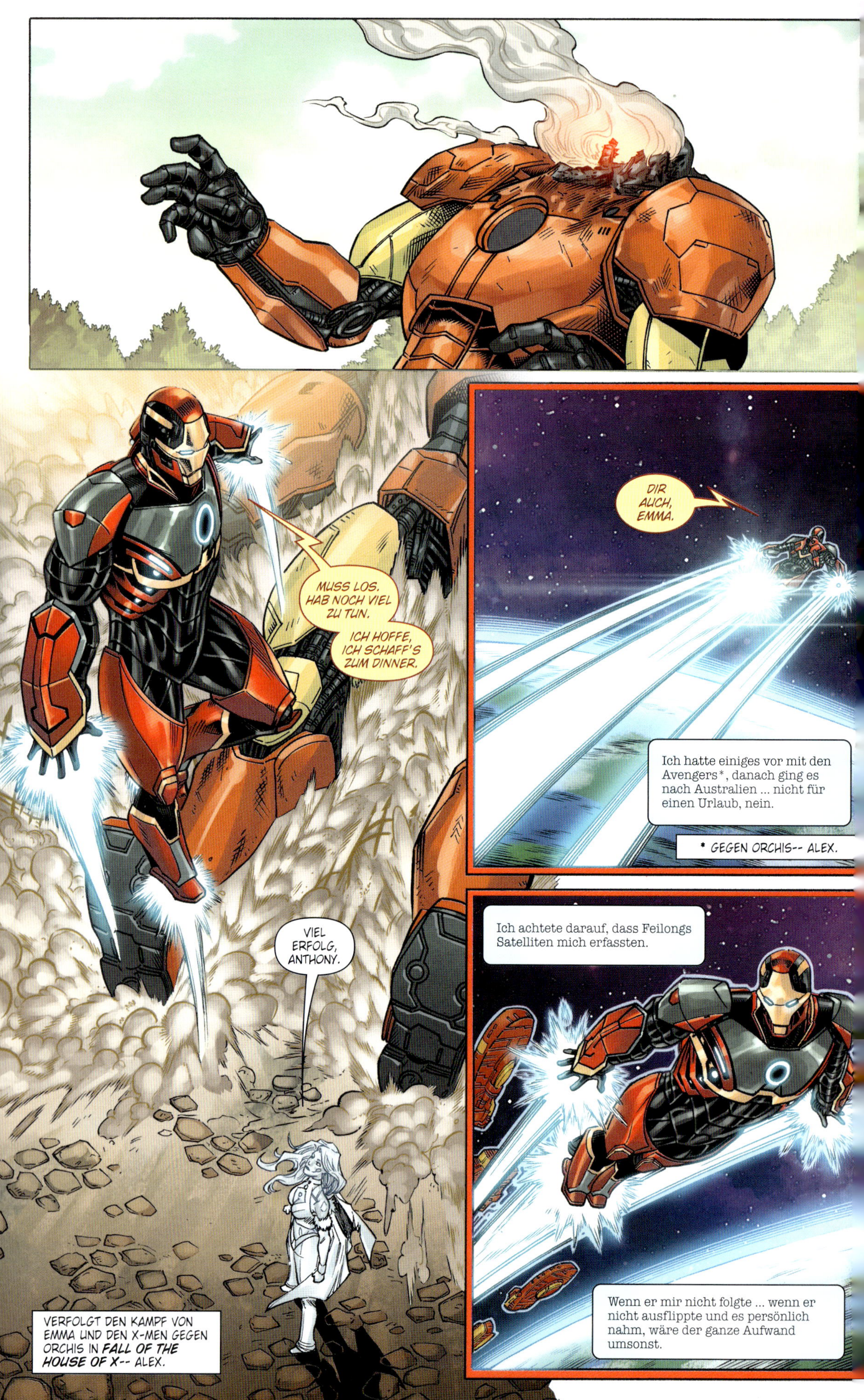
MUSS LOS. HAB NOCH VIEL ZU TUN.
ICH HOFFE, ICH SCHAFF'S ZUM DINNER.
VIEL ERFOLG, ANTHONY.
VERFOLGT DEN KAMPF VON EMMA UND DEN X-MEN GEGEN ORCHIS IN FALL OF THE HOUSE OF X-- ALEX.
DIR AUCH, EMMA.
Ich hatte einiges vor mit den Avengers*, danach ging es nach Australien ... nicht für einen Urlaub, nein.
* GEGEN ORCHIS-- ALEX.
Ich achtete darauf, dass Feilongs Satelliten mich erfassten.
Wenn er mir nicht folgte ... wenn er nicht ausflippte und es persönlich nahm, wäre der ganze Aufwand umsonst.

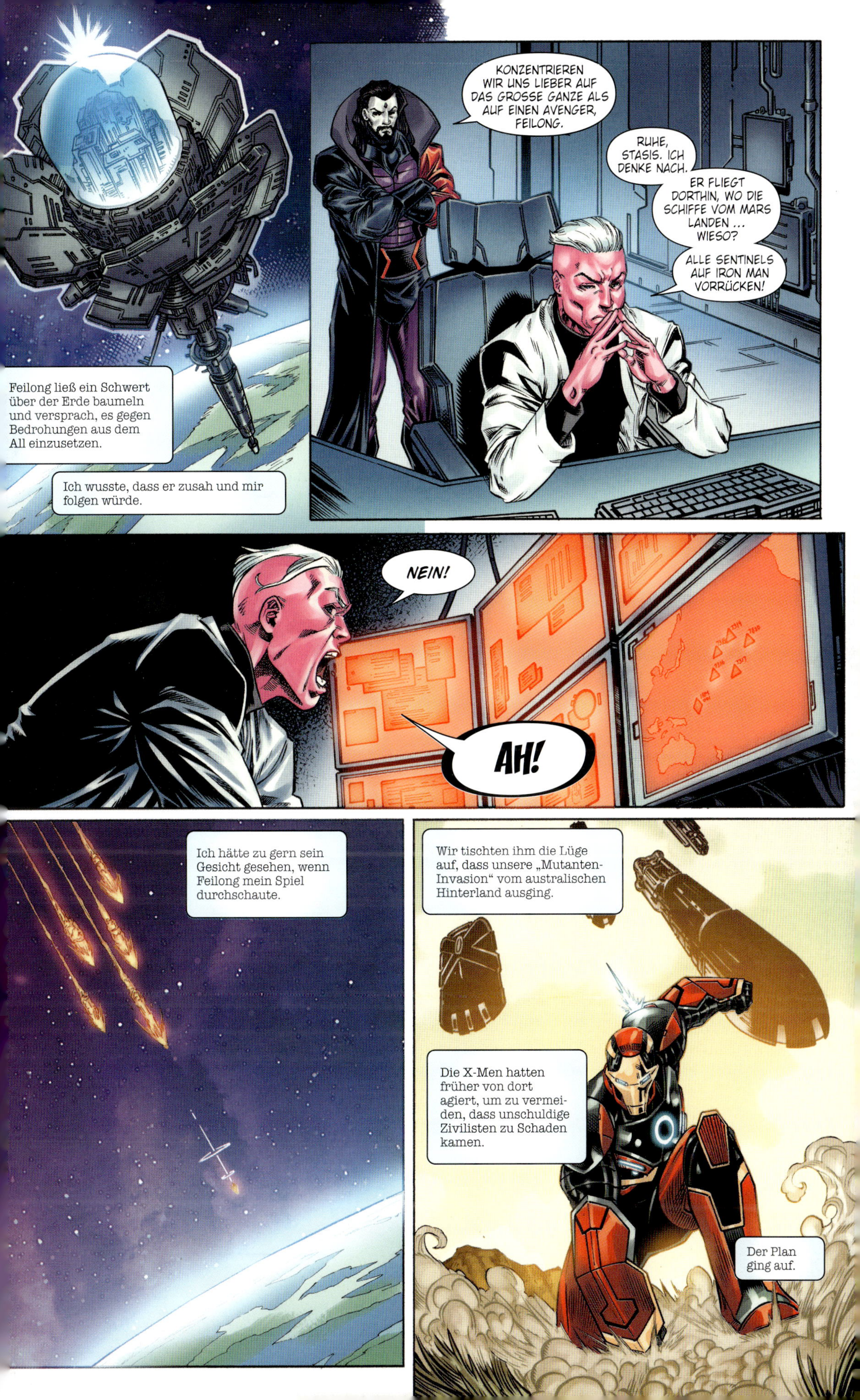

Feilong ließ ein Schwert über der Erde baumeln und versprach, es gegen Bedrohungen aus dem All einzusetzen.

Ich wusste, dass er zusah und mir folgen würde.

KONZENTRIEREN WIR UNS LIEBER AUF DAS GROSSE GANZE ALS AUF EINEN AVENGER, FEILONG.

RUHE, STASIS. ICH DENKE NACH.

ER FLIEGT DORTHIN, WO DIE SCHIFFE VOM MARS LANDEN ... WIESO?

ALLE SENTINELS AUF IRON MAN VORRÜCKEN!

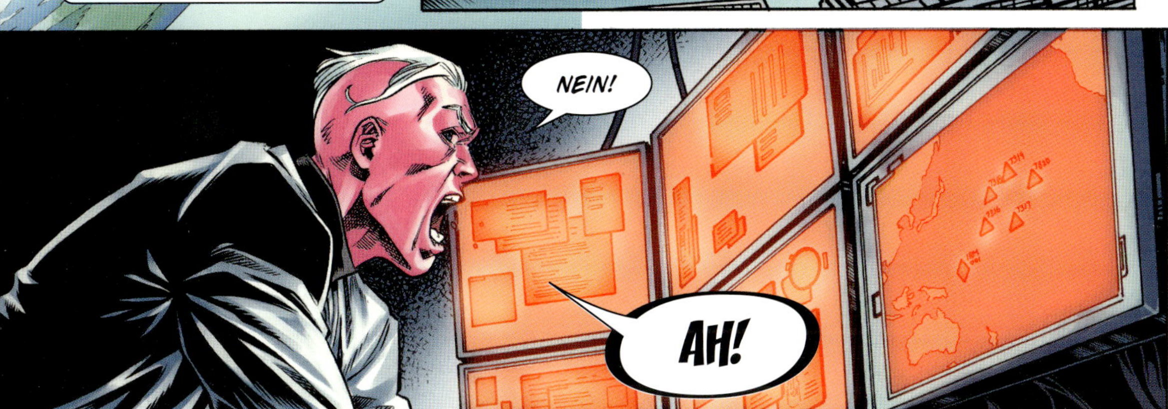

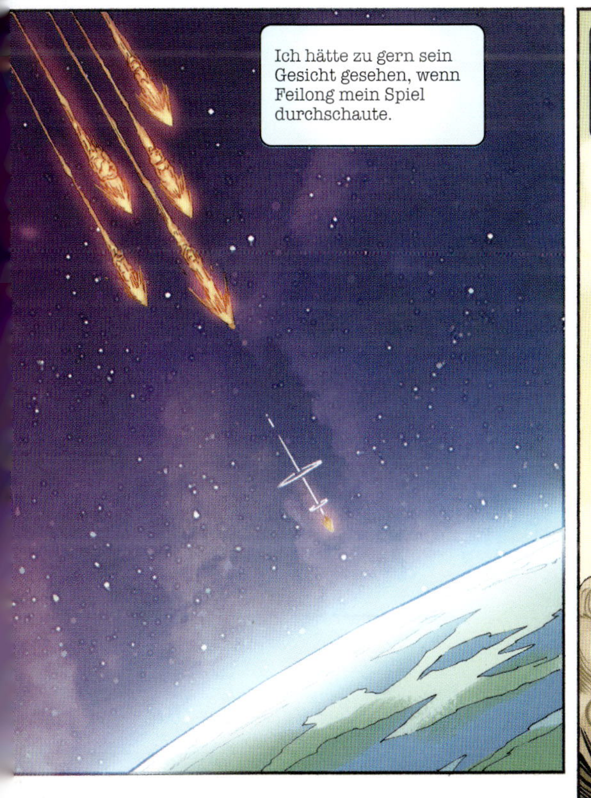

Ich hätte zu gern sein Gesicht gesehen, wenn Feilong mein Spiel durchschaute.

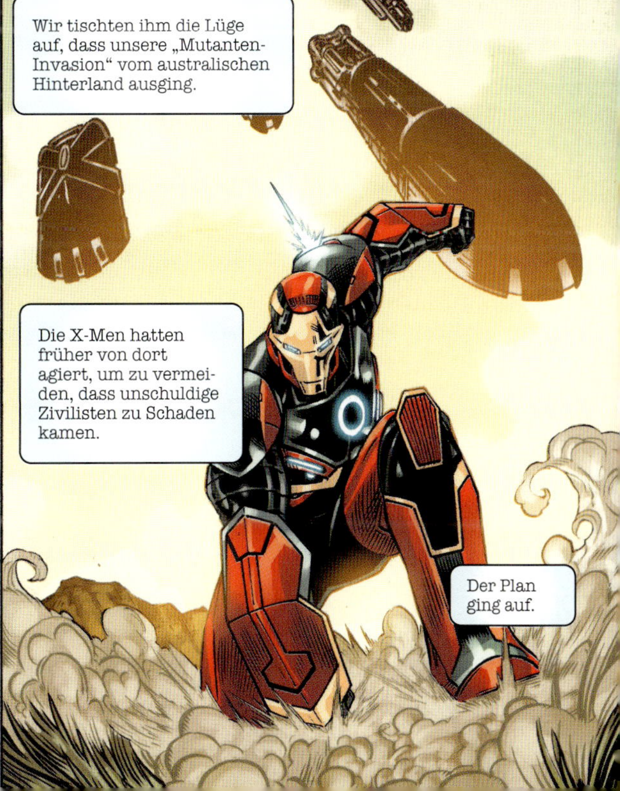

Wir tischten ihm die Lüge auf, dass unsere „Mutanten-Invasion" vom australischen Hinterland ausging.

Die X-Men hatten früher von dort agiert, um zu vermeiden, dass unschuldige Zivilisten zu Schaden kamen.

Der Plan ging auf.

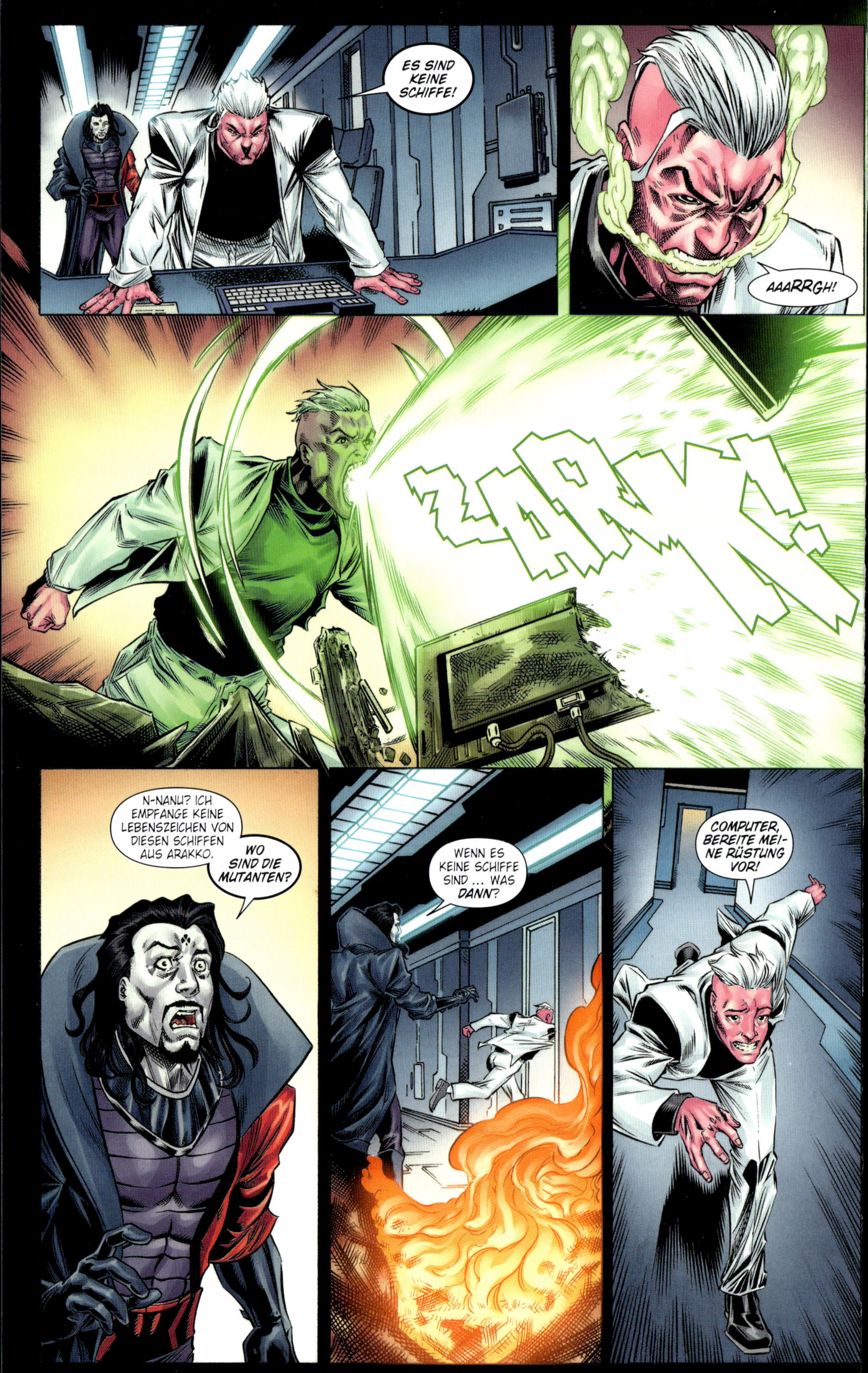
ES SIND KEINE SCHIFFE!
AAARRGH!
ZARK!
N-NANU? ICH EMPFANGE KEINE LEBENSZEICHEN VON DIESEN SCHIFFEN AUS ARAKKO.
WO SIND DIE MUTANTEN?
WENN ES KEINE SCHIFFE SIND ... WAS DANN?
COMPUTER, BEREITE MEI-NE RÜSTUNG VOR!

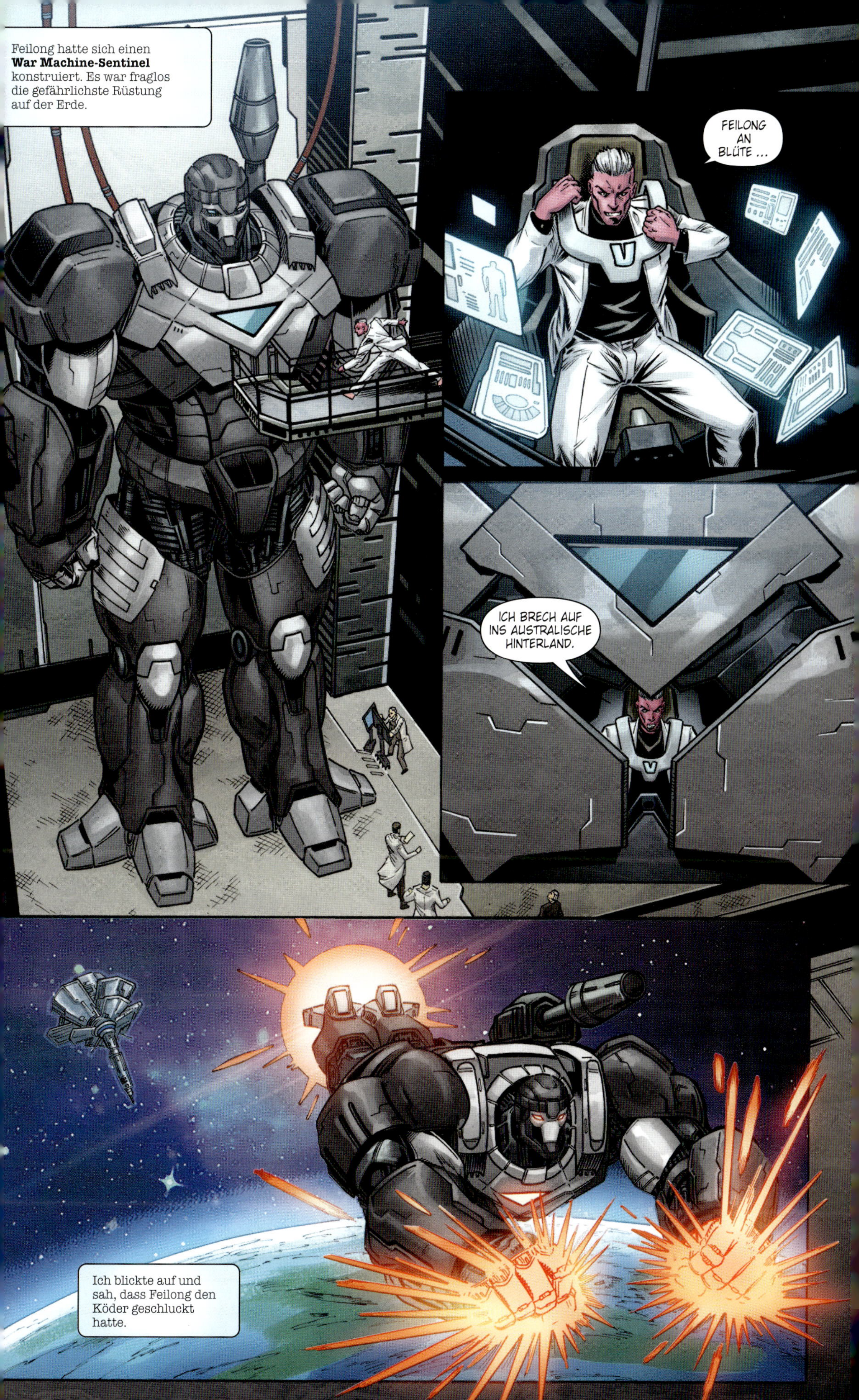
Feilong hatte sich einen **War Machine-Sentinel** konstruiert. Es war fraglos die gefährlichste Rüstung auf der Erde.
FEILONG AN BLÜTE ...
ICH BRECH AUF INS AUSTRALISCHE HINTERLAND.
Ich blickte auf und sah, dass Feilong den Köder geschluckt hatte.

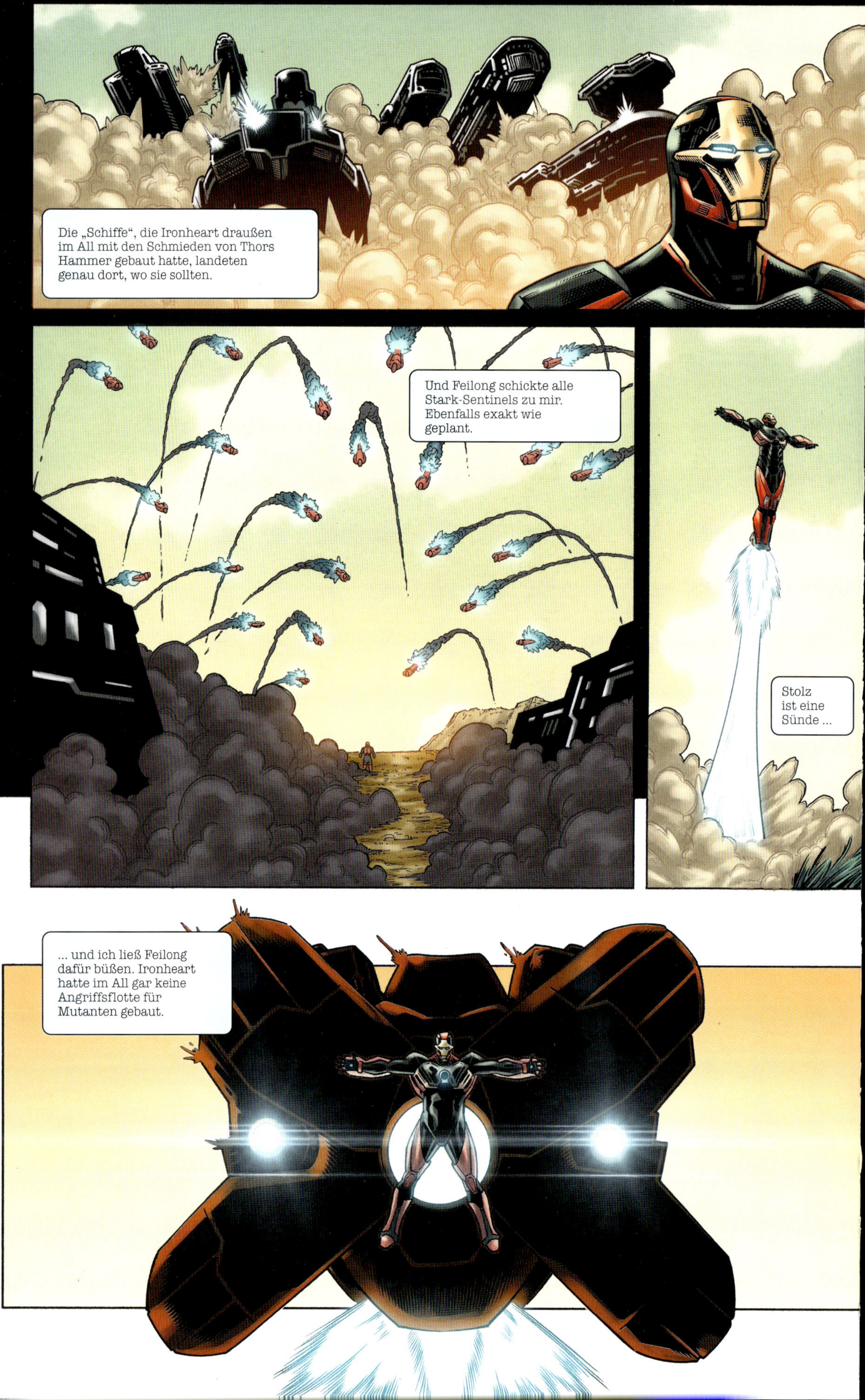

Die „Schiffe“, die Ironheart draußen im All mit den Schmieden von Thors Hammer gebaut hatte, landeten genau dort, wo sie sollten.

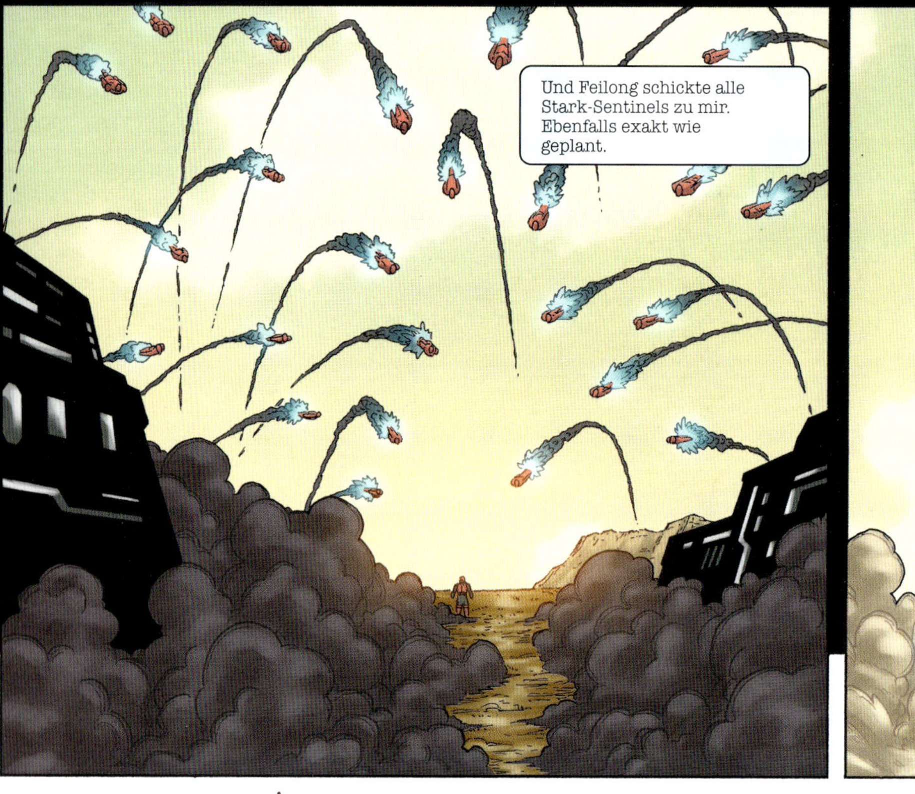

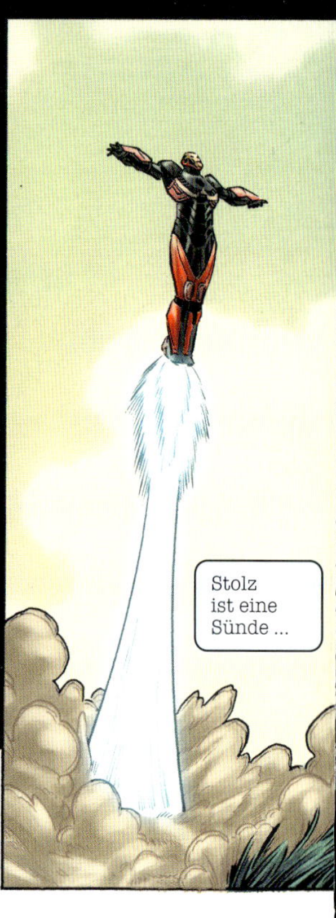

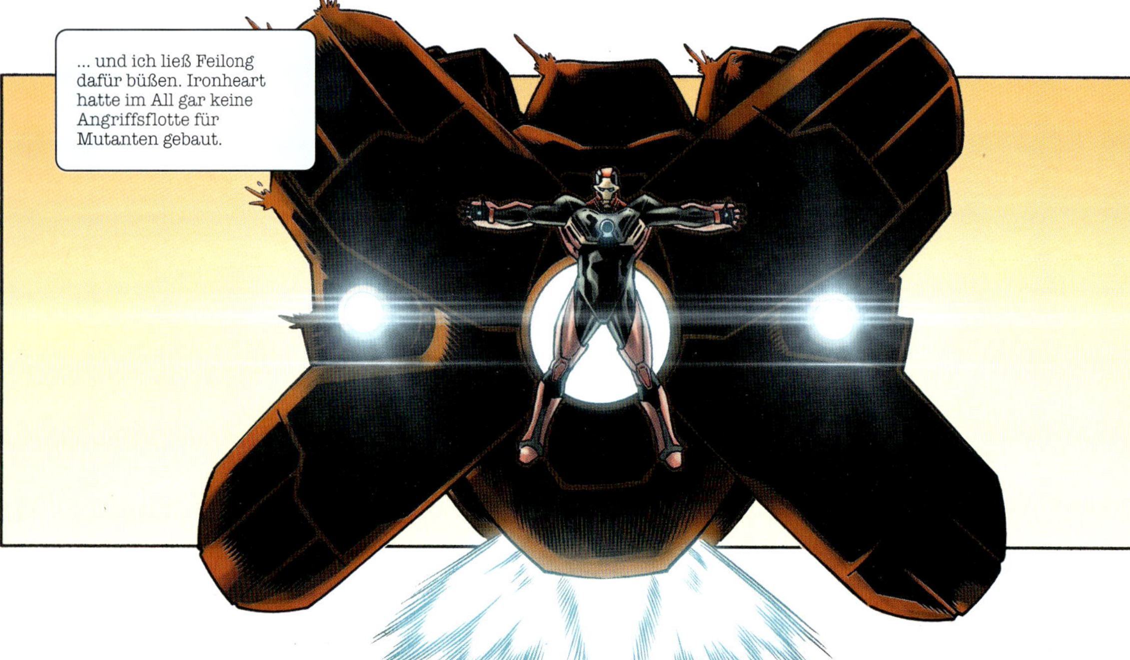

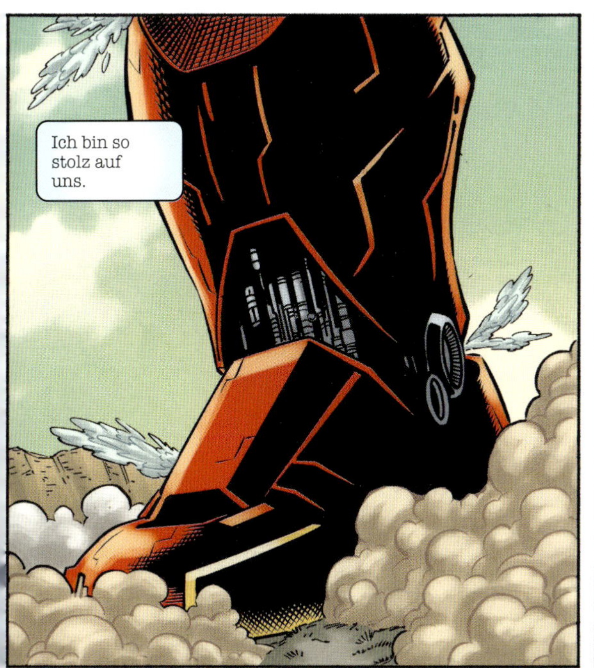
Ich bin so
stolz auf
uns.

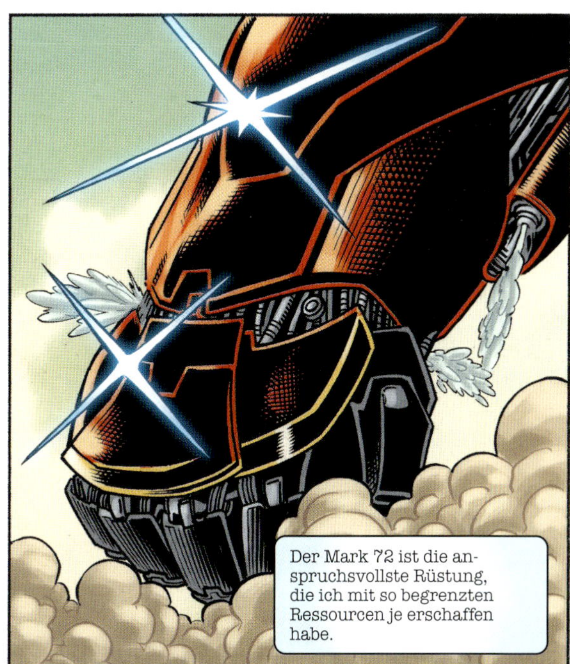
Der Mark 72 ist die an-
spruchsvollste Rüstung,
die ich mit so begrenzten
Ressourcen je erschaffen
habe.

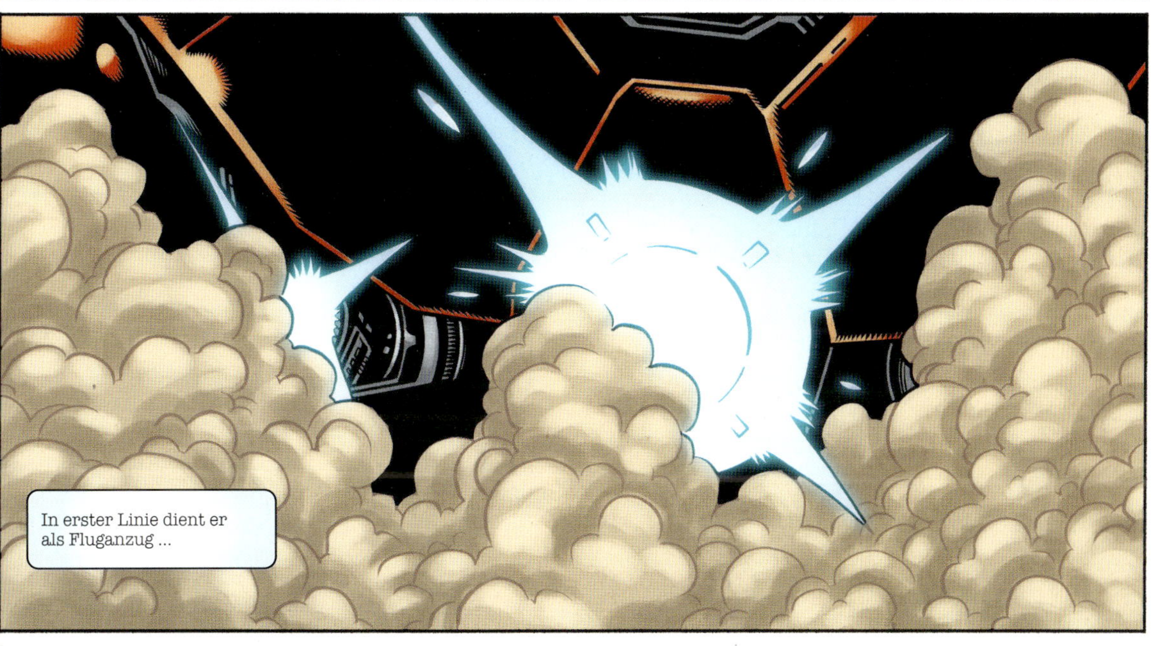
In erster Linie dient er
als Fluganzug ...

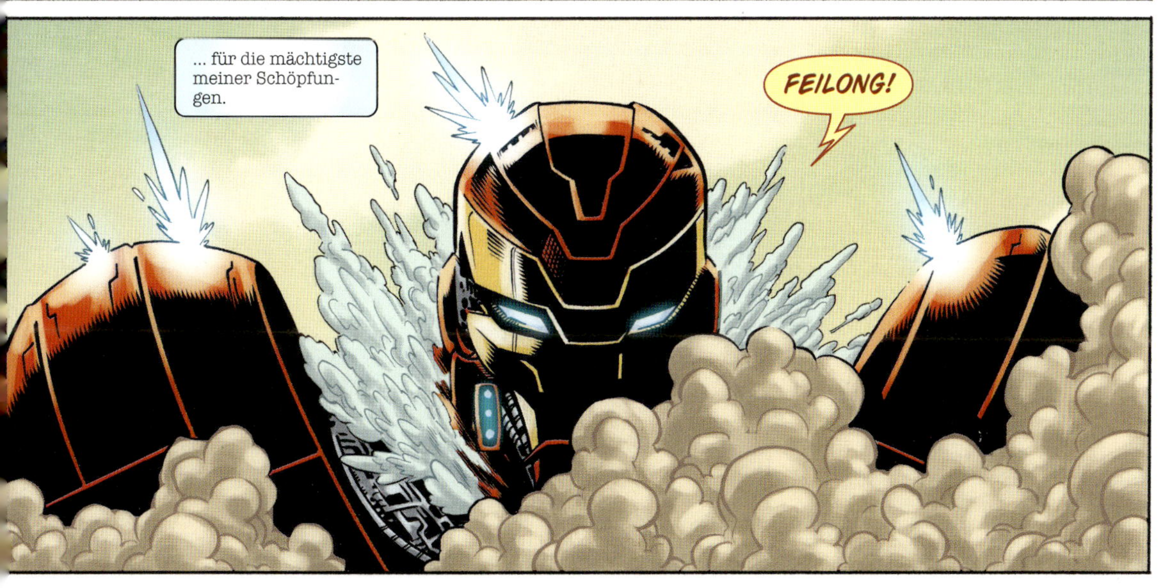
... für die mächtigste
meiner Schöpfun-
gen.
FEILONG!

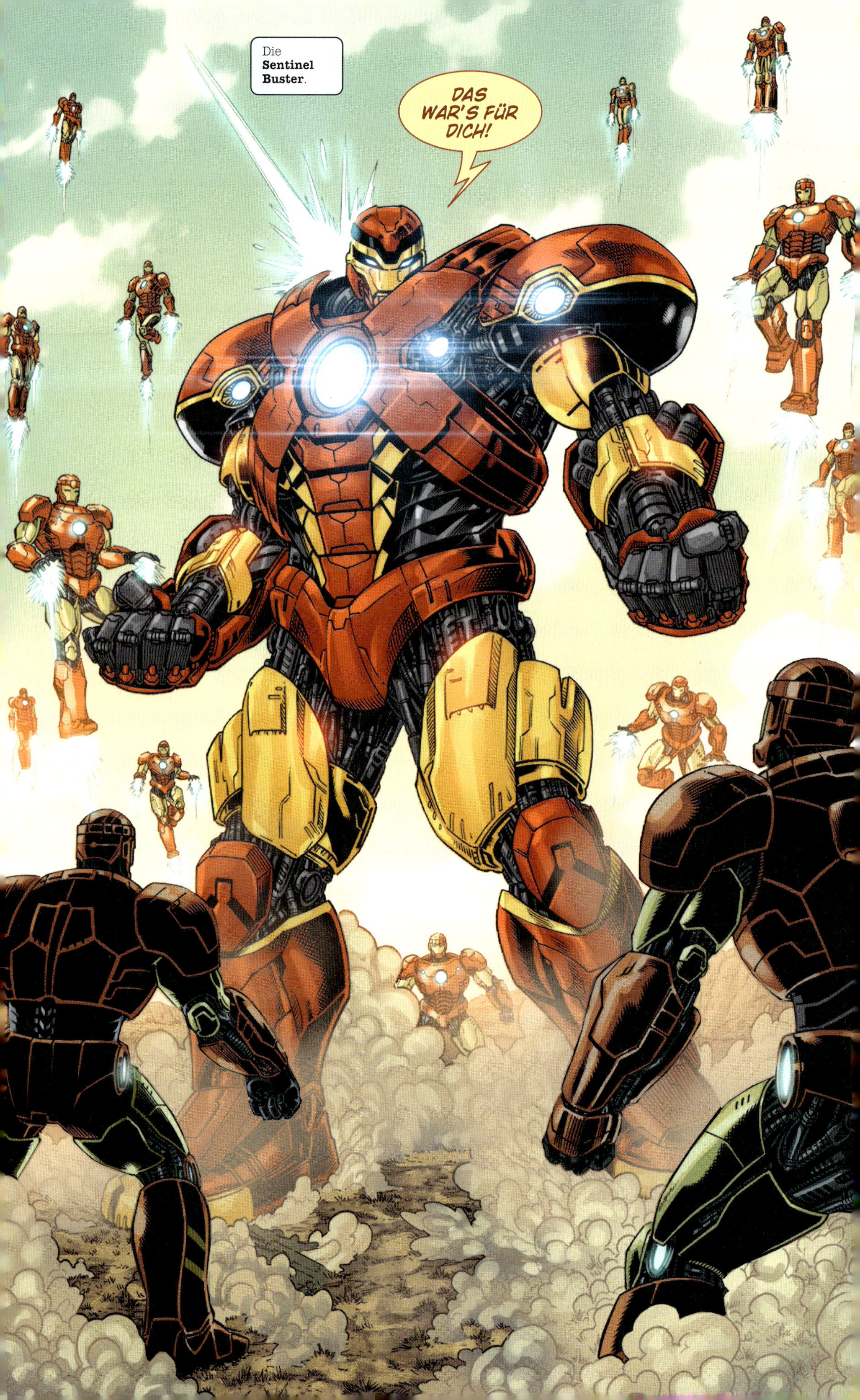
Die
Sentinel
Buster.
DAS WAR'S FÜR DICH!

FLÄCHENSCHÄDEN

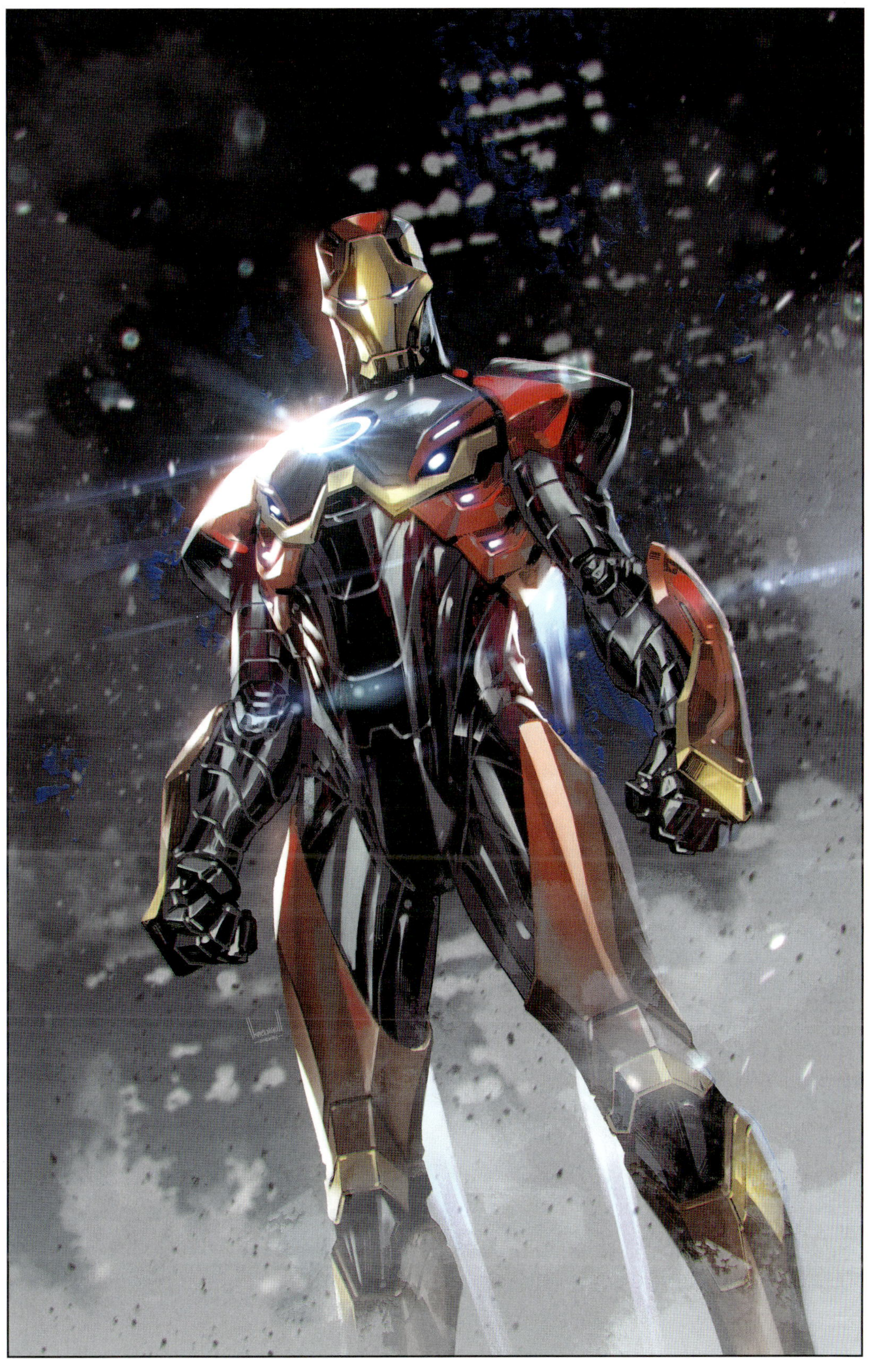

Invincible Iron Man (2022) 16
Cover von **KAEL NGU**

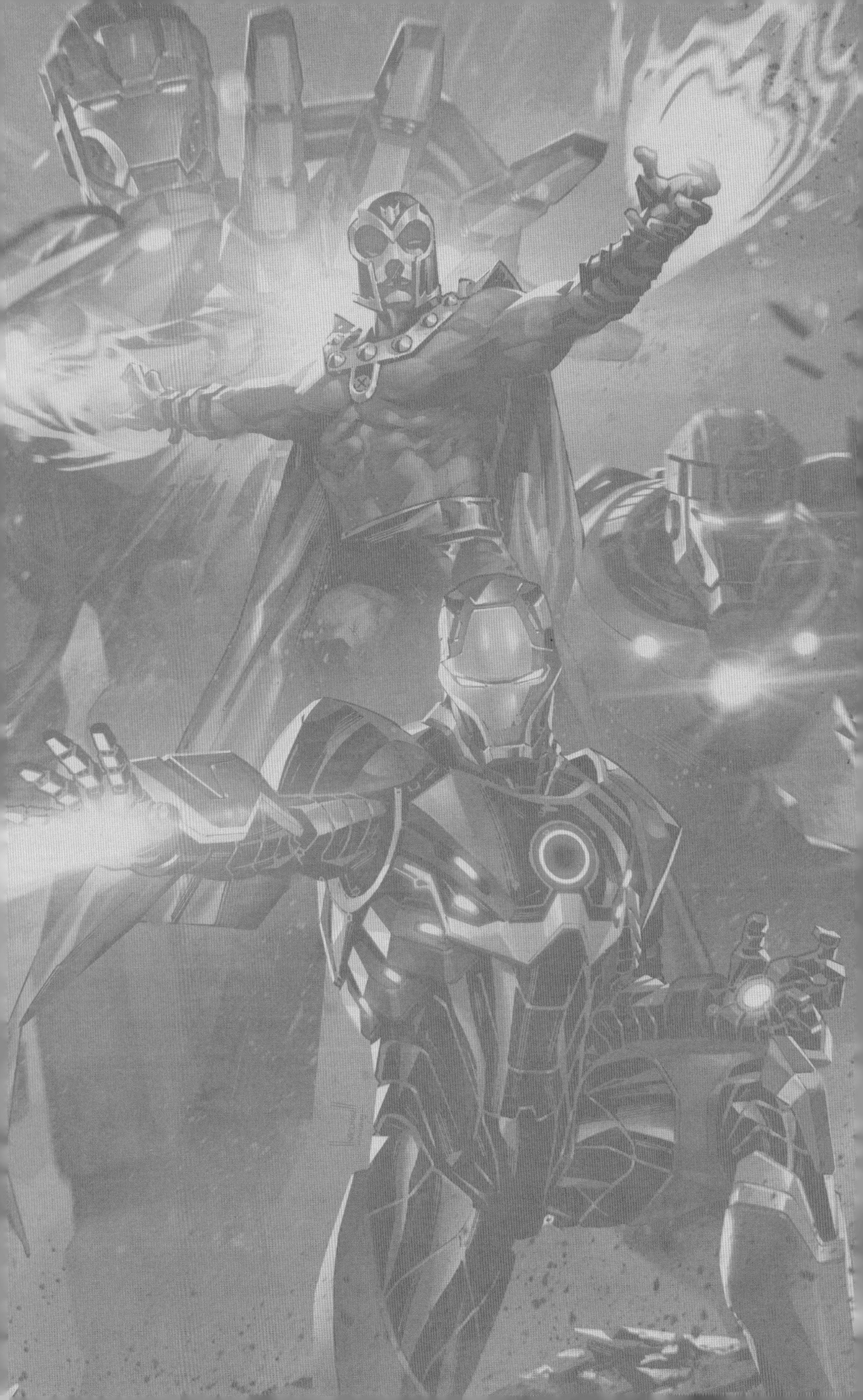

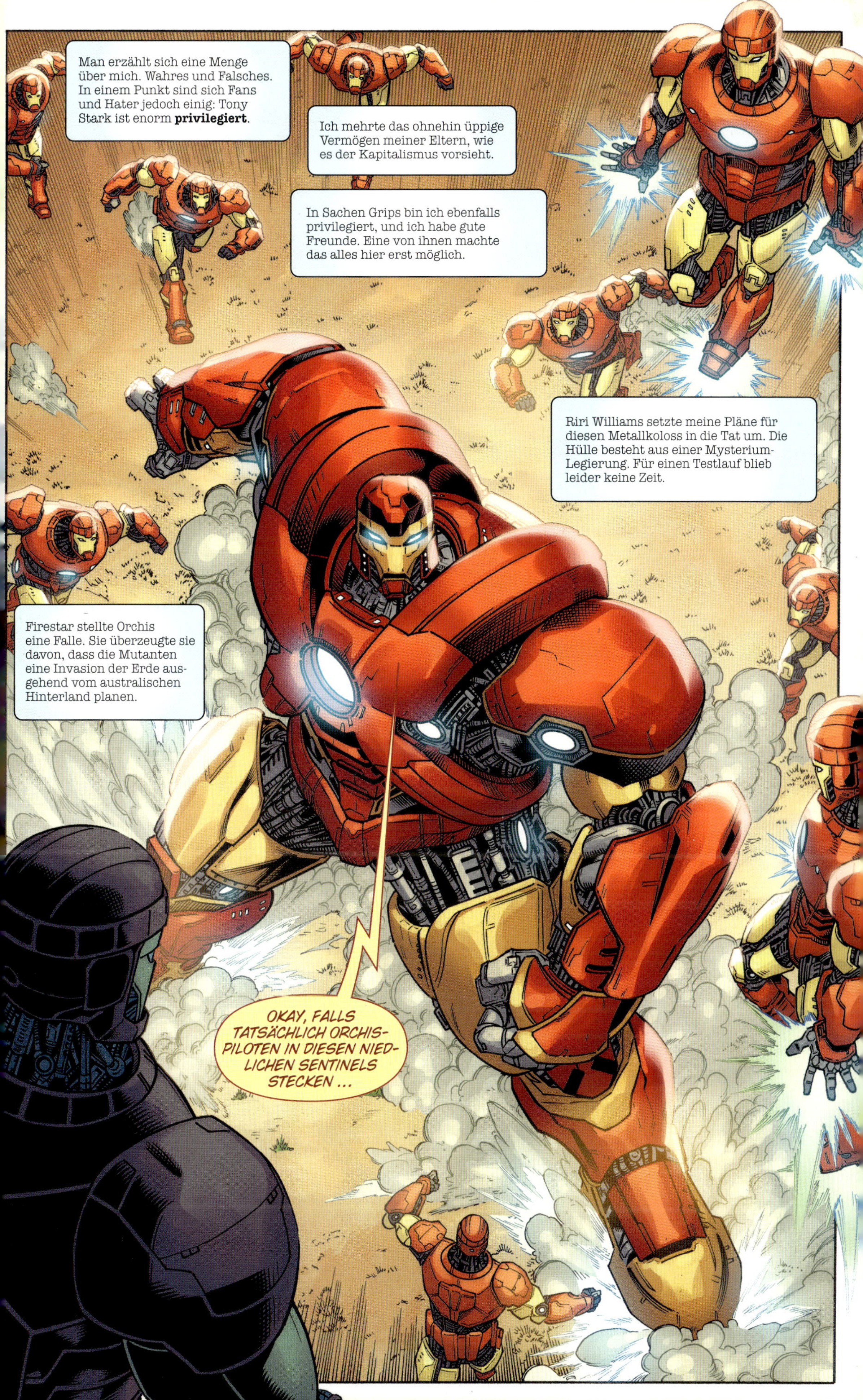
Man erzählt sich eine Menge über mich. Wahres und Falsches. In einem Punkt sind sich Fans und Hater jedoch einig: Tony Stark ist enorm **privilegiert**.
Ich mehrte das ohnehin üppige Vermögen meiner Eltern, wie es der Kapitalismus vorsieht.
In Sachen Grips bin ich ebenfalls privilegiert, und ich habe gute Freunde. Eine von ihnen machte das alles hier erst möglich.
Riri Williams setzte meine Pläne für diesen Metallkoloss in die Tat um. Die Hülle besteht aus einer Mysterium-Legierung. Für einen Testlauf blieb leider keine Zeit.
Firestar stellte Orchis eine Falle. Sie überzeugte sie davon, dass die Mutanten eine Invasion der Erde ausgehend vom australischen Hinterland planen.
OKAY, FALLS TATSÄCHLICH ORCHIS-PILOTEN IN DIESEN NIEDLICHEN SENTINELS STECKEN ...

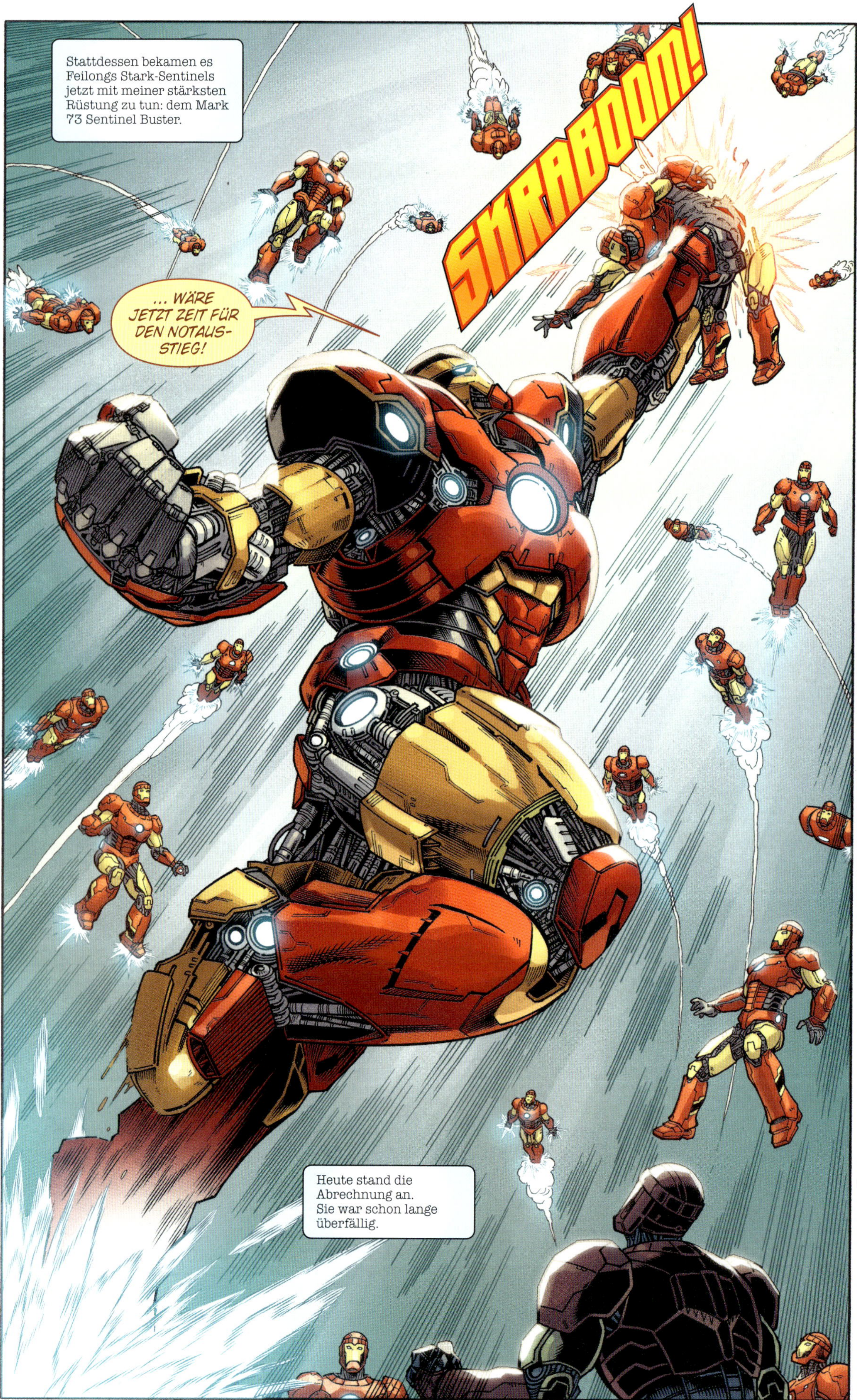
Stattdessen bekamen es Feilongs Stark-Sentinels jetzt mit meiner stärksten Rüstung zu tun: dem Mark 73 Sentinel Buster.
SKRABOOM!
... WÄRE JETZT ZEIT FÜR DEN NOTAUS-STIEG!
Heute stand die Abrechnung an. Sie war schon lange überfällig.

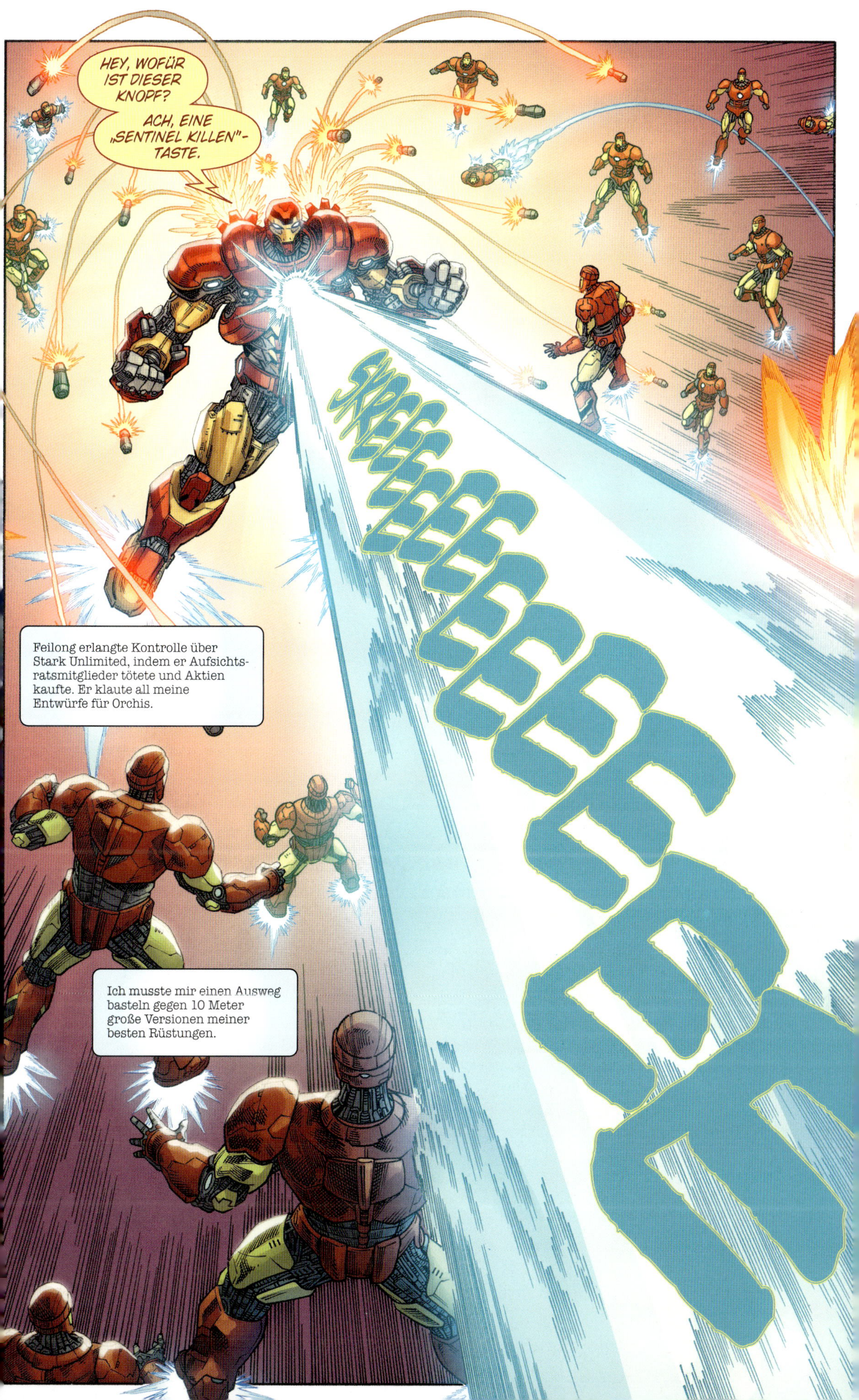
HEY, WOFÜR IST DIESER KNOPF?
ACH, EINE „SENTINEL KILLEN"-TASTE.
SKREEEEEEEEEEEEEEEE
Feilong erlangte Kontrolle über Stark Unlimited, indem er Aufsichtsratsmitglieder tötete und Aktien kaufte. Er klaute all meine Entwürfe für Orchis.
Ich musste mir einen Ausweg basteln gegen 10 Meter große Versionen meiner besten Rüstungen.

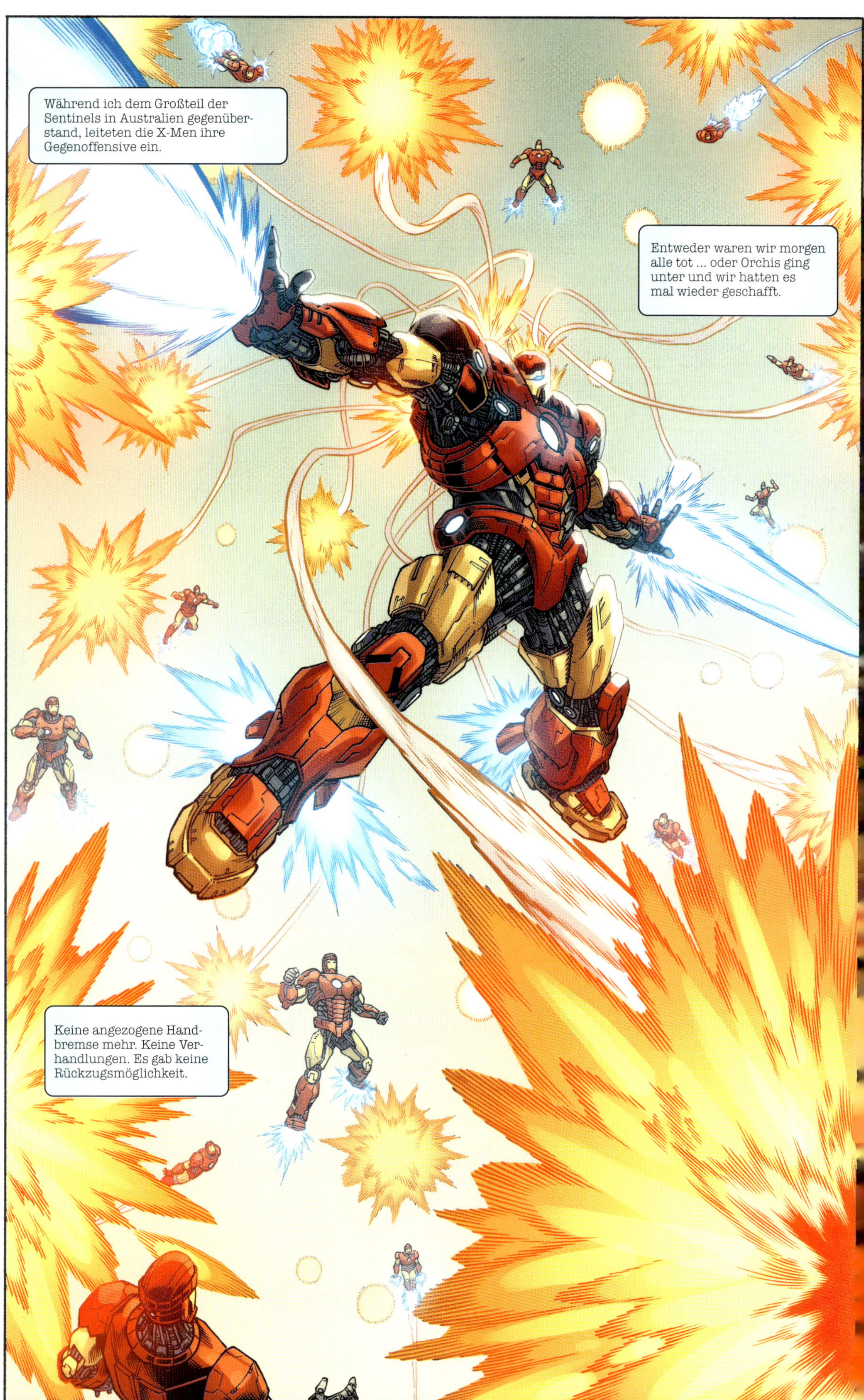
Während ich dem Großteil der Sentinels in Australien gegenüberstand, leiteten die X-Men ihre Gegenoffensive ein.
Entweder waren wir morgen alle tot ... oder Orchis ging unter und wir hatten es mal wieder geschafft.
Keine angezogene Handbremse mehr. Keine Verhandlungen. Es gab keine Rückzugsmöglichkeit.

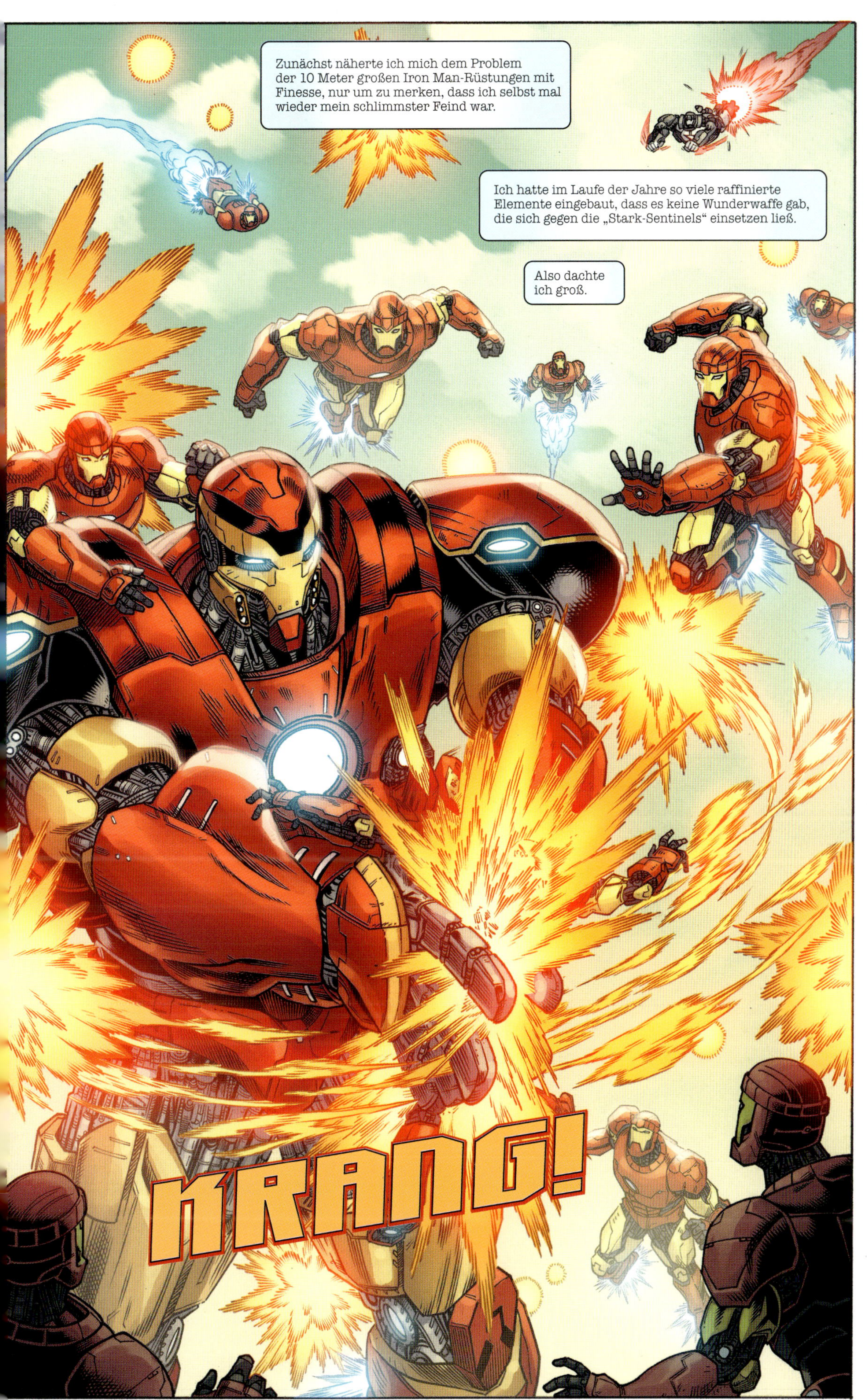
Zunächst näherte ich mich dem Problem
der 10 Meter großen Iron Man-Rüstungen mit
Finesse, nur um zu merken, dass ich selbst mal
wieder mein schlimmster Feind war.
Ich hatte im Laufe der Jahre so viele raffinierte
Elemente eingebaut, dass es keine Wunderwaffe gab,
die sich gegen die „Stark-Sentinels“ einsetzen ließ.
Also dachte
ich groß.
KRANG!

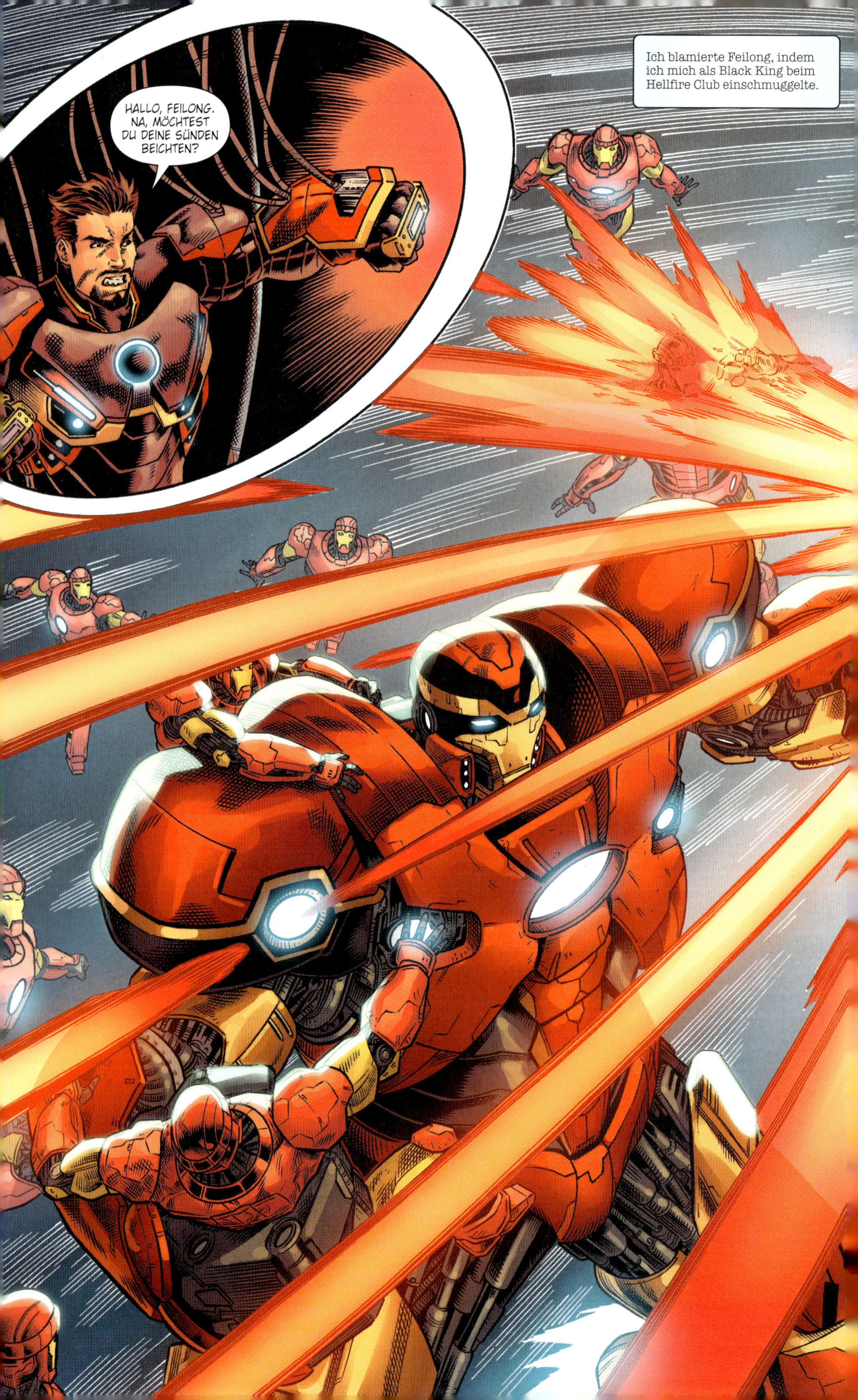

HALLO, FEILONG. NA, MÖCHTEST DU DEINE SÜNDEN BEICHTEN?
Ich blamierte Feilong, indem ich mich als Black King beim Hellfire Club einschmuggelte.

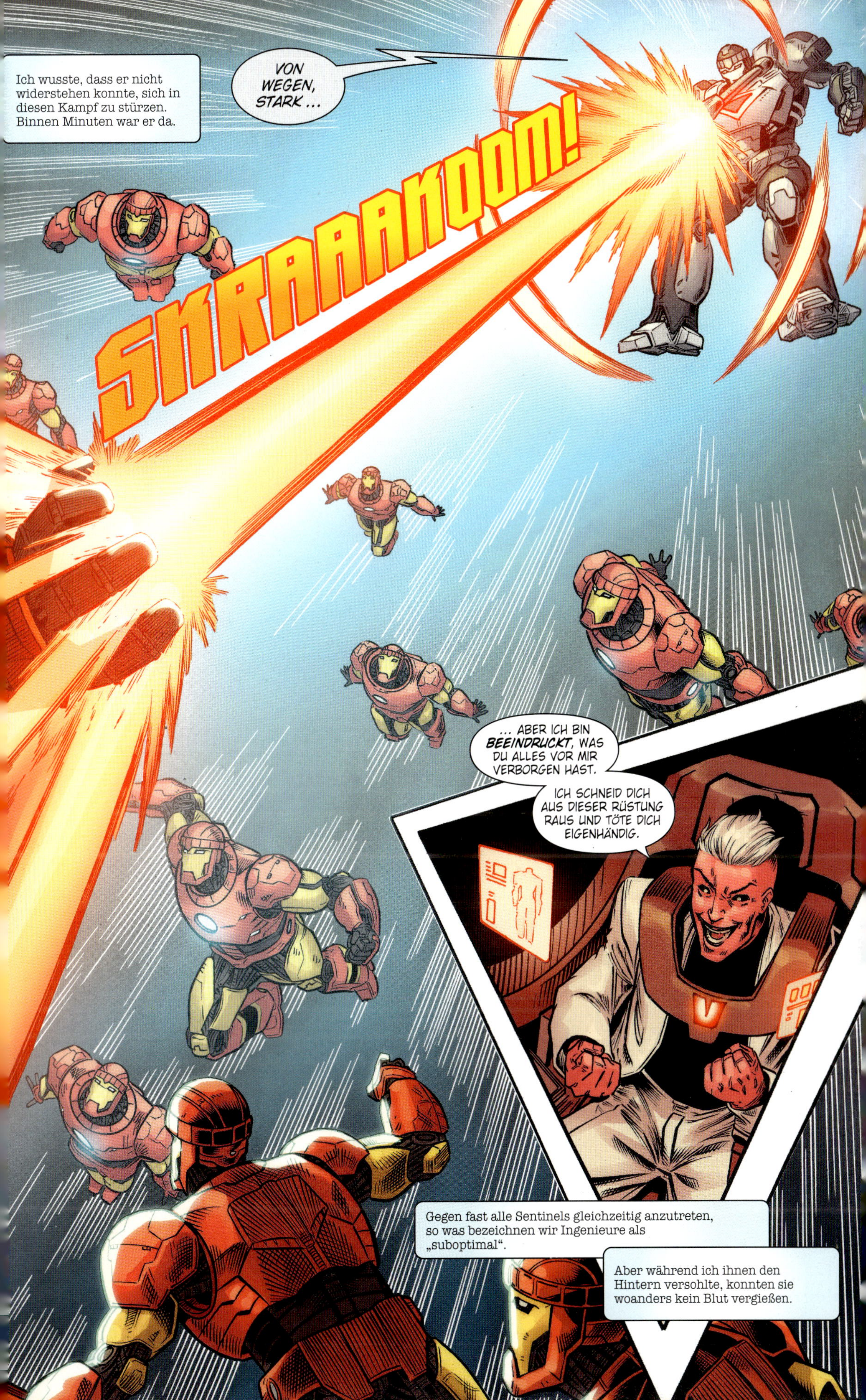

Ich wusste, dass er nicht widerstehen konnte, sich in diesen Kampf zu stürzen. Binnen Minuten war er da.
VON WEGEN, STARK ...
SKRAAAKOOM!
... ABER ICH BIN BEEINDRUCKT, WAS DU ALLES VOR MIR VERBORGEN HAST.
ICH SCHNEID DICH AUS DIESER RÜSTUNG RAUS UND TÖTE DICH EIGENHÄNDIG.
Gegen fast alle Sentinels gleichzeitig anzutreten, so was bezeichnen wir Ingenieure als „suboptimal“.
Aber während ich ihnen den Hintern versohlte, konnten sie woanders kein Blut vergießen.

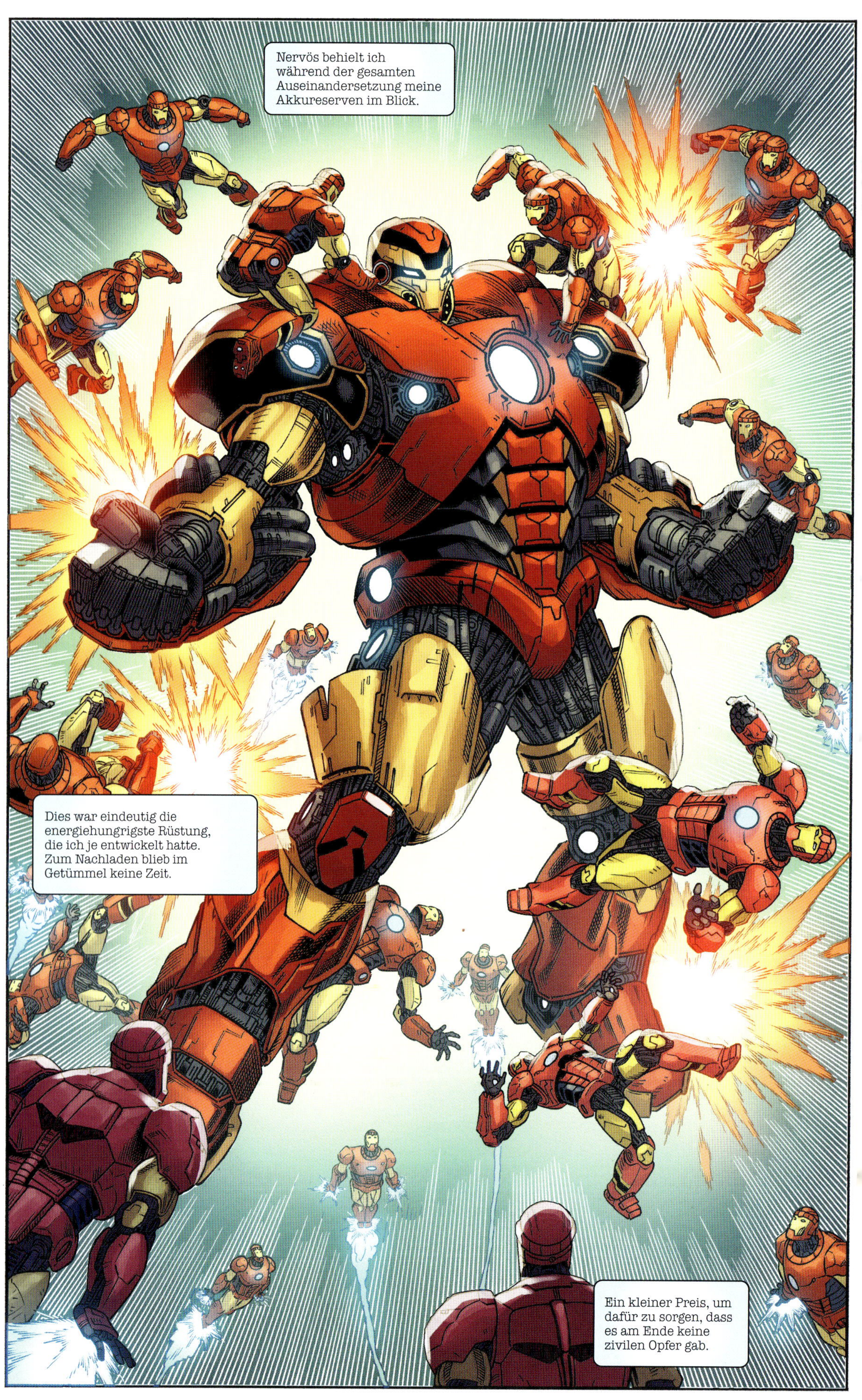
Nervös behielt ich während der gesamten Auseinandersetzung meine Akkureserven im Blick.
Dies war eindeutig die energiehungrigste Rüstung, die ich je entwickelt hatte. Zum Nachladen blieb im Getümmel keine Zeit.
Ein kleiner Preis, um dafür zu sorgen, dass es am Ende keine zivilen Opfer gab.

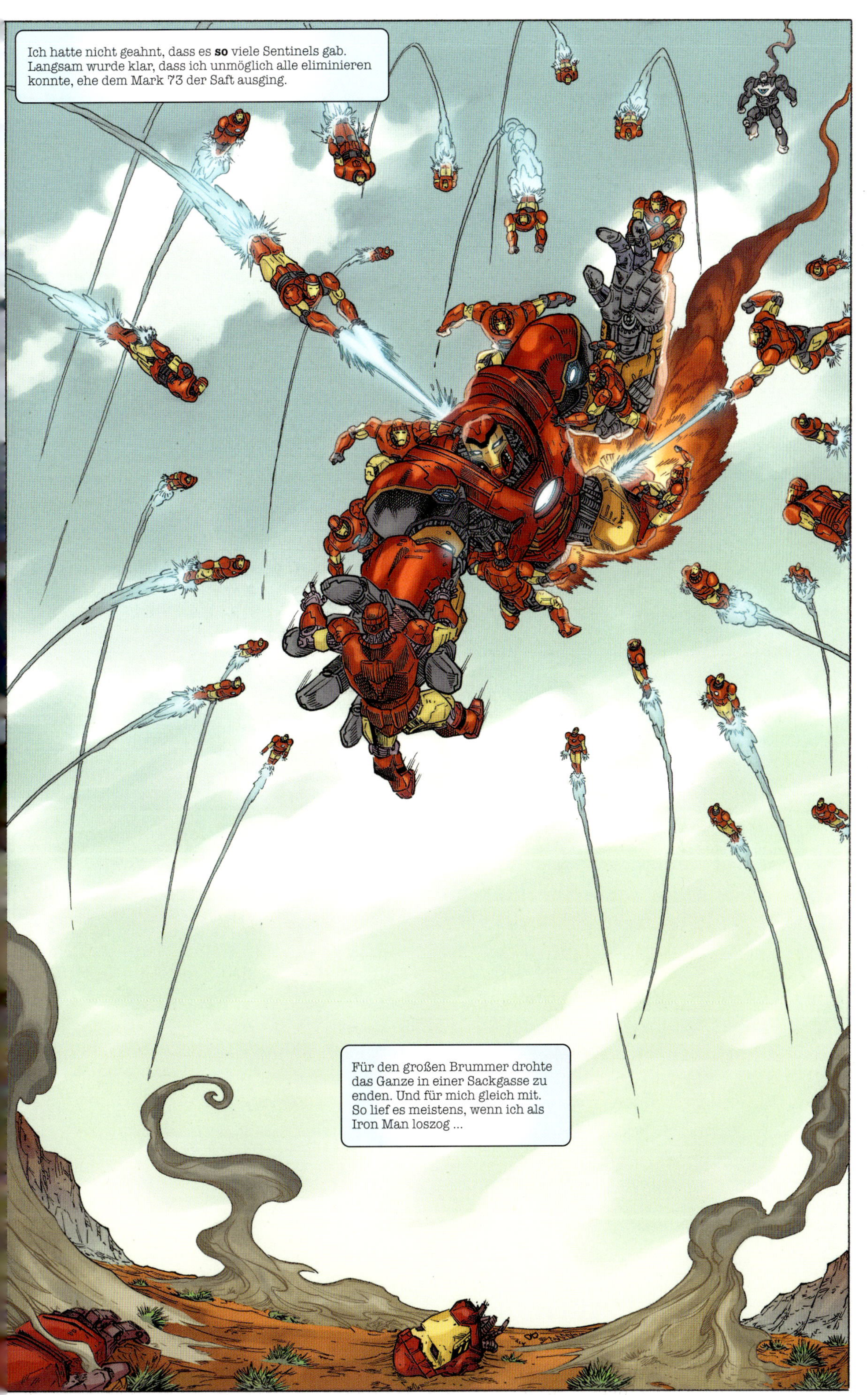
Ich hatte nicht geahnt, dass es **so** viele Sentinels gab. Langsam wurde klar, dass ich unmöglich alle eliminieren konnte, ehe dem Mark 73 der Saft ausging.
Für den großen Brummer drohte das Ganze in einer Sackgasse zu enden. Und für mich gleich mit. So lief es meistens, wenn ich als Iron Man loszog ...

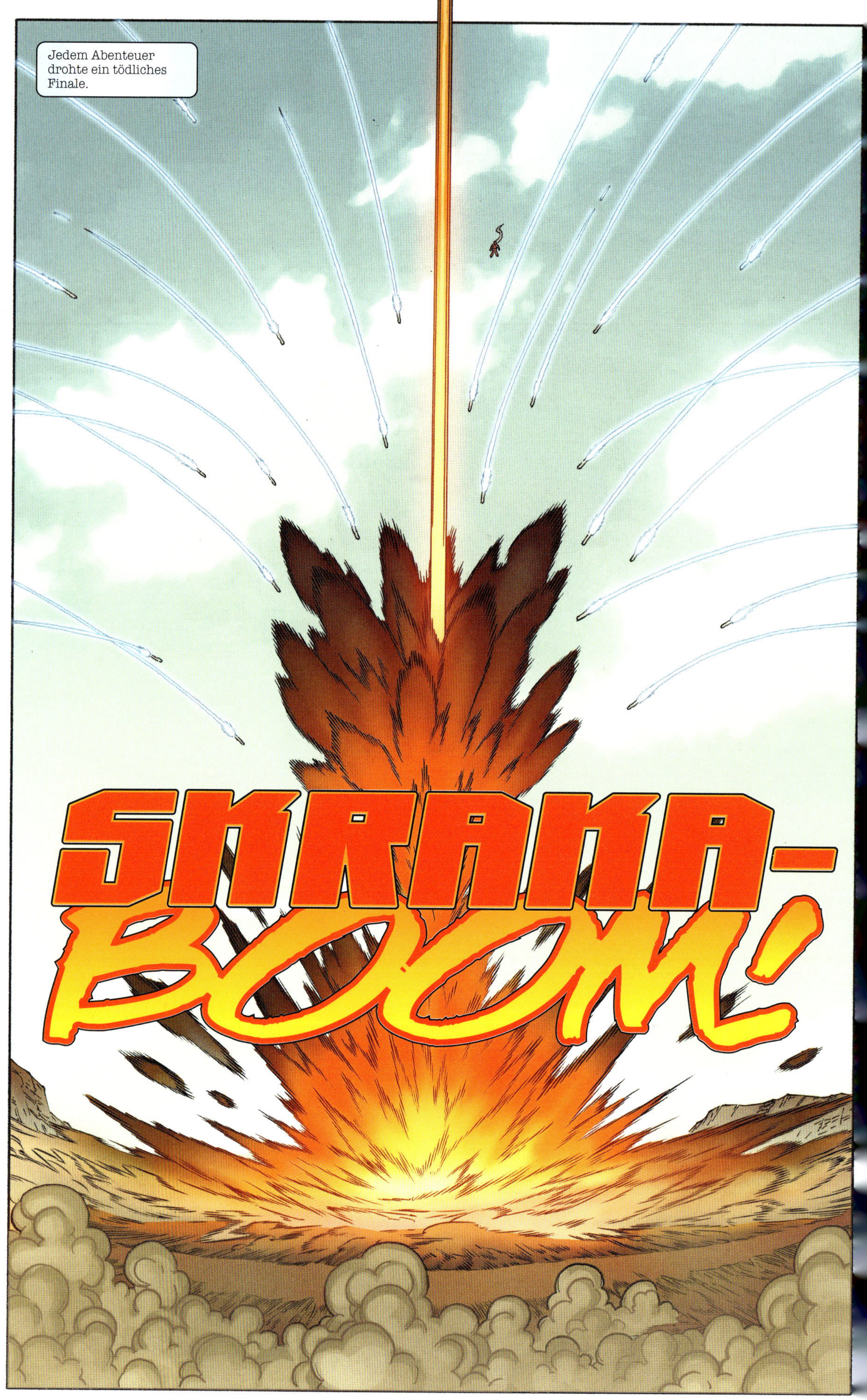

Jedem Abenteuer drohte ein tödliches Finale.
SKRAKA-
BOOM!

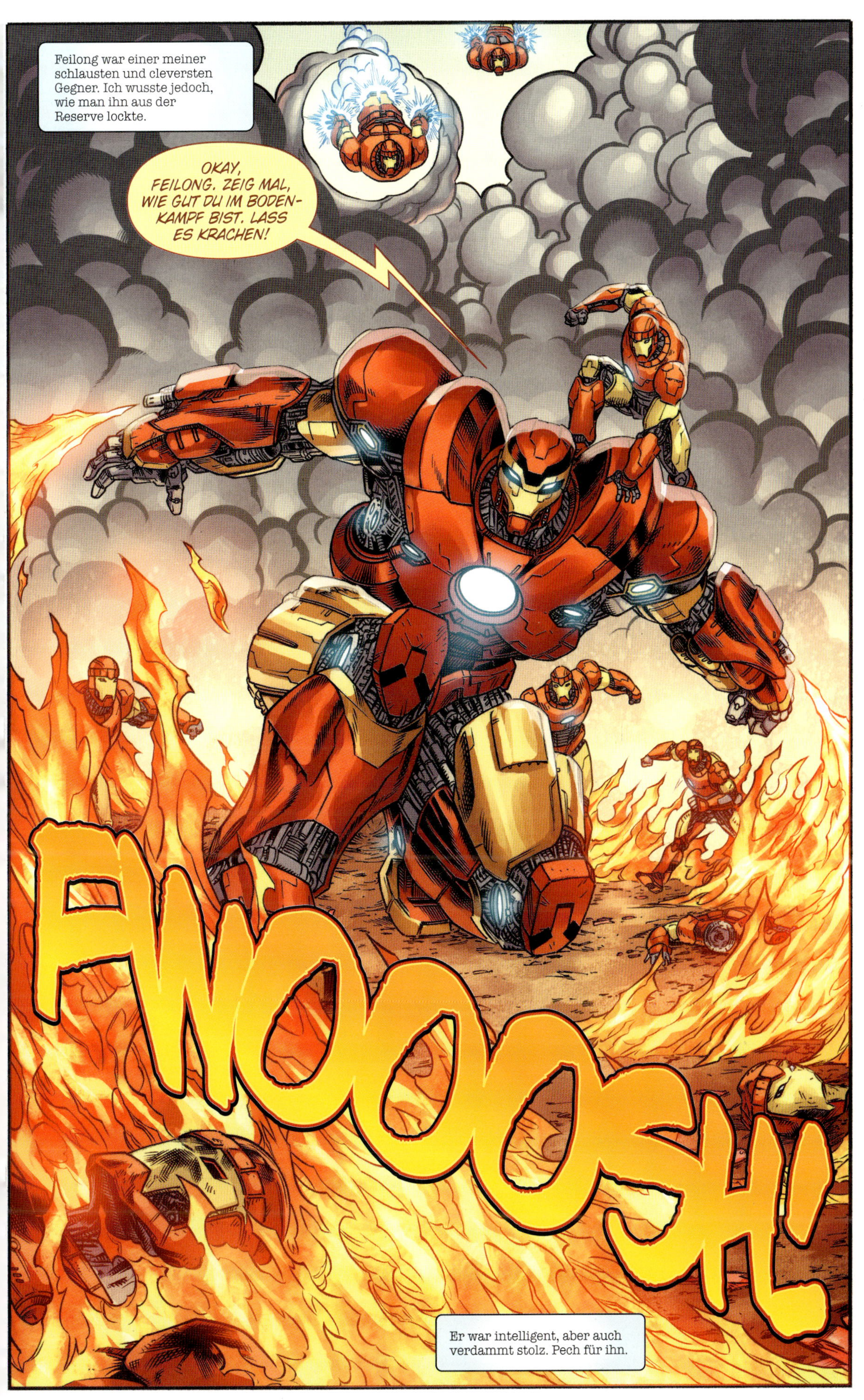
Feilong war einer meiner schlausten und cleversten Gegner. Ich wusste jedoch, wie man ihn aus der Reserve lockte.
OKAY, FEILONG. ZEIG MAL, WIE GUT DU IM BODENKAMPF BIST. LASS ES KRACHEN!
FWOOOSH!
Er war intelligent, aber auch verdammt stolz. Pech für ihn.

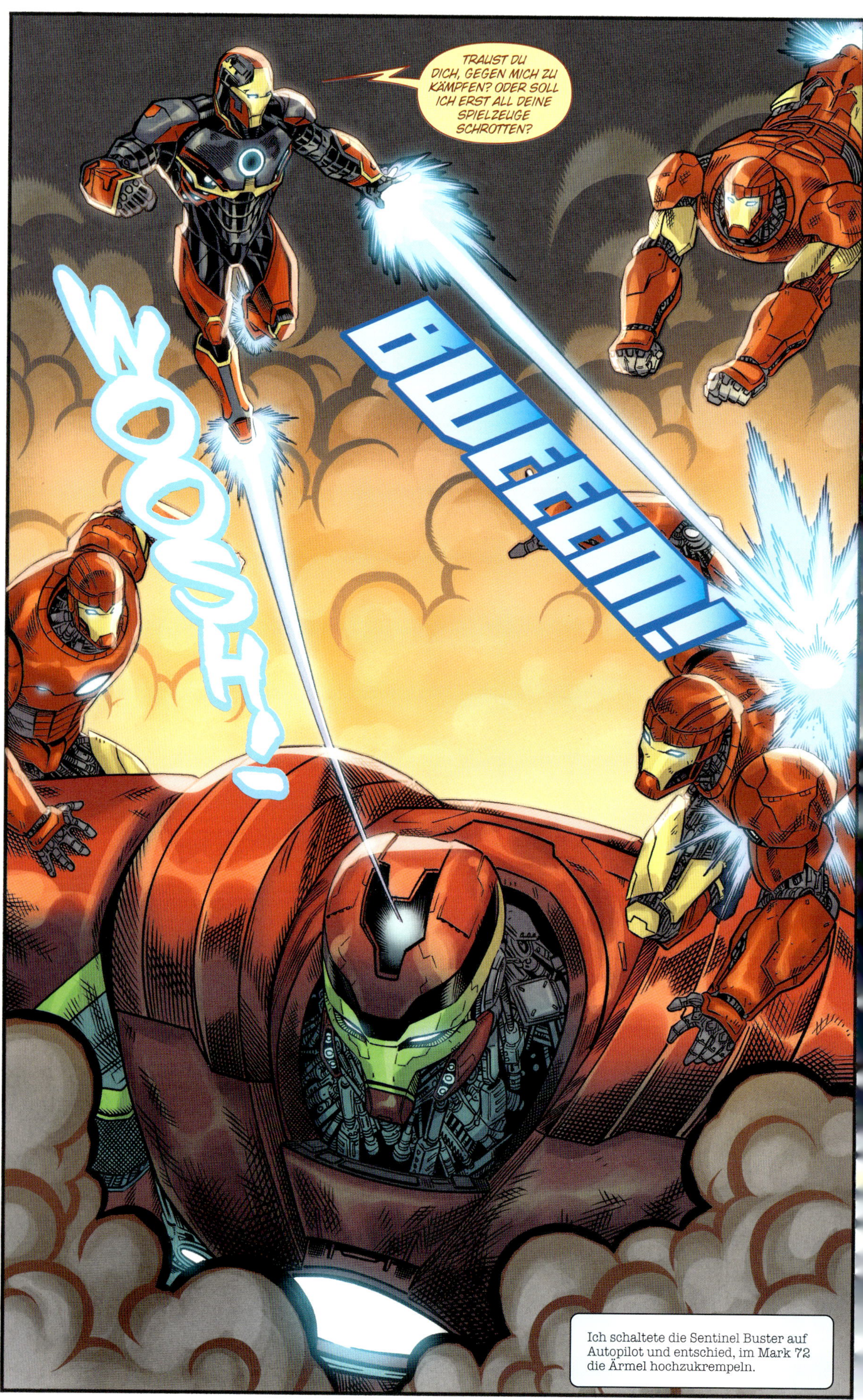
TRAUST DU DICH, GEGEN MICH ZU KÄMPFEN? ODER SOLL ICH ERST ALL DEINE SPIELZEUGE SCHROTTEN?
SWOOSH!
BUUEEEN!
Ich schaltete die Sentinel Buster auf Autopilot und entschied, im Mark 72 die Ärmel hochzukrempeln.

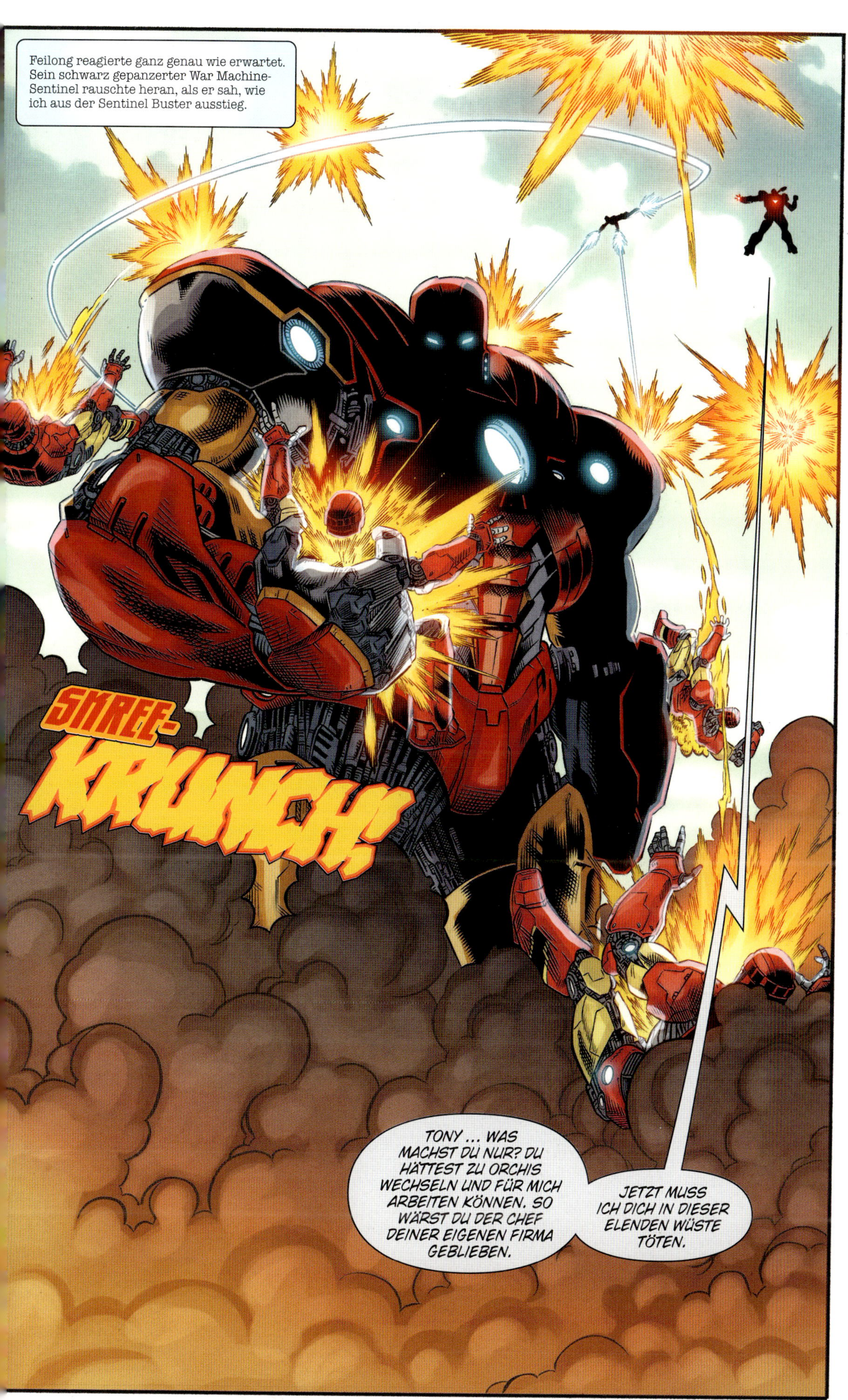
Feilong reagierte ganz genau wie erwartet. Sein schwarz gepanzerter War Machine-Sentinel rauschte heran, als er sah, wie ich aus der Sentinel Buster ausstieg.
SKREE-
KRUNCH!
TONY ... WAS MACHST DU NUR? DU HÄTTEST ZU ORCHIS WECHSELN UND FÜR MICH ARBEITEN KÖNNEN. SO WÄRST DU DER CHEF DEINER EIGENEN FIRMA GEBLIEBEN.
JETZT MUSS ICH DICH IN DIESER ELENDEN WÜSTE TÖTEN.

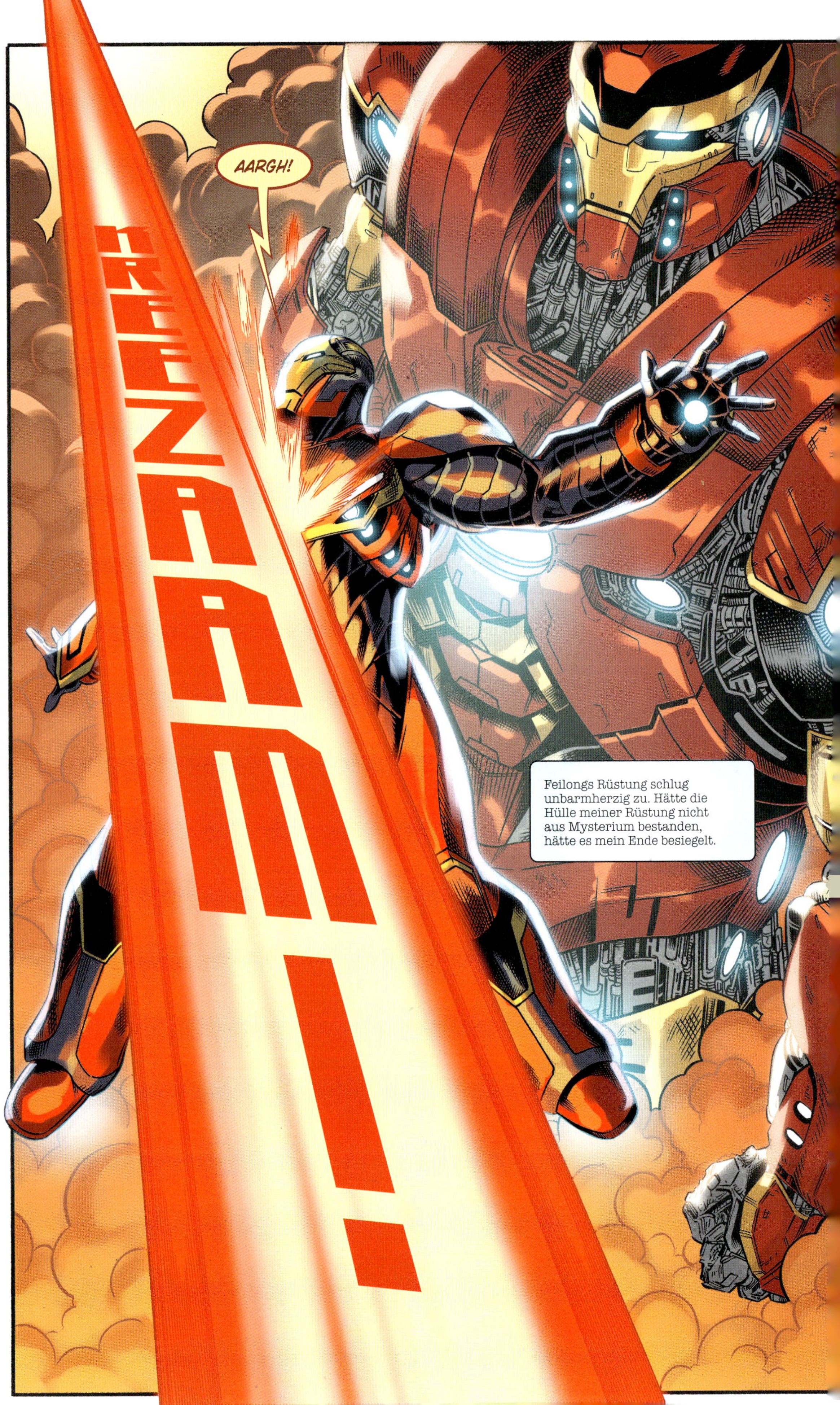
AARGH!
KRRZZAM!
Feilongs Rüstung schlug unbarmherzig zu. Hätte die Hülle meiner Rüstung nicht aus Mysterium bestanden, hätte es mein Ende besiegelt.

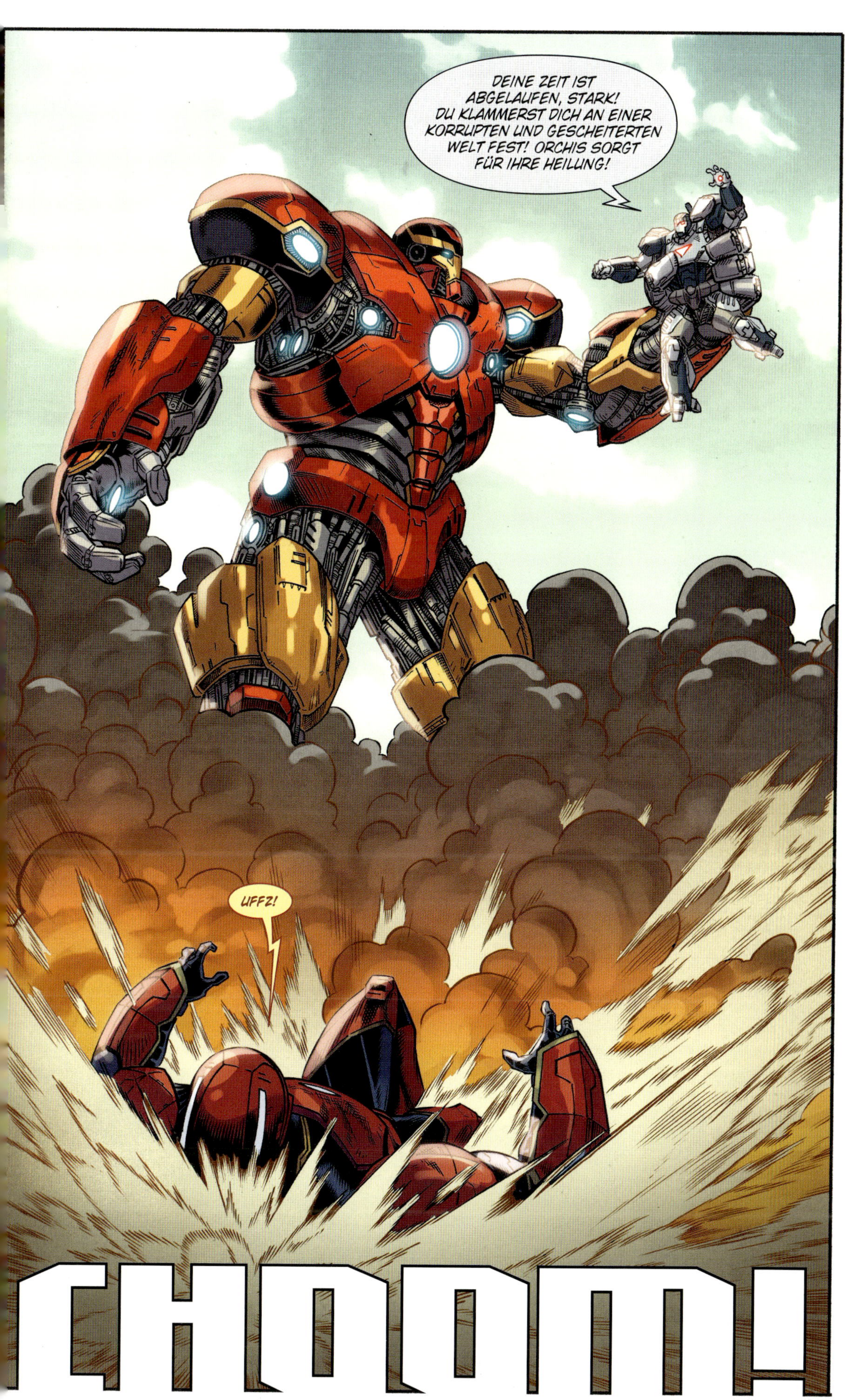
DEINE ZEIT IST ABGELAUFEN, STARK! DU KLAMMERST DICH AN EINER KORRUPTEN UND GESCHEITERTEN WELT FEST! ORCHIS SORGT FÜR IHRE HEILUNG!
UFFZ!
CHOOM!

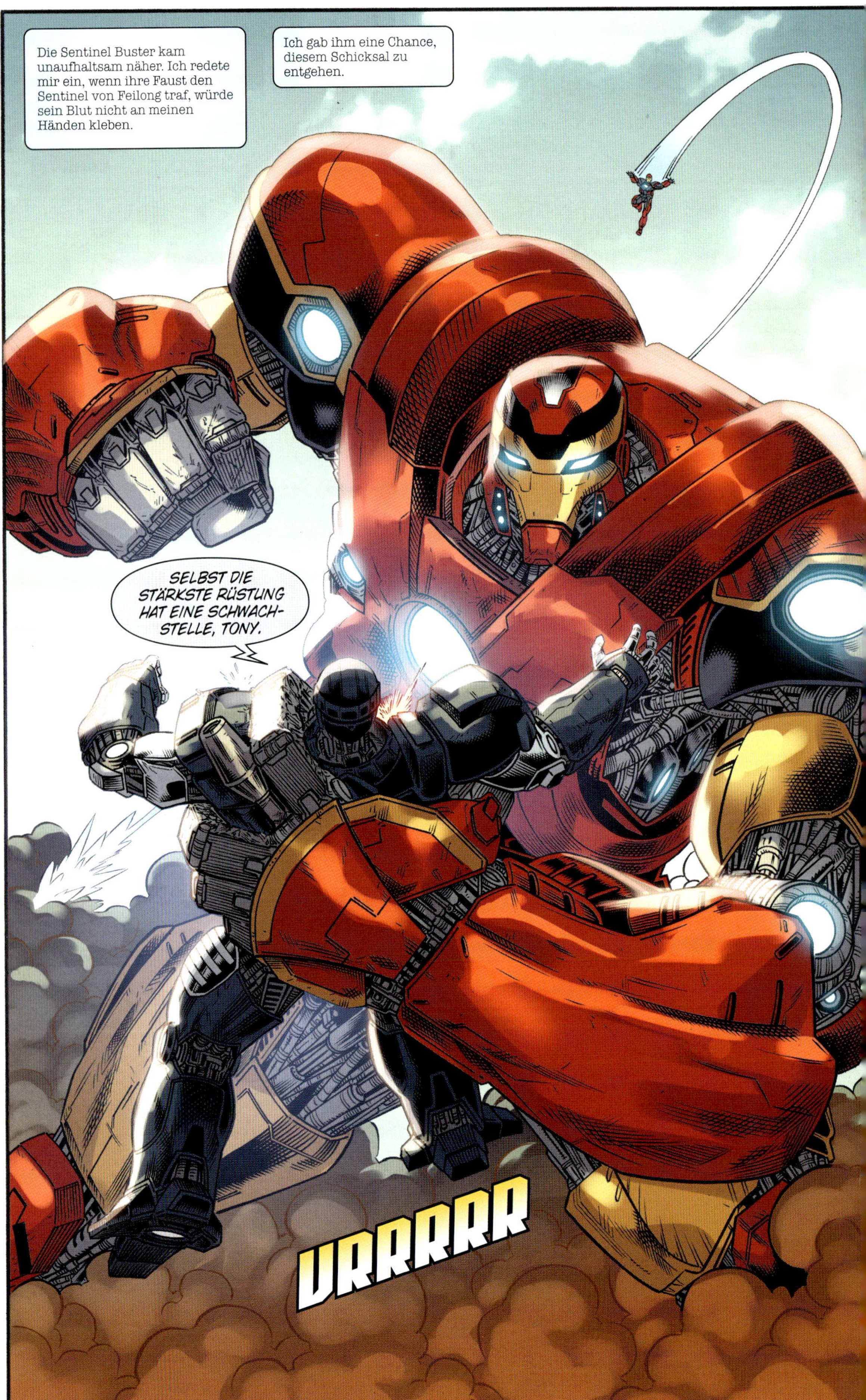
Die Sentinel Buster kam unaufhaltsam näher. Ich redete mir ein, wenn ihre Faust den Sentinel von Feilong traf, würde sein Blut nicht an meinen Händen kleben.
Ich gab ihm eine Chance, diesem Schicksal zu entgehen.
SELBST DIE STÄRKSTE RÜSTUNG HAT EINE SCHWACH-STELLE, TONY.
VRRRRR

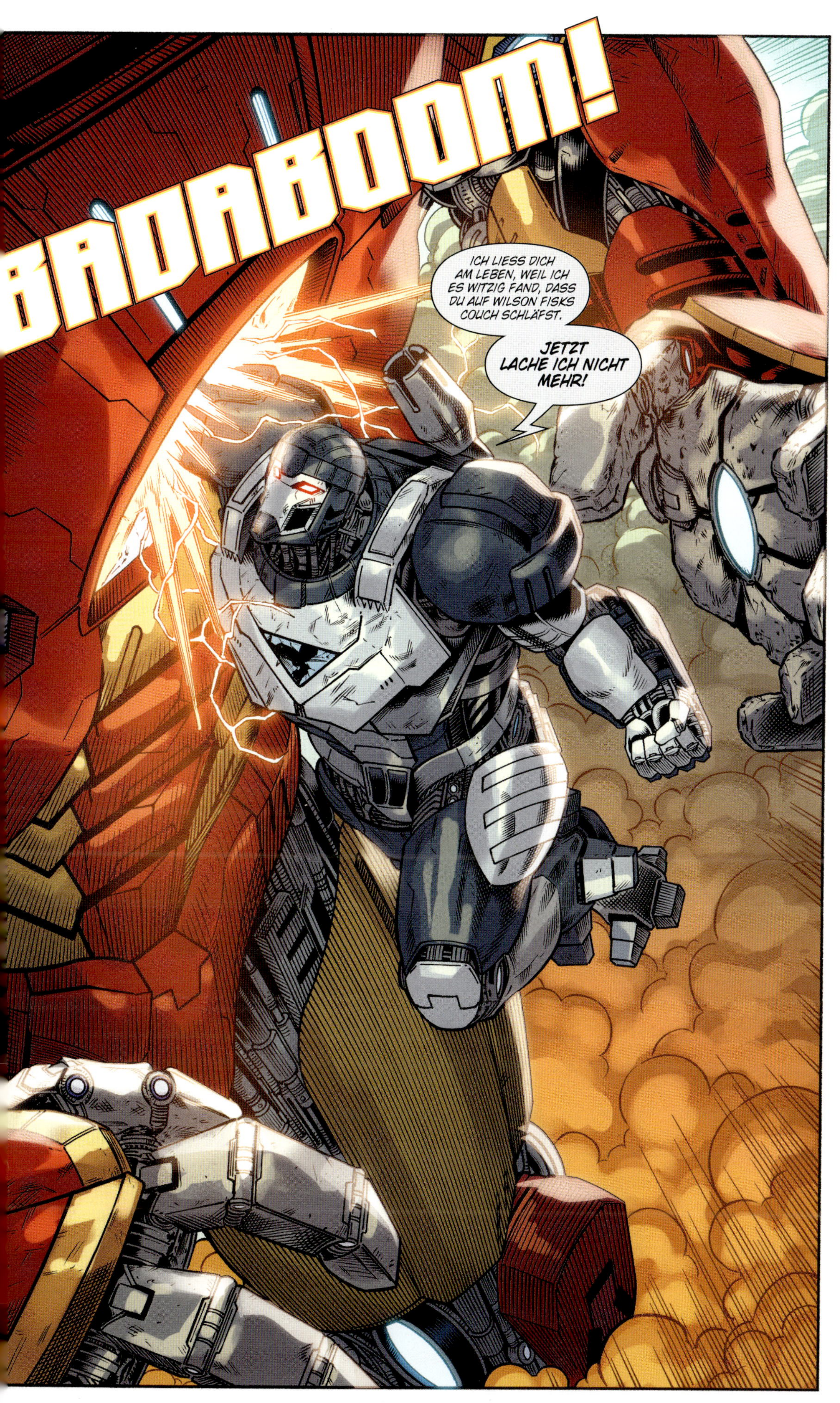
BADABOOM!
ICH LIESS DICH AM LEBEN, WEIL ICH ES WITZIG FAND, DASS DU AUF WILSON FISKS COUCH SCHLÄFST.
JETZT LACHE ICH NICHT MEHR!

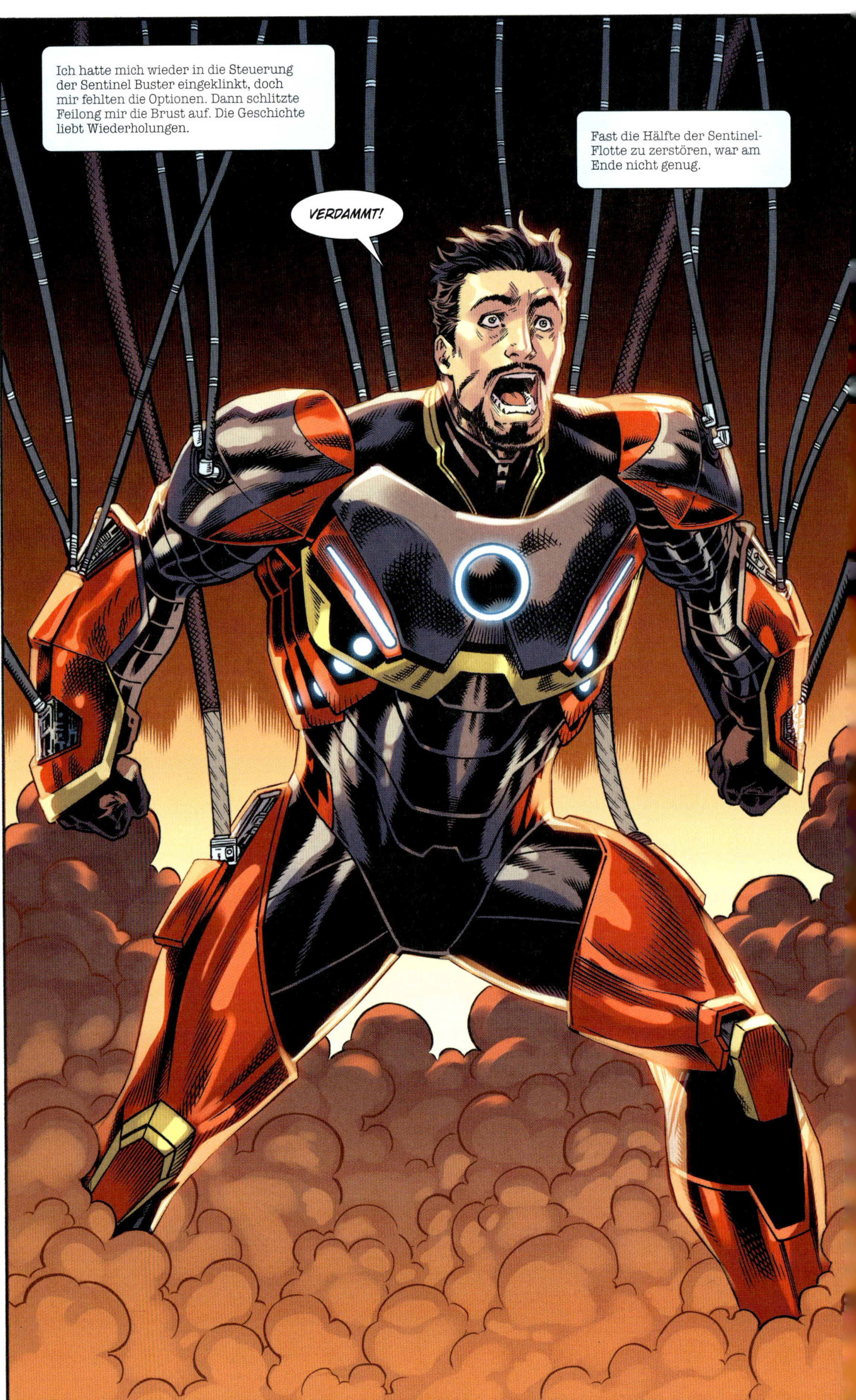
Ich hatte mich wieder in die Steuerung der Sentinel Buster eingeklinkt, doch mir fehlten die Optionen. Dann schlitzte Feilong mir die Brust auf. Die Geschichte liebt Wiederholungen.
Fast die Hälfte der Sentinel-Flotte zu zerstören, war am Ende nicht genug.
VERDAMMT!

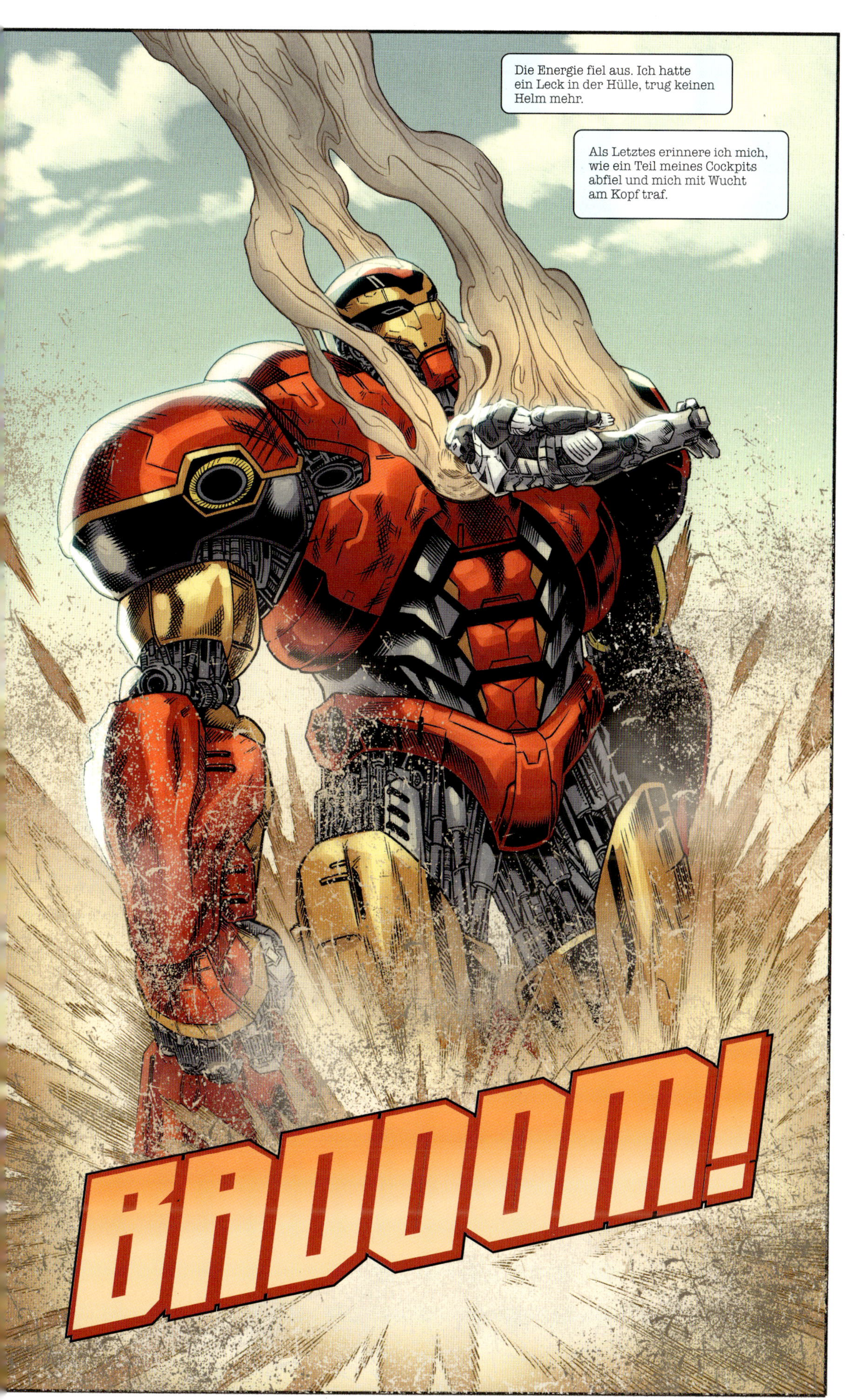
Die Energie fiel aus. Ich hatte ein Leck in der Hülle, trug keinen Helm mehr.
Als Letztes erinnere ich mich, wie ein Teil meines Cockpits abfiel und mich mit Wucht am Kopf traf.
BROOOM!

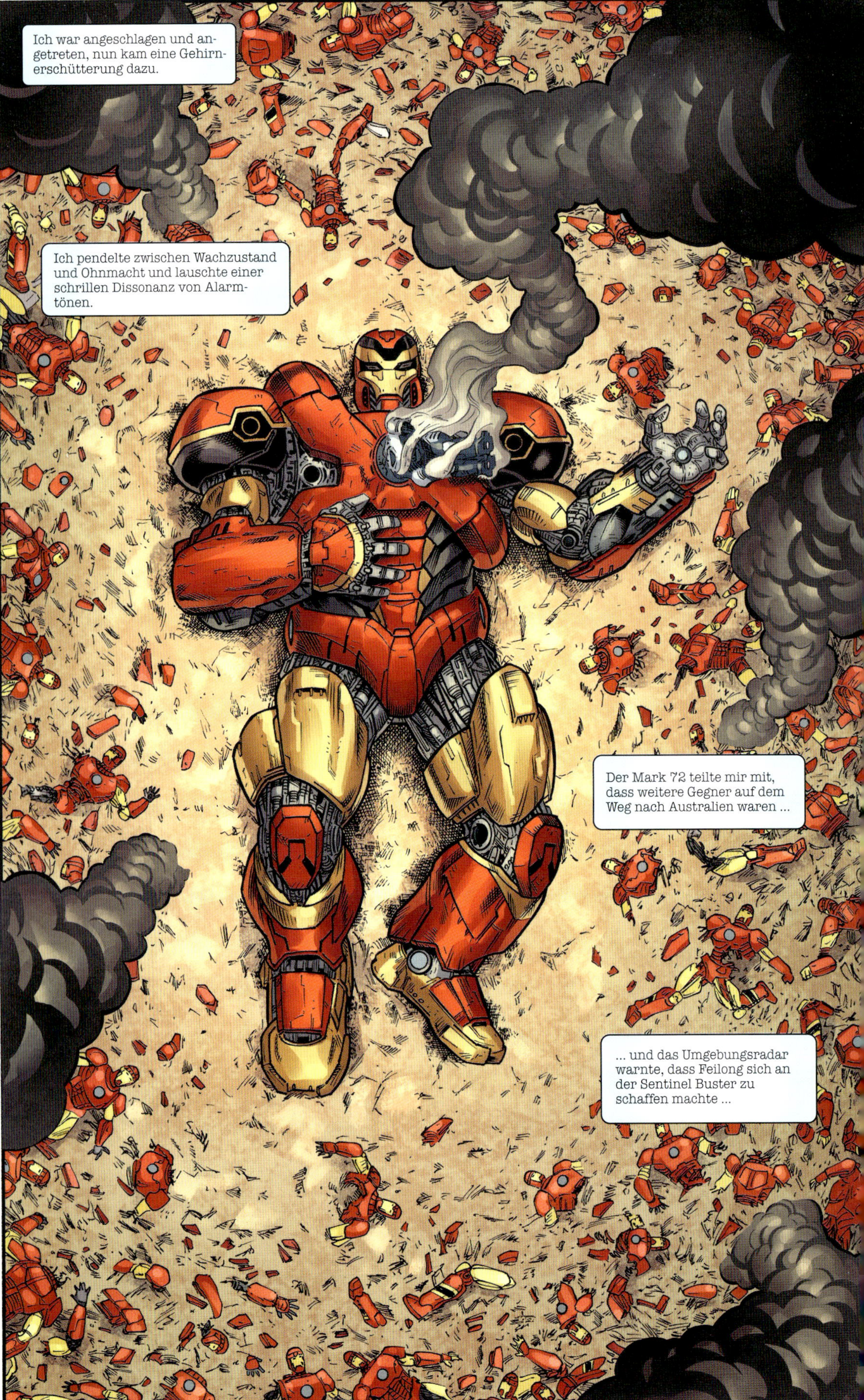
Ich war angeschlagen und angetreten, nun kam eine Gehirnerschütterung dazu.
Ich pendelte zwischen Wachzustand und Ohnmacht und lauschte einer schrillen Dissonanz von Alarmtönen.
Der Mark 72 teilte mir mit, dass weitere Gegner auf dem Weg nach Australien waren ...
... und das Umgebungsradar warnte, dass Feilong sich an der Sentinel Buster zu schaffen machte ...

DER PREIS DES WISSENS

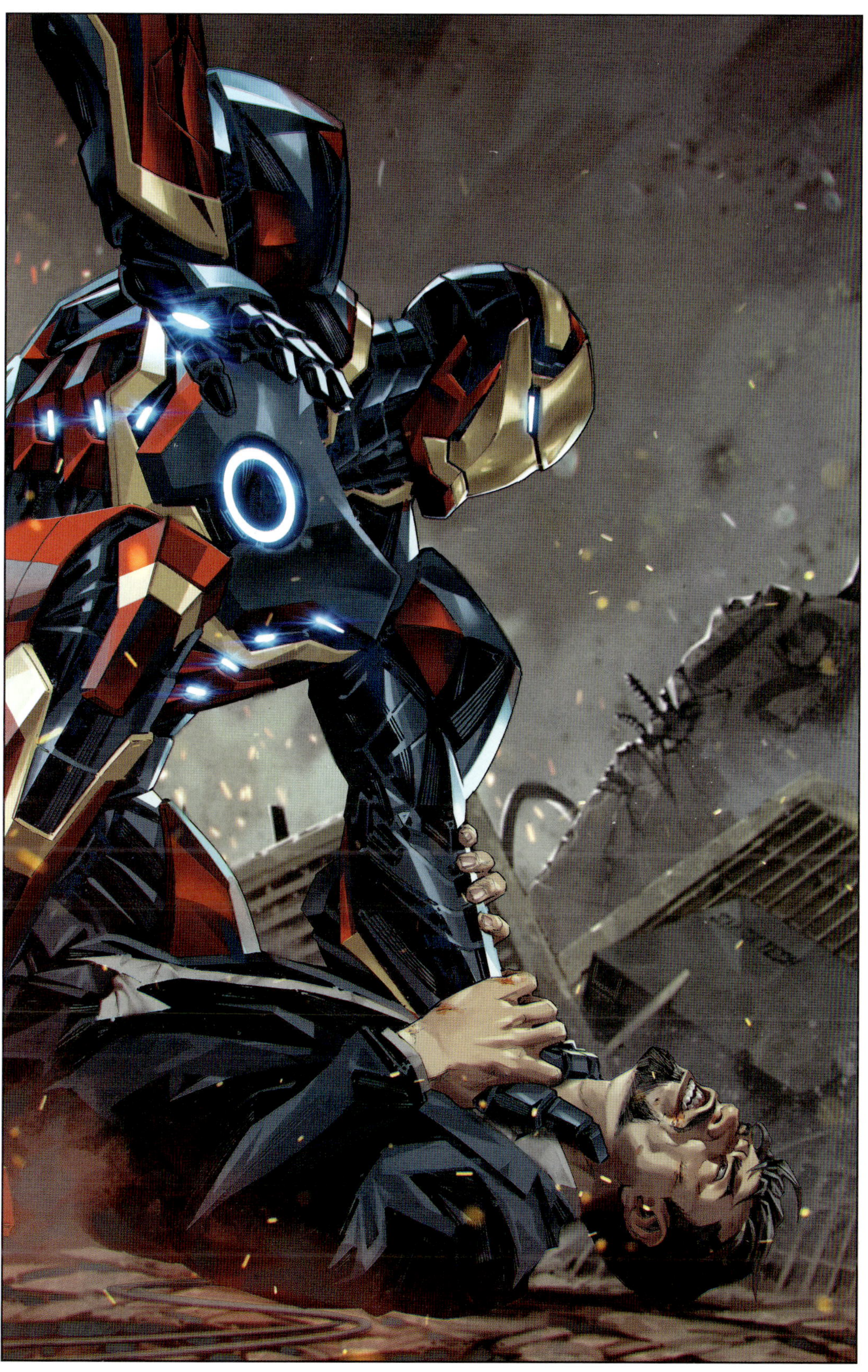

Invincible Iron Man (2022) 17
Cover von **KAEL NGU**

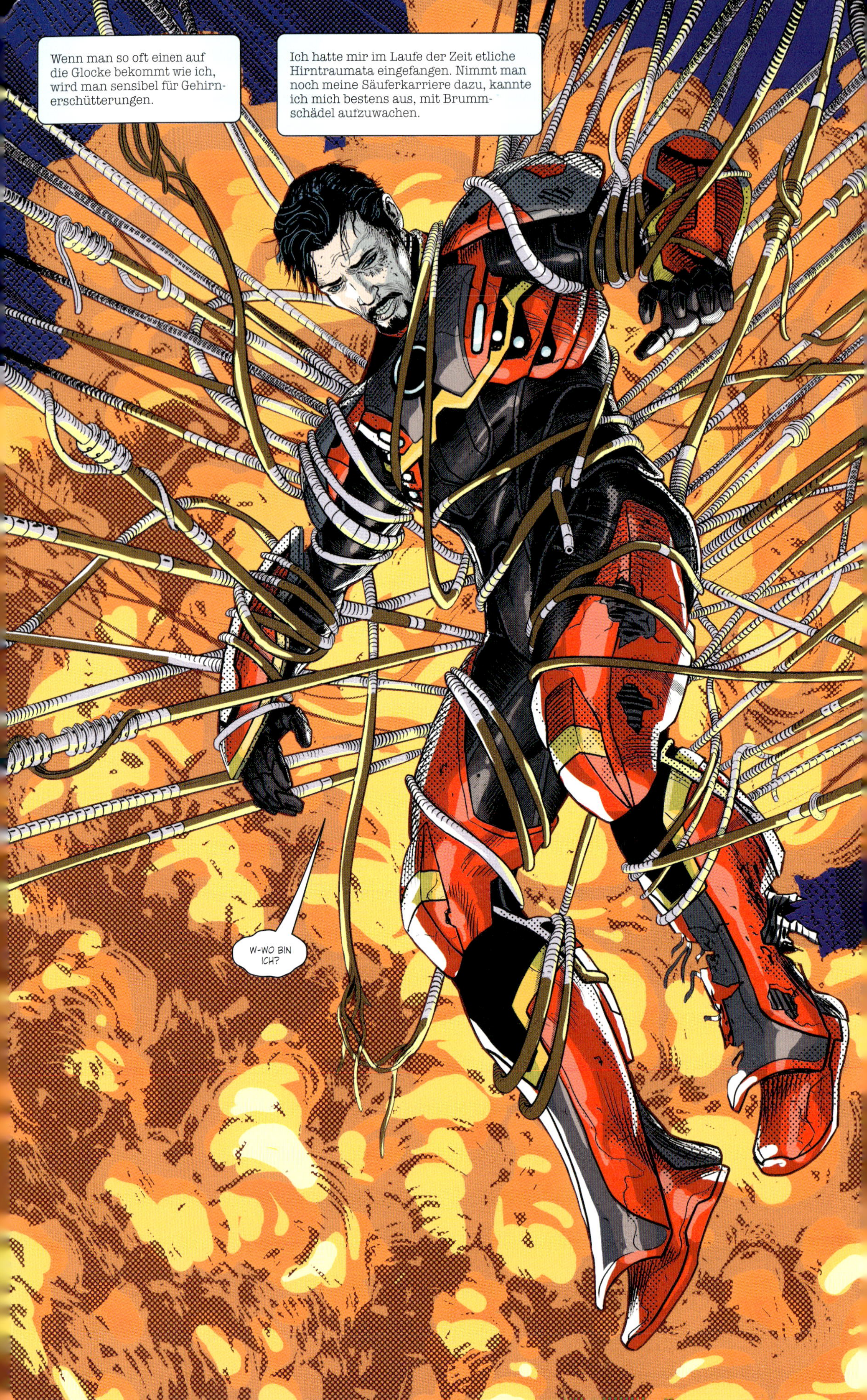
Wenn man so oft einen auf die Glocke bekommt wie ich, wird man sensibel für Gehirnerschütterungen.
Ich hatte mir im Laufe der Zeit etliche Hirntraumata eingefangen. Nimmt man noch meine Säuferkarriere dazu, kannte ich mich bestens aus, mit Brummschädel aufzuwachen.
W-WO BIN ICH?

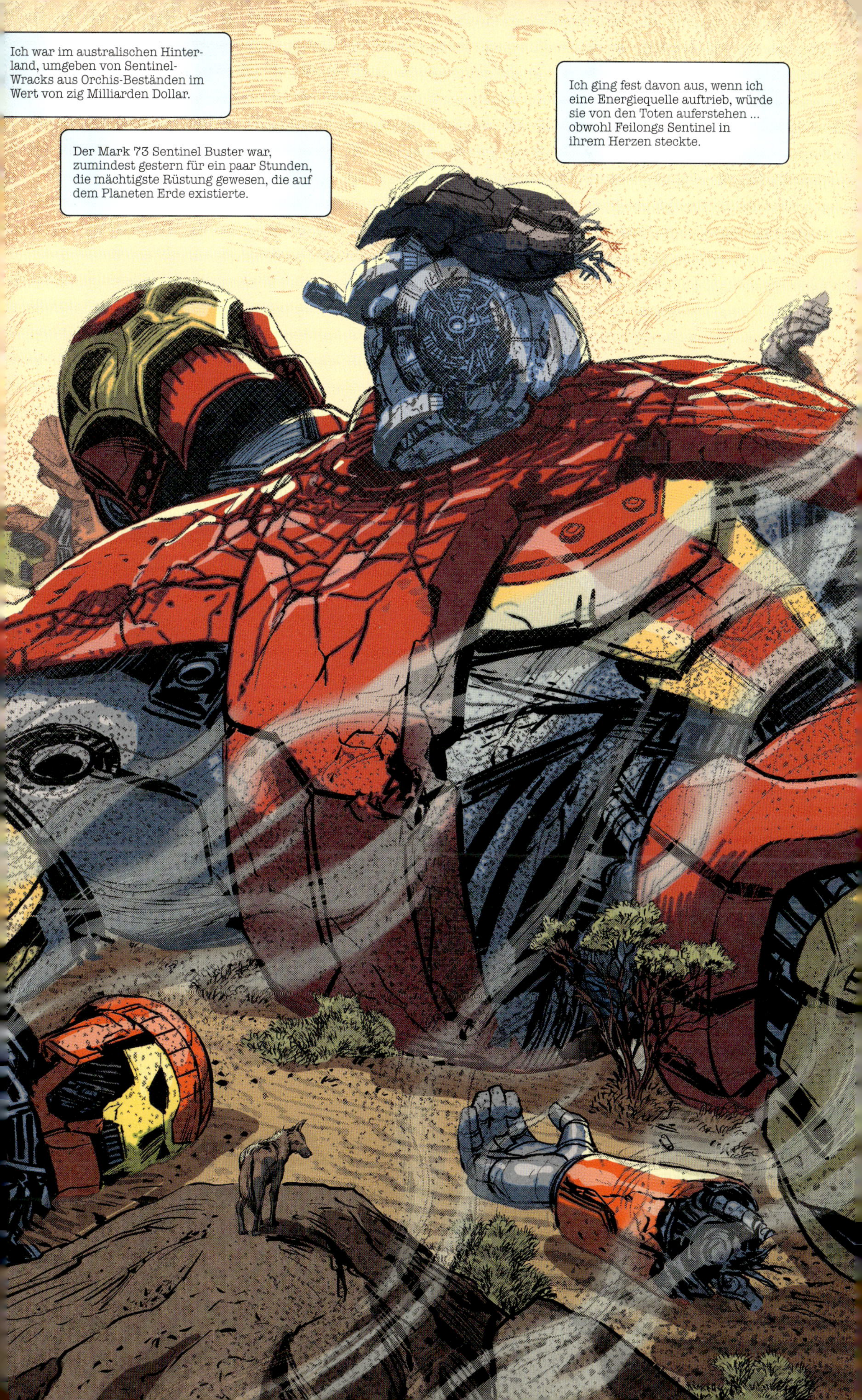
Ich war im australischen Hinterland, umgeben von Sentinel-Wracks aus Orchis-Beständen im Wert von zig Milliarden Dollar.
Der Mark 73 Sentinel Buster war, zumindest gestern für ein paar Stunden, die mächtigste Rüstung gewesen, die auf dem Planeten Erde existierte.
Ich ging fest davon aus, wenn ich eine Energiequelle auftrieb, würde sie von den Toten auferstehen ... obwohl Feilongs Sentinel in ihrem Herzen steckte.

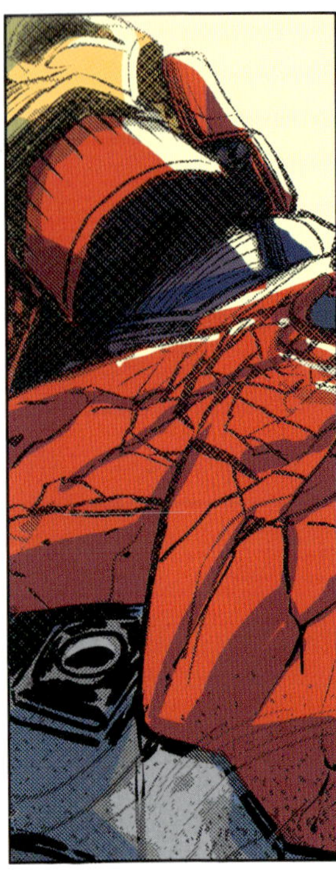
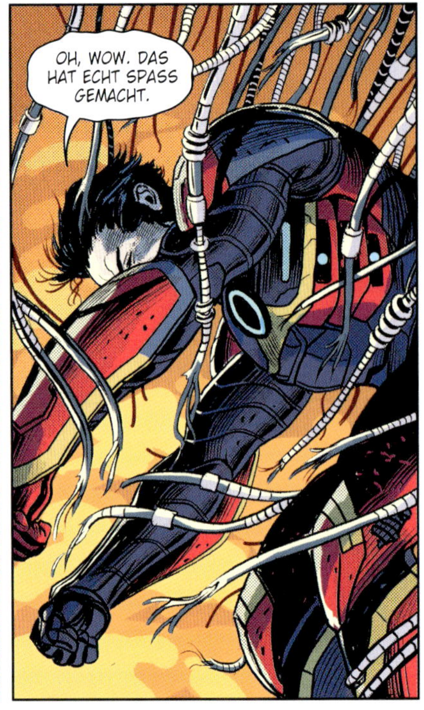
OH, WOW. DAS HAT ECHT SPASS GEMACHT.
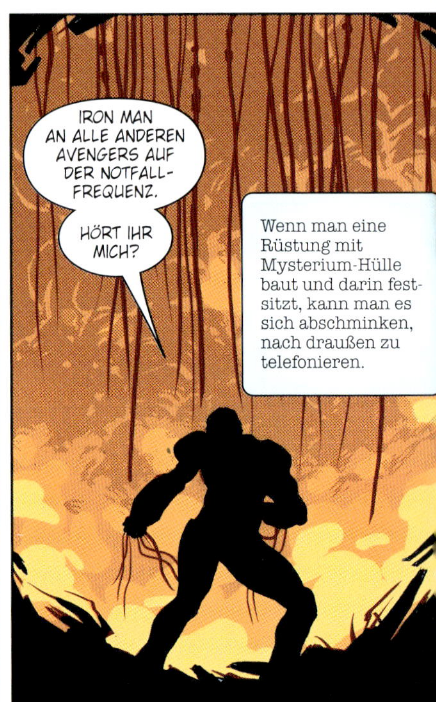
IRON MAN AN ALLE ANDEREN AVENGERS AUF DER NOTFALL-FREQUENZ.
HÖRT IHR MICH?
Wenn man eine Rüstung mit Mysterium-Hülle baut und darin fest-sitzt, kann man es sich abschminken, nach draußen zu telefonieren.
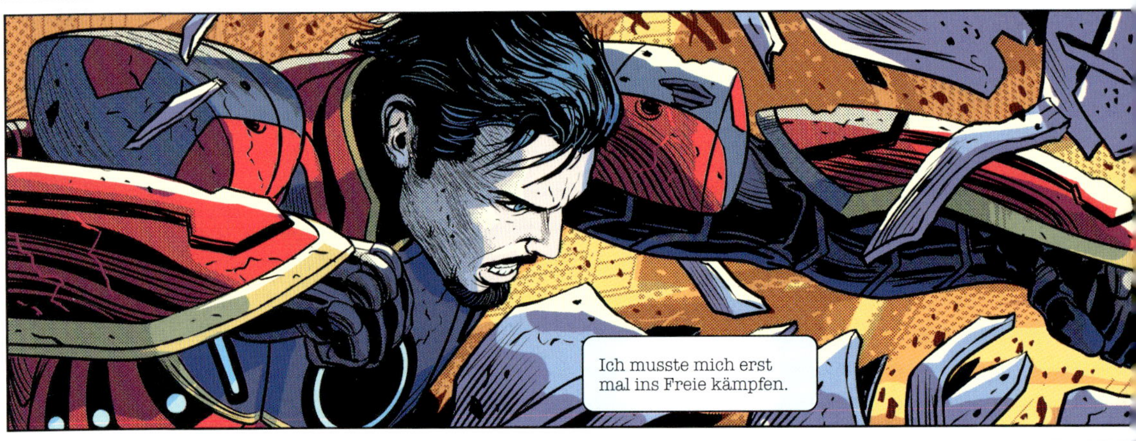
Ich musste mich erst mal ins Freie kämpfen.
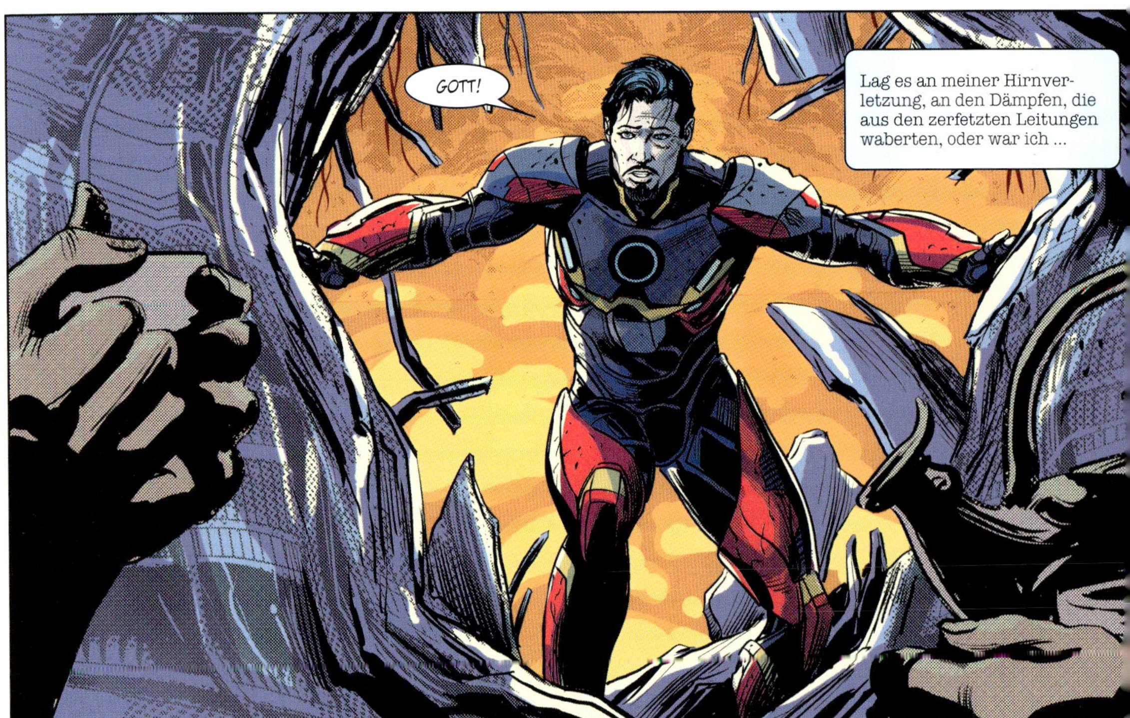
GOTT!
Lag es an meiner Hirnver-letzung, an den Dämpfen, die aus den zerfetzten Leitungen waberten, oder war ich ...

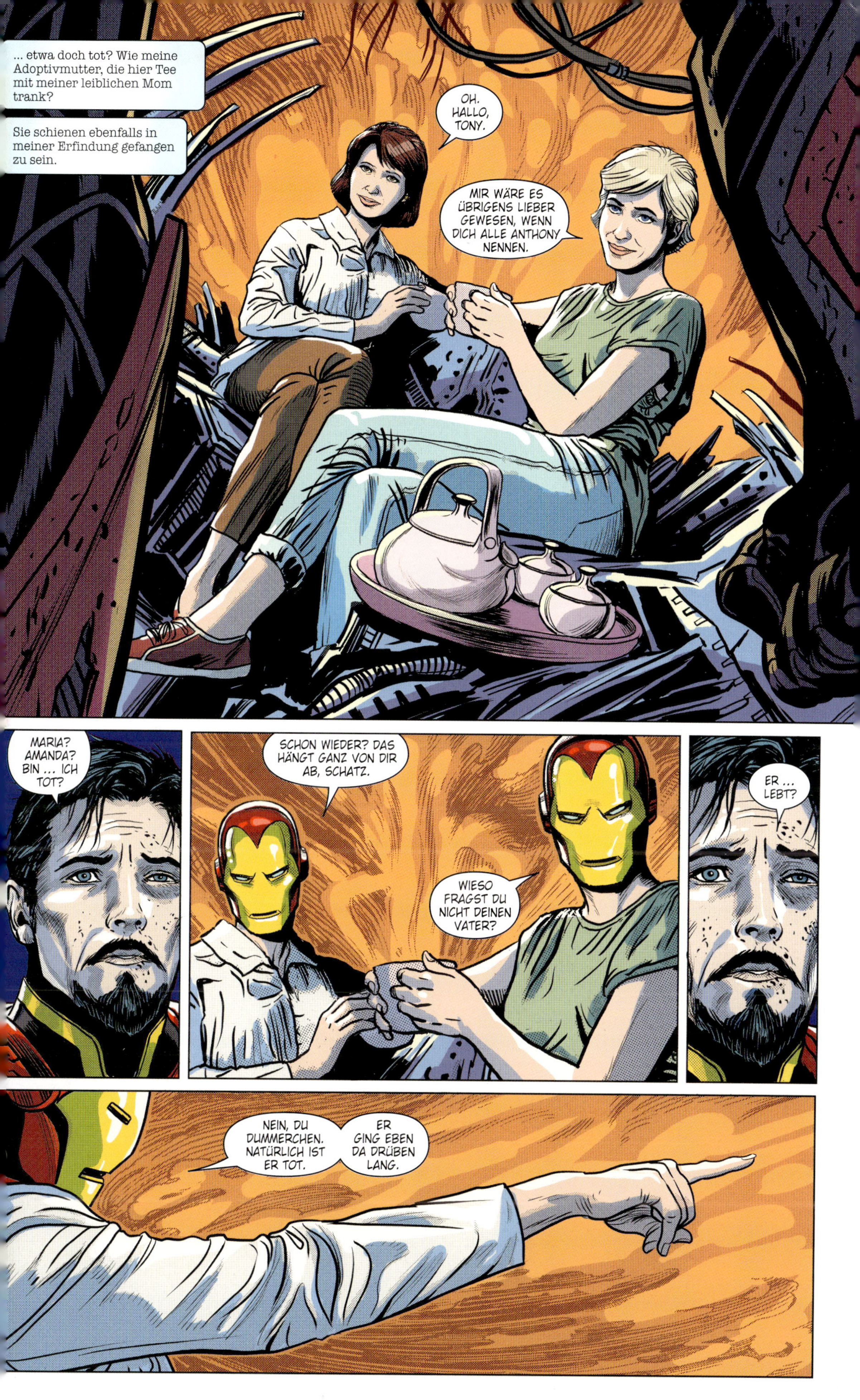

... etwa doch tot? Wie meine Adoptivmutter, die hier Tee mit meiner leiblichen Mom trank?

Sie schienen ebenfalls in meiner Erfindung gefangen zu sein.

OH. HALLO, TONY.

MIR WÄRE ES ÜBRIGENS LIEBER GEWESEN, WENN DICH ALLE ANTHONY NENNEN.

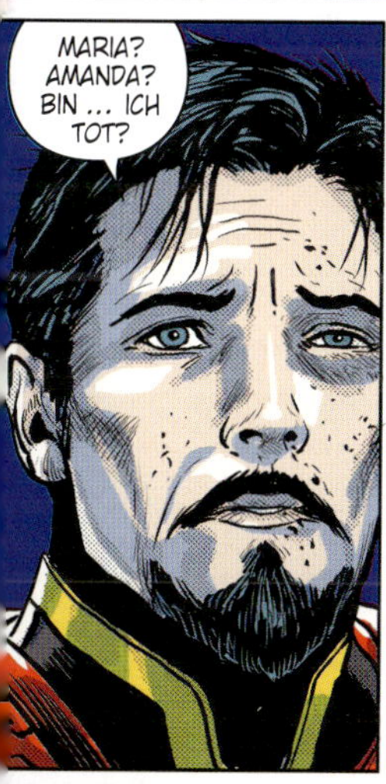

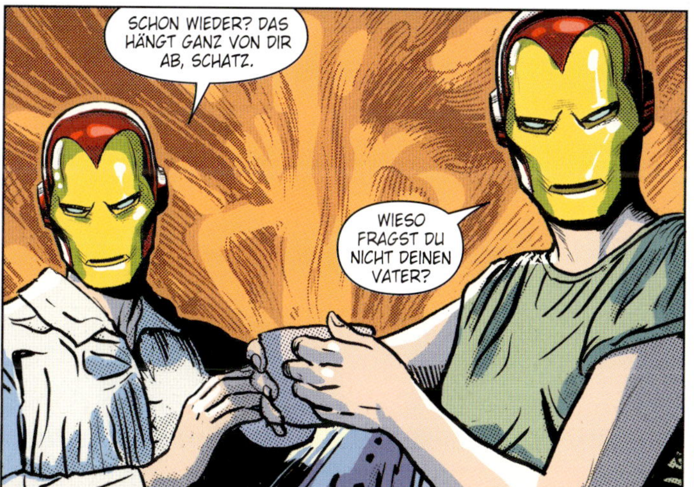

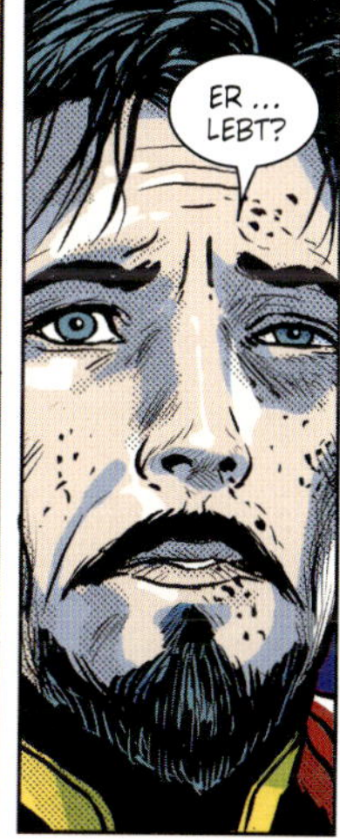

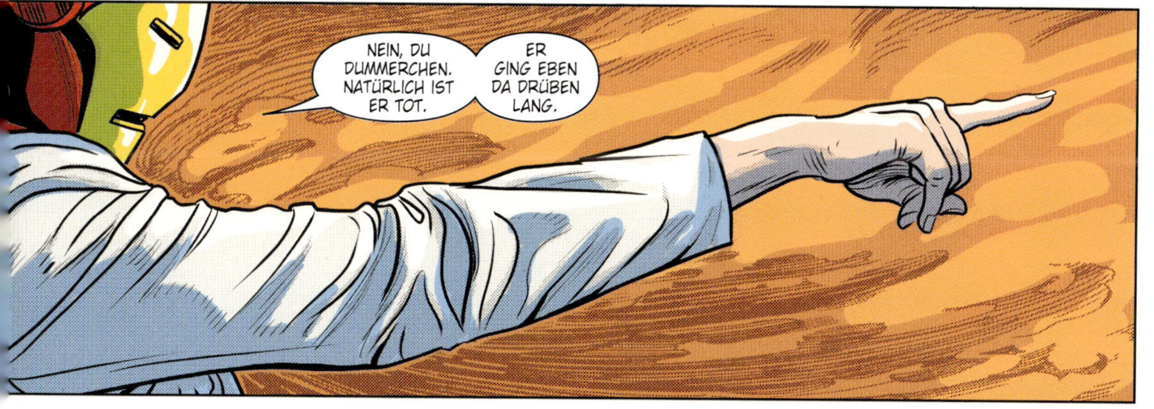

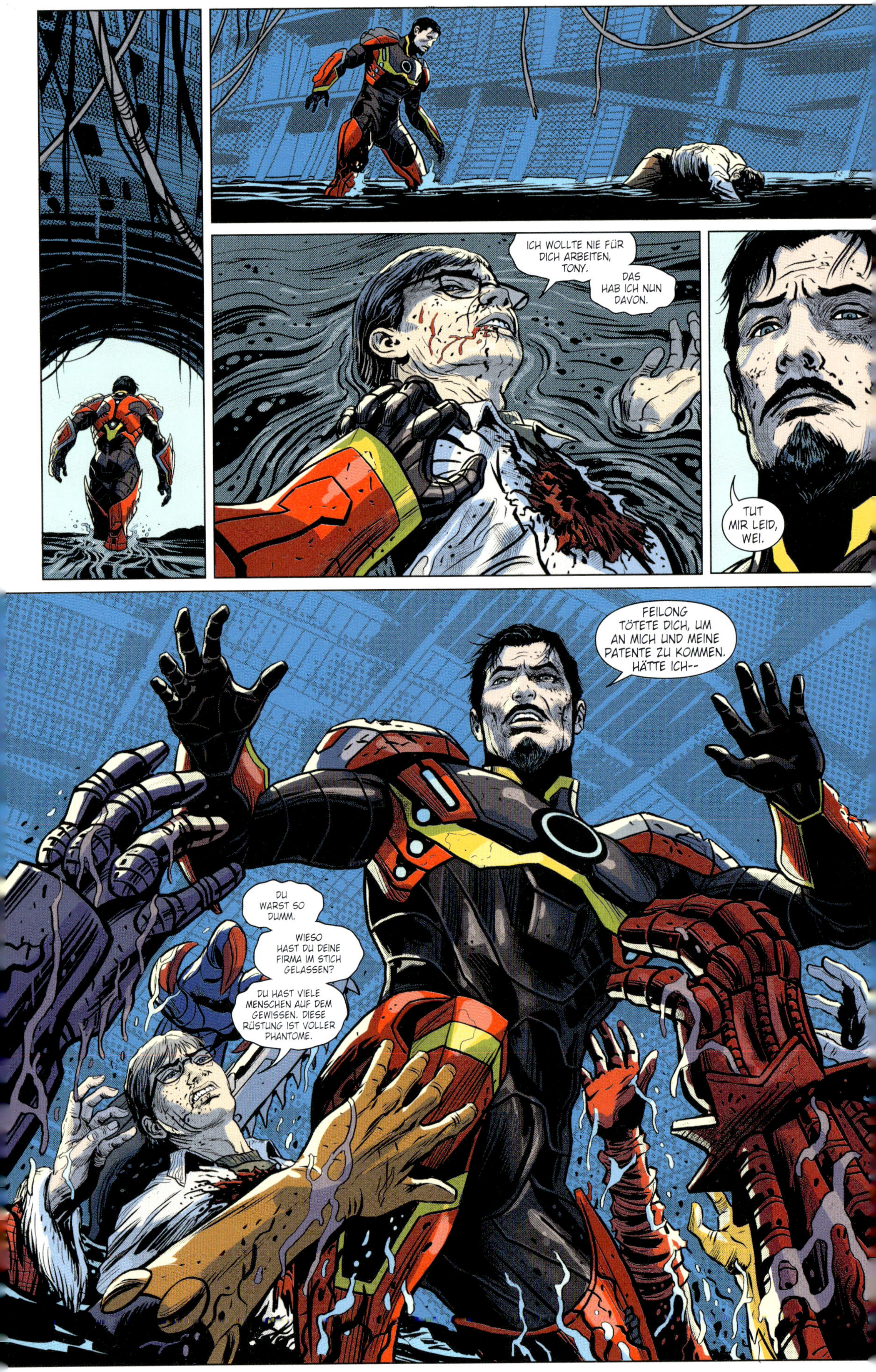

ICH WOLLTE NIE FÜR DICH ARBEITEN, TONY.
DAS HAB ICH NUN DAVON.
TUT MIR LEID, WEI.
FEILONG TÖTETE DICH, UM AN MICH UND MEINE PATENTE ZU KOMMEN. HÄTTE ICH--
DU WARST SO DUMM.
WIESO HAST DU DEINE FIRMA IM STICH GELASSEN?
DU HAST VIELE MENSCHEN AUF DEM GEWISSEN. DIESE RÜSTUNG IST VOLLER PHANTOME.

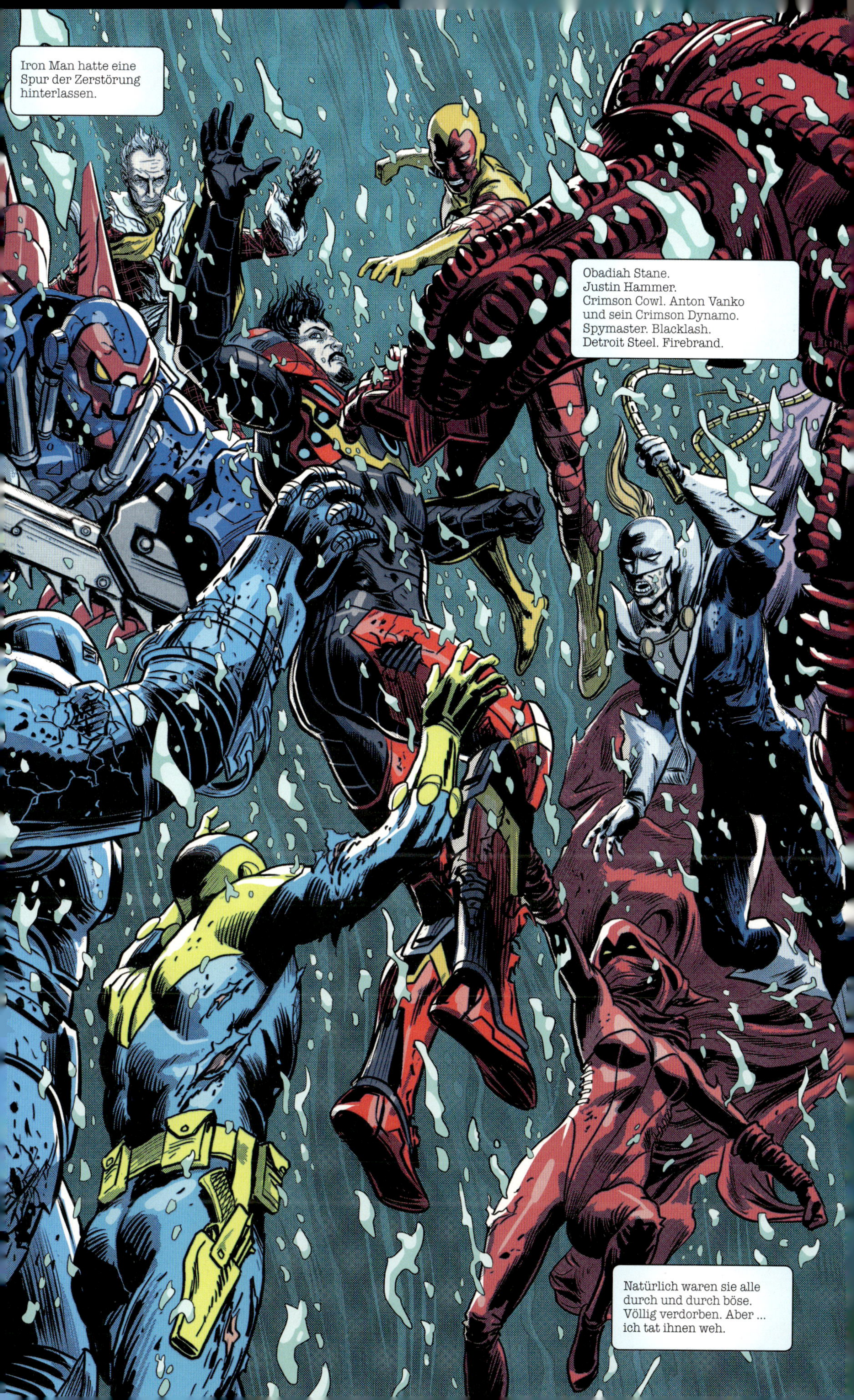
Iron Man hatte eine Spur der Zerstörung hinterlassen.
Obadiah Stane. Justin Hammer. Crimson Cowl. Anton Vanko und sein Crimson Dynamo. Spymaster. Blacklash. Detroit Steel. Firebrand.
Natürlich waren sie alle durch und durch böse. Völlig verdorben. Aber ... ich tat ihnen weh.

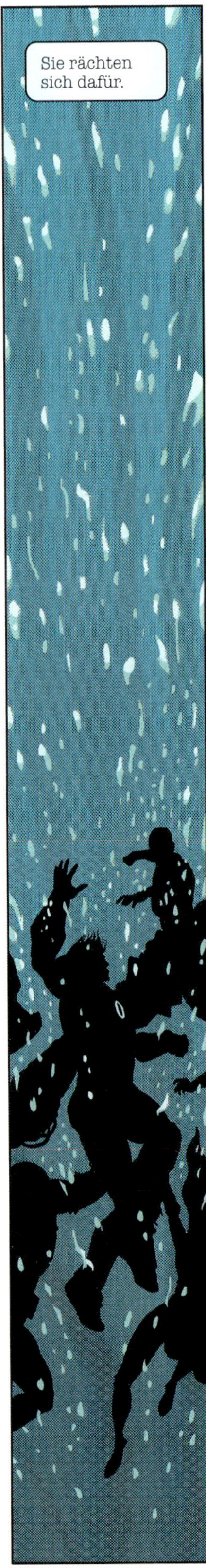
Sie rächten
sich dafür.

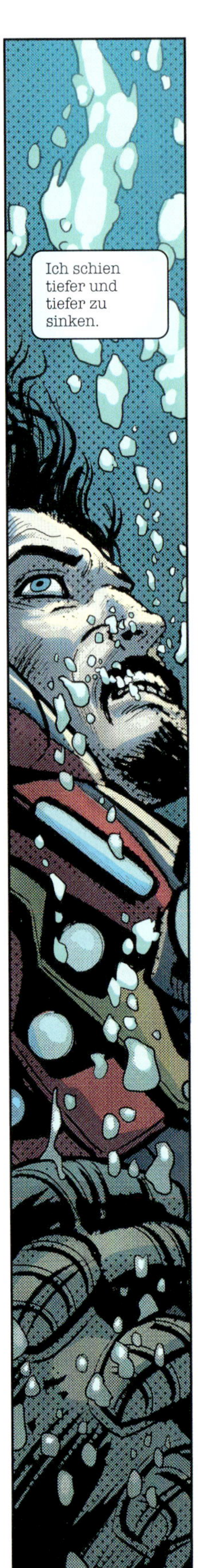
Ich schien
tiefer und
tiefer zu
sinken.

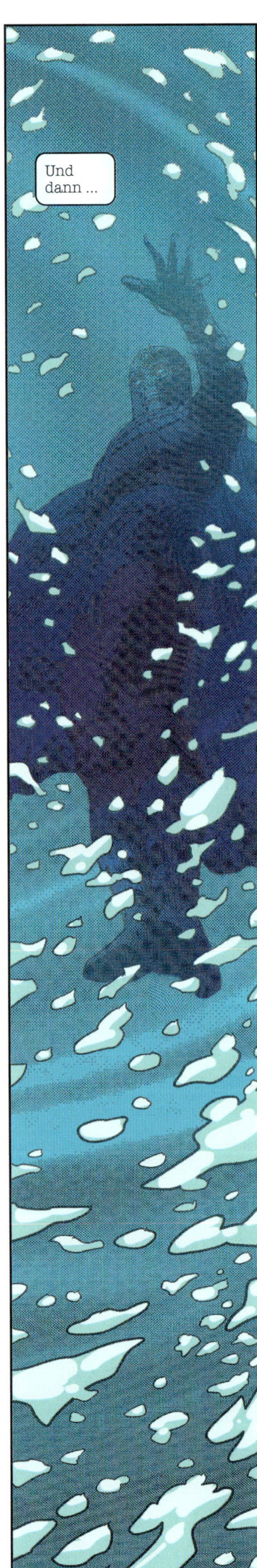
Und
dann ...

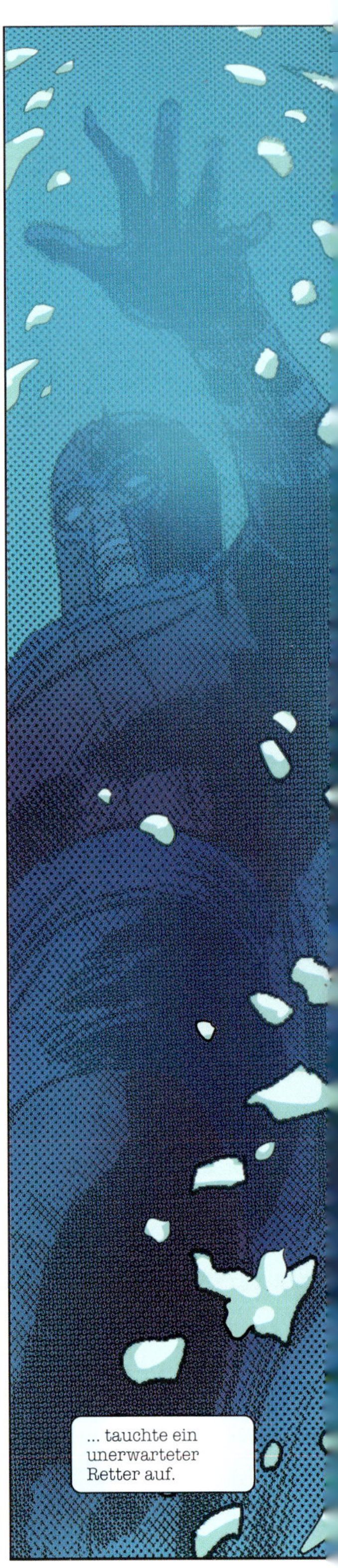
... tauchte ein
unerwarteter
Retter auf.

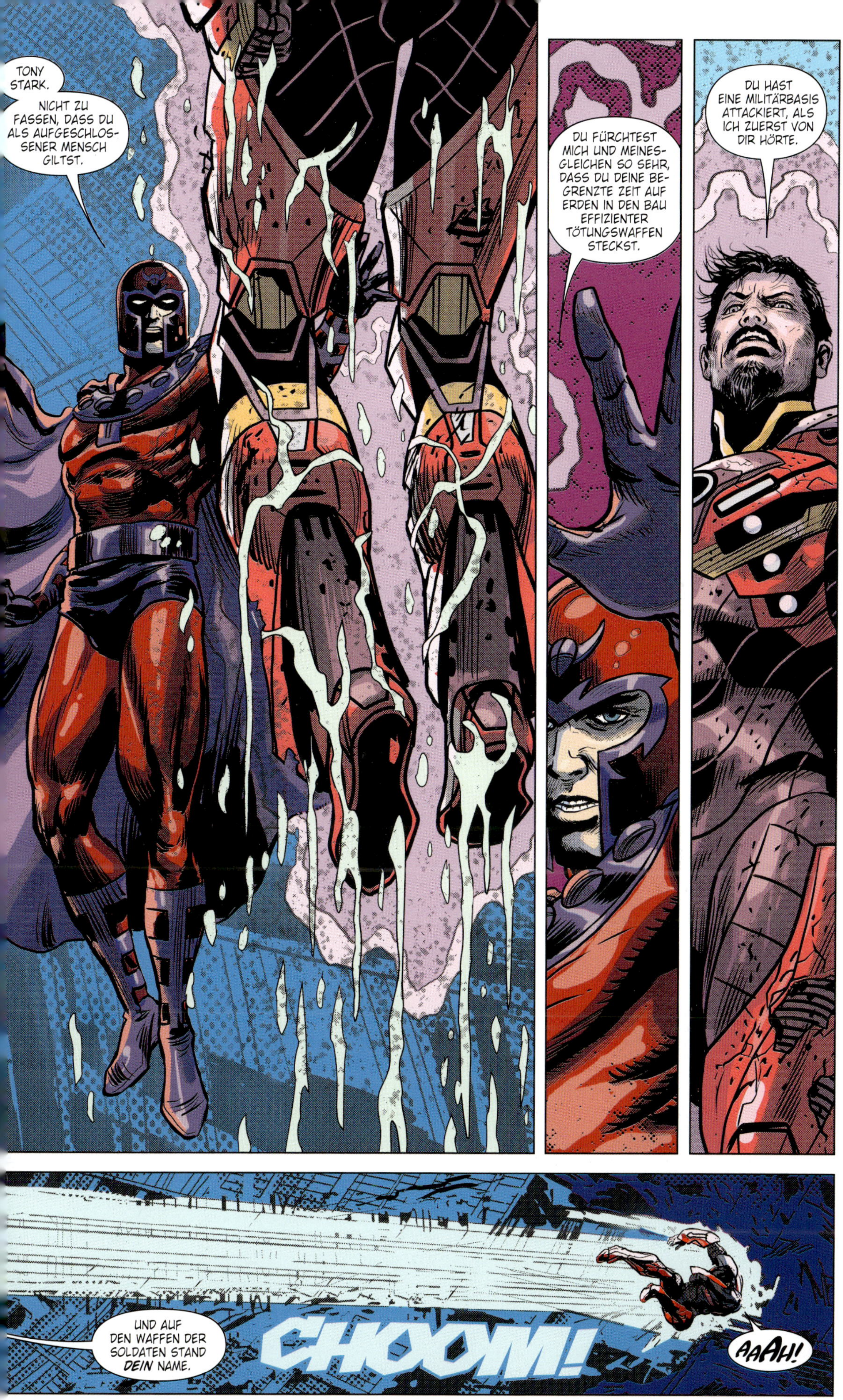

TONY STARK.
NICHT ZU FASSEN, DASS DU ALS AUFGESCHLOSSENER MENSCH GILTST.

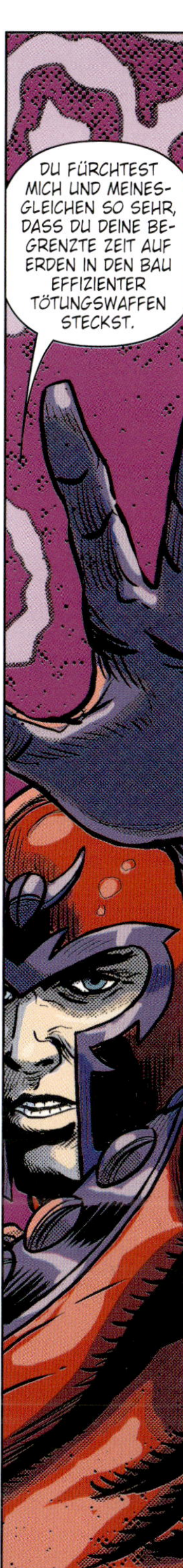
DU FÜRCHTEST MICH UND MEINESGLEICHEN SO SEHR, DASS DU DEINE BEGRENZTE ZEIT AUF ERDEN IN DEN BAU EFFIZIENTER TÖTUNGSWAFFEN STECKST.

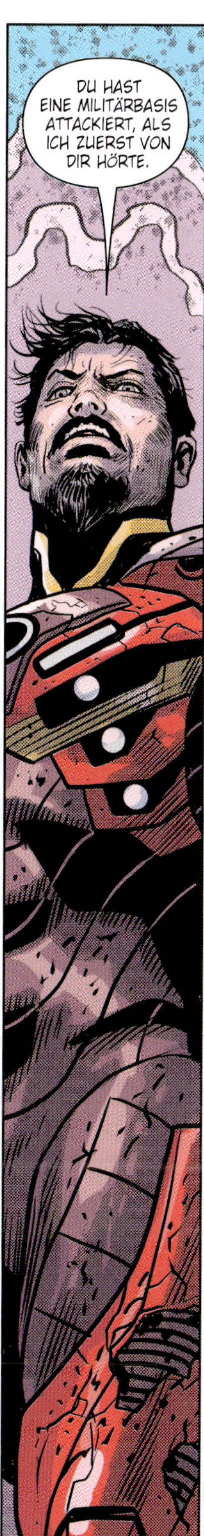
DU HAST EINE MILITÄRBASIS ATTACKIERT, ALS ICH ZUERST VON DIR HÖRTE.

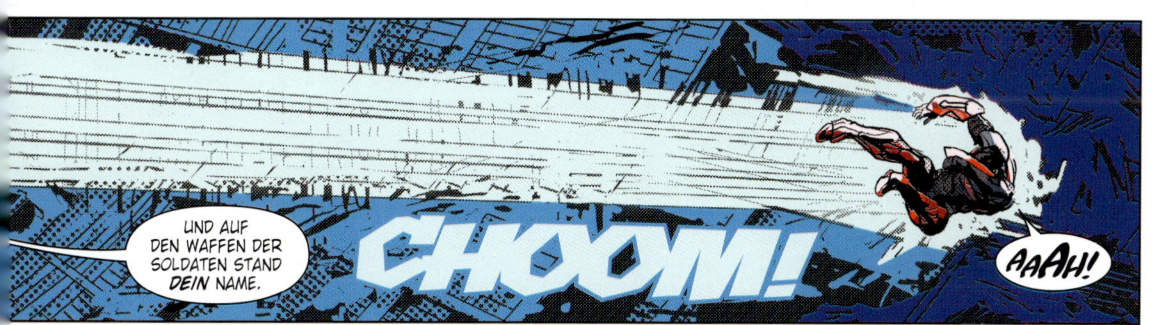
UND AUF DEN WAFFEN DER SOLDATEN STAND *DEIN* NAME.
CHOOM!
AAAH!

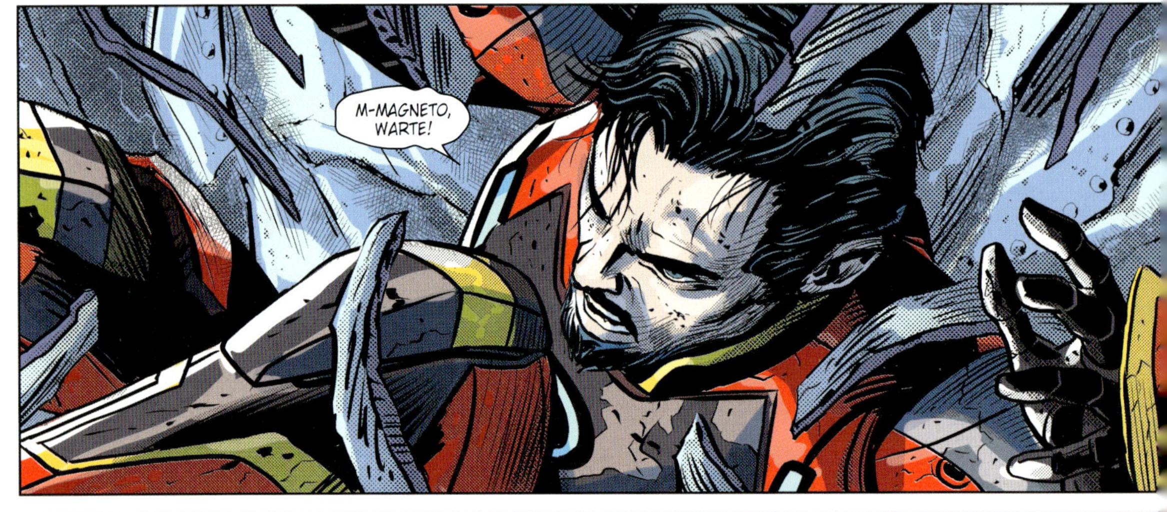

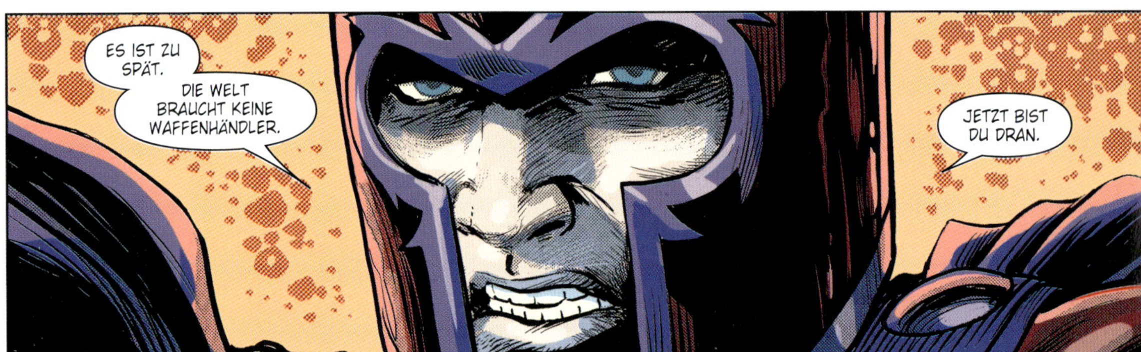

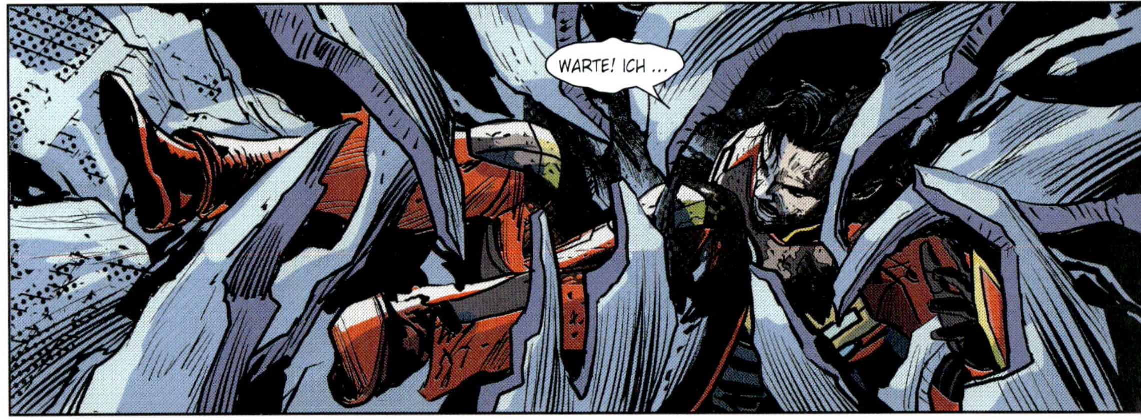

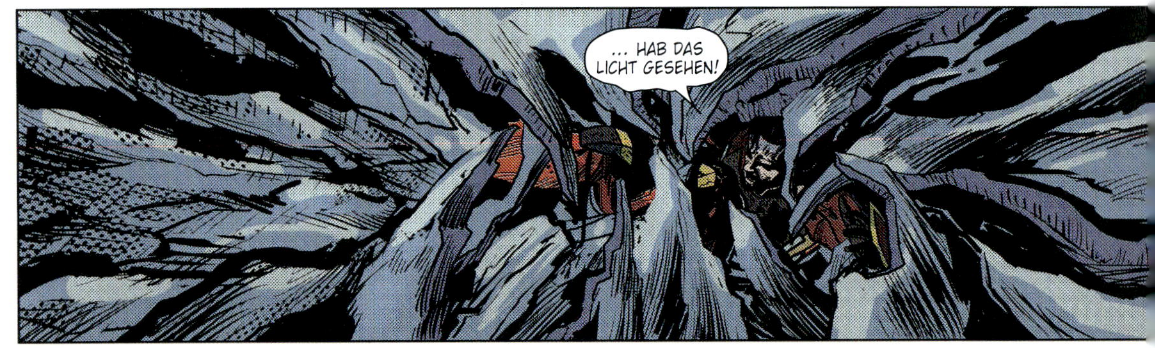

TONY? WACH AUF!

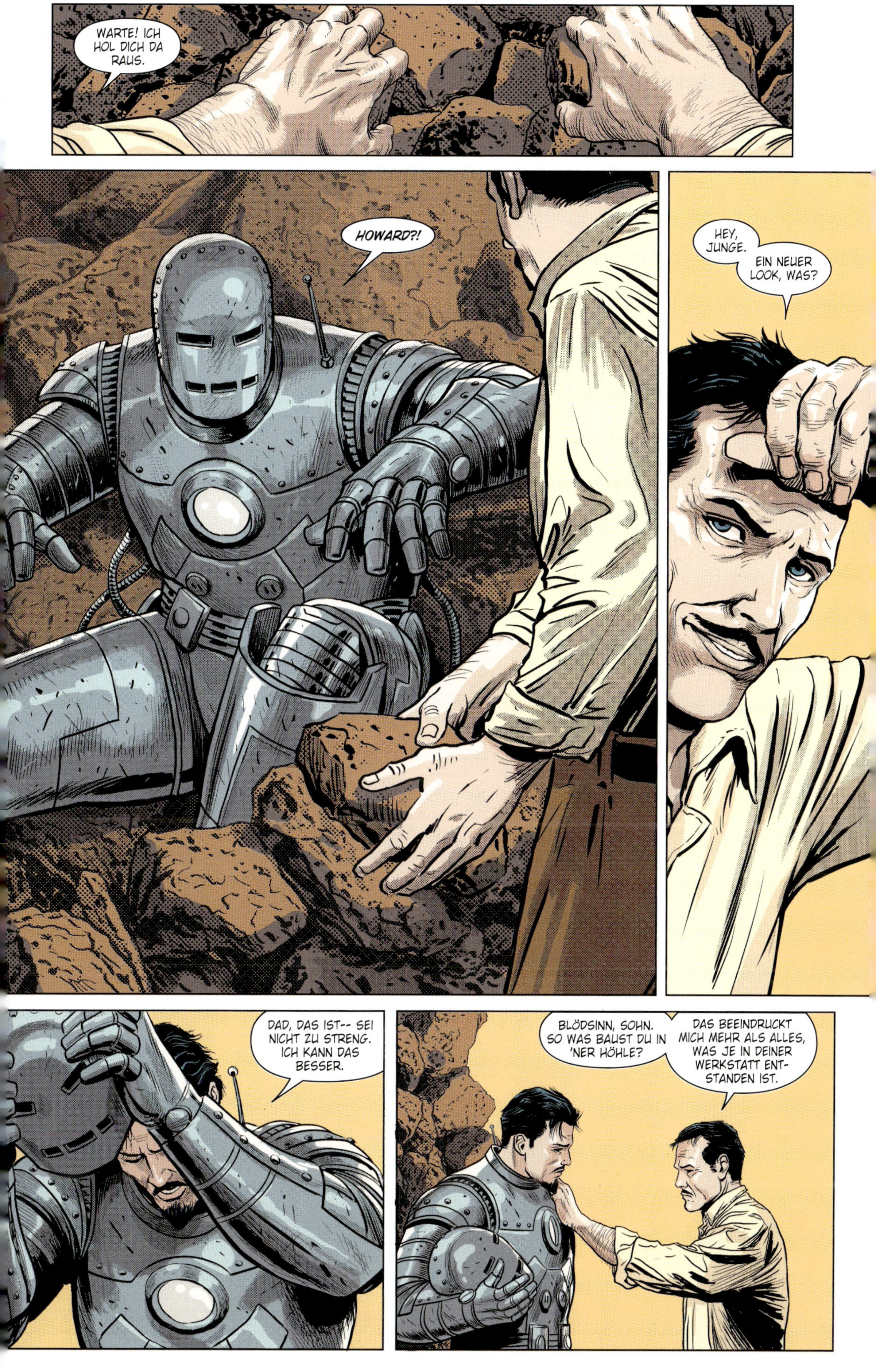

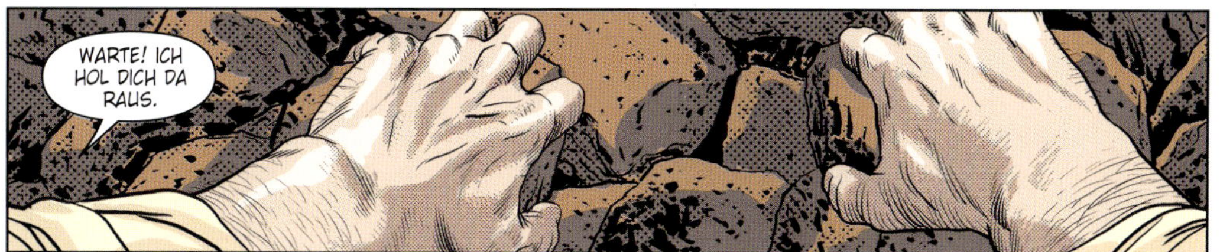
WARTE! ICH HOL DICH DA RAUS.

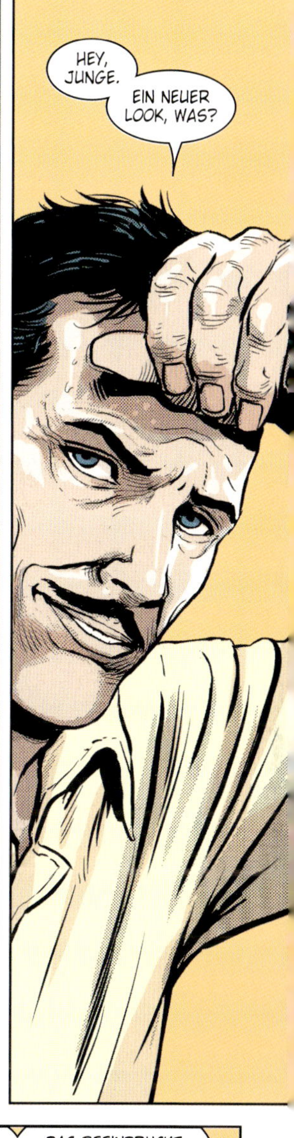
HOWARD?!
HEY, JUNGE.
EIN NEUER LOOK, WAS?

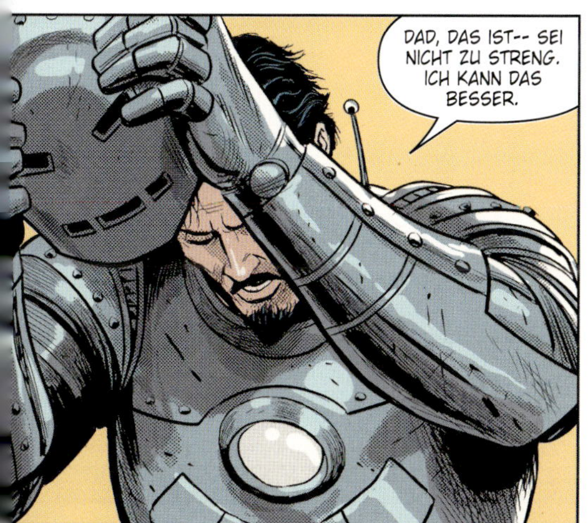
DAD, DAS IST-- SEI NICHT ZU STRENG. ICH KANN DAS BESSER.

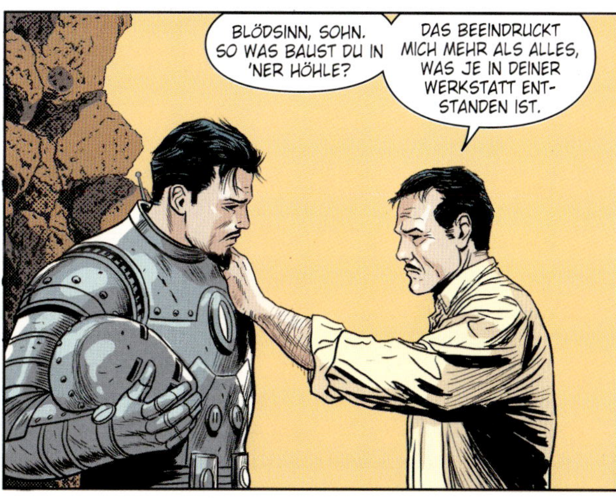
BLÖDSINN, SOHN. SO WAS BAUST DU IN 'NER HÖHLE?
DAS BEEINDRUCKT MICH MEHR ALS ALLES, WAS JE IN DEINER WERKSTATT ENT-STANDEN IST.

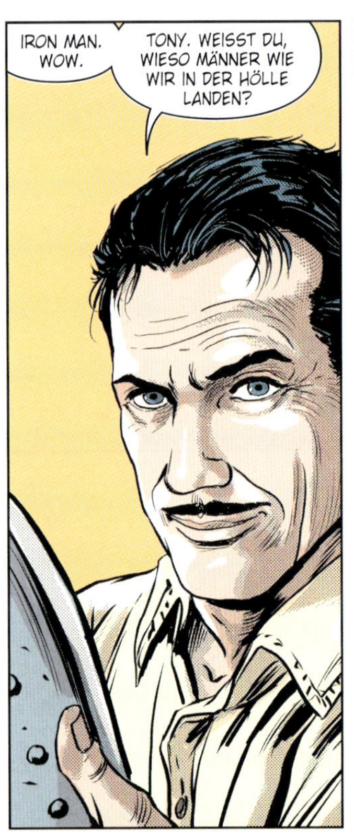
IRON MAN. WOW.
TONY. WEISST DU, WIESO MÄNNER WIE WIR IN DER HÖLLE LANDEN?

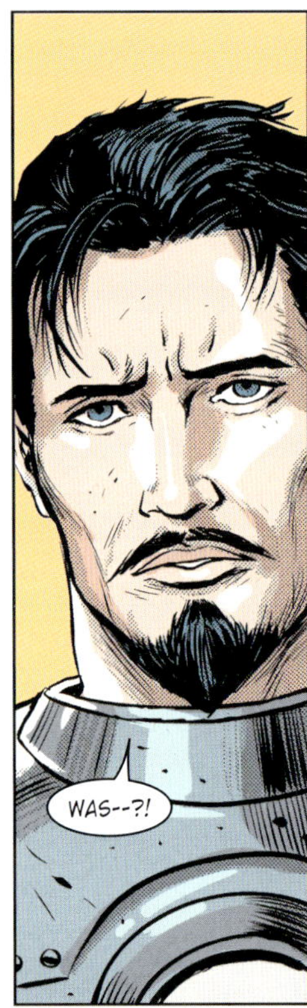
WAS--?!

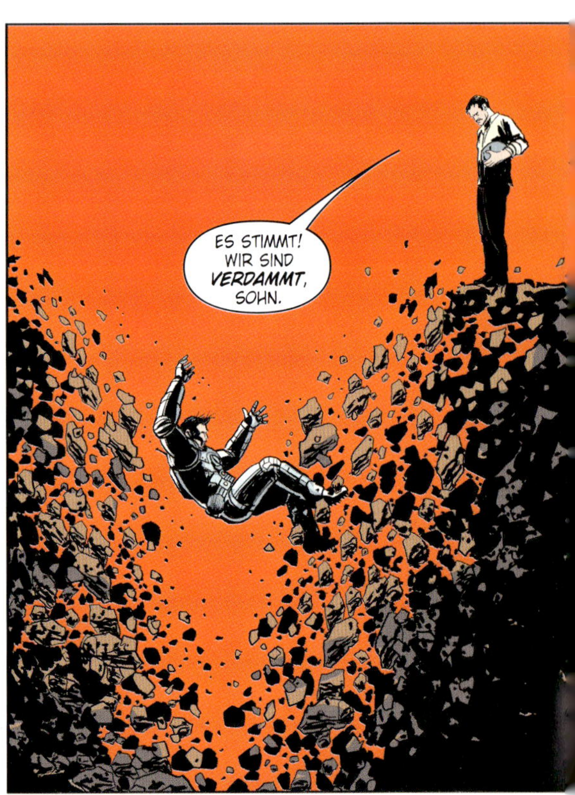
ES STIMMT! WIR SIND VERDAMMT, SOHN.

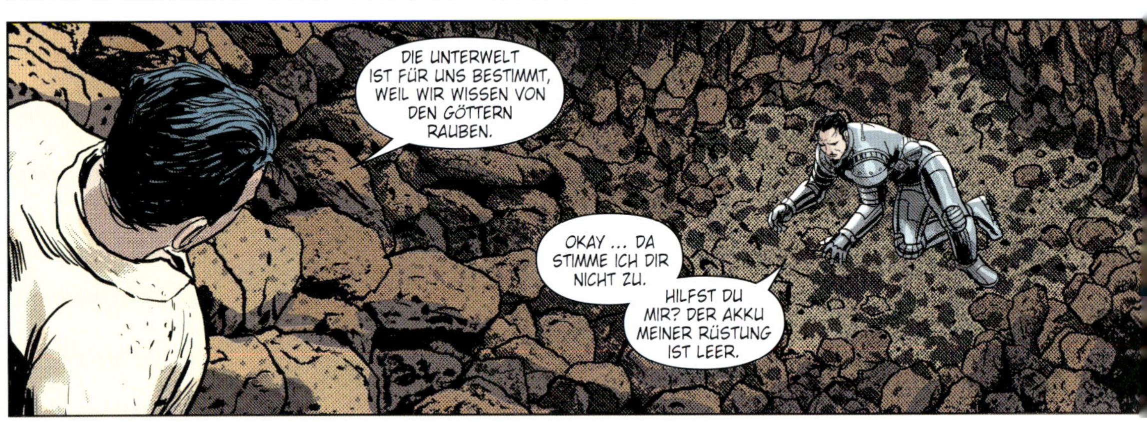
DIE UNTERWELT IST FÜR UNS BESTIMMT, WEIL WIR WISSEN VON DEN GÖTTERN RAUBEN.
OKAY ... DA STIMME ICH DIR NICHT ZU.
HILFST DU MIR? DER AKKU MEINER RÜSTUNG IST LEER.

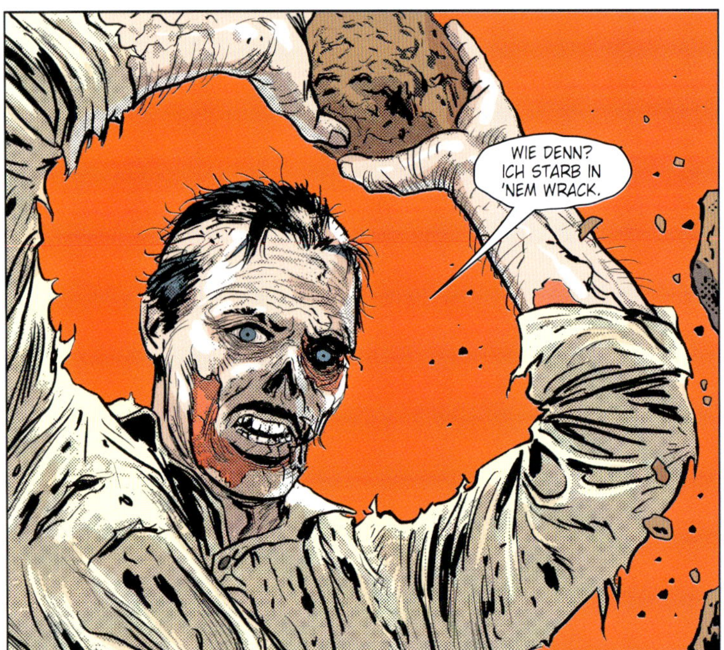
WIE DENN? ICH STARB IN 'NEM WRACK.

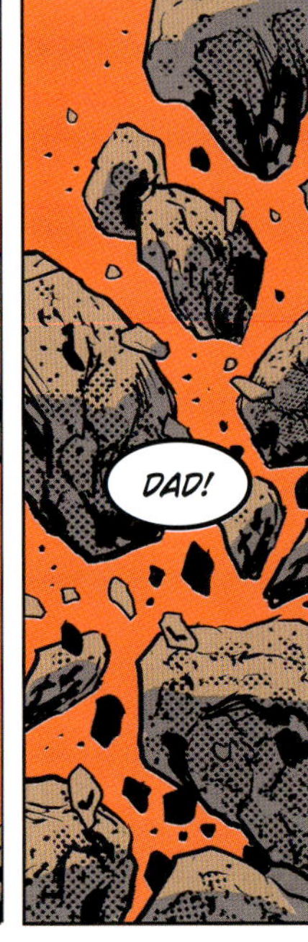
DAD!

HILF MIR!

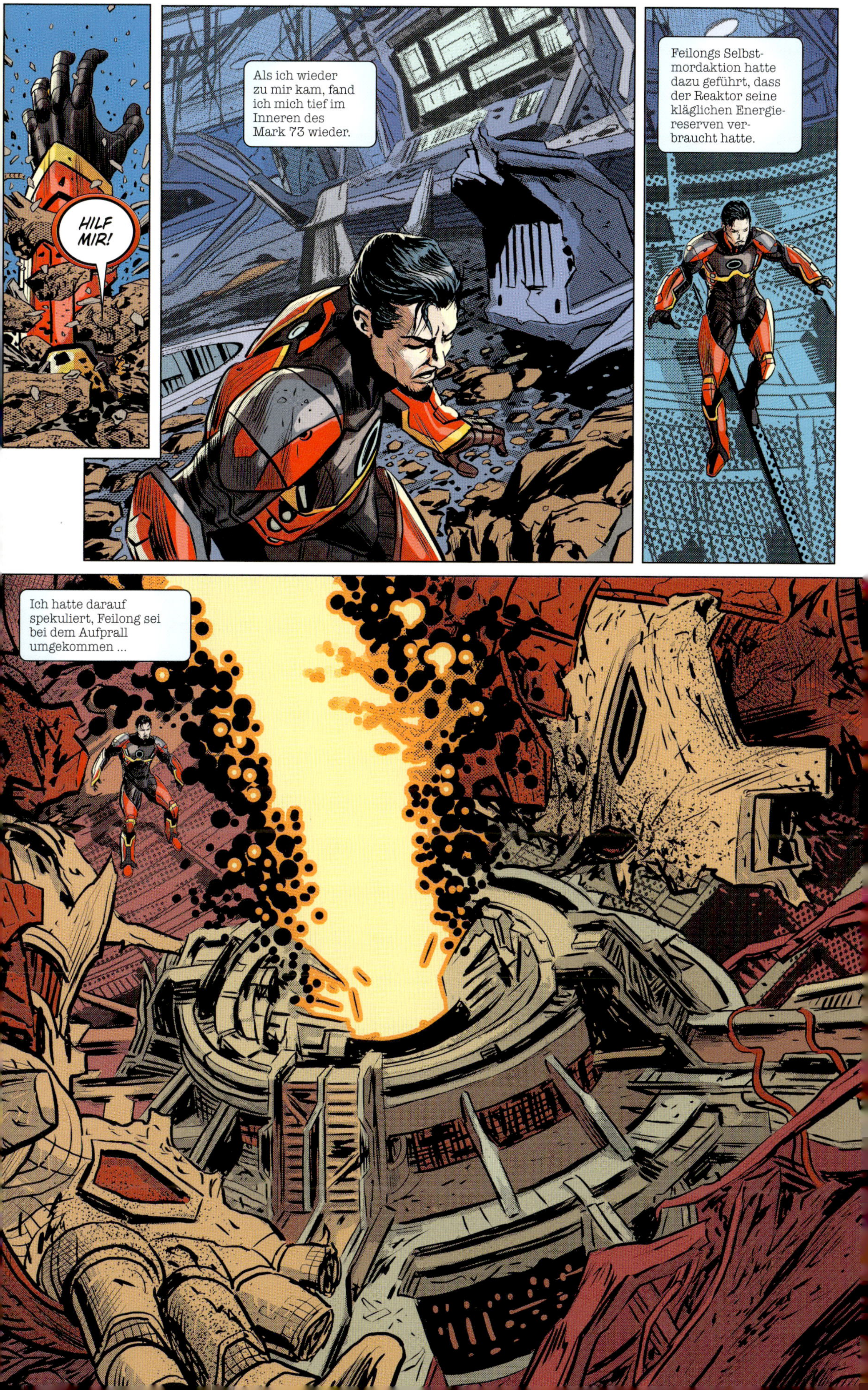

HILF MIR!

Als ich wieder zu mir kam, fand ich mich tief im Inneren des Mark 73 wieder.

Feilongs Selbstmordaktion hatte dazu geführt, dass der Reaktor seine kläglichen Energiereserven verbraucht hatte.

Ich hatte darauf spekuliert, Feilong sei bei dem Aufprall umgekommen ...

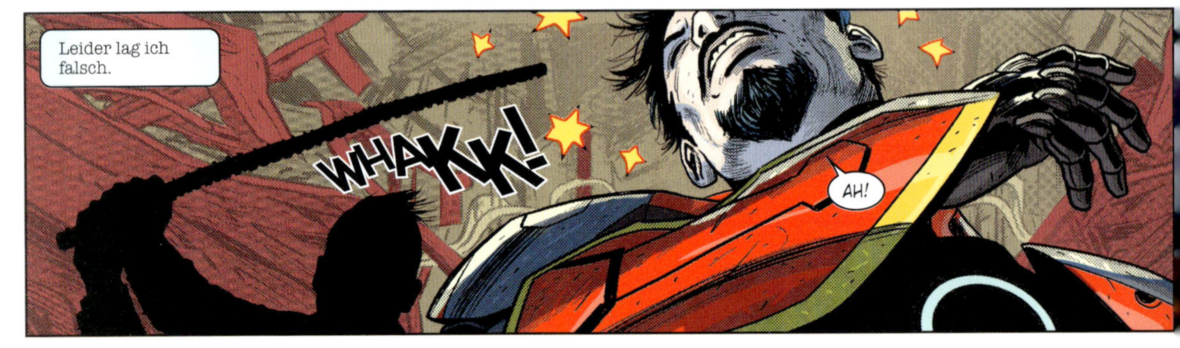
Leider lag ich falsch.
WHAKK!
AH!
APPLAUS FÜR DEINE IDEE, TONY.
AUF DER ERDE HÄTTEST DU DEN BAU EINER SENTINEL BUSTER NICHT VERSCHLEIERN KÖNNEN, ALSO BIST DU INS ALL.
AARGH!
ICH VERACHTE DICH SO SEHR. HIER, DAS IST FÜR MEINEN FREUND ZHONG WEI.

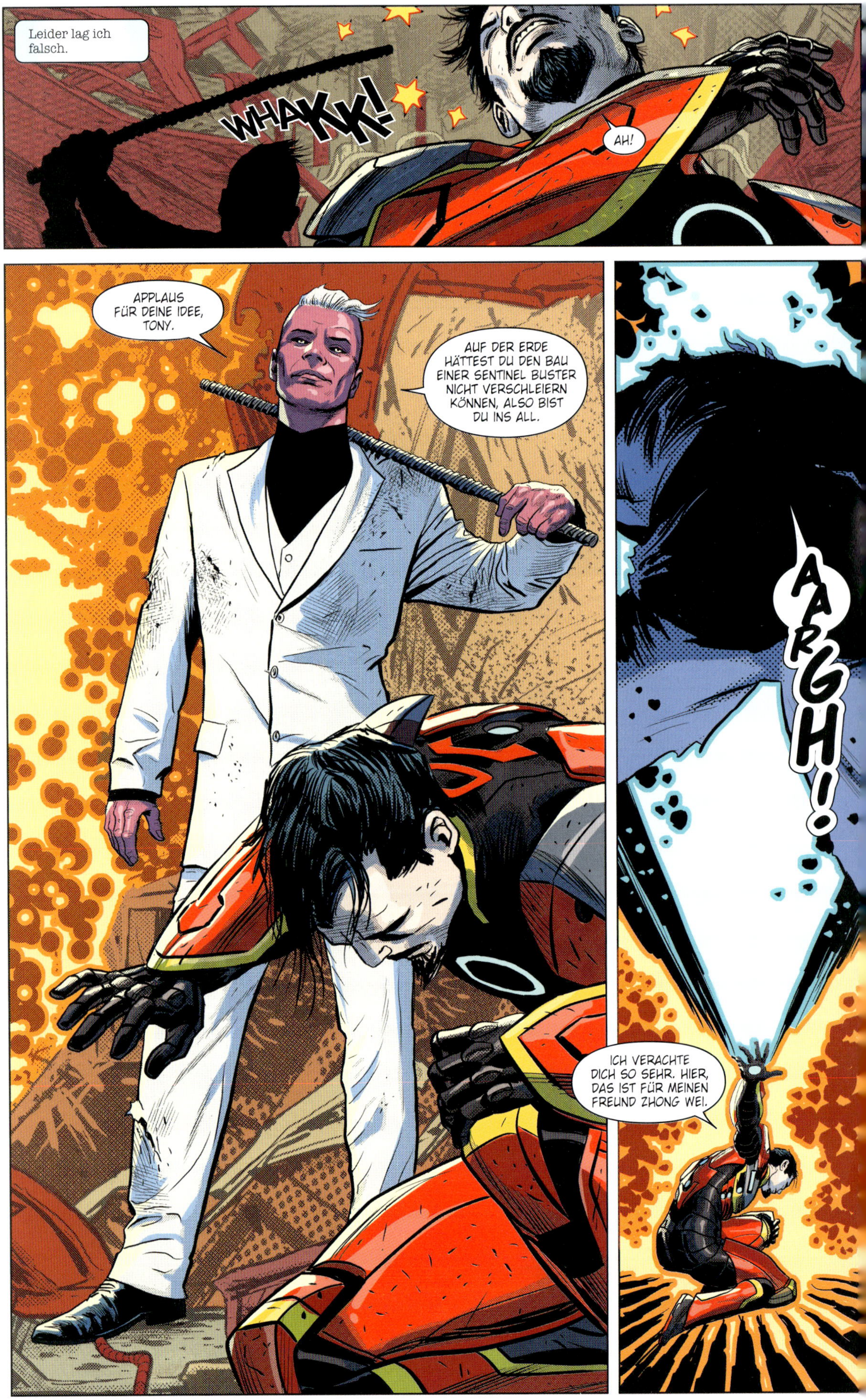

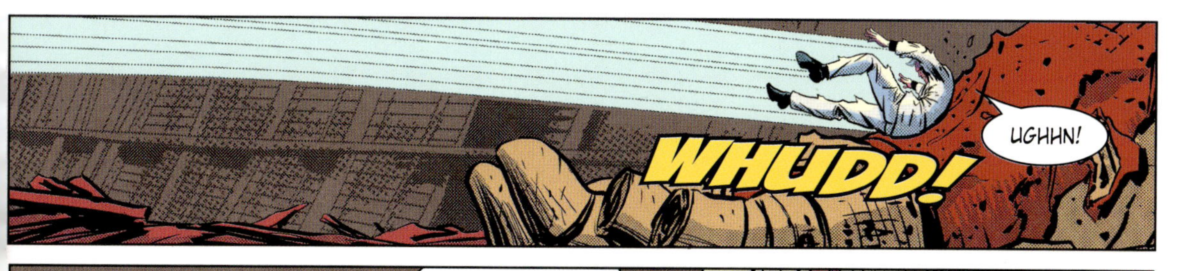
WHUDD!
UGHHN!

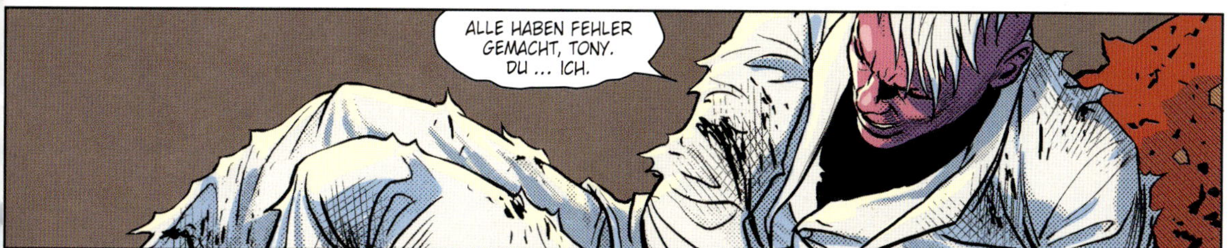
ALLE HABEN FEHLER GEMACHT, TONY. DU ... ICH.

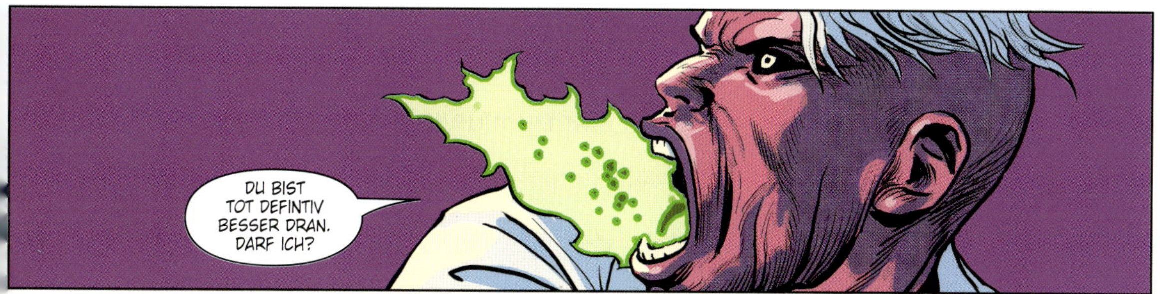
DU BIST TOT DEFINTIV BESSER DRAN. DARF ICH?

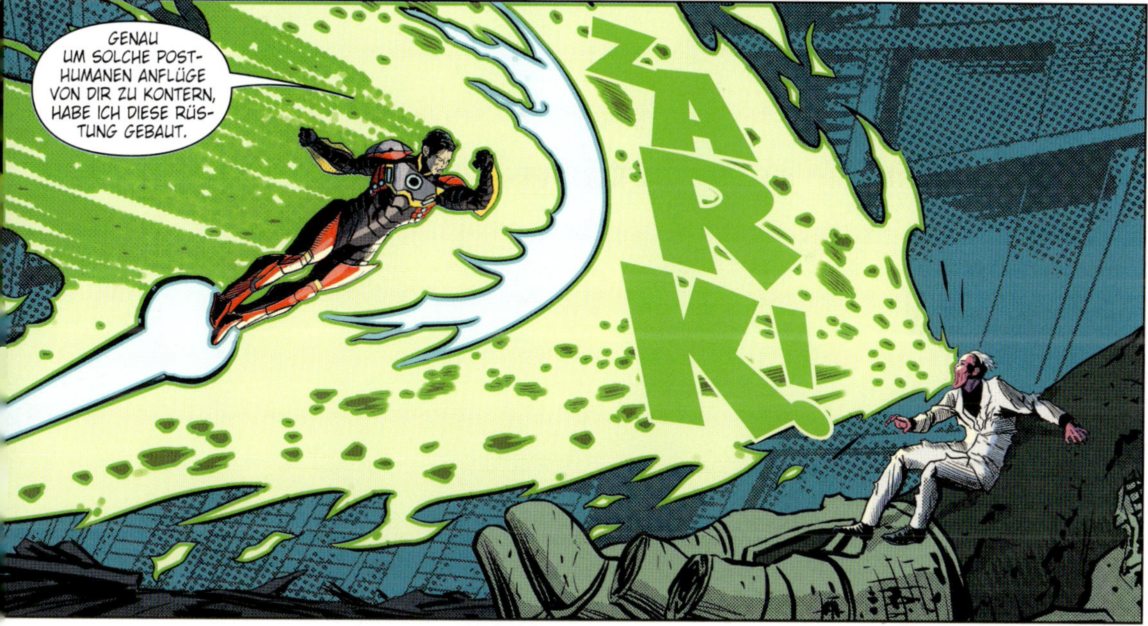
GENAU UM SOLCHE POST-HUMANEN ANFLÜGE VON DIR ZU KONTERN, HABE ICH DIESE RÜS-TUNG GEBAUT.
ZARK!

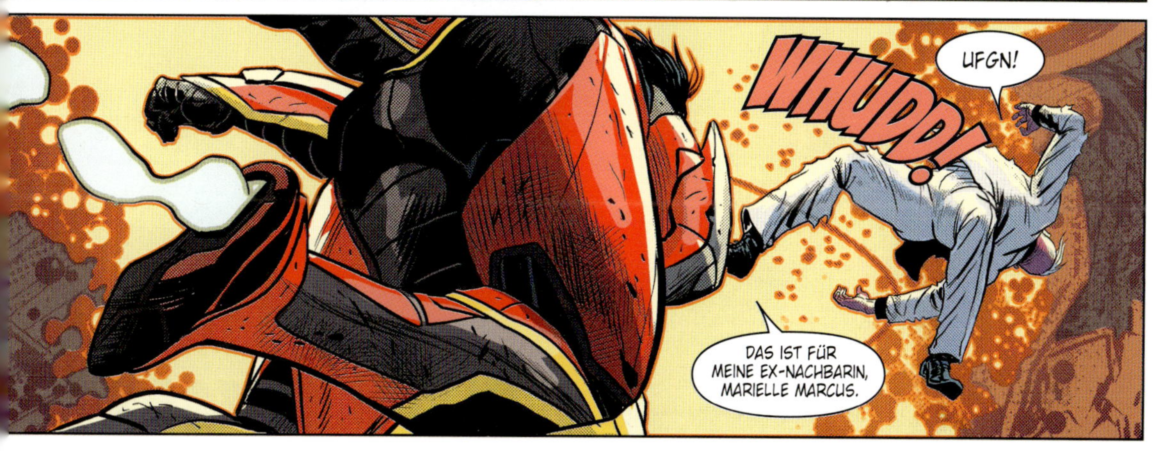
WHUDD!
UFGN!
DAS IST FÜR MEINE EX-NACHBARIN, MARIELLE MARCUS.

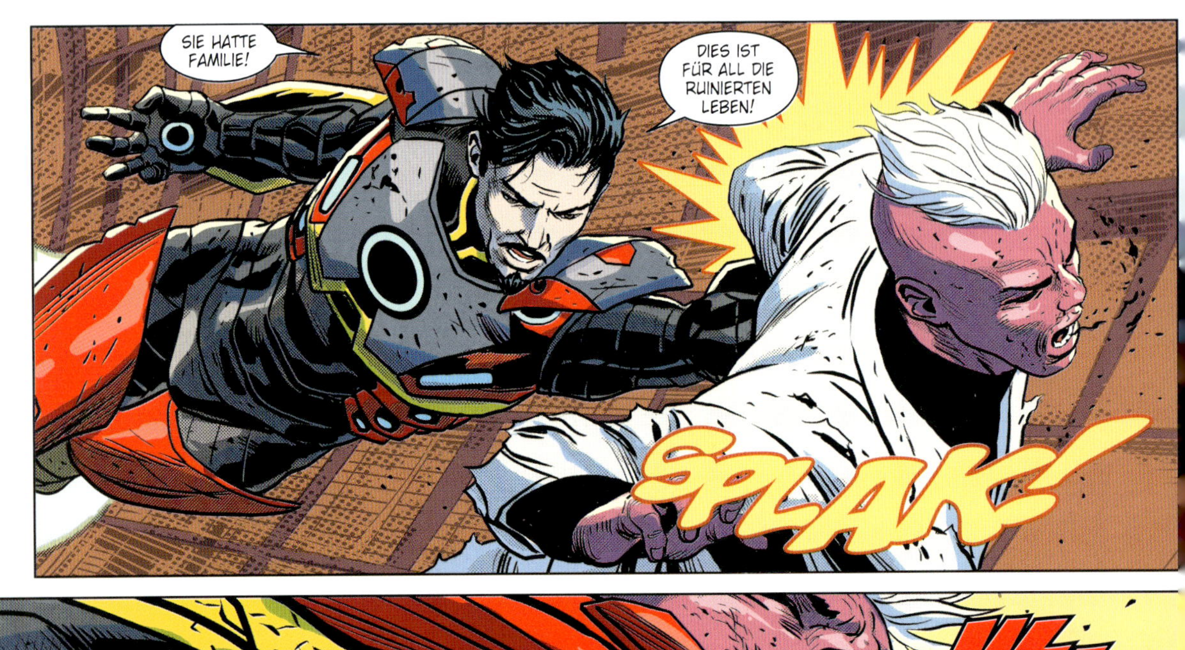
SIE HATTE FAMILIE!
DIES IST FÜR ALL DIE RUINIERTEN LEBEN!
SPLAK!

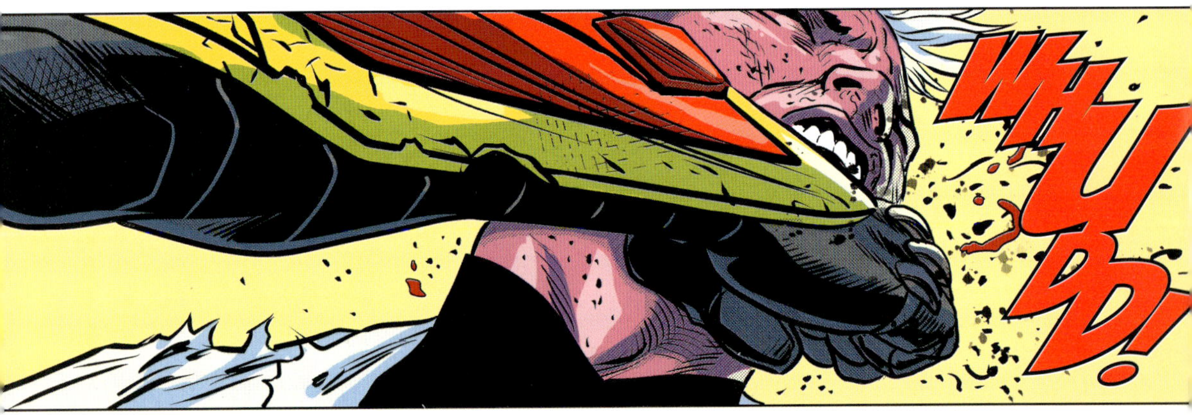
WHUDD!

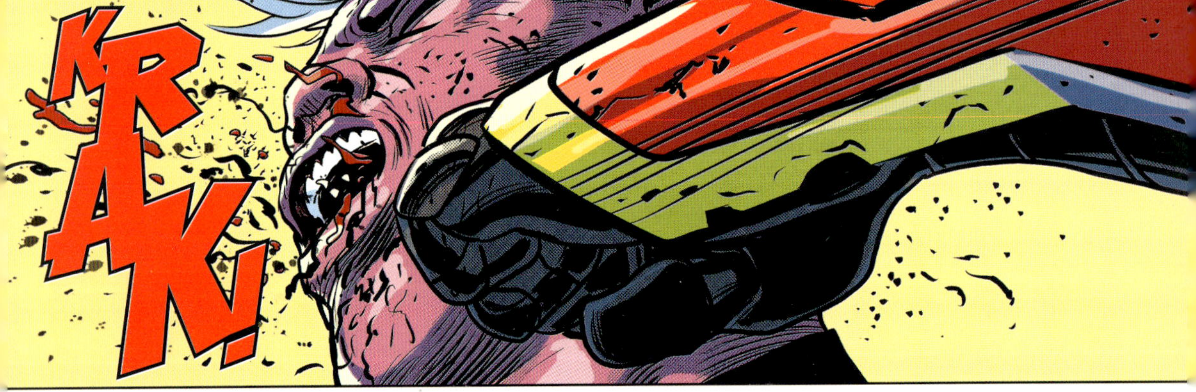
KRAK!

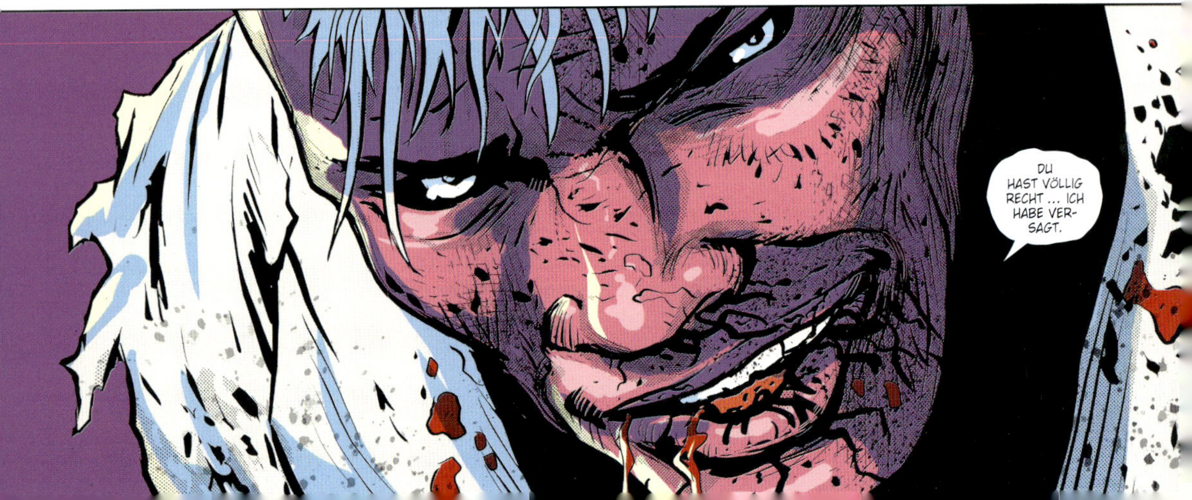
DU HAST VÖLLIG RECHT ... ICH HABE VER-SAGT.

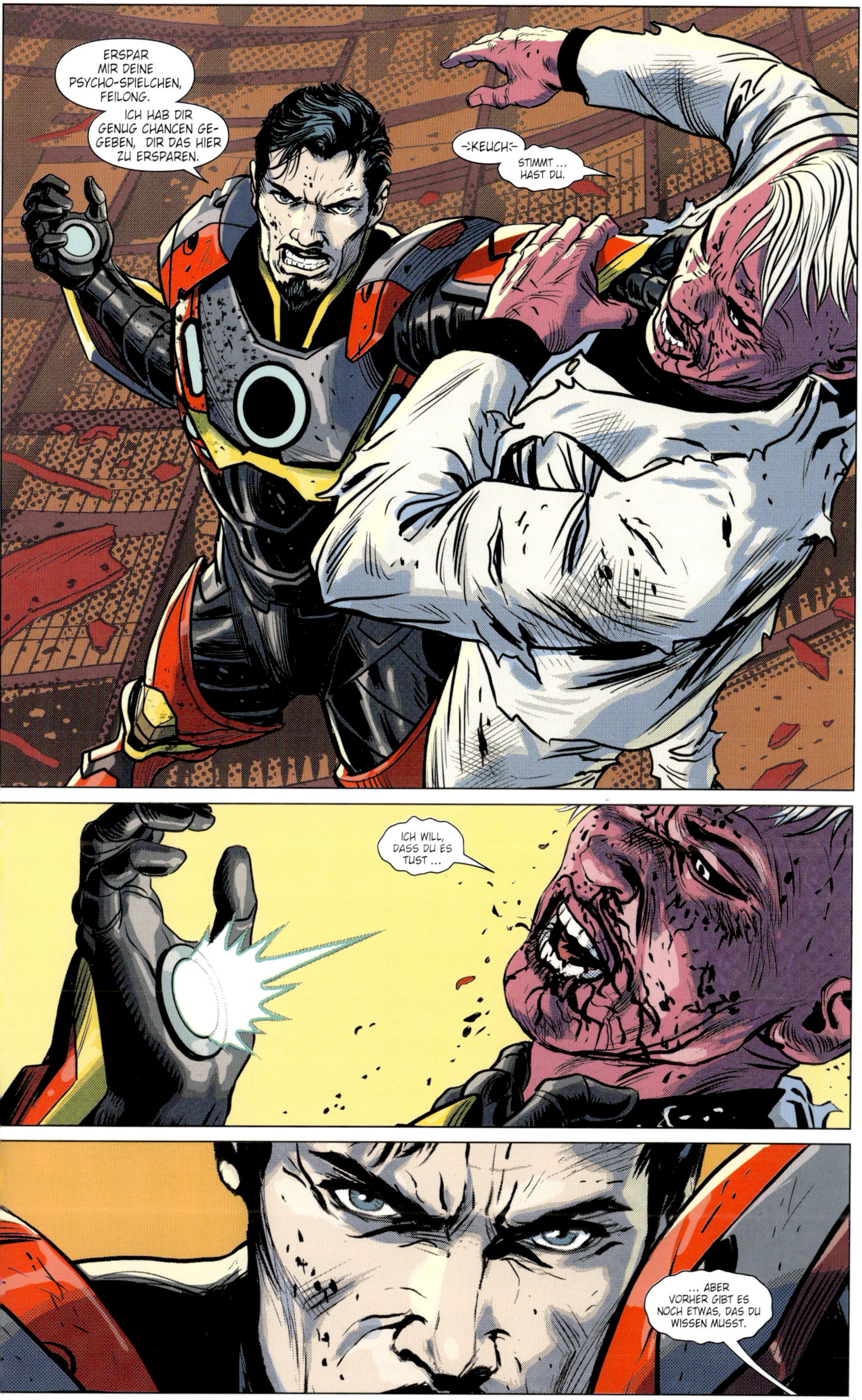

ERSPAR MIR DEINE PSYCHO-SPIELCHEN, FEILONG.
ICH HAB DIR GENUG CHANCEN GE-GEBEN, DIR DAS HIER ZU ERSPAREN.
-KEUCH-
STIMMT ... HAST DU.

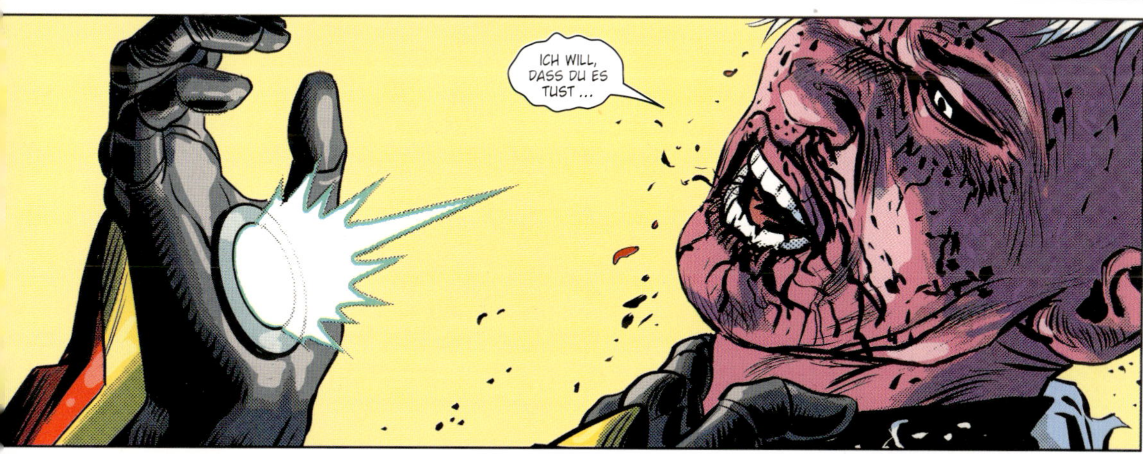

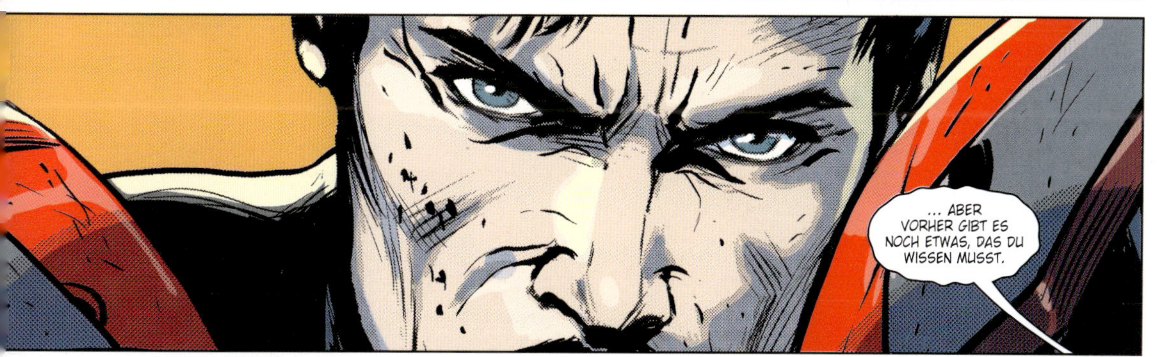

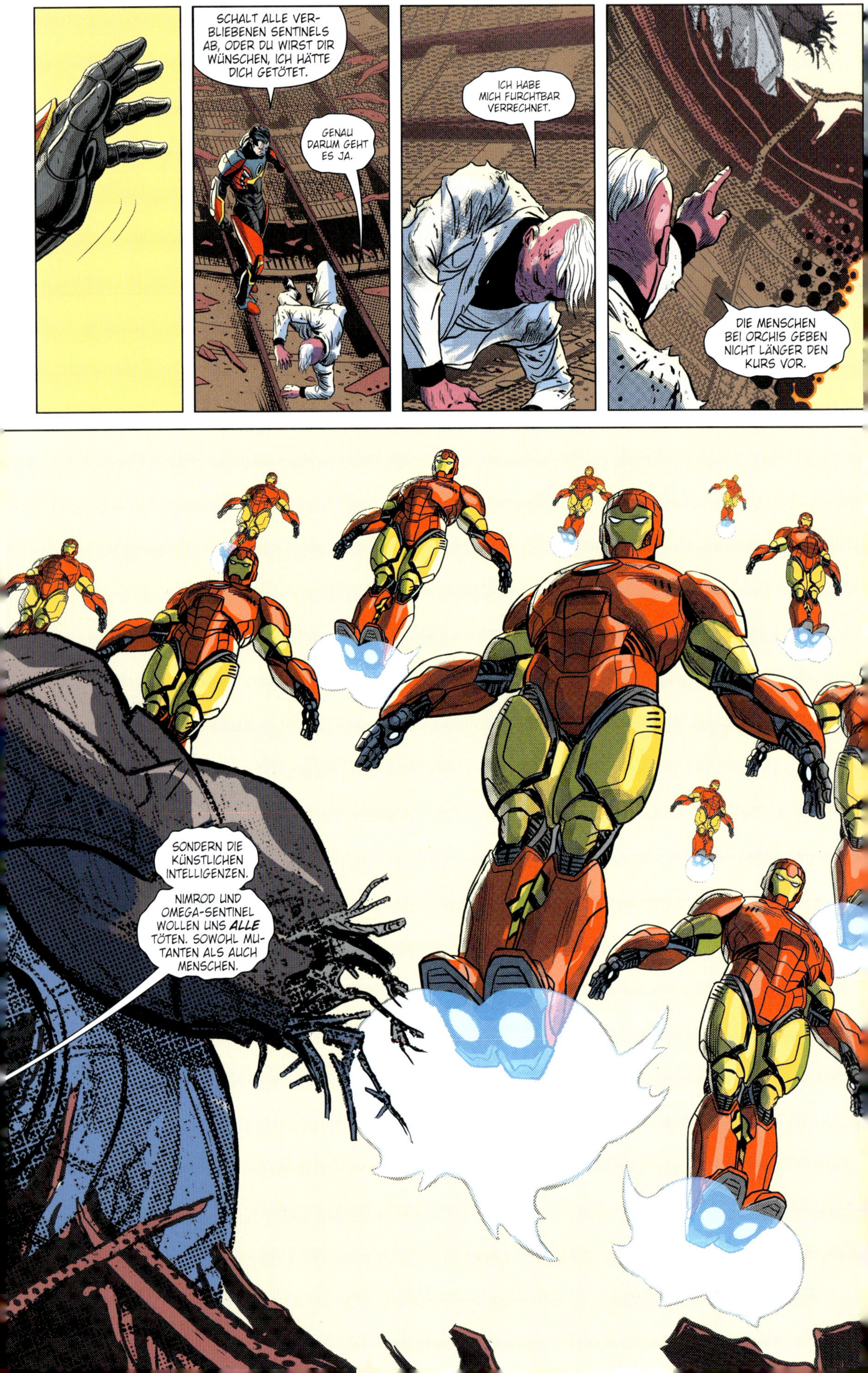

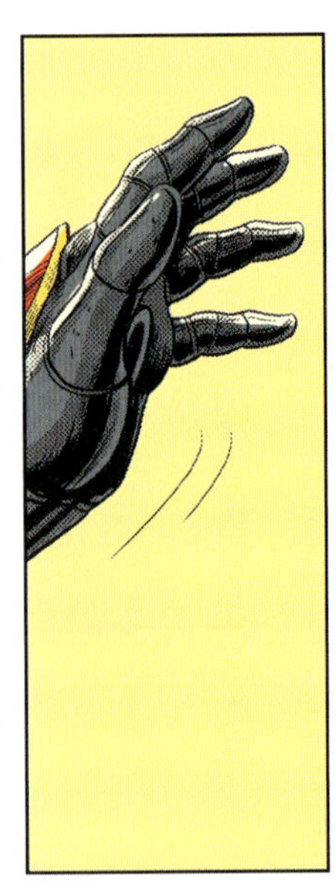

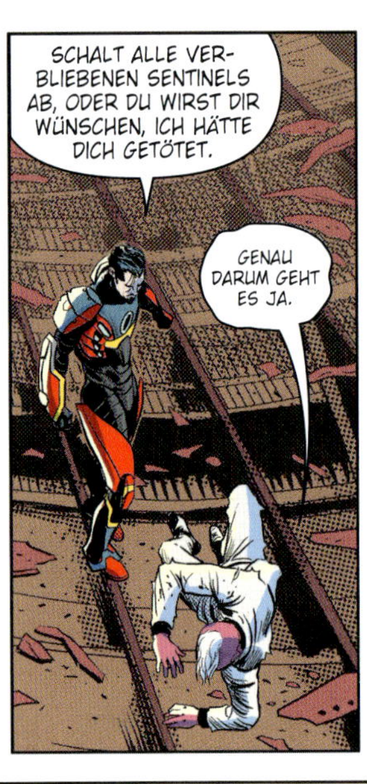
SCHALT ALLE VERBLIEBENEN SENTINELS AB, ODER DU WIRST DIR WÜNSCHEN, ICH HÄTTE DICH GETÖTET.
GENAU DARUM GEHT ES JA.

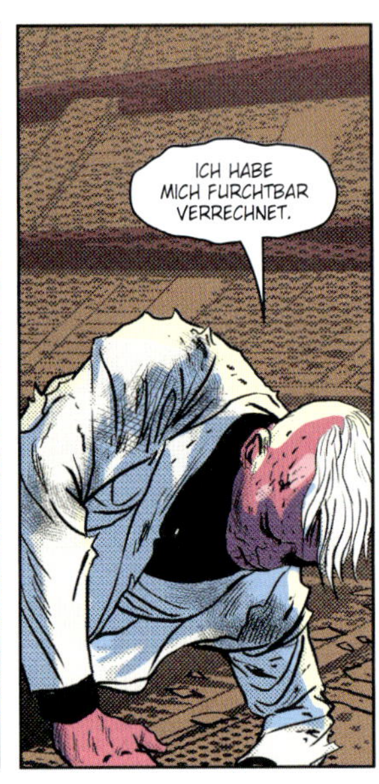
ICH HABE MICH FURCHTBAR VERRECHNET.

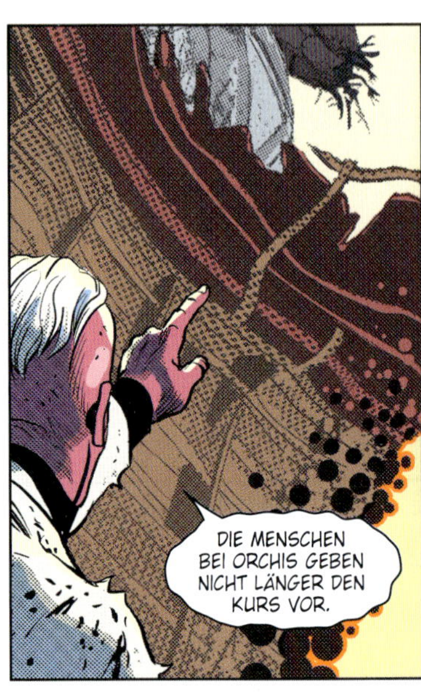
DIE MENSCHEN BEI ORCHIS GEBEN NICHT LÄNGER DEN KURS VOR.

SONDERN DIE KÜNSTLICHEN INTELLIGENZEN.
NIMROD UND OMEGA-SENTINEL WOLLEN UNS ***ALLE*** TÖTEN. SOWOHL MUTANTEN ALS AUCH MENSCHEN.

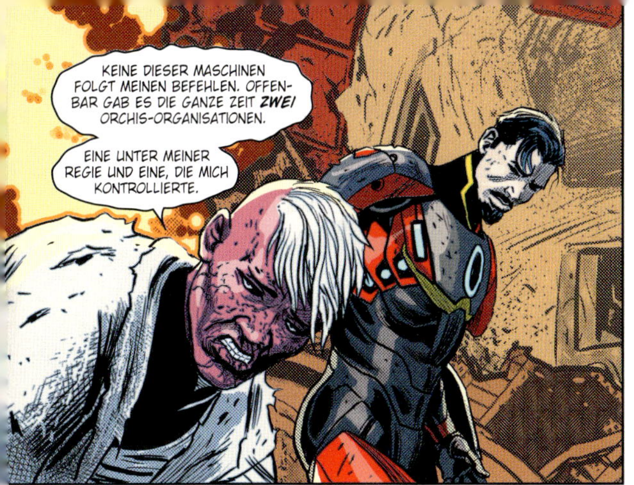

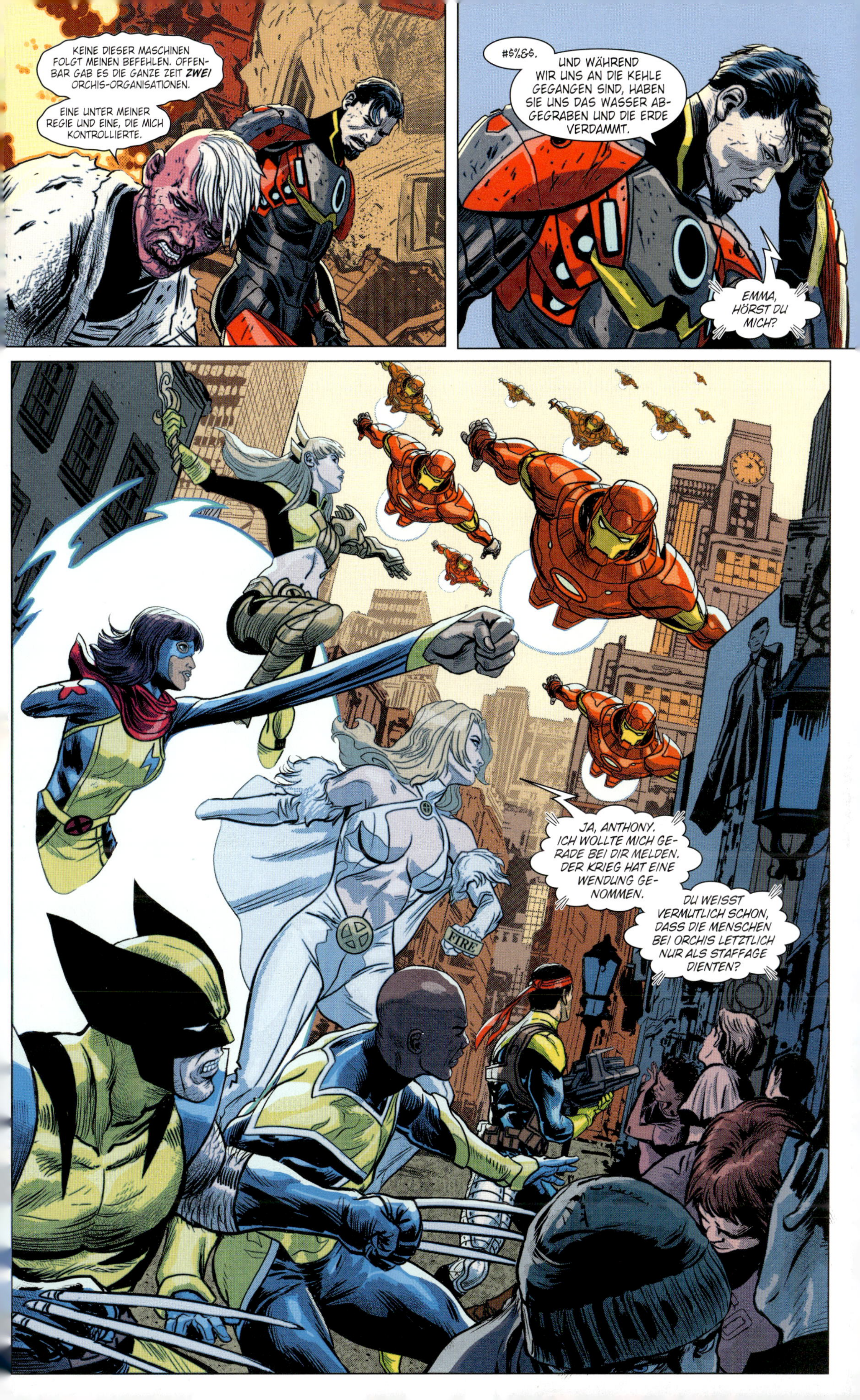

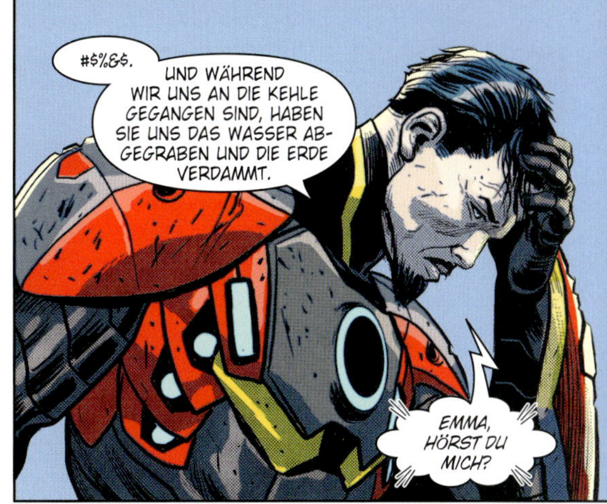

JA, ANTHONY. ICH WOLLTE MICH GERADE BEI DIR MELDEN. DER KRIEG HAT EINE WENDUNG GENOMMEN.

DU WEISST VERMUTLICH SCHON, DASS DIE MENSCHEN BEI ORCHIS LETZTLICH NUR ALS STAFFAGE DIENTEN?

FIRE

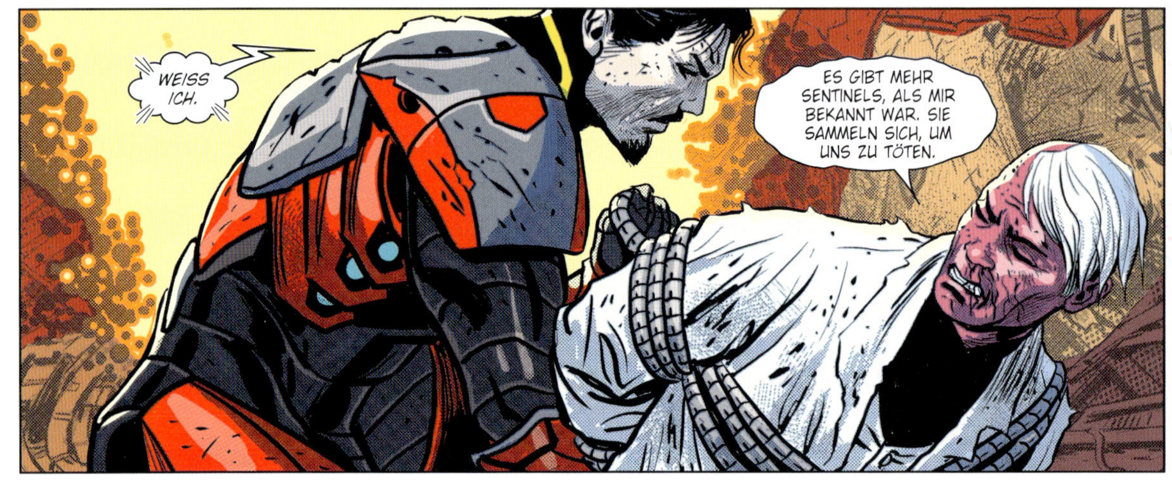
WEISS ICH.
ES GIBT MEHR SENTINELS, ALS MIR BEKANNT WAR. SIE SAMMELN SICH, UM UNS ZU TÖTEN.

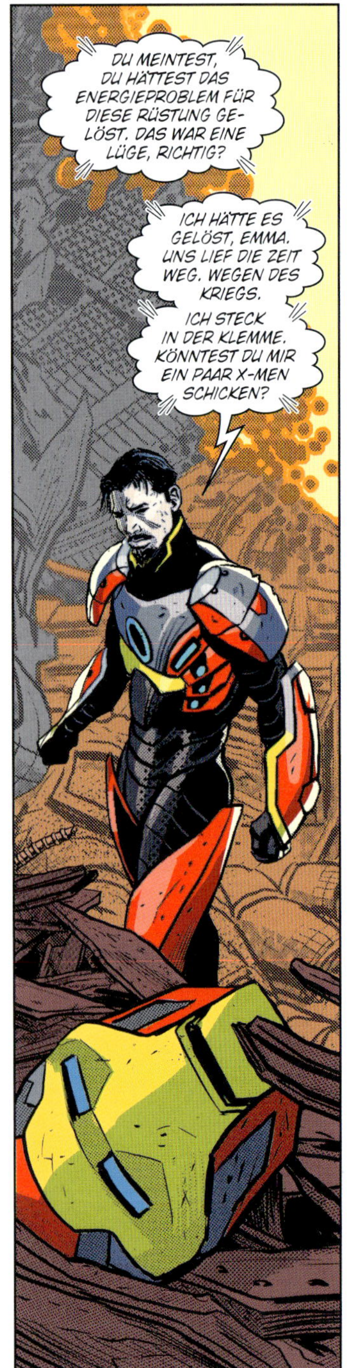
DU MEINTEST, DU HÄTTEST DAS ENERGIEPROBLEM FÜR DIESE RÜSTUNG GELÖST. DAS WAR EINE LÜGE, RICHTIG?
ICH HÄTTE ES GELÖST, EMMA. UNS LIEF DIE ZEIT WEG. WEGEN DES KRIEGS.
ICH STECK IN DER KLEMME. KÖNNTEST DU MIR EIN PAAR X-MEN SCHICKEN?

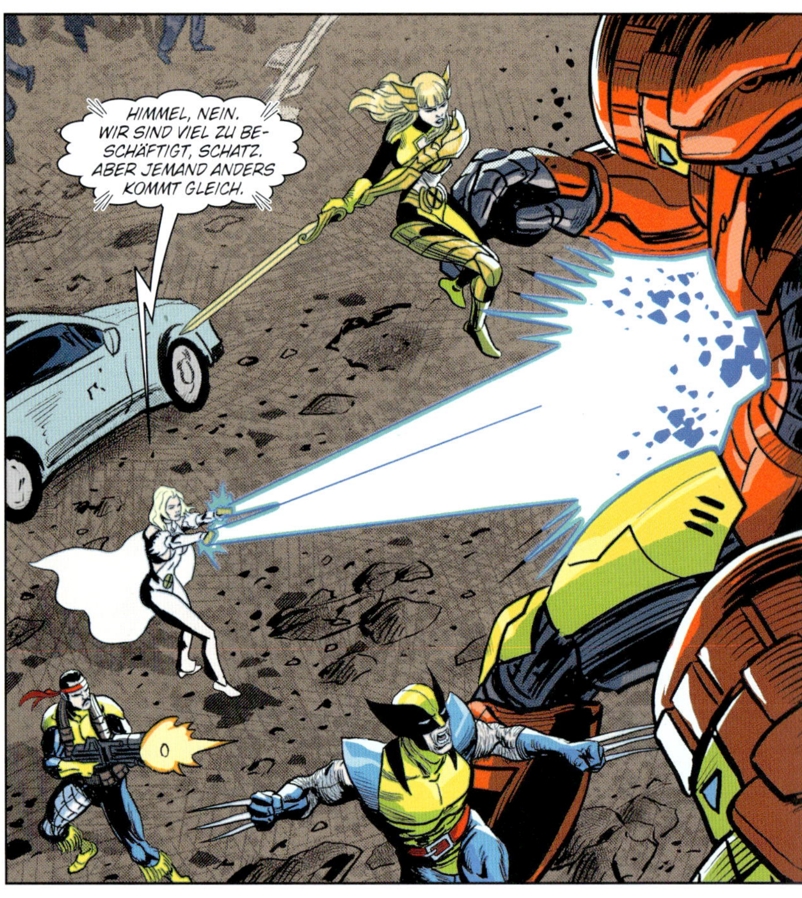
HIMMEL, NEIN. WIR SIND VIEL ZU BESCHÄFTIGT, SCHATZ. ABER JEMAND ANDERS KOMMT GLEICH.

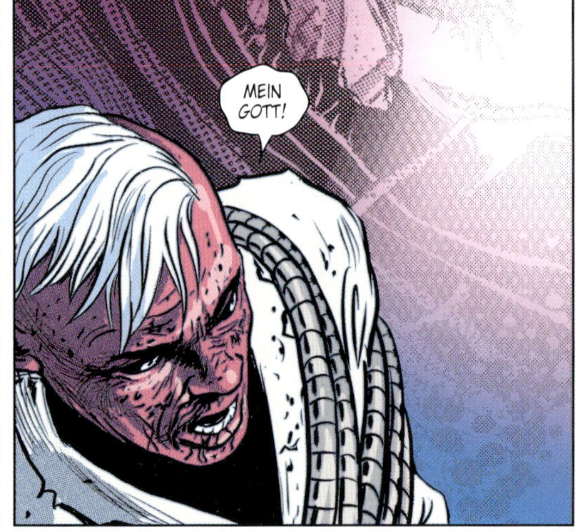
MEIN GOTT!

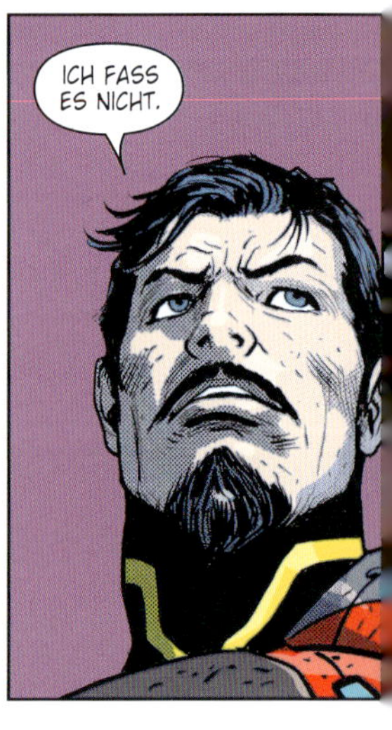
ICH FASS ES NICHT.

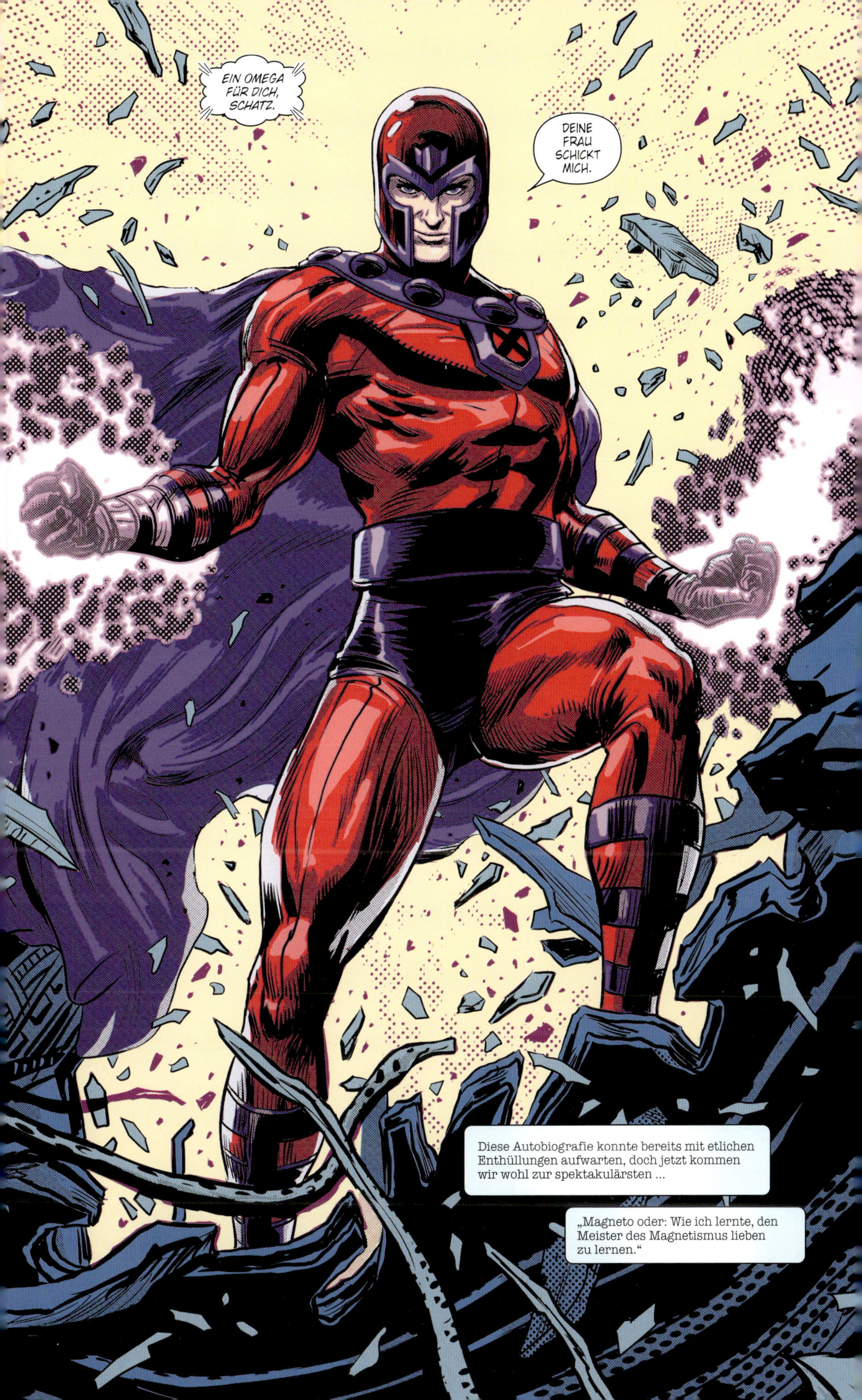
EIN OMEGA FÜR DICH, SCHATZ.
DEINE FRAU SCHICKT MICH.
Diese Autobiografie konnte bereits mit etlichen Enthüllungen aufwarten, doch jetzt kommen wir wohl zur spektakulärsten ...
„Magneto oder: Wie ich lernte, den Meister des Magnetismus lieben zu lernen."

ICH HÄTT' SO GERN EIN HERZ

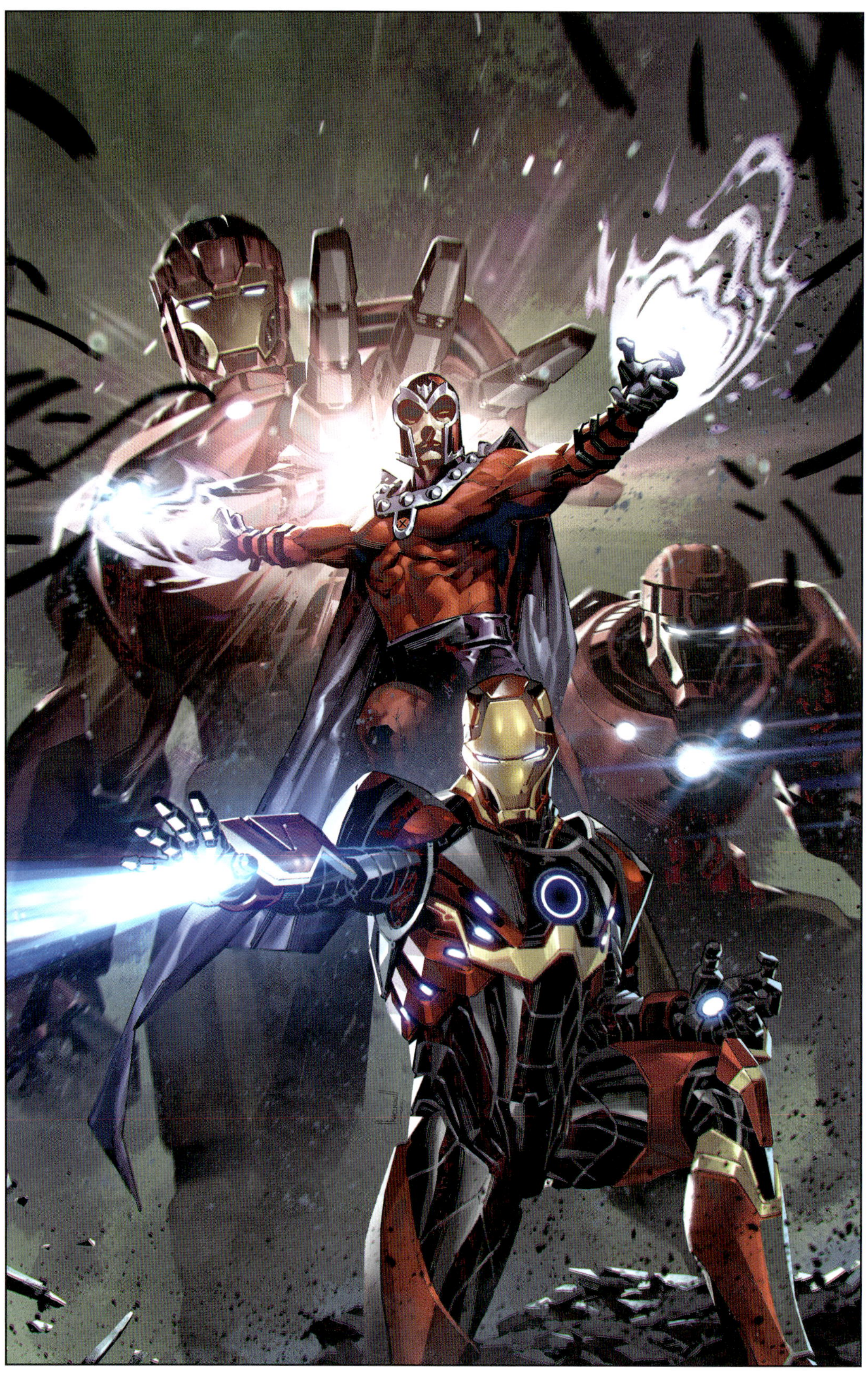

Invincible Iron Man (2022) 18
Cover von **KAEL NGU**

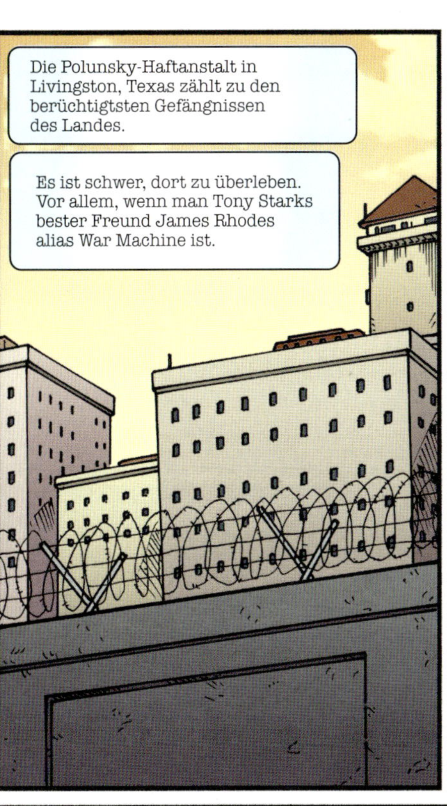
Die Polunsky-Haftanstalt in Livingston, Texas zählt zu den berüchtigtsten Gefängnissen des Landes.
Es ist schwer, dort zu überleben. Vor allem, wenn man Tony Starks bester Freund James Rhodes alias War Machine ist.

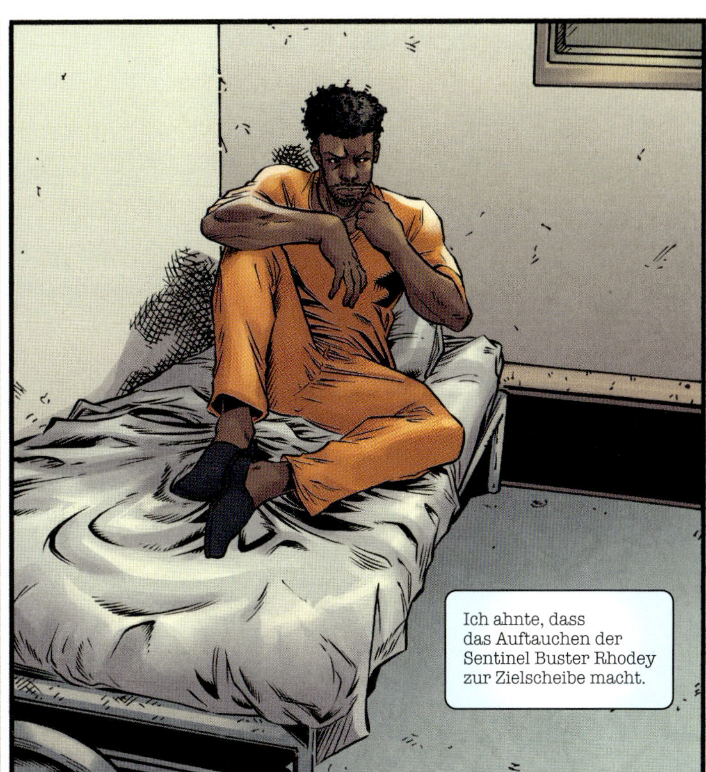
Ich ahnte, dass das Auftauchen der Sentinel Buster Rhodey zur Zielscheibe macht.

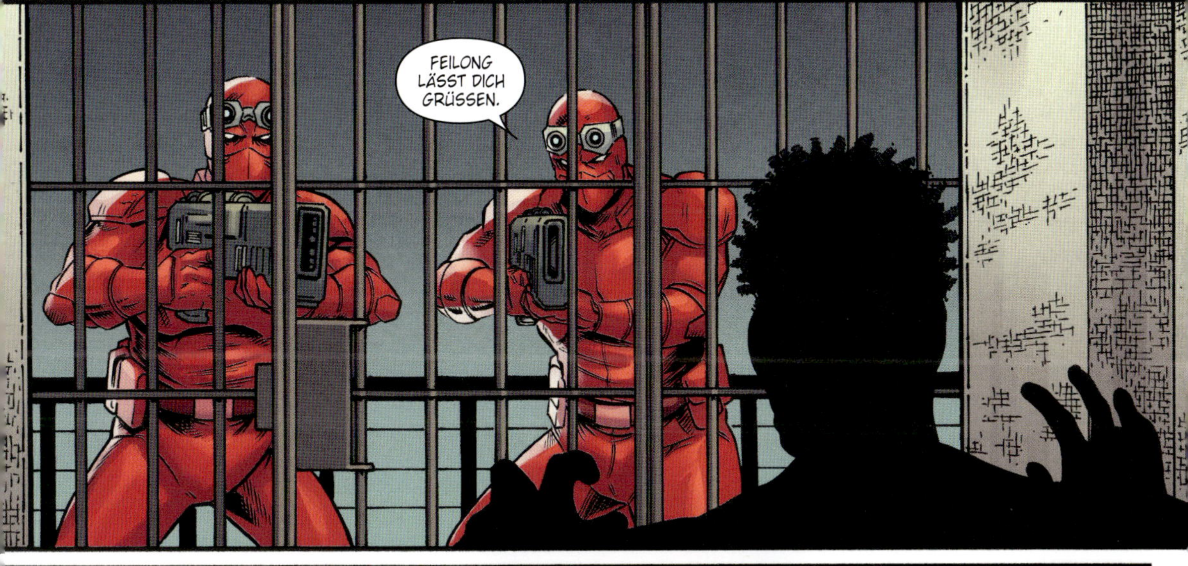
FEILONG LÄSST DICH GRÜSSEN.

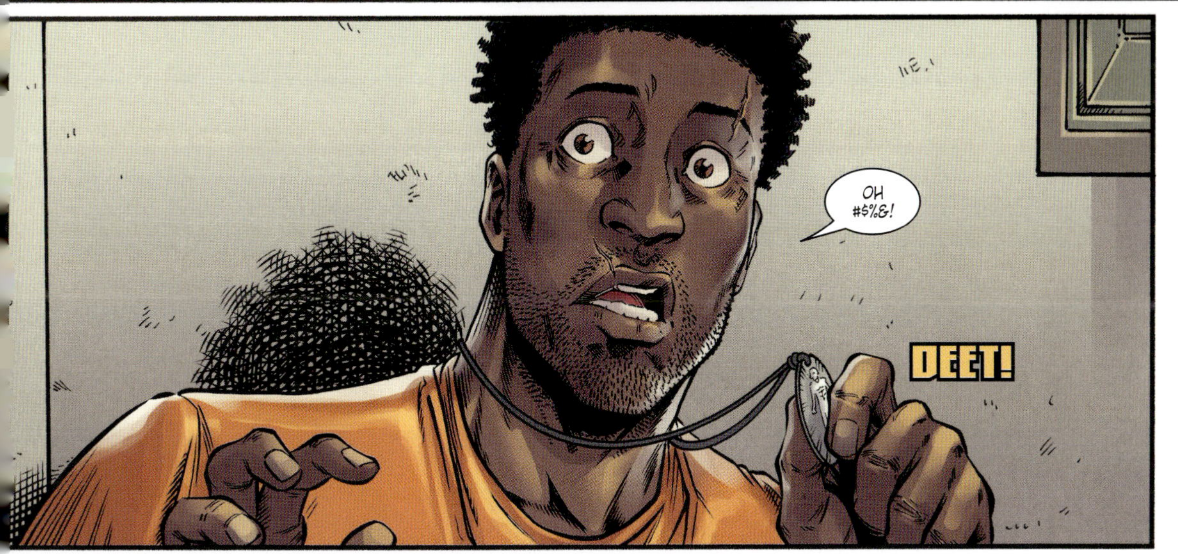
OH #$%&!
DEET!

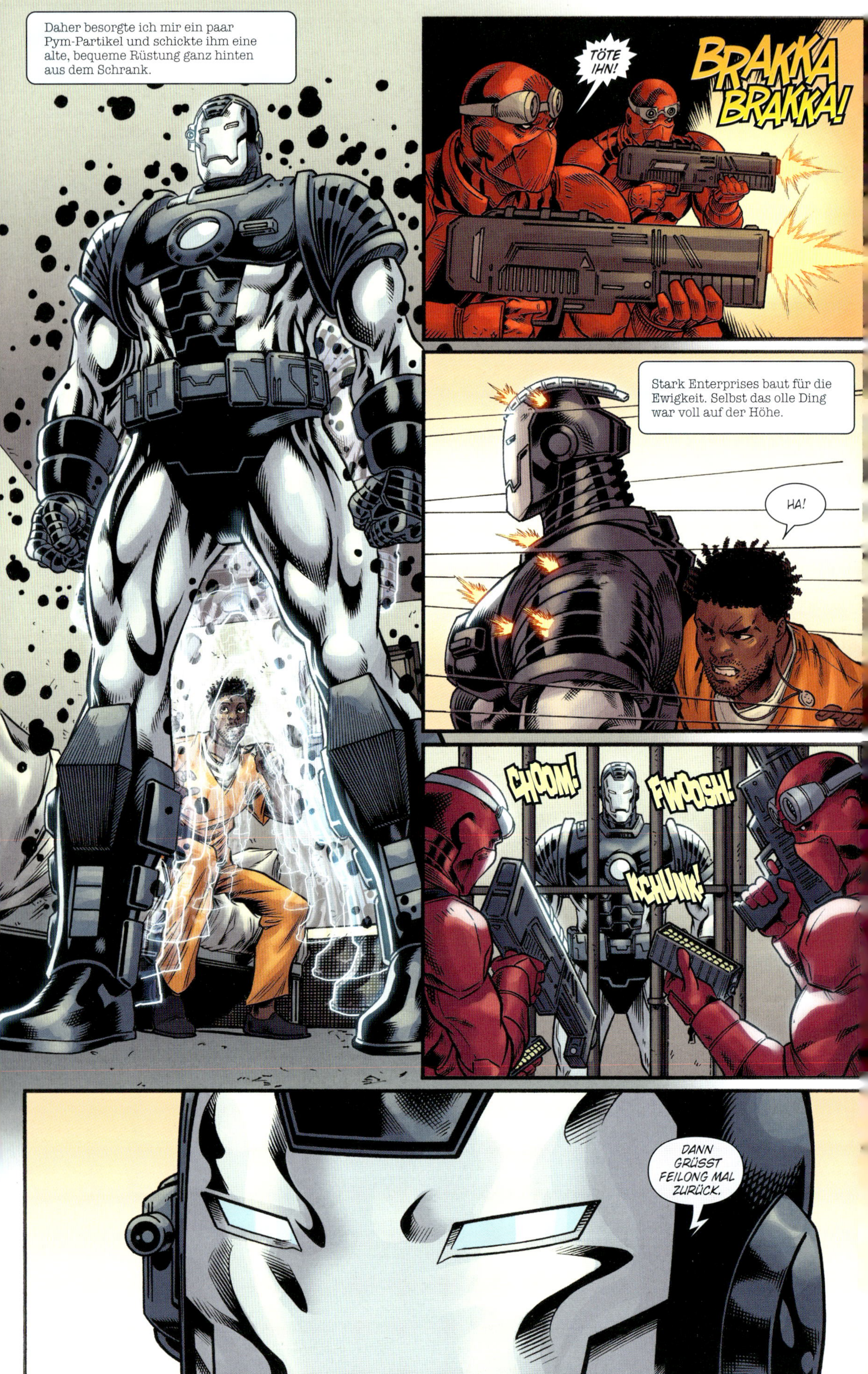
Daher besorgte ich mir ein paar Pym-Partikel und schickte ihm eine alte, bequeme Rüstung ganz hinten aus dem Schrank.
TÖTE IHN!
BRAKKA BRAKKA!
Stark Enterprises baut für die Ewigkeit. Selbst das olle Ding war voll auf der Höhe.
HA!
CHOOM!
FWOOSH!
KCHUNK!
DANN GRÜSST FEILONG MAL ZURÜCK.

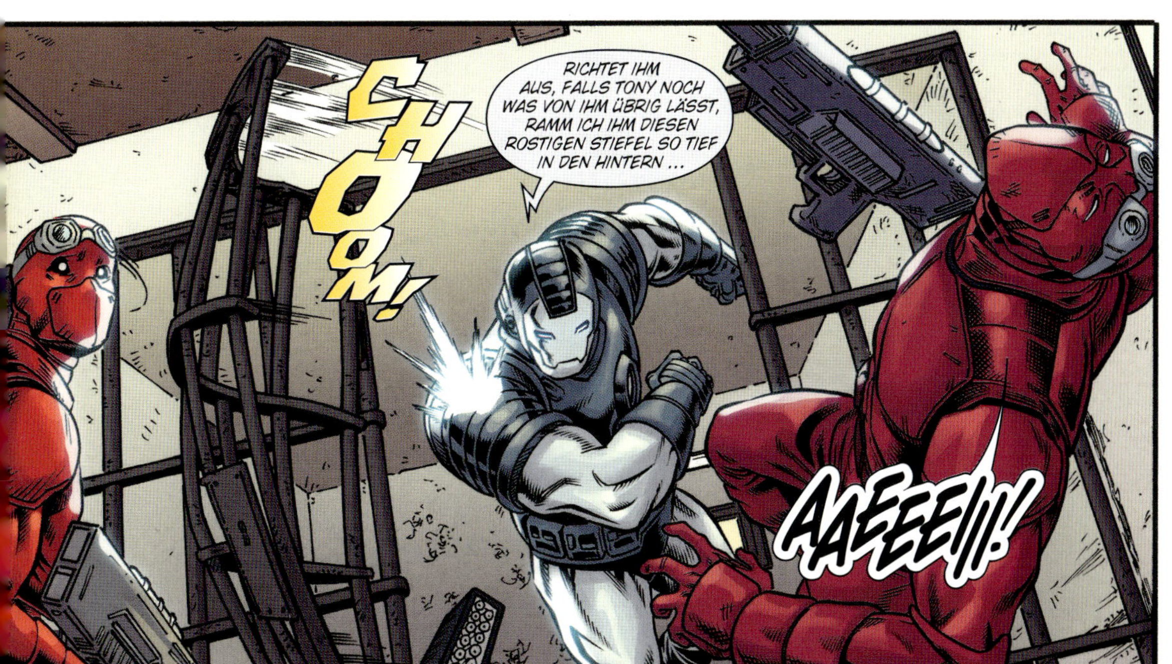
CHOOM!
RICHTET IHM AUS, FALLS TONY NOCH WAS VON IHM ÜBRIG LÄSST, RAMM ICH IHM DIESEN ROSTIGEN STIEFEL SO TIEF IN DEN HINTERN …
AAEEE!!!

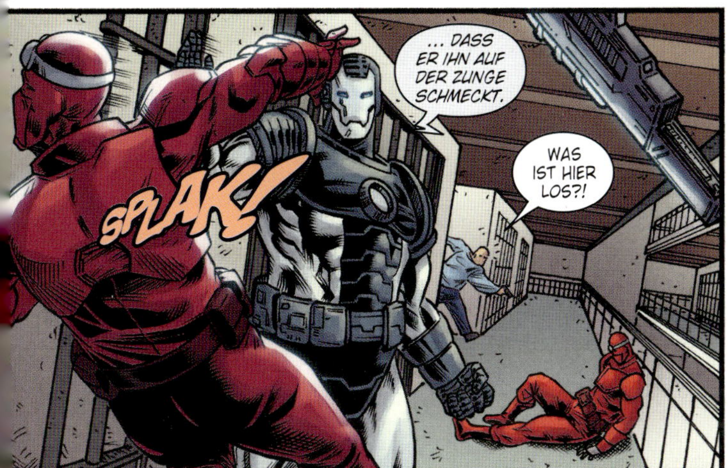
… DASS ER IHN AUF DER ZUNGE SCHMECKT.
SPLAK!
WAS IST HIER LOS?!

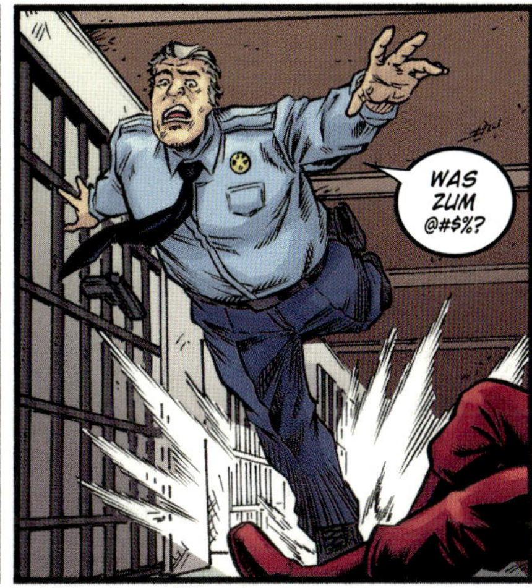
WAS ZUM @#$%?

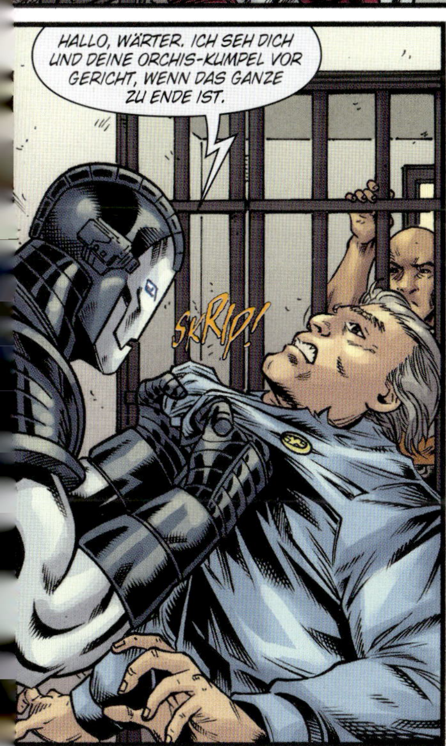
HALLO, WÄRTER. ICH SEH DICH UND DEINE ORCHIS-KUMPEL VOR GERICHT, WENN DAS GANZE ZU ENDE IST.
SKRIP!

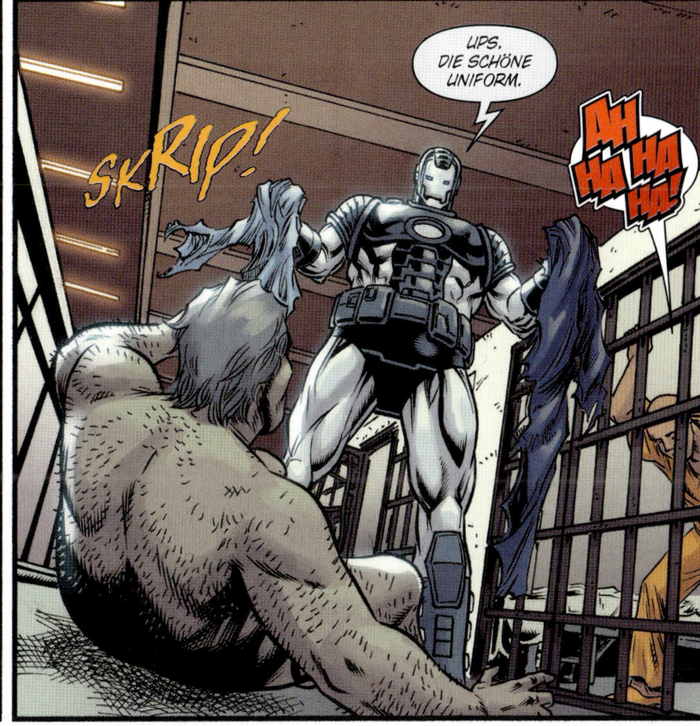
UPS. DIE SCHÖNE UNIFORM.
SKRIP!
AH HA HA HA!

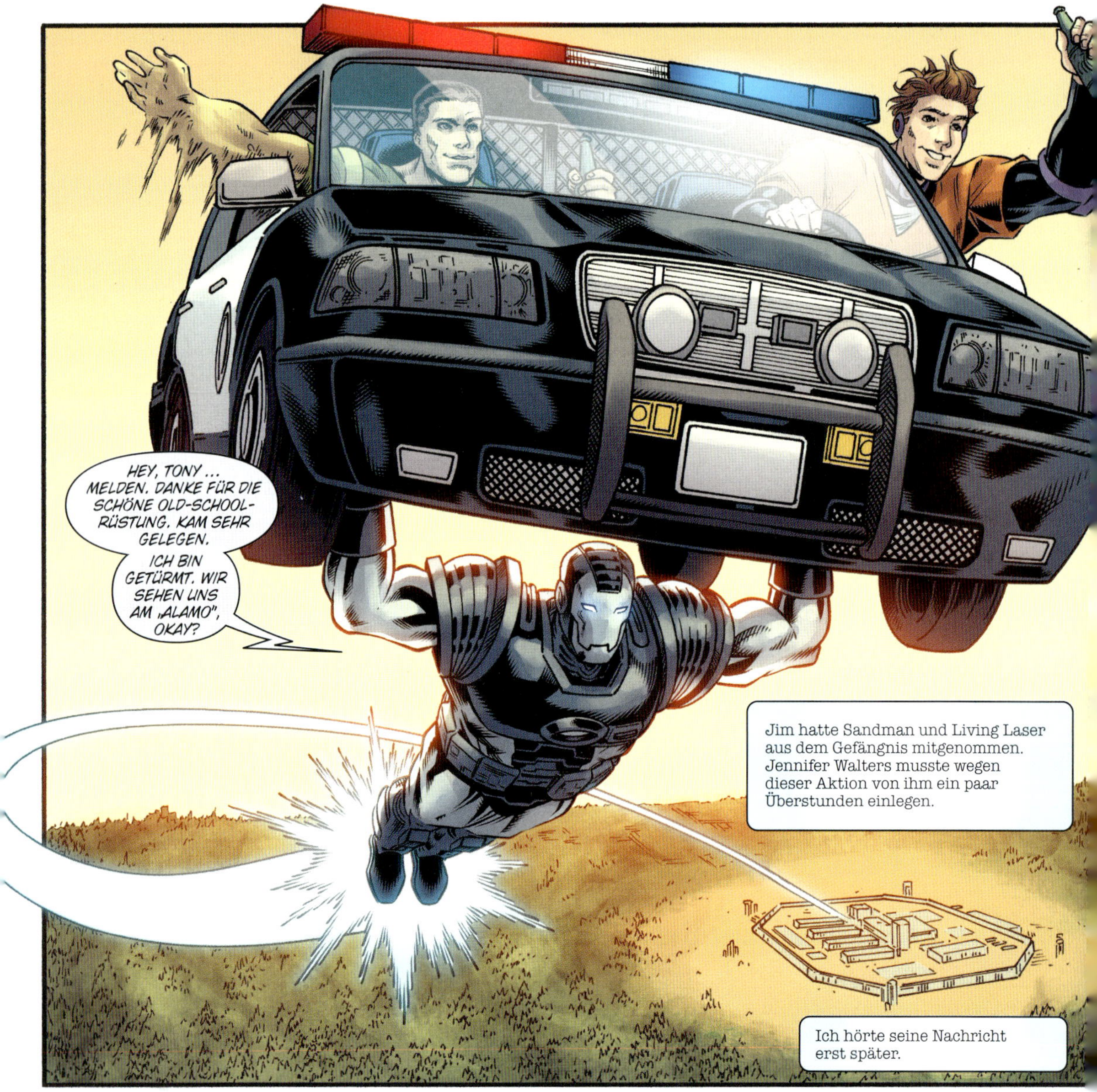

HEY, TONY ... MELDEN. DANKE FÜR DIE SCHÖNE OLD-SCHOOL-RÜSTUNG. KAM SEHR GELEGEN.

ICH BIN GETÜRMT. WIR SEHEN UNS AM „ALAMO", OKAY?

Jim hatte Sandman und Living Laser aus dem Gefängnis mitgenommen. Jennifer Walters musste wegen dieser Aktion von ihm ein paar Überstunden einlegen.

Ich hörte seine Nachricht erst später.

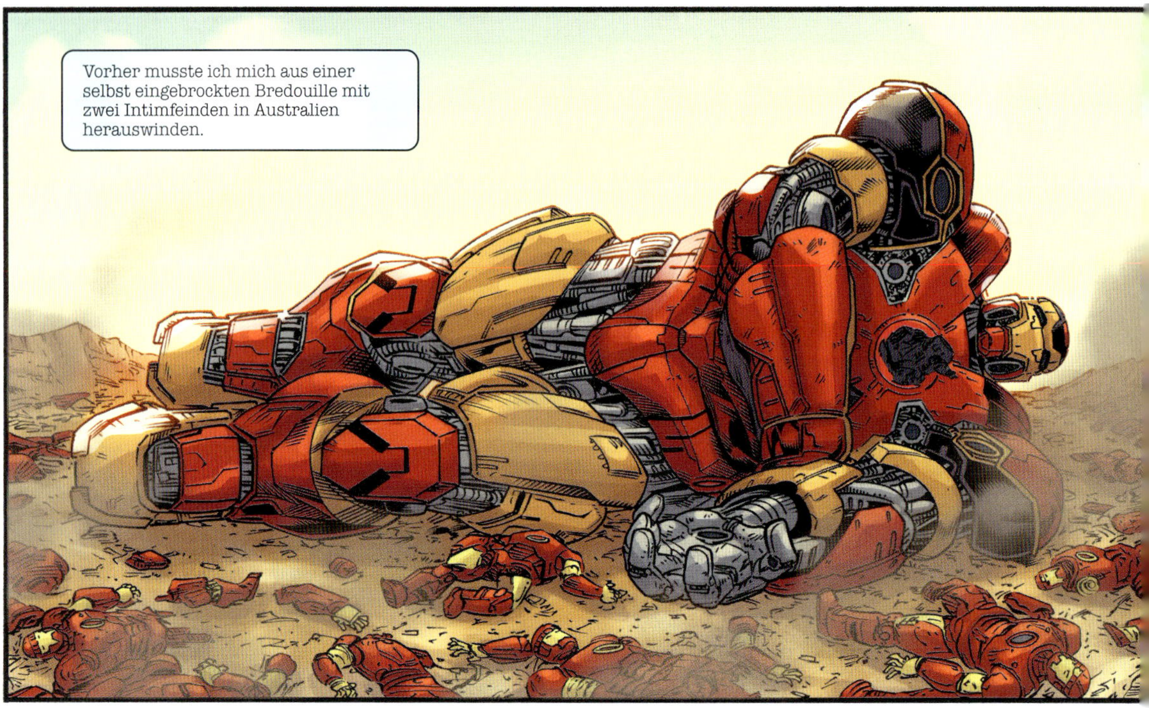

Vorher musste ich mich aus einer selbst eingebrockten Bredouille mit zwei Intimfeinden in Australien herauswinden.

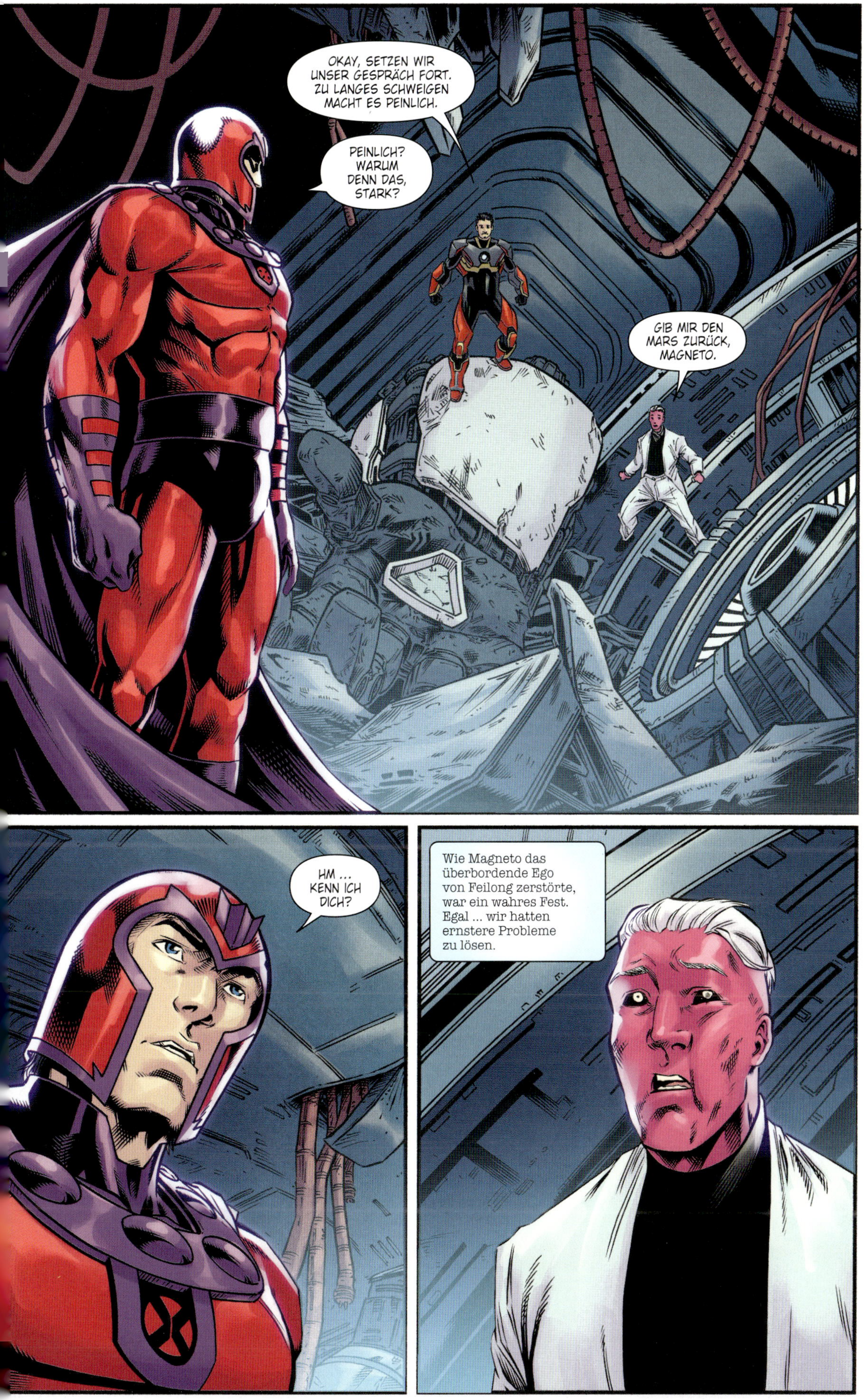

OKAY, SETZEN WIR UNSER GESPRÄCH FORT. ZU LANGES SCHWEIGEN MACHT ES PEINLICH.
PEINLICH? WARUM DENN DAS, STARK?
GIB MIR DEN MARS ZURÜCK, MAGNETO.

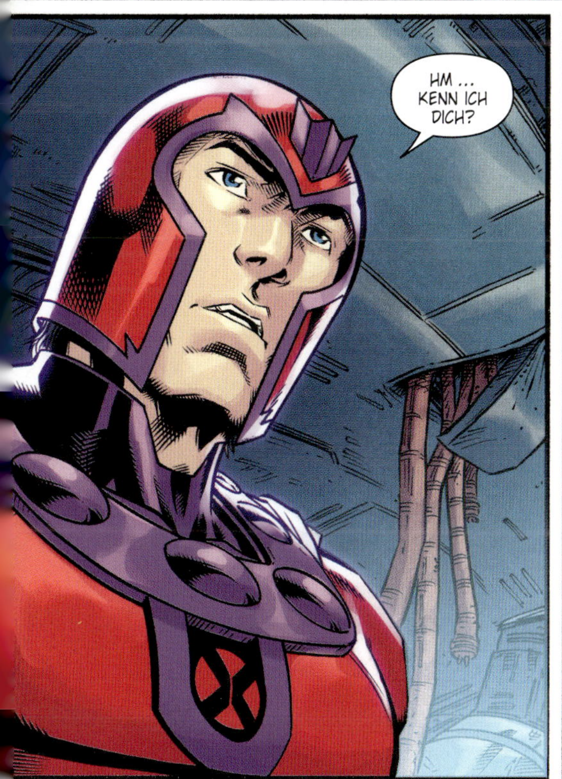

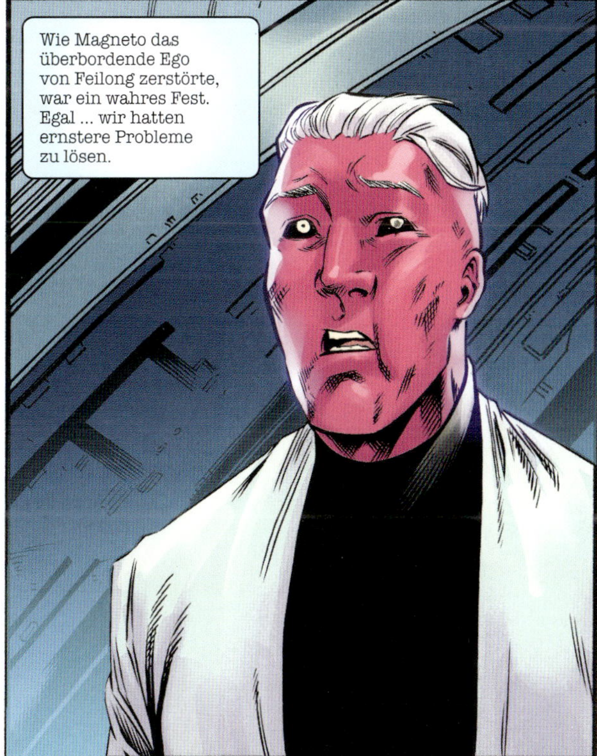

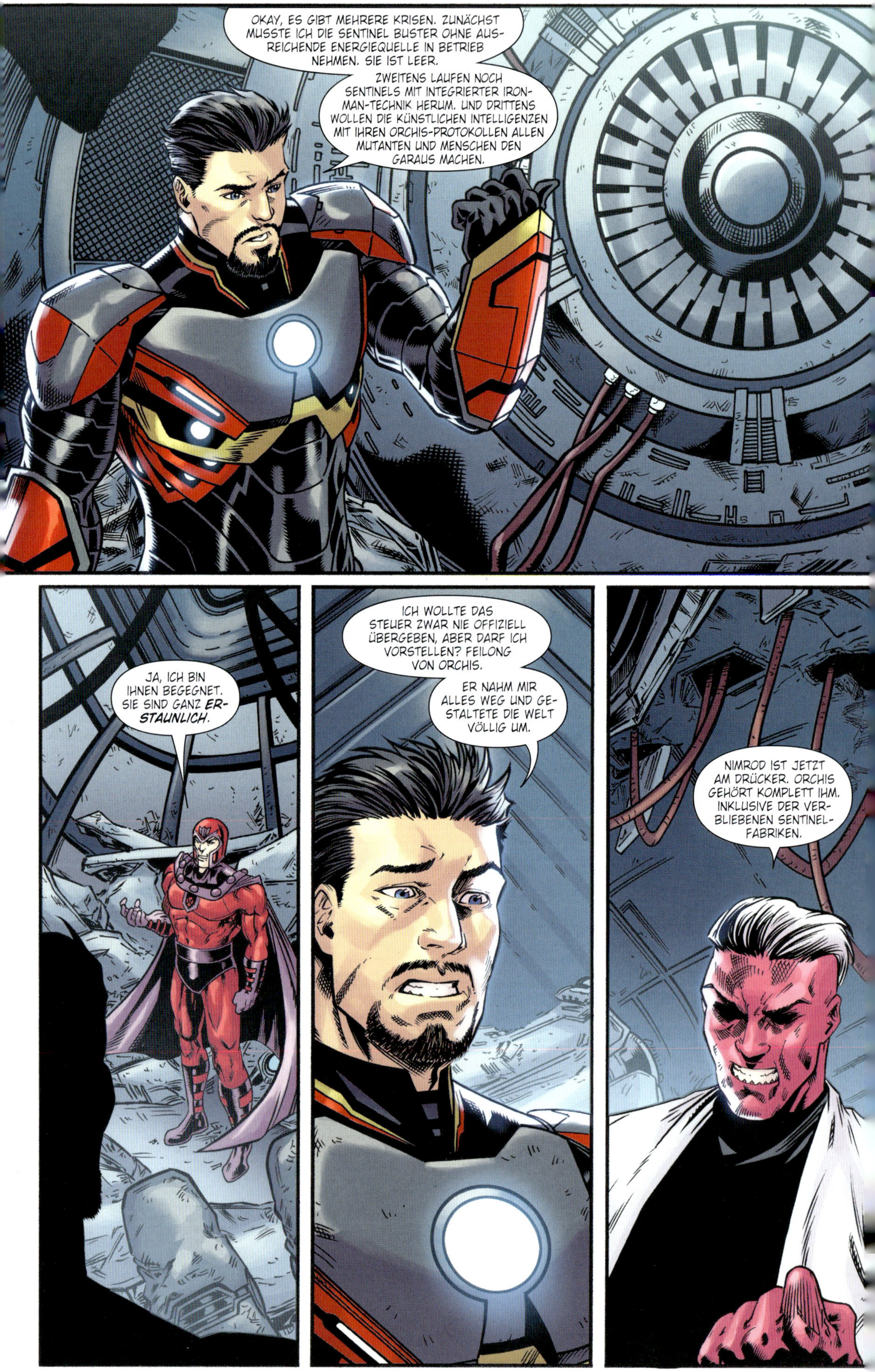

OKAY, ES GIBT MEHRERE KRISEN. ZUNÄCHST MUSSTE ICH DIE SENTINEL BUSTER OHNE AUSREICHENDE ENERGIEQUELLE IN BETRIEB NEHMEN. SIE IST LEER.
ZWEITENS LAUFEN NOCH SENTINELS MIT INTEGRIERTER IRON-MAN-TECHNIK HERUM. UND DRITTENS WOLLEN DIE KÜNSTLICHEN INTELLIGENZEN MIT IHREN ORCHIS-PROTOKOLLEN ALLEN MUTANTEN UND MENSCHEN DEN GARAUS MACHEN.

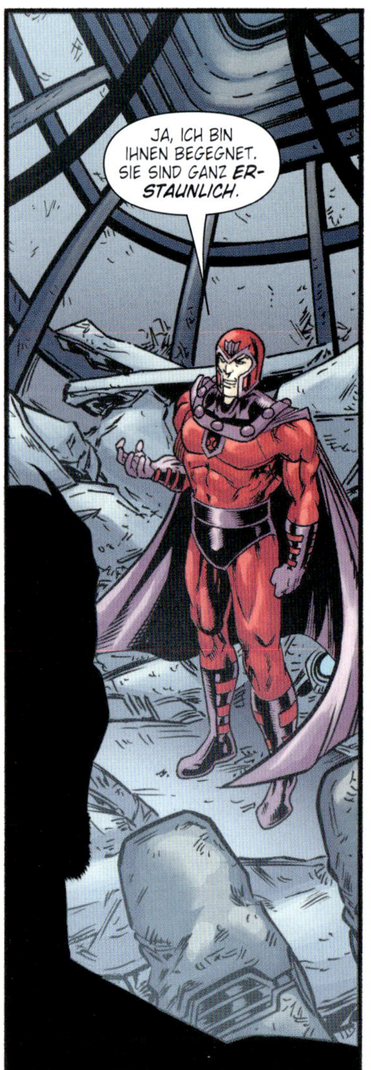

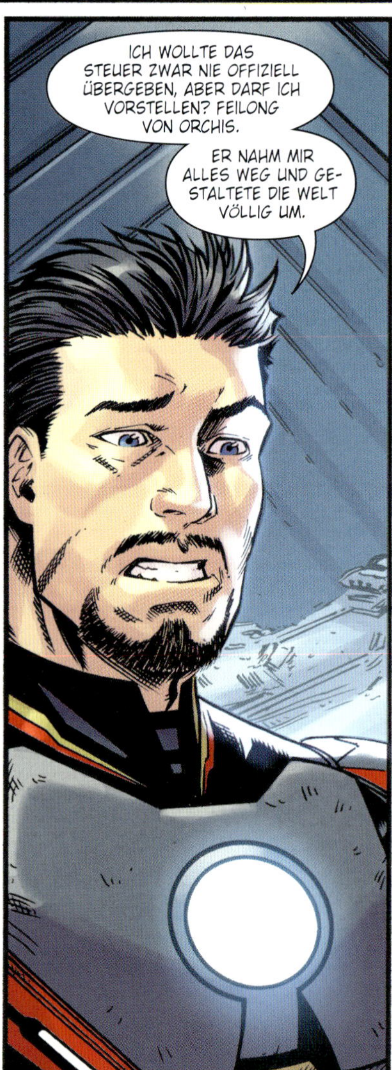

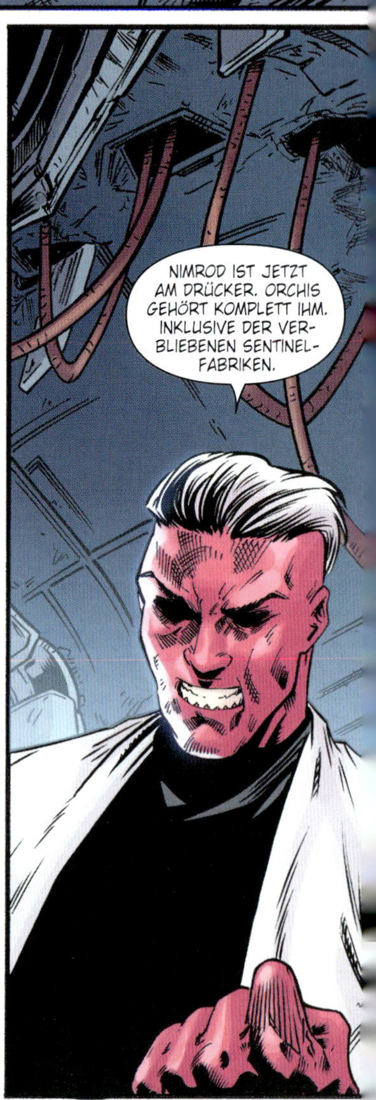

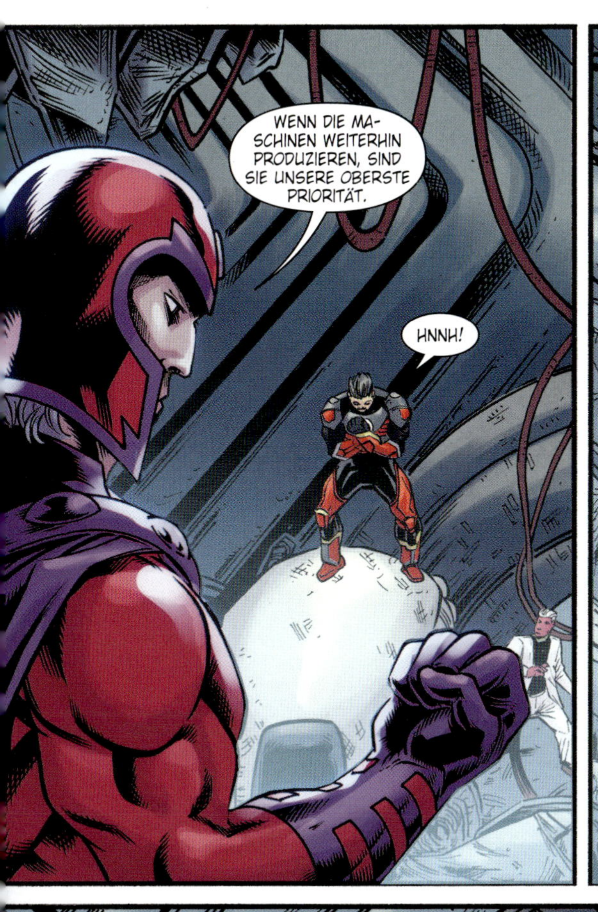
WENN DIE MASCHINEN WEITERHIN PRODUZIEREN, SIND SIE UNSERE OBERSTE PRIORITÄT.
HNNH!

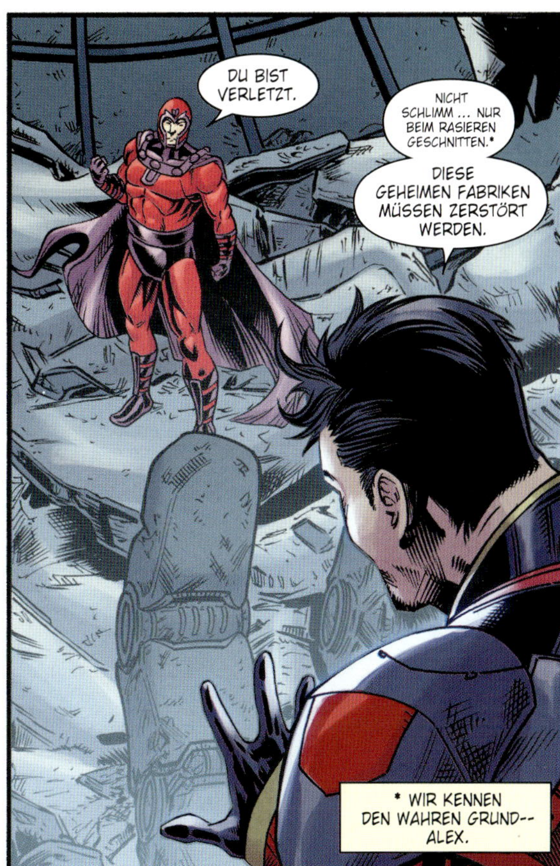
DU BIST VERLETZT.
NICHT SCHLIMM ... NUR BEIM RASIEREN GESCHNITTEN.*
DIESE GEHEIMEN FABRIKEN MÜSSEN ZERSTÖRT WERDEN.
* WIR KENNEN DEN WAHREN GRUND-- ALEX.

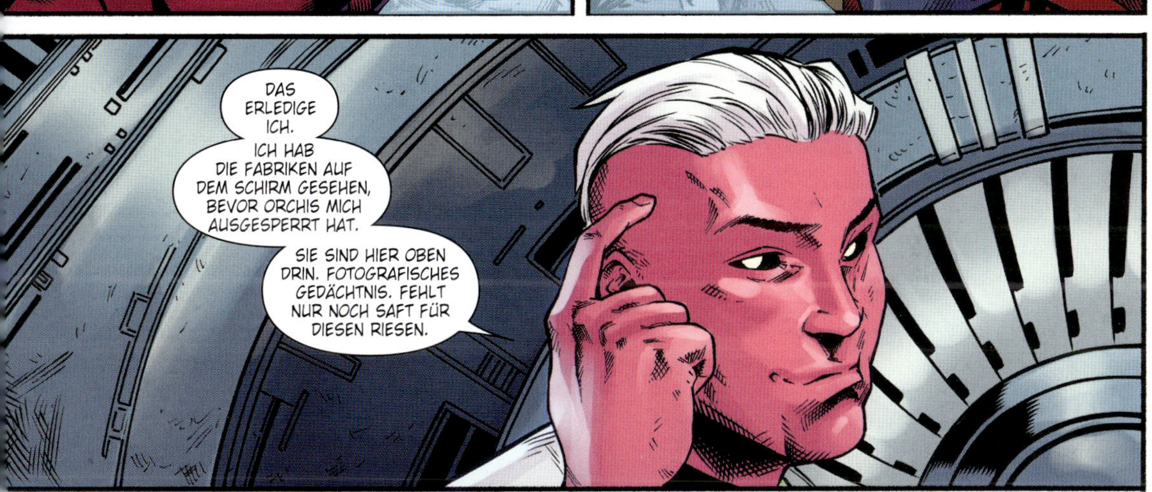
DAS ERLEDIGE ICH.
ICH HAB DIE FABRIKEN AUF DEM SCHIRM GESEHEN, BEVOR ORCHIS MICH AUSGESPERRT HAT.
SIE SIND HIER OBEN DRIN. FOTOGRAFISCHES GEDÄCHTNIS. FEHLT NUR NOCH SAFT FÜR DIESEN RIESEN.

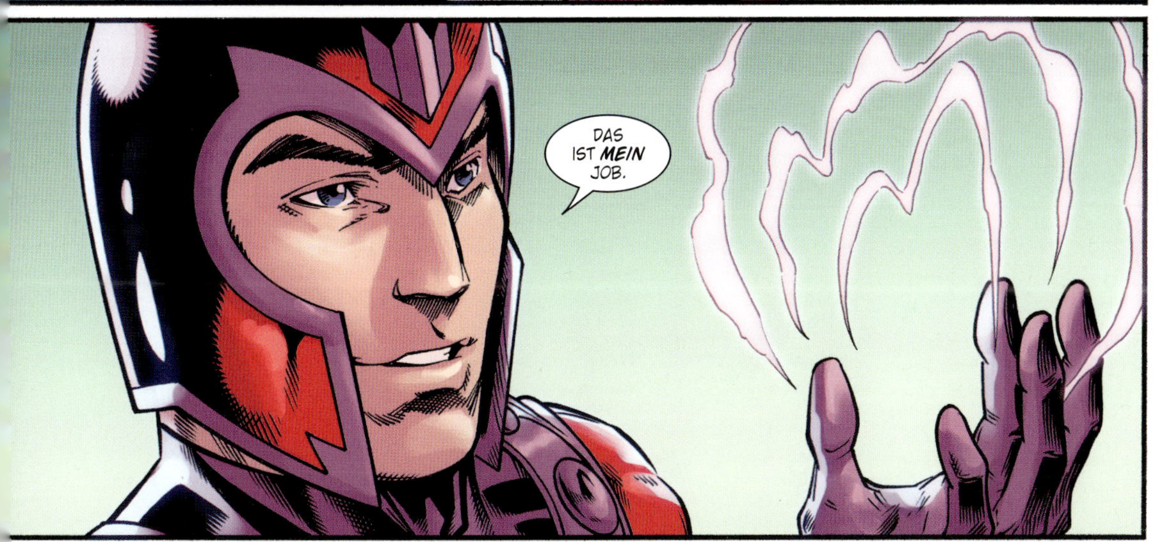
DAS IST **MEIN** JOB.

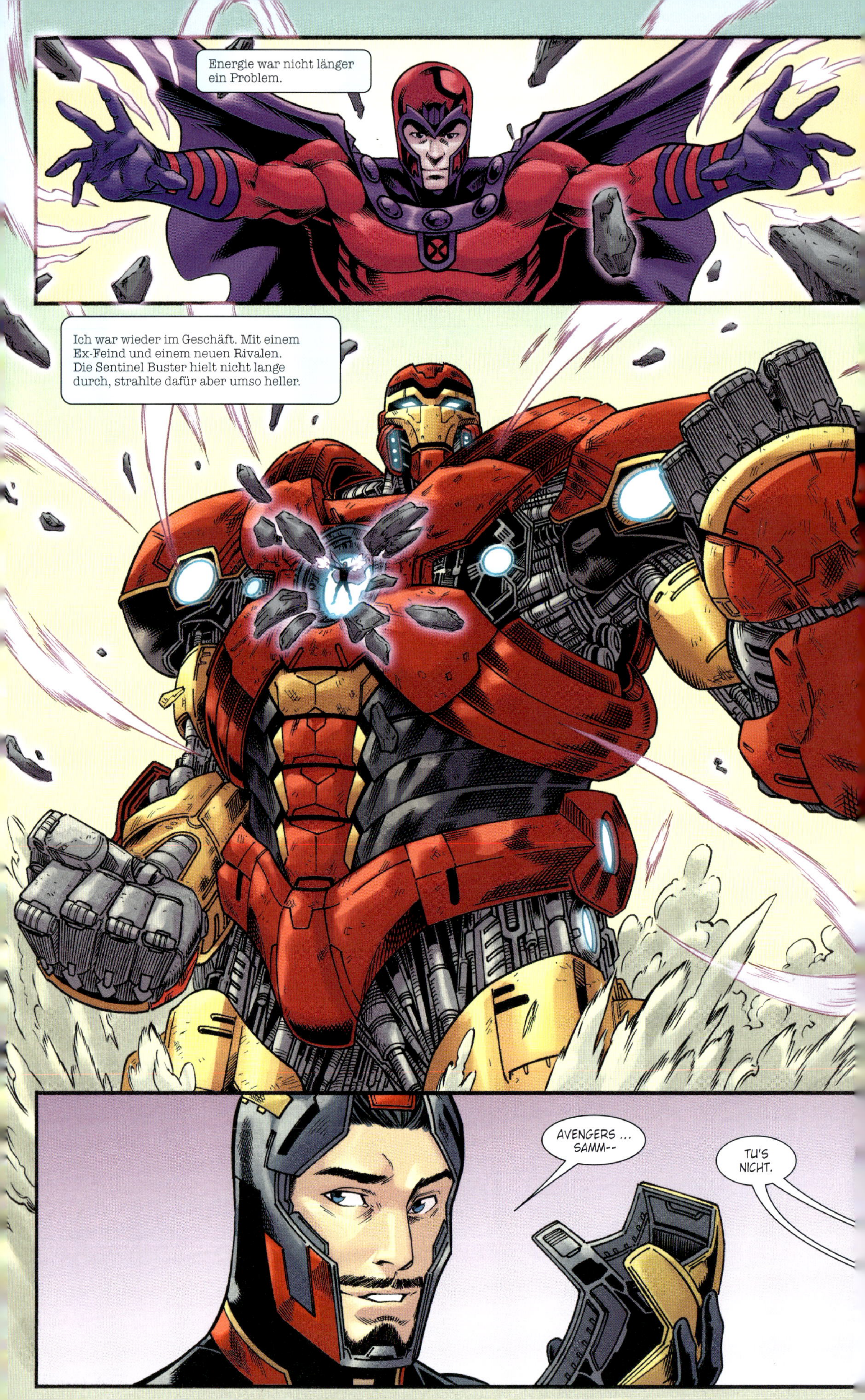
Energie war nicht länger ein Problem.
Ich war wieder im Geschäft. Mit einem Ex-Feind und einem neuen Rivalen. Die Sentinel Buster hielt nicht lange durch, strahlte dafür aber umso heller.
AVENGERS ... SAMM--
TU'S NICHT.

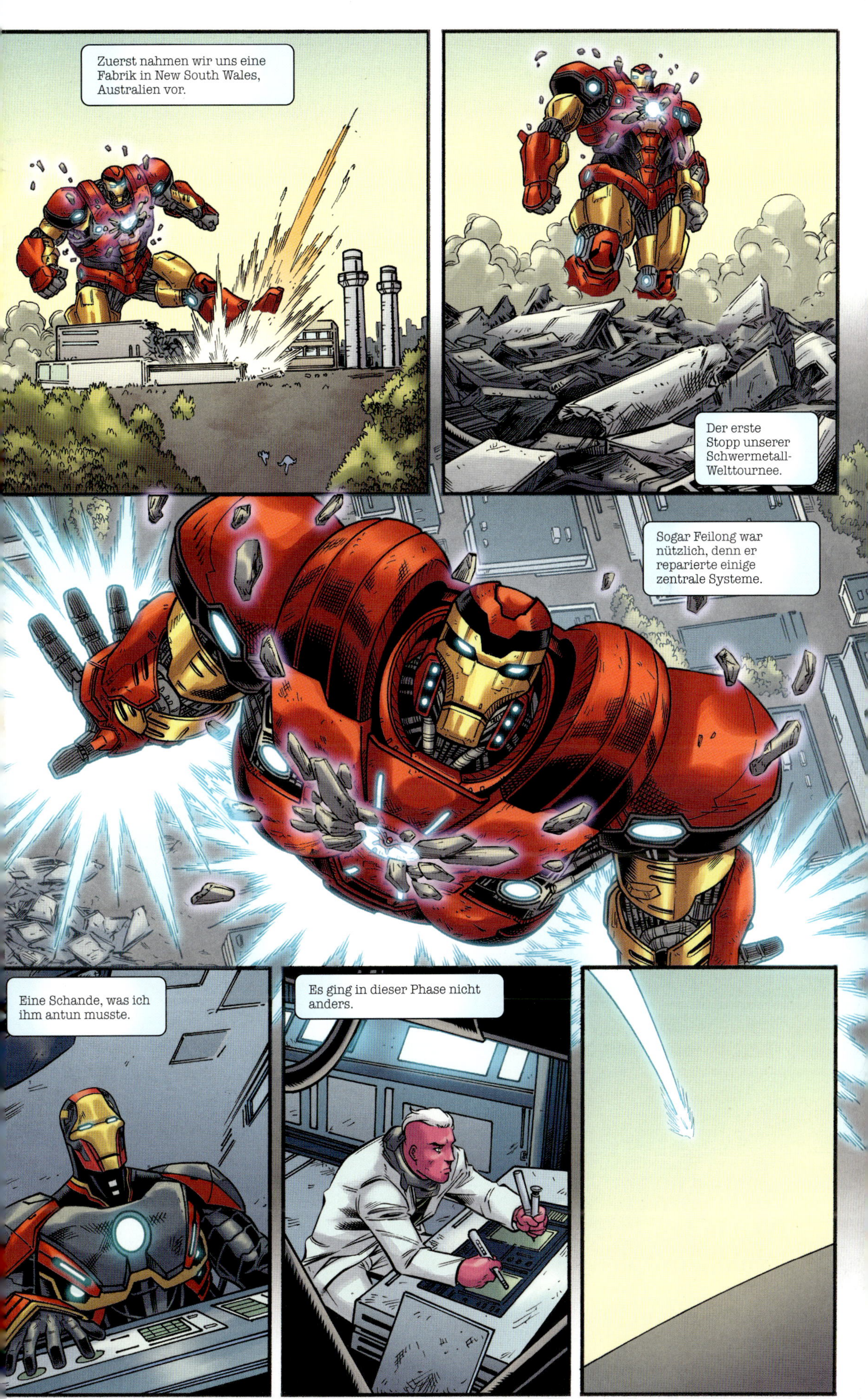
Zuerst nahmen wir uns eine Fabrik in New South Wales, Australien vor.
Der erste Stopp unserer Schwermetall-Welttournee.
Sogar Feilong war nützlich, denn er reparierte einige zentrale Systeme.
Eine Schande, was ich ihm antun musste.
Es ging in dieser Phase nicht anders.

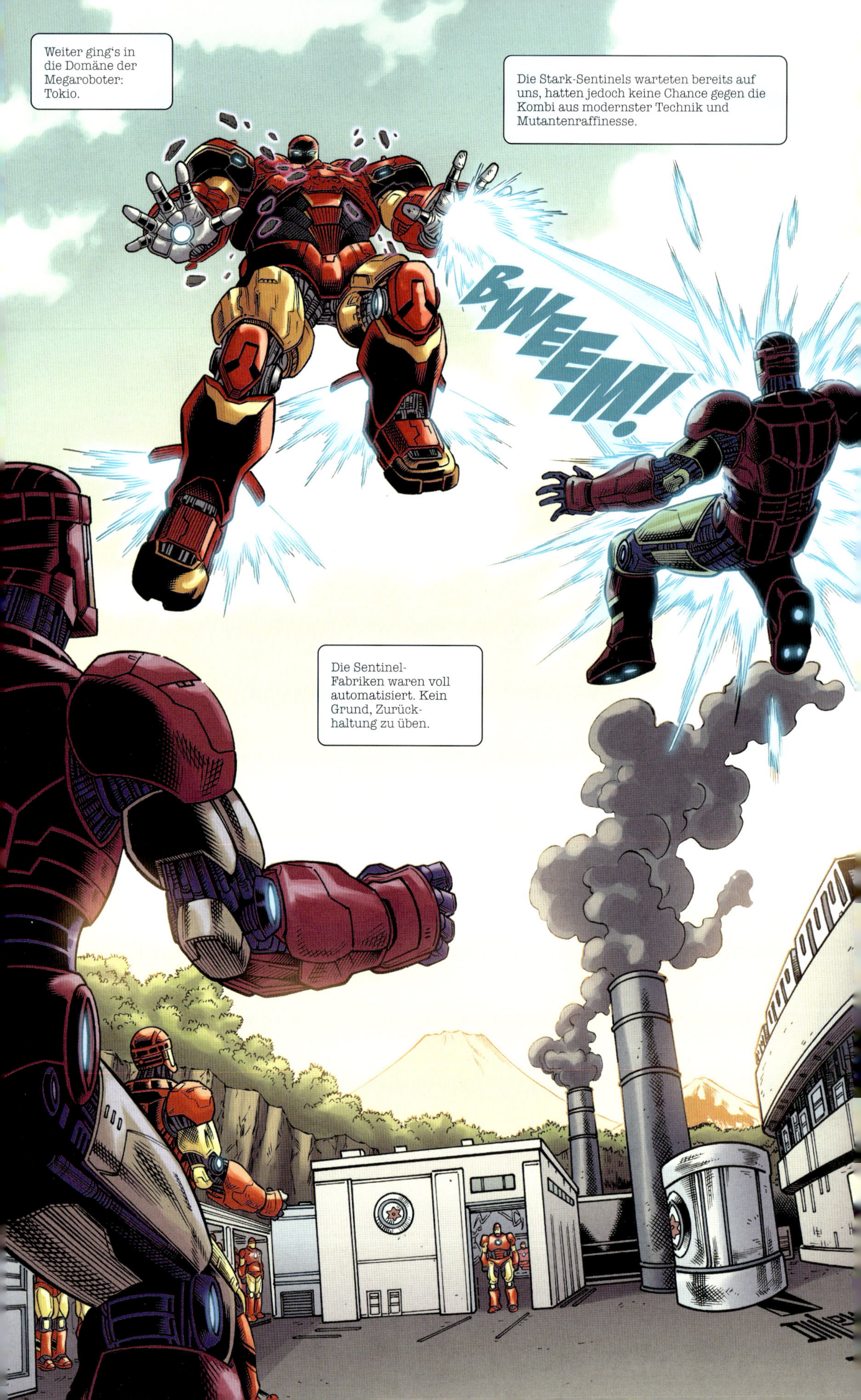
Weiter ging's in die Domäne der Megaroboter: Tokio.
Die Stark-Sentinels warteten bereits auf uns, hatten jedoch keine Chance gegen die Kombi aus modernster Technik und Mutantenraffinesse.
BWEEM!
Die Sentinel-Fabriken waren voll automatisiert. Kein Grund, Zurückhaltung zu üben.

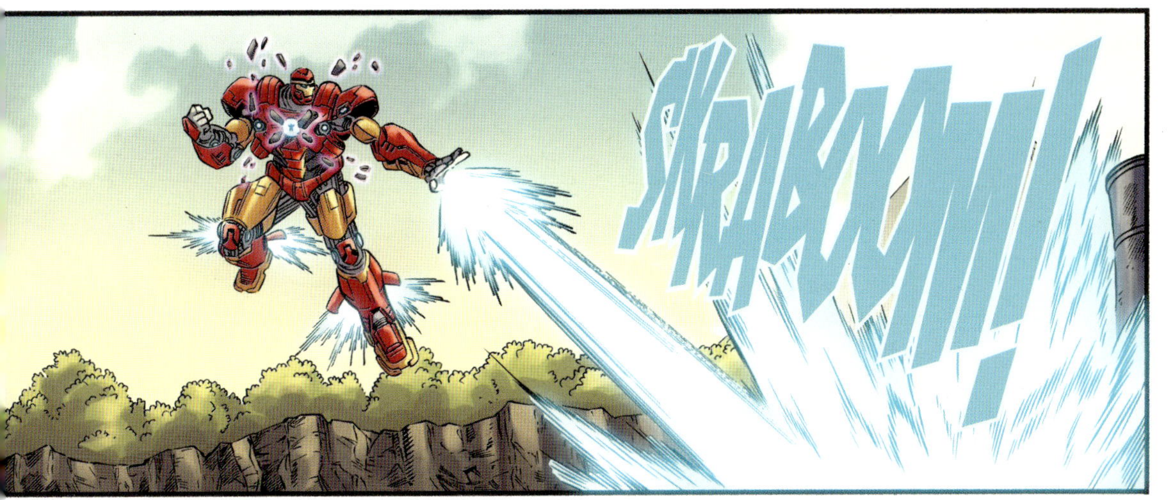
SKRABOOM!

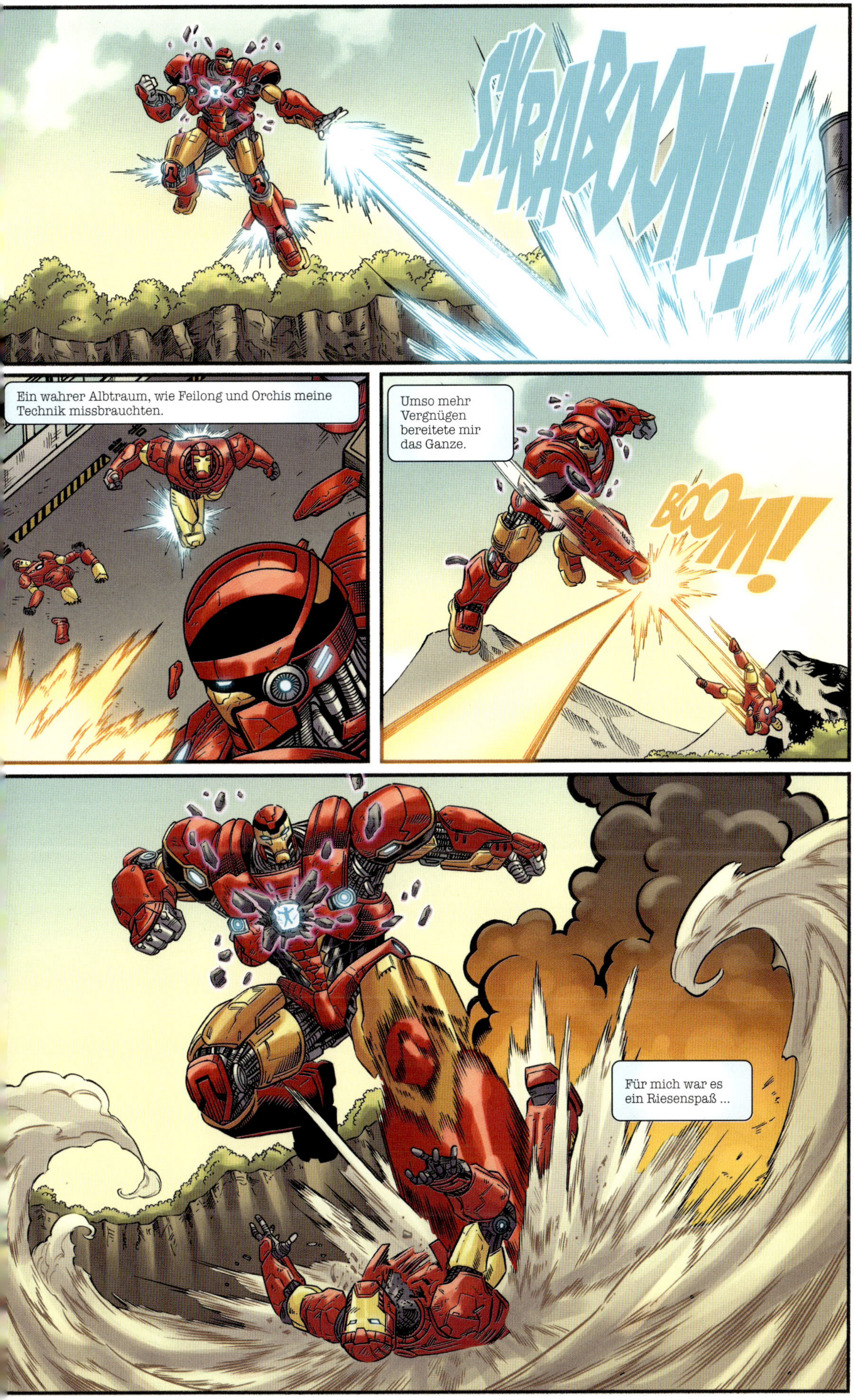

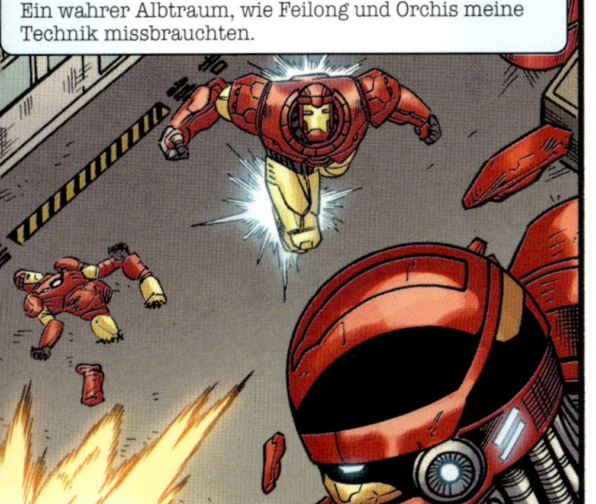
Ein wahrer Albtraum, wie Feilong und Orchis meine Technik missbrauchten.

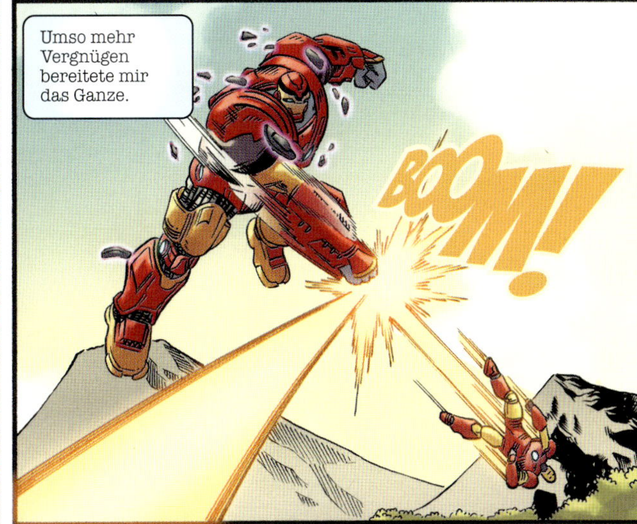
Umso mehr Vergnügen bereitete mir das Ganze.
BOOM!

Für mich war es ein Riesenspaß ...

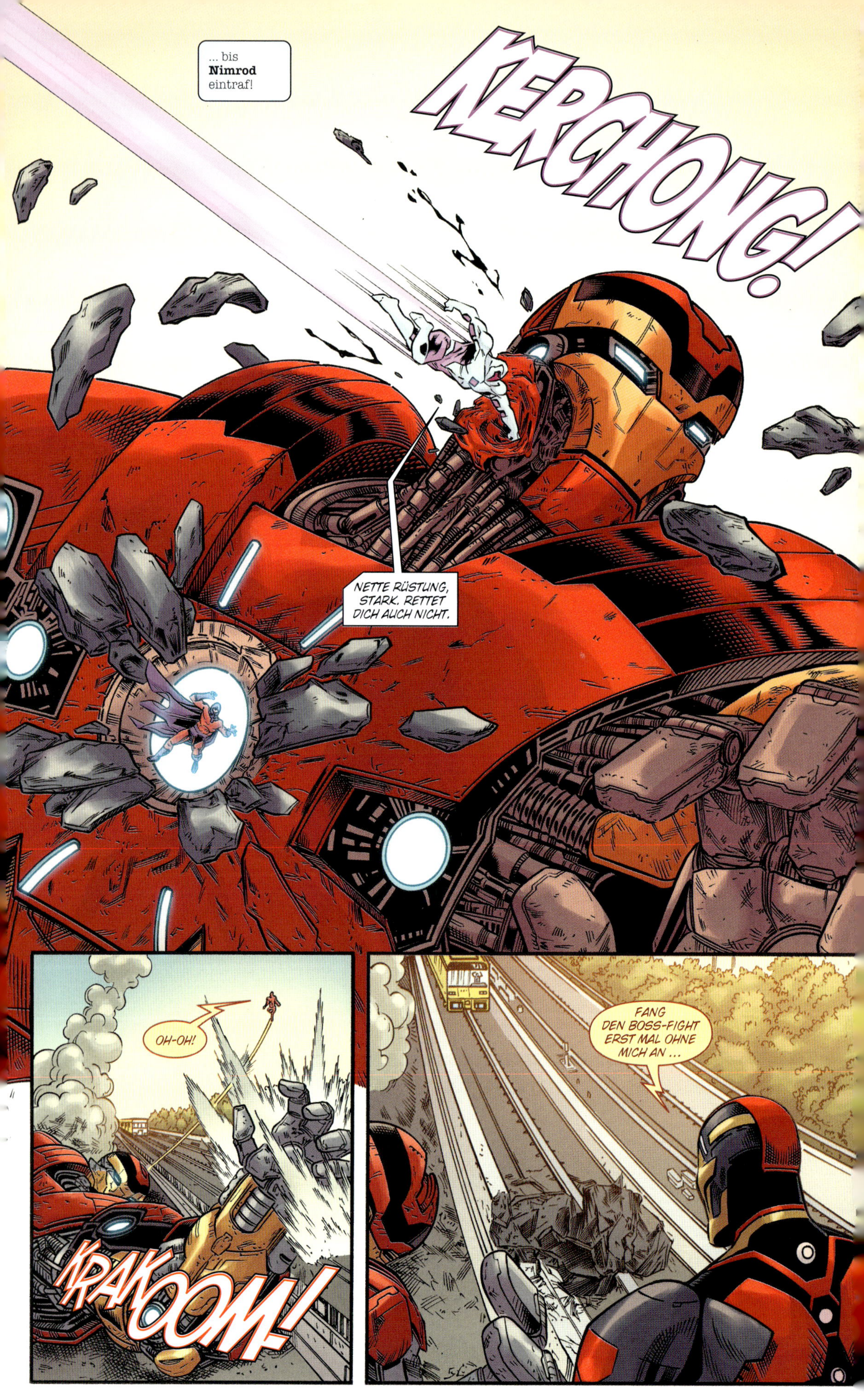
... bis **Nimrod** eintraf!
KERCHONG!
NETTE RÜSTUNG, STARK. RETTET DICH AUCH NICHT.
OH-OH!
KRAKOOM!
FANG DEN BOSS-FIGHT ERST MAL OHNE MICH AN ...

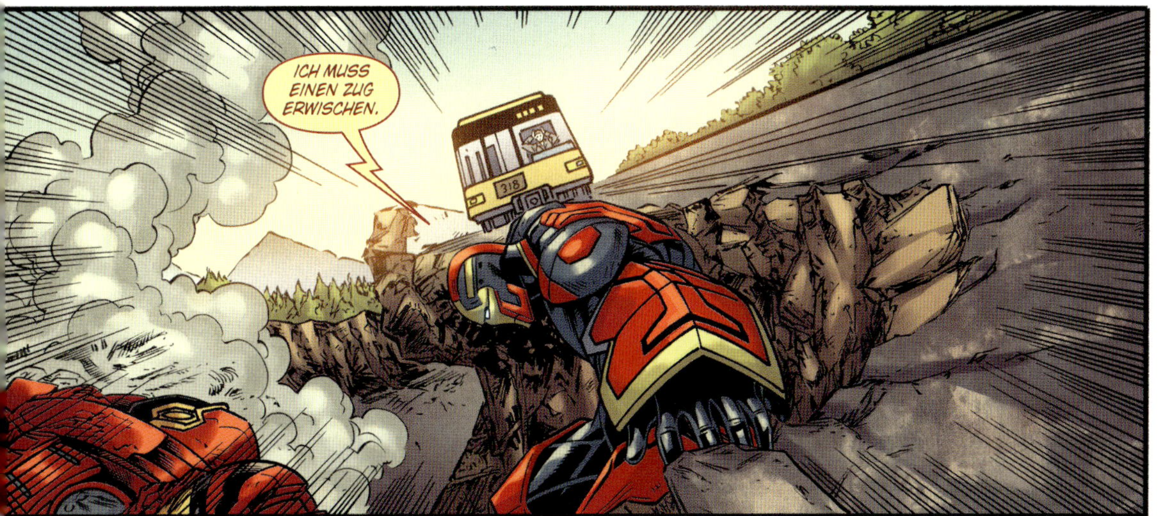
ICH MUSS EINEN ZUG ERWISCHEN.

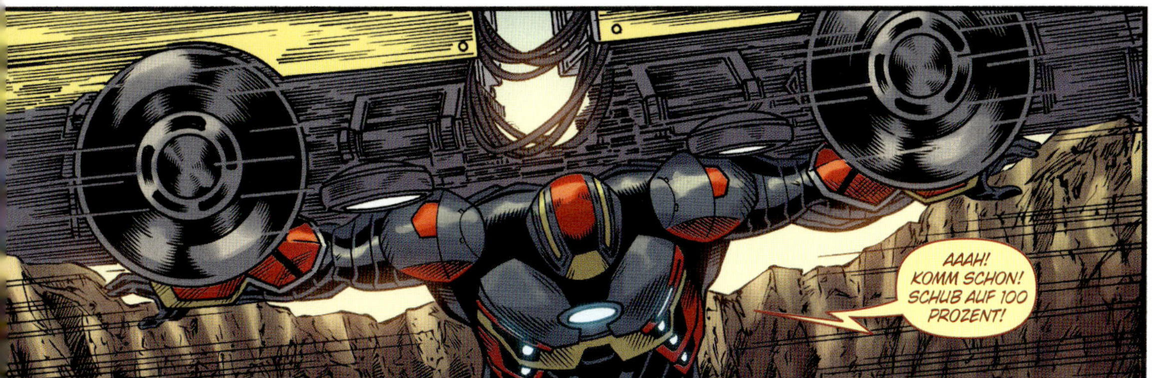
AAAH! KOMM SCHON! SCHUB AUF 100 PROZENT!

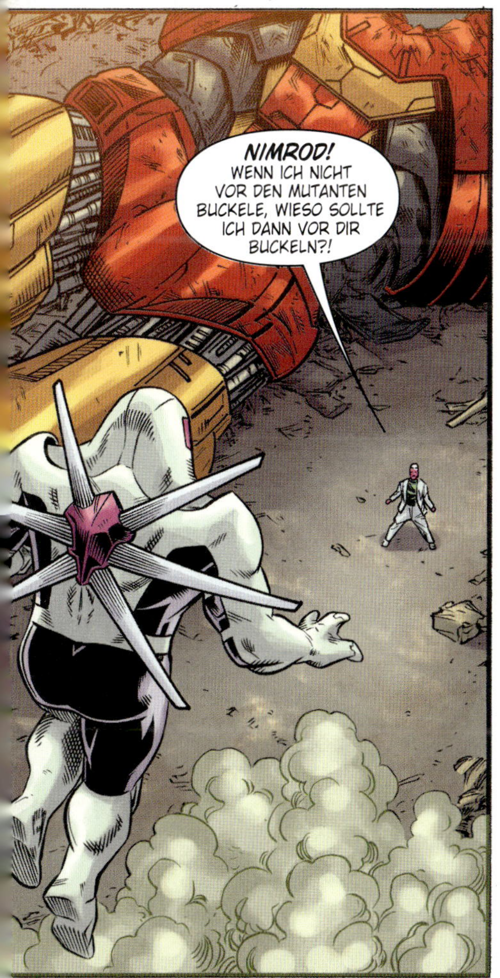
NIMROD! WENN ICH NICHT VOR DEN MUTANTEN BUCKELE, WIESO SOLLTE ICH DANN VOR DIR BUCKELN?!

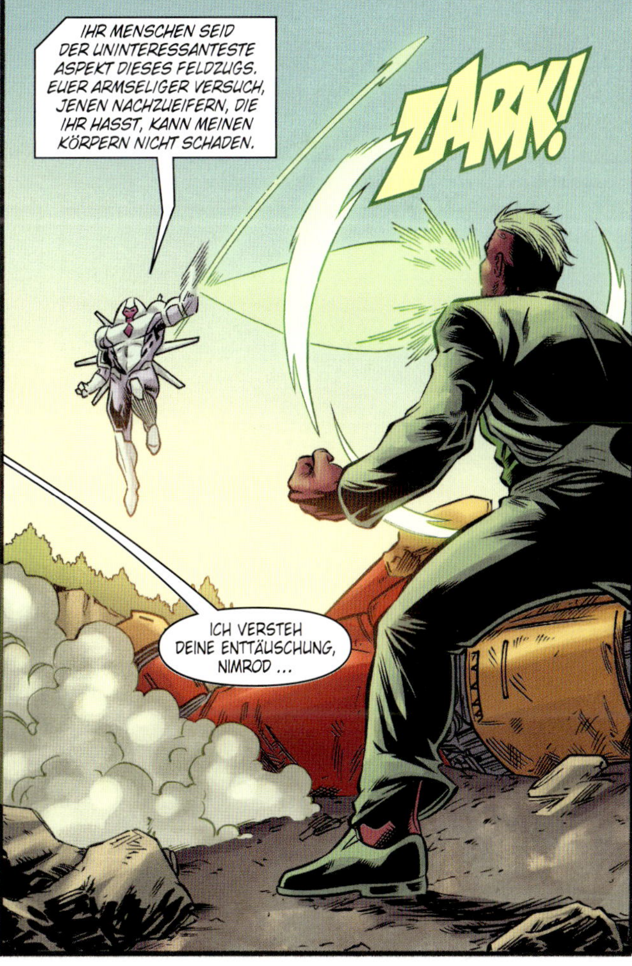
IHR MENSCHEN SEID DER UNINTERESSANTESTE ASPEKT DIESES FELDZUGS. EUER ARMSELIGER VERSUCH, JENEN NACHZUEIFERN, DIE IHR HASST, KANN MEINEN KÖRPERN NICHT SCHADEN.
ZARK!
ICH VERSTEH DEINE ENTTÄUSCHUNG, NIMROD ...

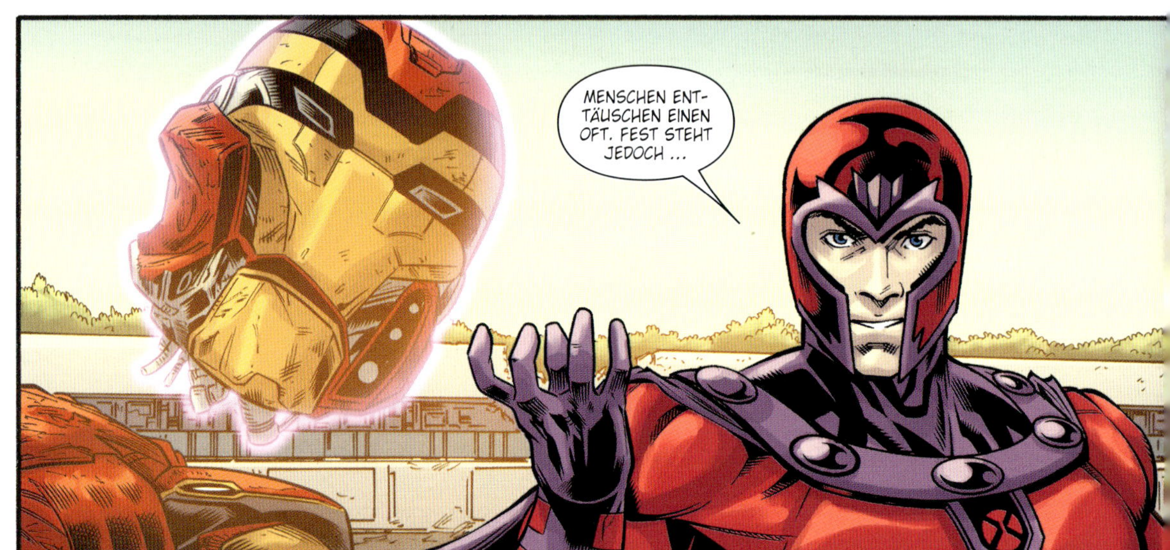
MENSCHEN ENTTÄUSCHEN EINEN OFT. FEST STEHT JEDOCH ...

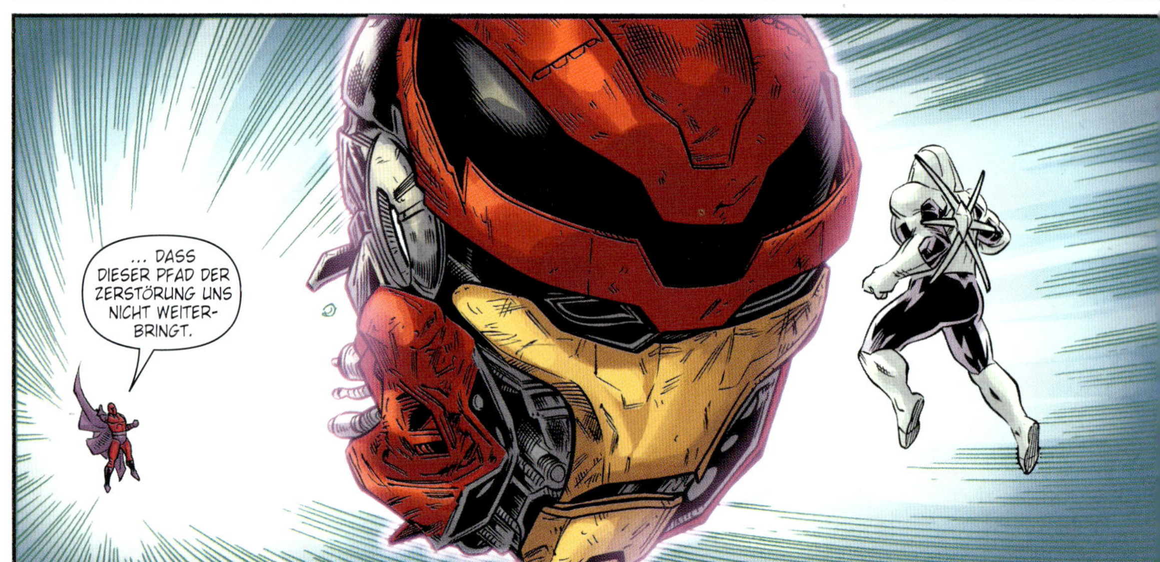
... DASS DIESER PFAD DER ZERSTÖRUNG UNS NICHT WEITERBRINGT.

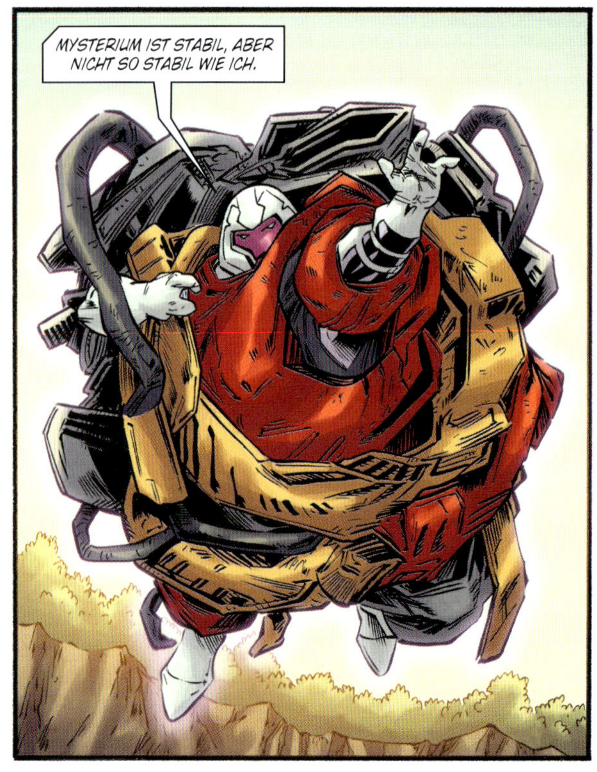
MYSTERIUM IST STABIL, ABER NICHT SO STABIL WIE ICH.

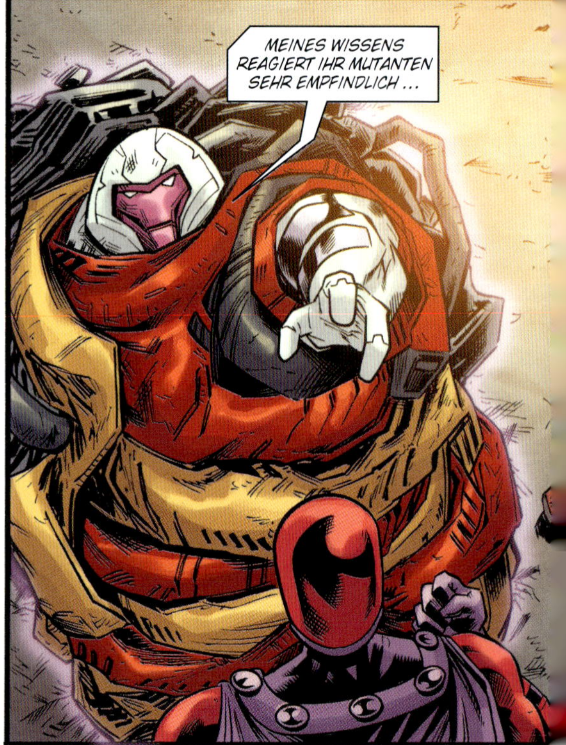
MEINES WISSENS REAGIERT IHR MUTANTEN SEHR EMPFINDLICH ...

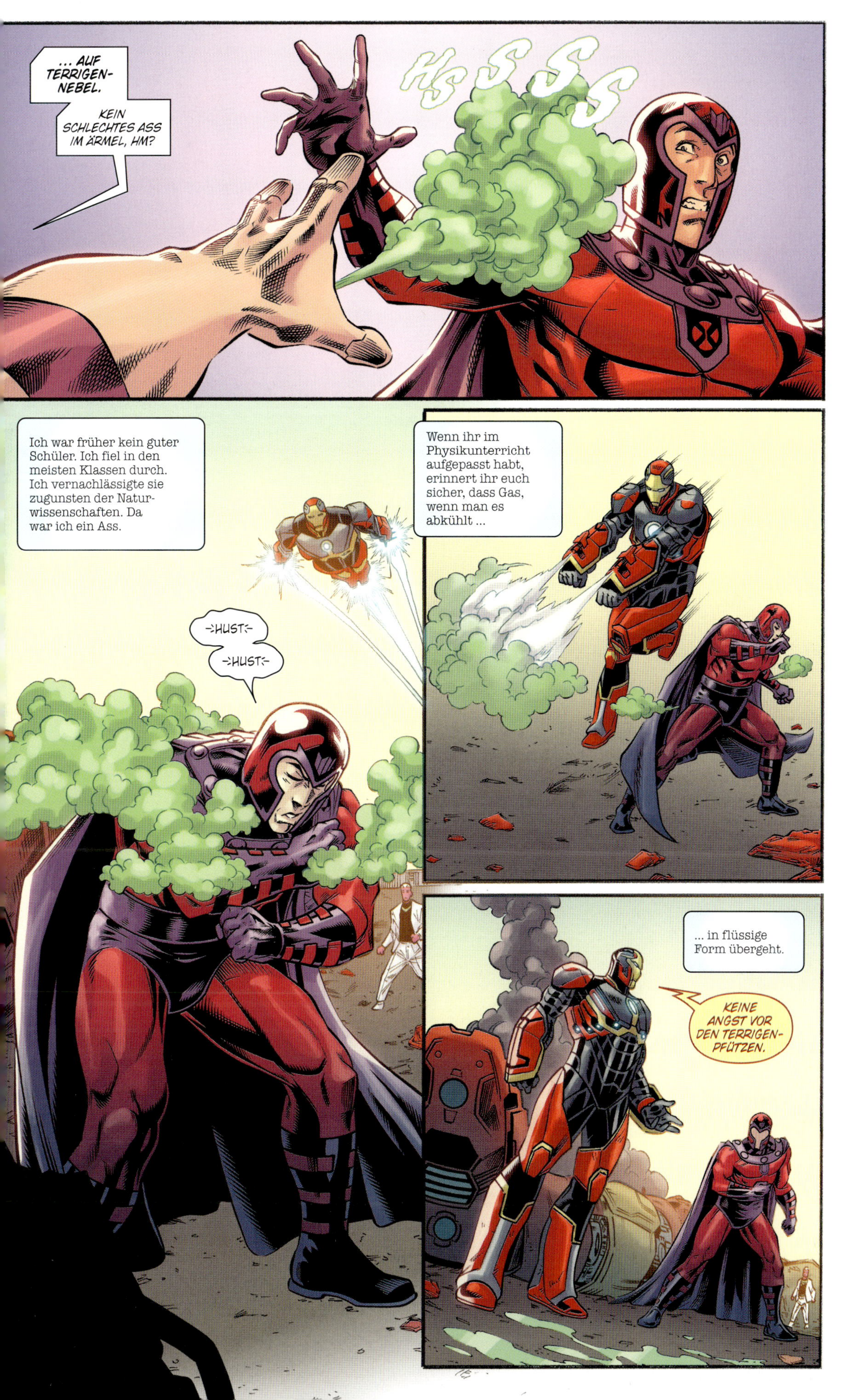
... AUF TERRIGEN-NEBEL.
KEIN SCHLECHTES ASS IM ÄRMEL, HM?
HSSSS
Ich war früher kein guter Schüler. Ich fiel in den meisten Klassen durch. Ich vernachlässigte sie zugunsten der Naturwissenschaften. Da war ich ein Ass.
-HUST-
-HUST-
Wenn ihr im Physikunterricht aufgepasst habt, erinnert ihr euch sicher, dass Gas, wenn man es abkühlt ...
... in flüssige Form übergeht.
KEINE ANGST VOR DEN TERRIGEN-PFÜTZEN.

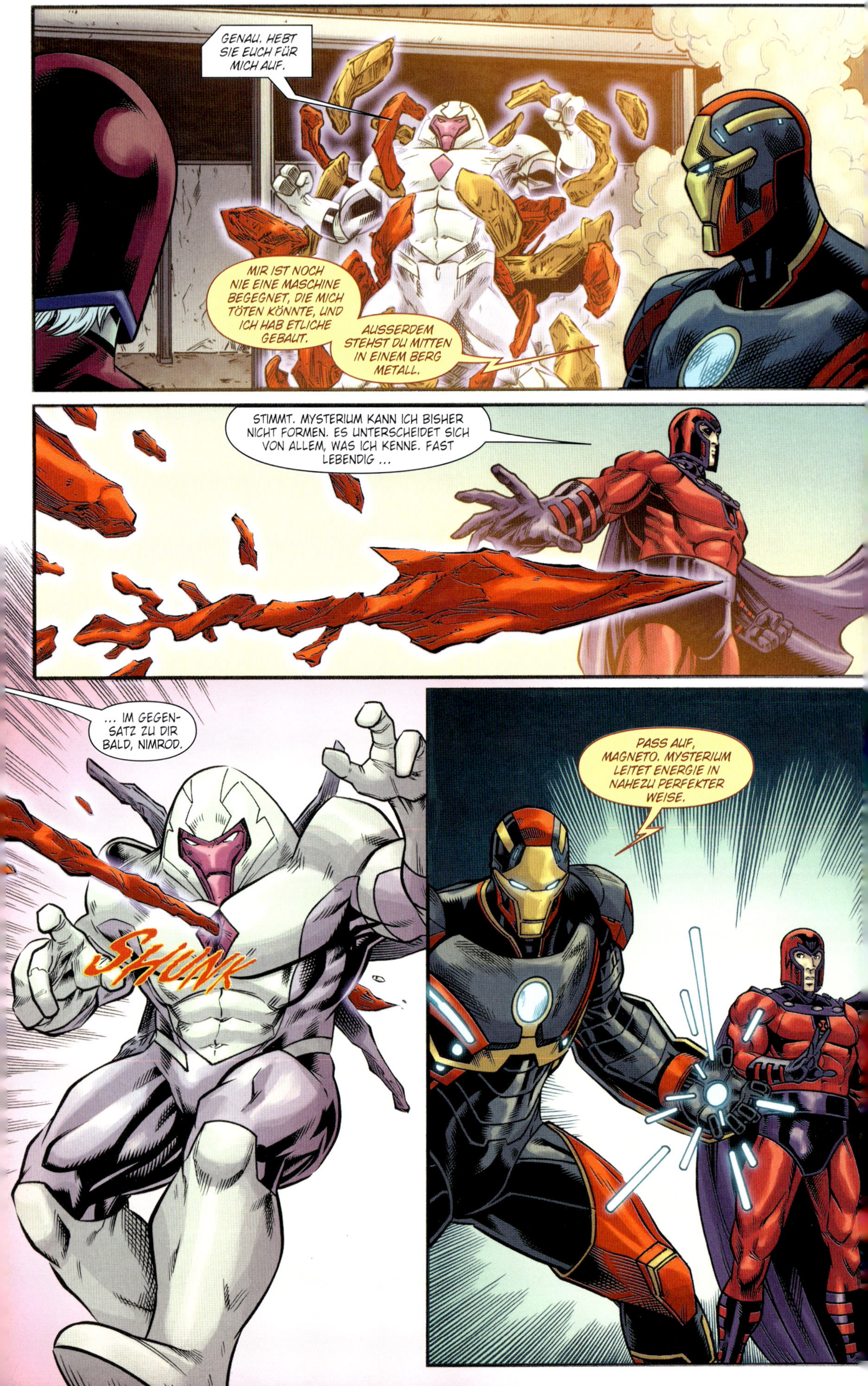

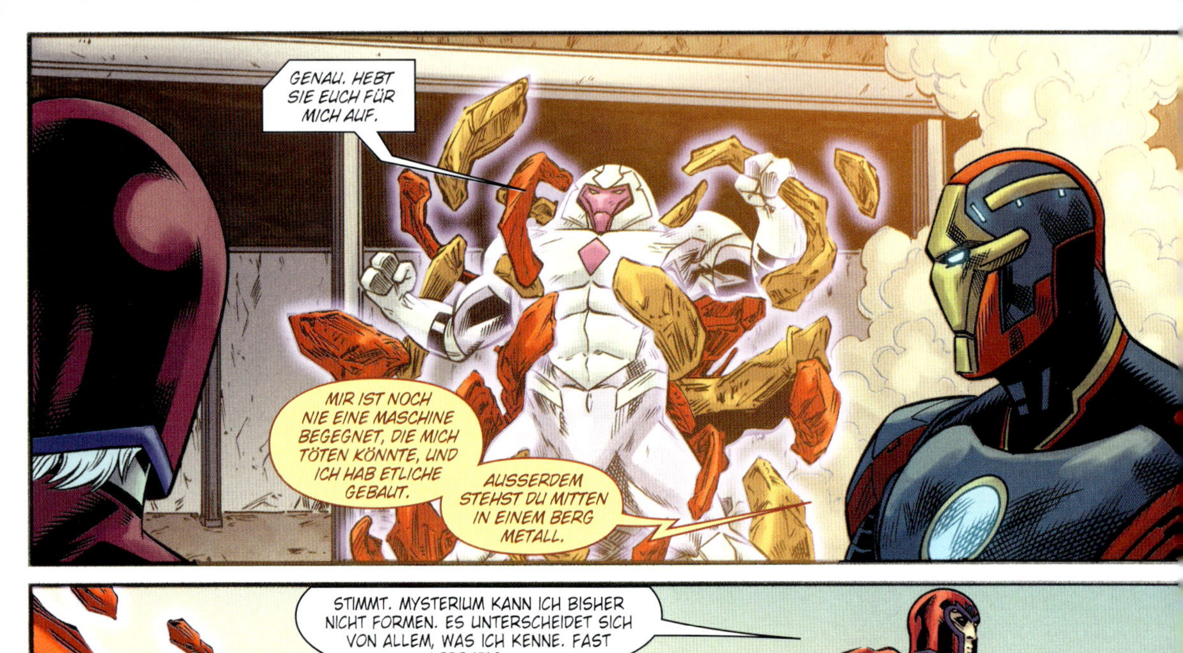

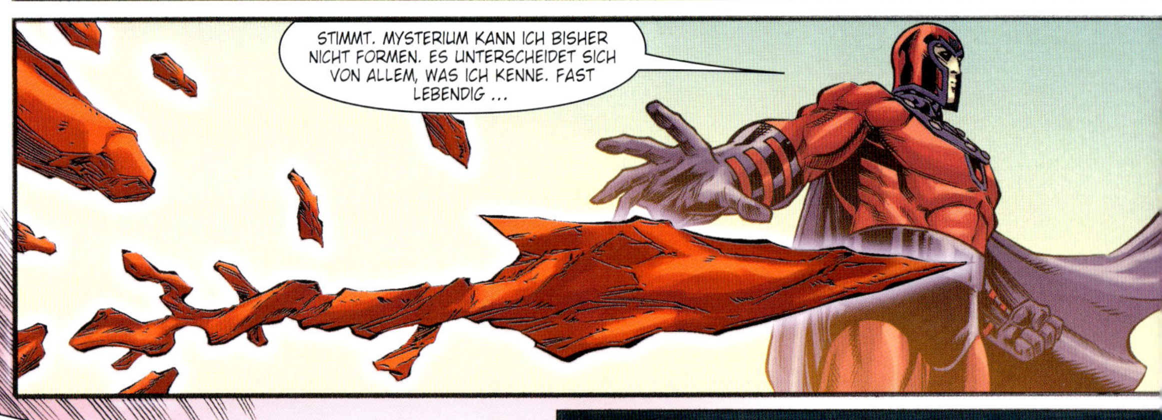

... IM GEGEN-SATZ ZU DIR BALD, NIMROD.

SHUNK

PASS AUF, MAGNETO. MYSTERIUM LEITET ENERGIE IN NAHEZU PERFEKTER WEISE.

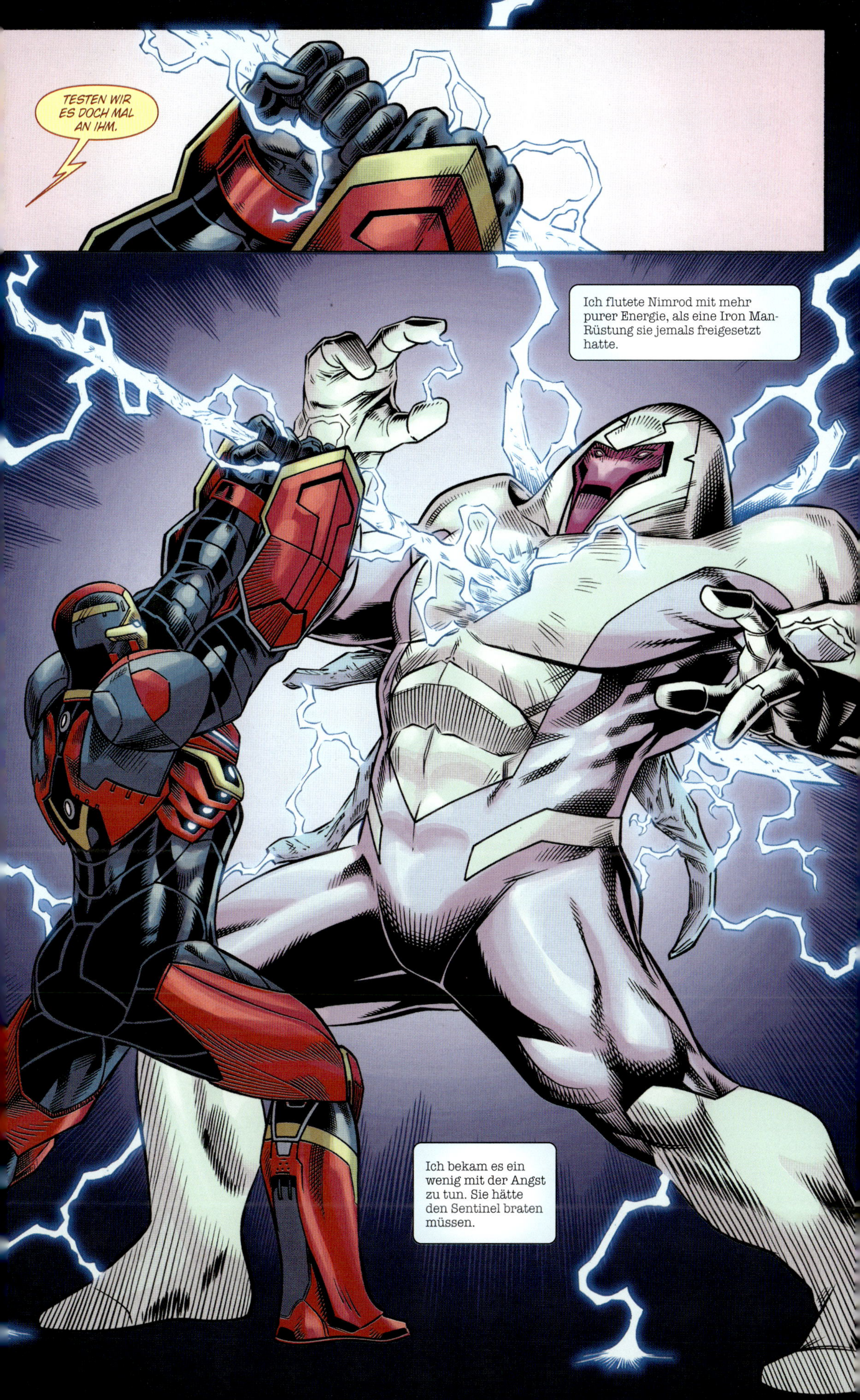
TESTEN WIR ES DOCH MAL AN IHM.
Ich flutete Nimrod mit mehr purer Energie, als eine Iron Man-Rüstung sie jemals freigesetzt hatte.
Ich bekam es ein wenig mit der Angst zu tun. Sie hätte den Sentinel braten müssen.

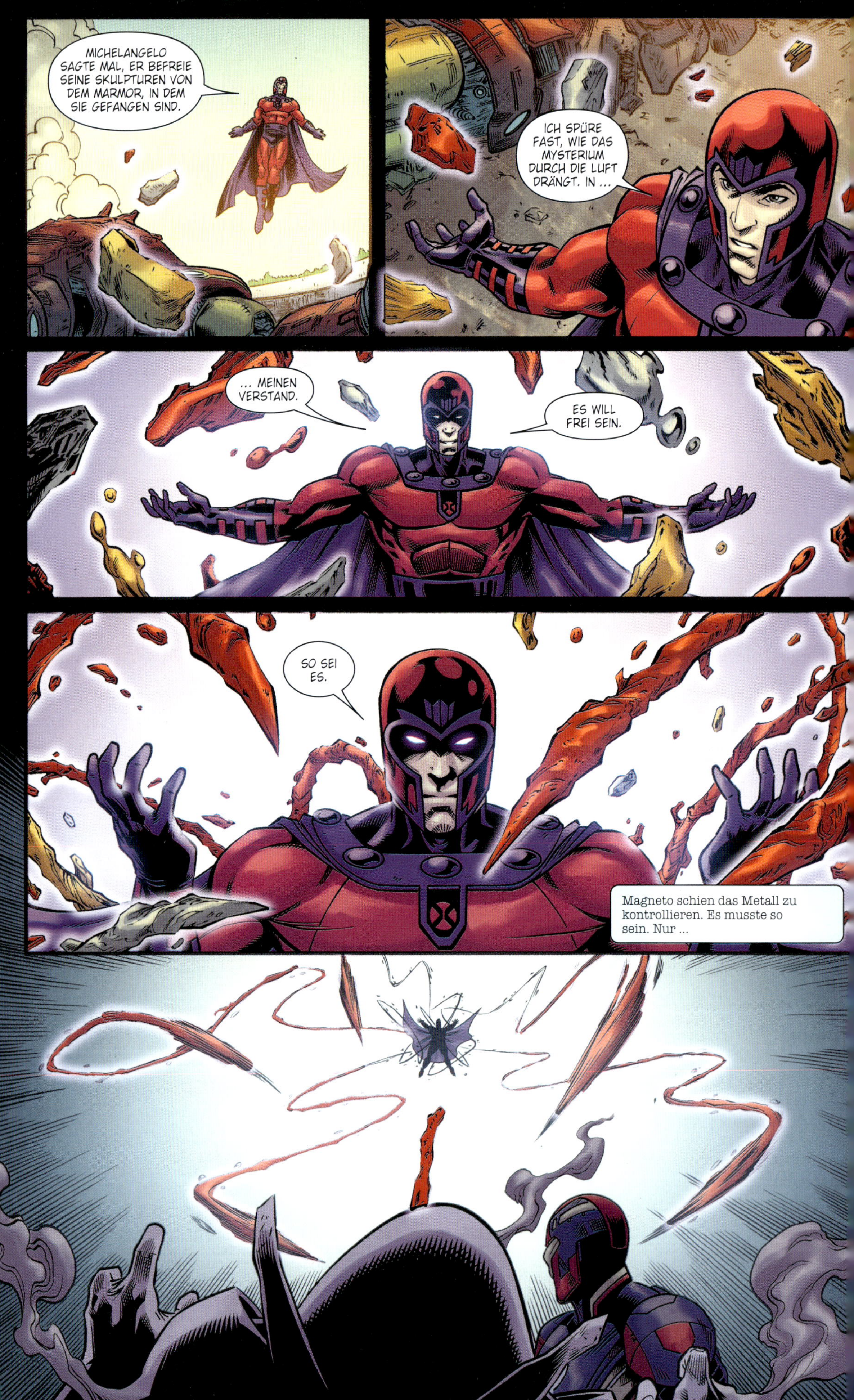
MICHELANGELO SAGTE MAL, ER BEFREIE SEINE SKULPTUREN VON DEM MARMOR, IN DEM SIE GEFANGEN SIND.
ICH SPÜRE FAST, WIE DAS MYSTERIUM DURCH DIE LUFT DRÄNGT. IN ...
... MEINEN VERSTAND.
ES WILL FREI SEIN.
SO SEI ES.
Magneto schien das Metall zu kontrollieren. Es musste so sein. Nur ...

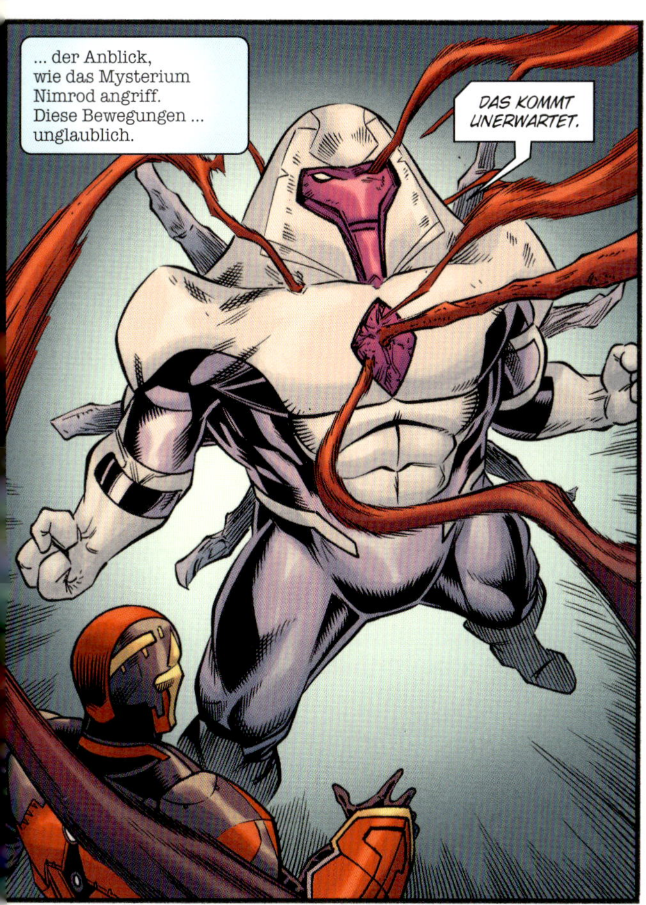
... der Anblick,
wie das Mysterium
Nimrod angriff.
Diese Bewegungen ...
unglaublich.
DAS KOMMT
UNERWARTET.

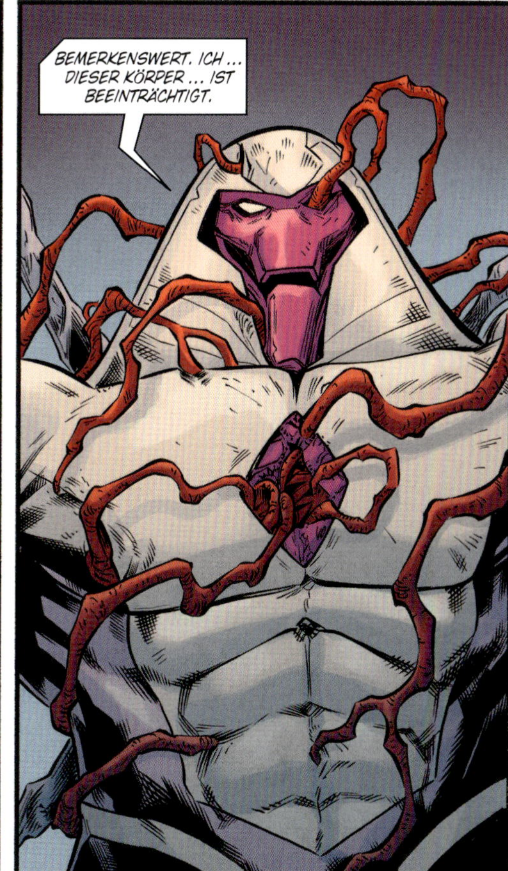
BEMERKENSWERT. ICH ...
DIESER KÖRPER ... IST
BEEINTRÄCHTIGT.

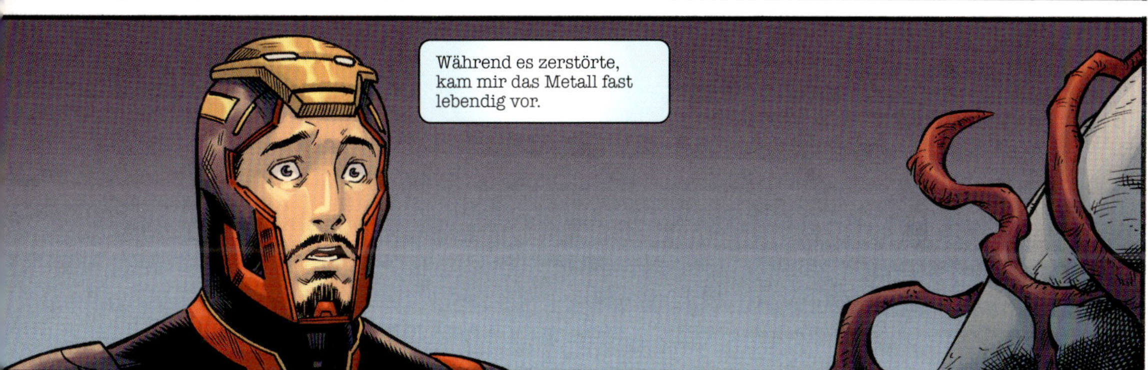
Während es zerstörte,
kam mir das Metall fast
lebendig vor.

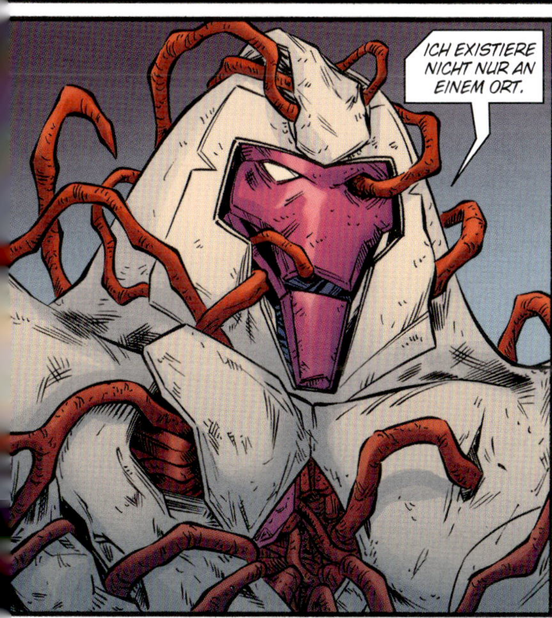
ICH EXISTIERE
NICHT NUR AN
EINEM ORT.

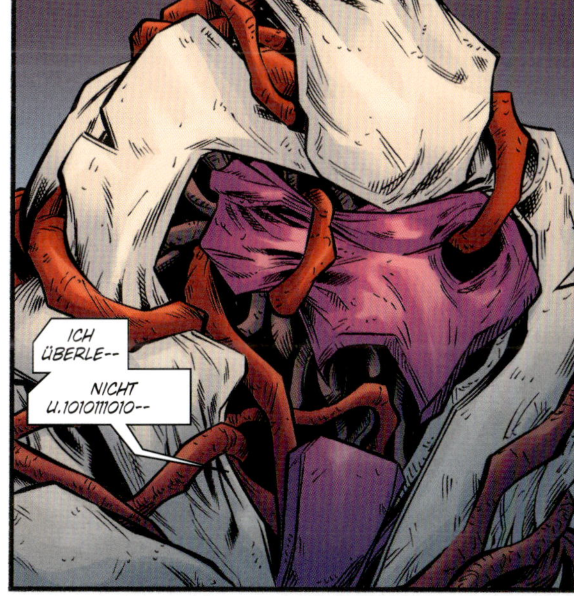
ICH
ÜBERLE--
NICHT
U.1010111010--

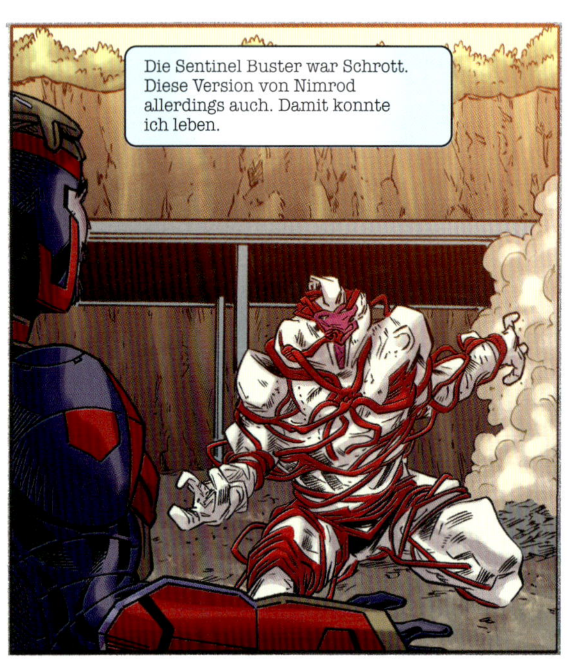
Die Sentinel Buster war Schrott. Diese Version von Nimrod allerdings auch. Damit konnte ich leben.

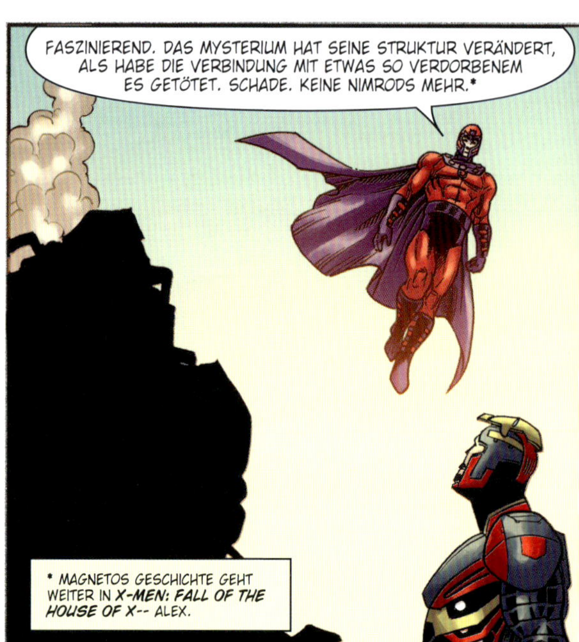
FASZINIEREND. DAS MYSTERIUM HAT SEINE STRUKTUR VERÄNDERT, ALS HABE DIE VERBINDUNG MIT ETWAS SO VERDORBENEM ES GETÖTET. SCHADE. KEINE NIMRODS MEHR.*
* MAGNETOS GESCHICHTE GEHT WEITER IN X-MEN: FALL OF THE HOUSE OF X-- ALEX.

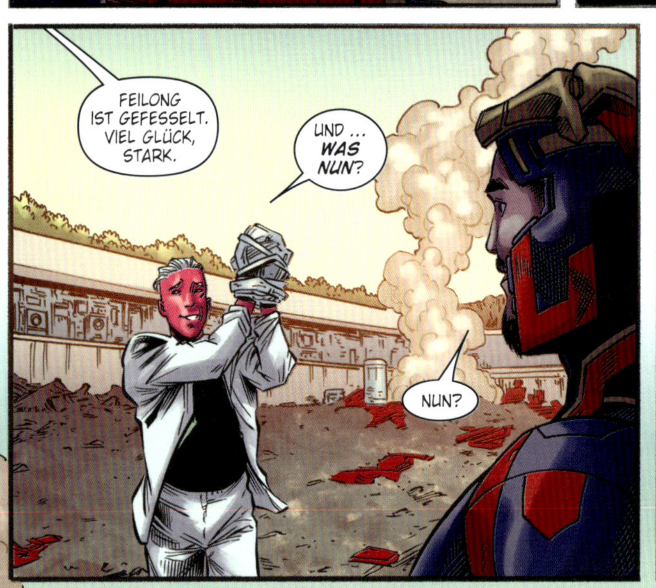
FEILONG IST GEFESSELT. VIEL GLÜCK, STARK.
UND ... WAS NUN?
NUN?

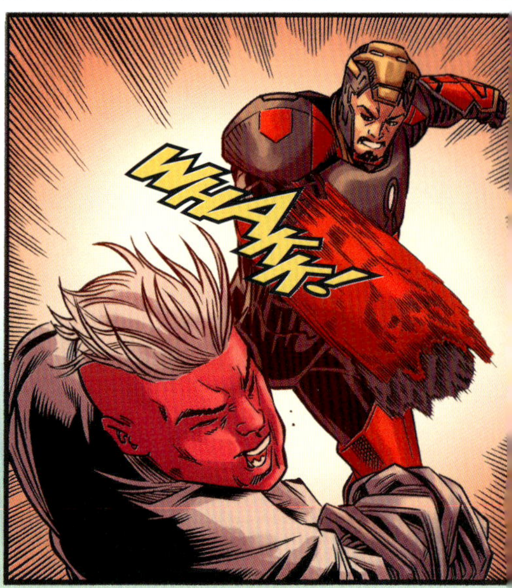
WHAKK!

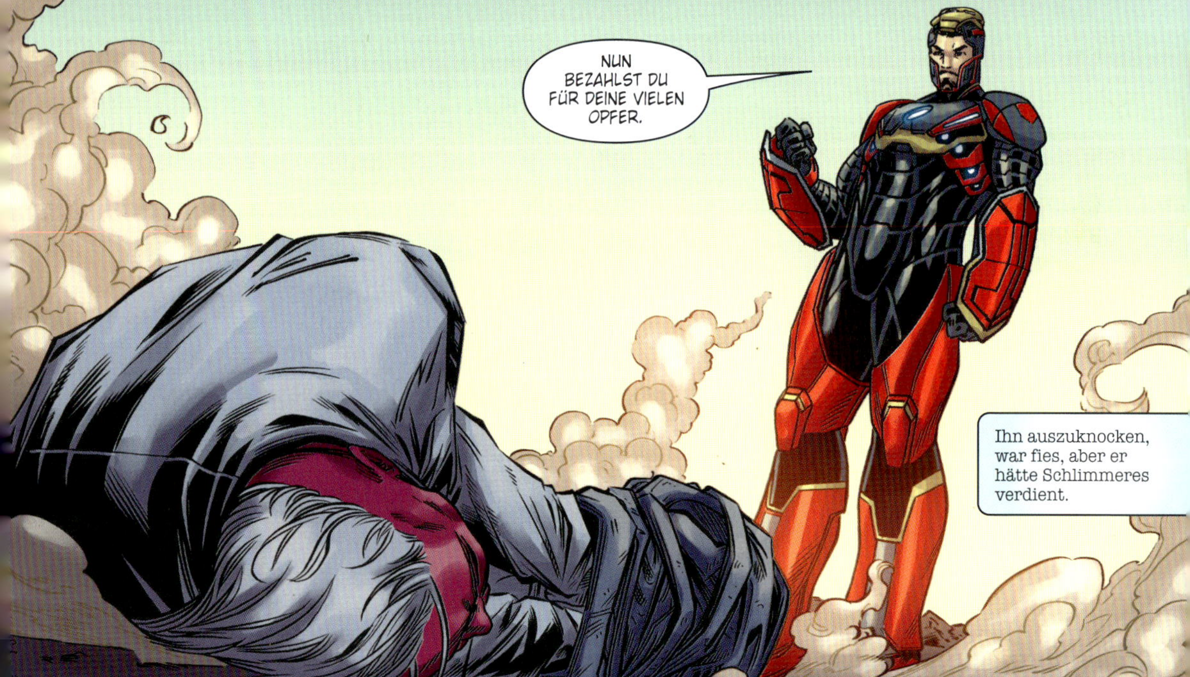
NUN BEZAHLST DU FÜR DEINE VIELEN OPFER.
Ihn auszuknocken, war fies, aber er hätte Schlimmeres verdient.

DAS LETZTE GEFECHT

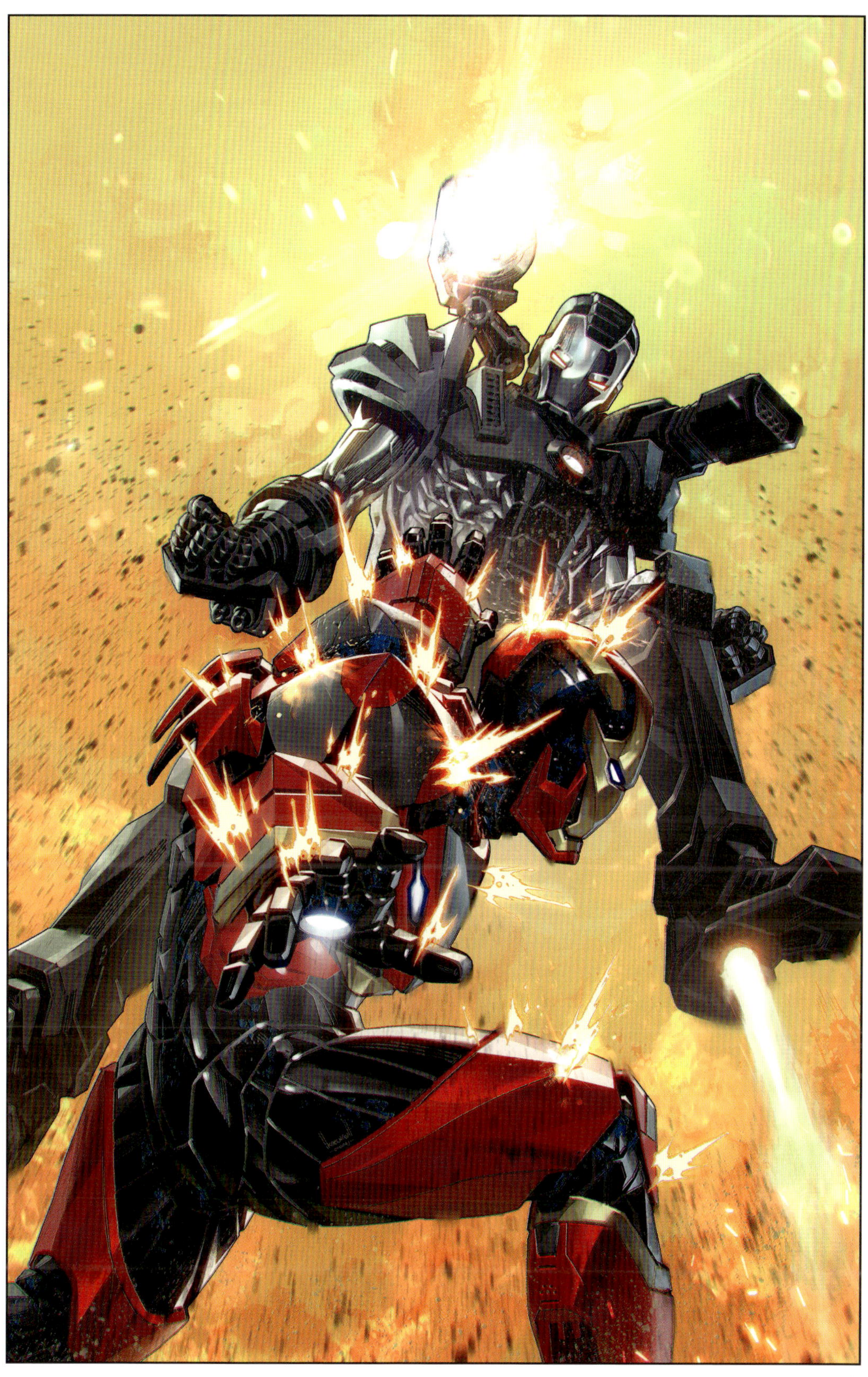

Invincible Iron Man (2022) 19
Cover von **KAEL NGU**

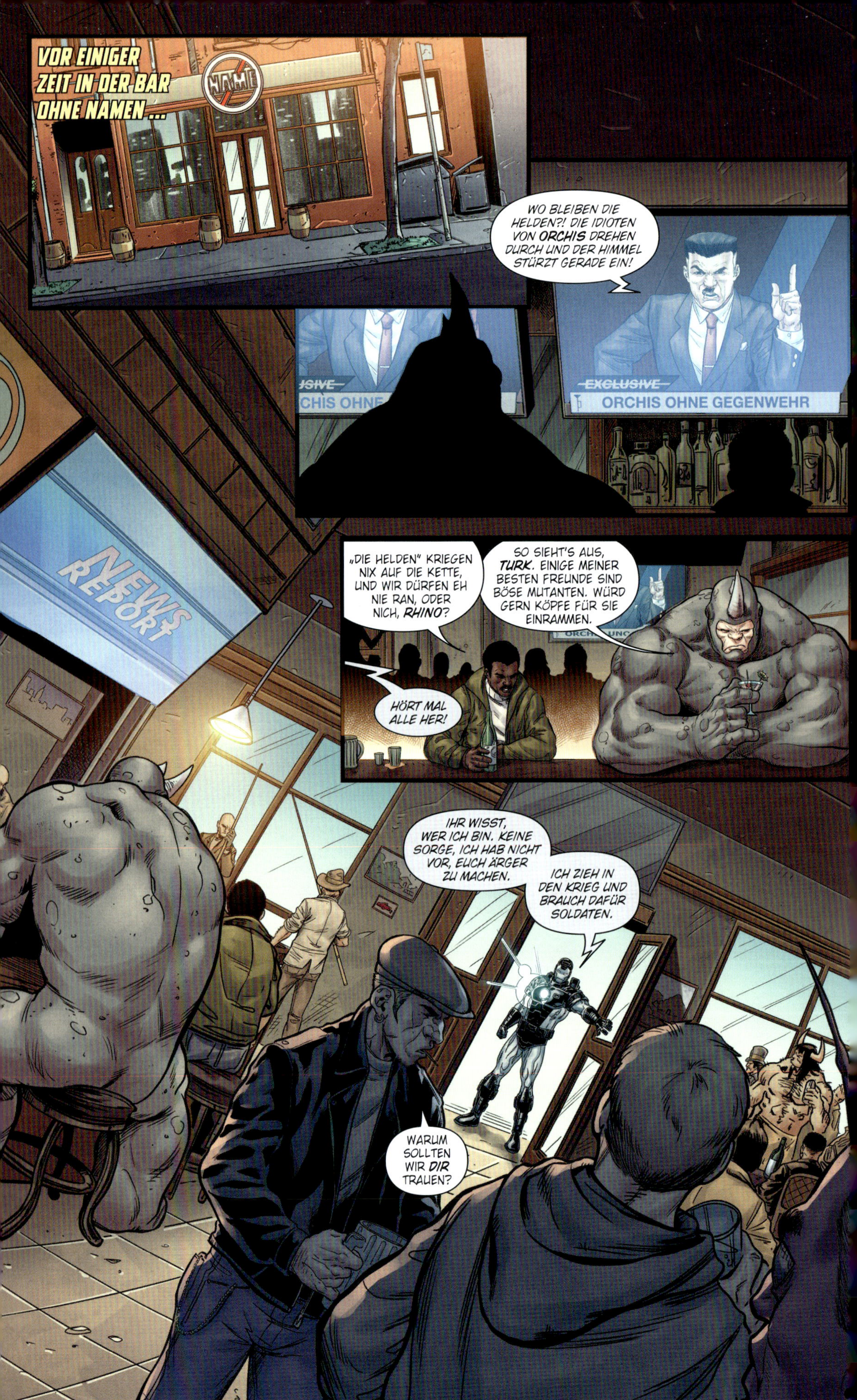
VOR EINIGER ZEIT IN DER BAR OHNE NAMEN …
WO BLEIBEN DIE HELDEN?! DIE IDIOTEN VON ORCHIS DREHEN DURCH UND DER HIMMEL STÜRZT GERADE EIN!
EXCLUSIVE
ORCHIS OHNE GEGENWEHR
NEWS REPORT
„DIE HELDEN" KRIEGEN NIX AUF DIE KETTE, UND WIR DÜRFEN EH NIE RAN, ODER NICH, RHINO?
SO SIEHT'S AUS, TURK. EINIGE MEINER BESTEN FREUNDE SIND BÖSE MUTANTEN. WÜRD GERN KÖPFE FÜR SIE EINRAMMEN.
HÖRT MAL ALLE HER!
IHR WISST, WER ICH BIN. KEINE SORGE, ICH HAB NICHT VOR, EUCH ÄRGER ZU MACHEN.
ICH ZIEH IN DEN KRIEG UND BRAUCH DAFÜR SOLDATEN.
WARUM SOLLTEN WIR DIR TRAUEN?

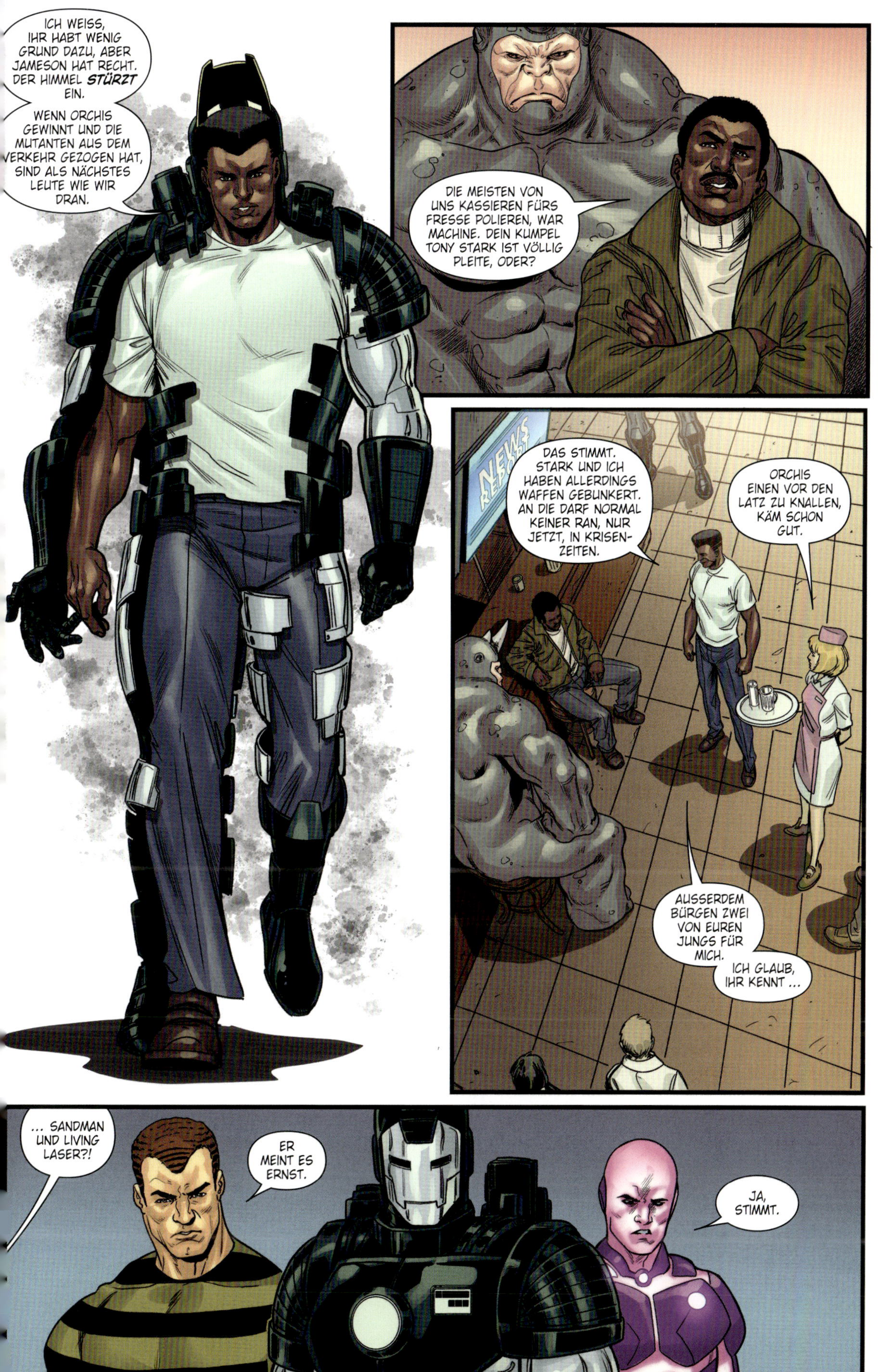
ICH WEISS, IHR HABT WENIG GRUND DAZU, ABER JAMESON HAT RECHT. DER HIMMEL STÜRZT EIN.
WENN ORCHIS GEWINNT UND DIE MUTANTEN AUS DEM VERKEHR GEZOGEN HAT, SIND ALS NÄCHSTES LEUTE WIE WIR DRAN.
DIE MEISTEN VON UNS KASSIEREN FÜRS FRESSE POLIEREN, WAR MACHINE. DEIN KUMPEL TONY STARK IST VÖLLIG PLEITE, ODER?
DAS STIMMT. STARK UND ICH HABEN ALLERDINGS WAFFEN GEBUNKERT. AN DIE DARF NORMAL KEINER RAN, NUR JETZT, IN KRISEN-ZEITEN.
ORCHIS EINEN VOR DEN LATZ ZU KNALLEN, KÄM SCHON GUT.
AUSSERDEM BÜRGEN ZWEI VON EUREN JUNGS FÜR MICH.
ICH GLAUB, IHR KENNT …
… SANDMAN UND LIVING LASER?!
ER MEINT ES ERNST.
JA, STIMMT.

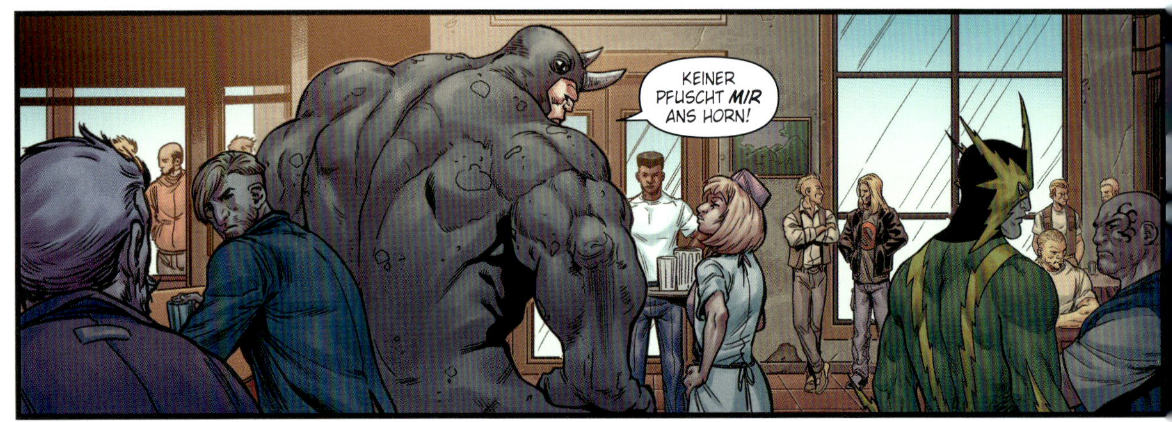
KEINER PFUSCHT MIR ANS HORN!

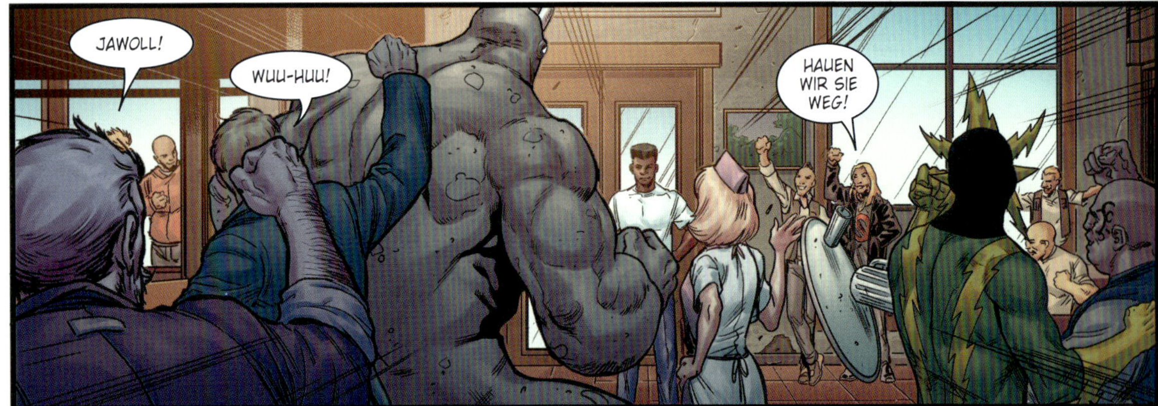
JAWOLL!
WUU-HUU!
HAUEN WIR SIE WEG!

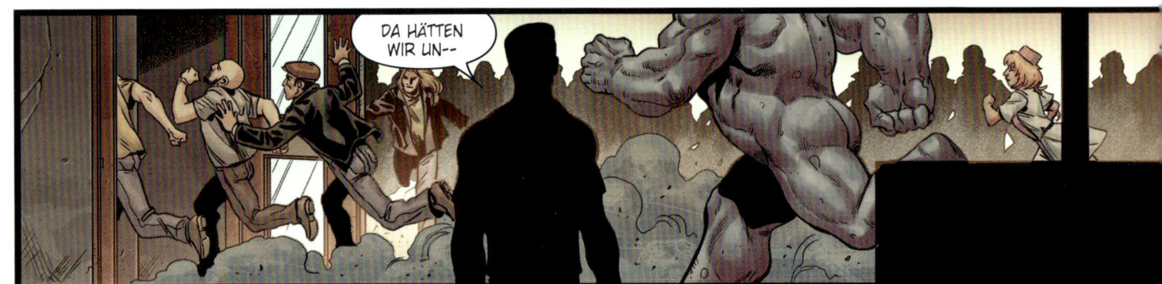
DA HÄTTEN WIR UN--

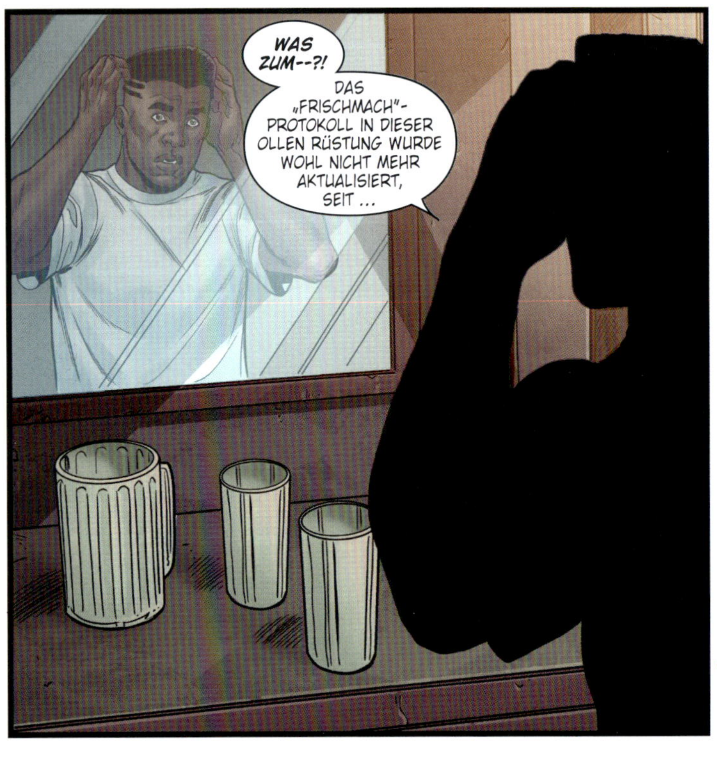
WAS ZUM--?!
DAS „FRISCHMACH"-PROTOKOLL IN DIESER OLLEN RÜSTUNG WURDE WOHL NICHT MEHR AKTUALISIERT, SEIT …

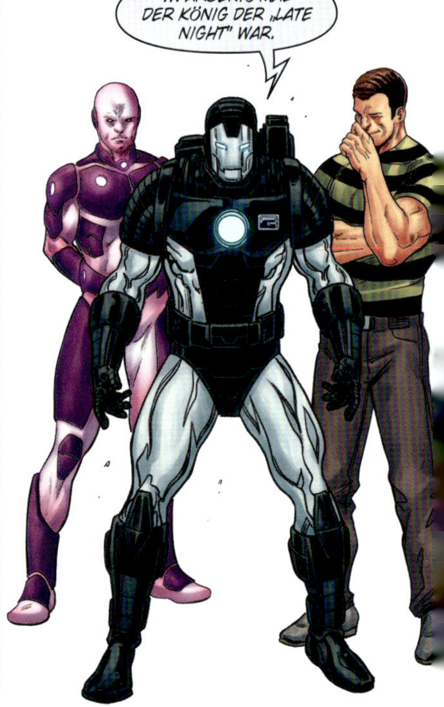
… ARSENIO MAL DER KÖNIG DER „LATE NIGHT" WAR.

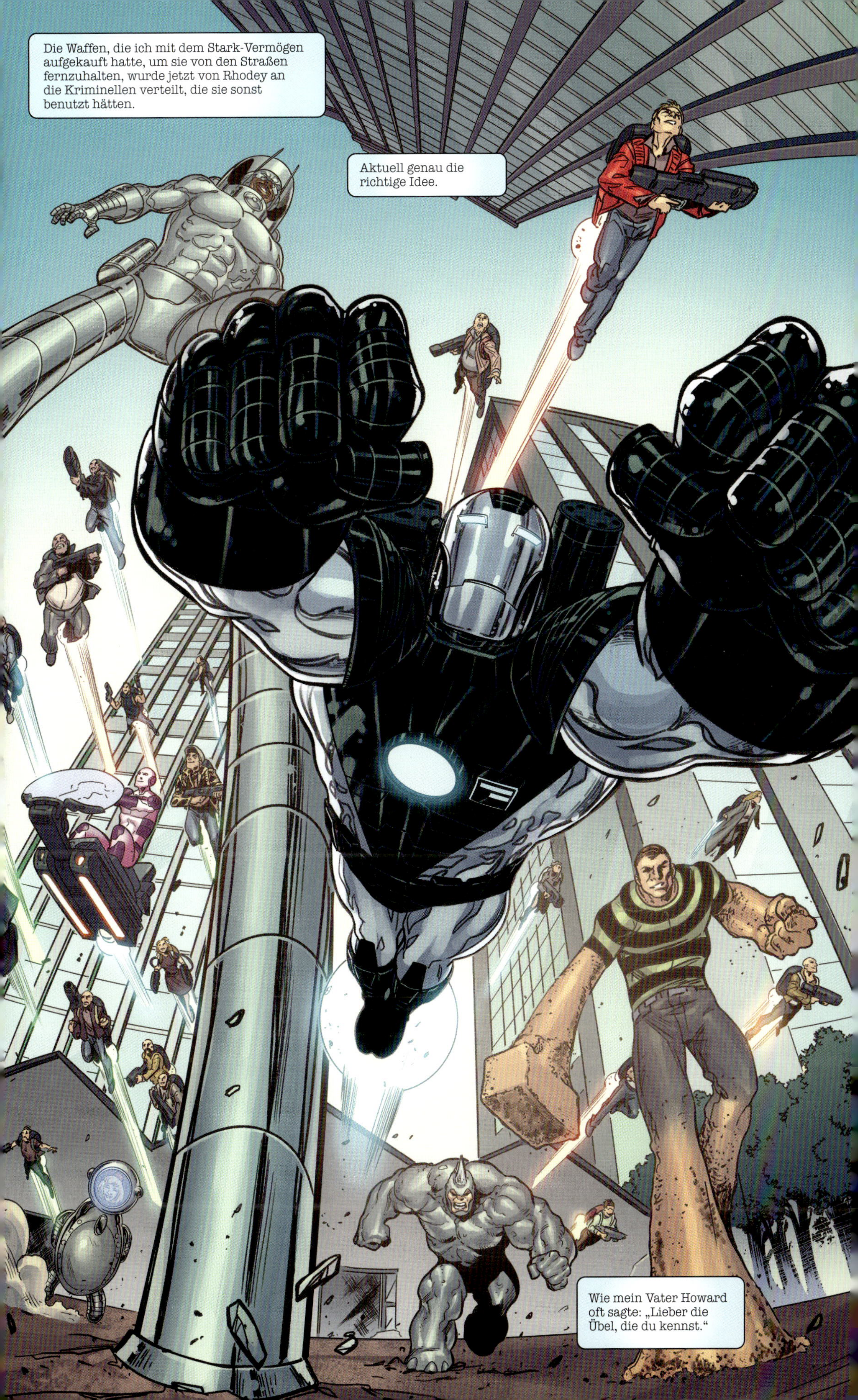
Die Waffen, die ich mit dem Stark-Vermögen aufgekauft hatte, um sie von den Straßen fernzuhalten, wurde jetzt von Rhodey an die Kriminellen verteilt, die sie sonst benutzt hätten.
Aktuell genau die richtige Idee.
Wie mein Vater Howard oft sagte: „Lieber die Übel, die du kennst."

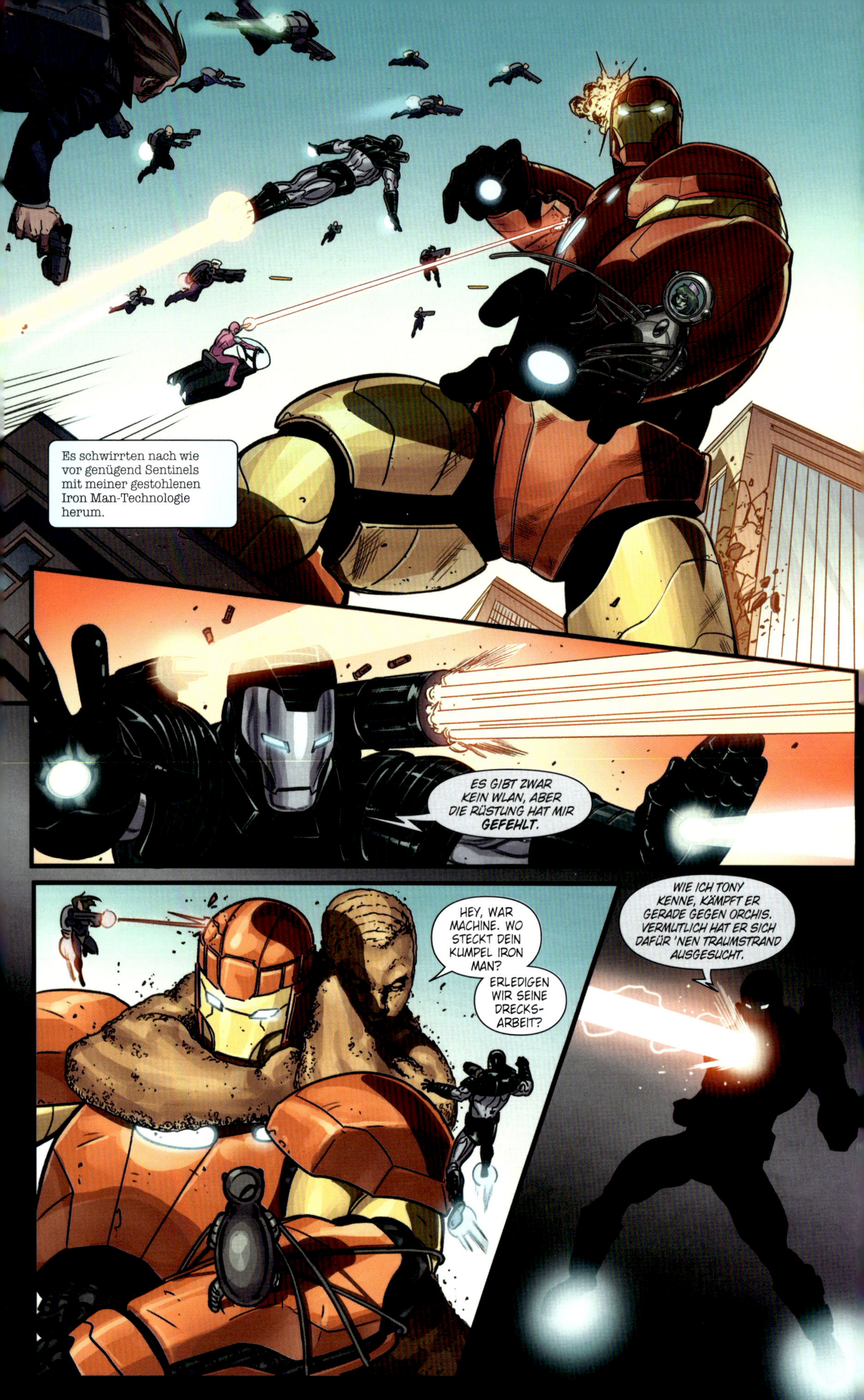
Es schwirrten nach wie vor genügend Sentinels mit meiner gestohlenen Iron Man-Technologie herum.
ES GIBT ZWAR KEIN WLAN, ABER DIE RÜSTUNG HAT MIR GEFEHLT.
HEY, WAR MACHINE. WO STECKT DEIN KUMPEL IRON MAN?
ERLEDIGEN WIR SEINE DRECKS-ARBEIT?
WIE ICH TONY KENNE, KÄMPFT ER GERADE GEGEN ORCHIS. VERMUTLICH HAT ER SICH DAFÜR 'NEN TRAUMSTRAND AUSGESUCHT.

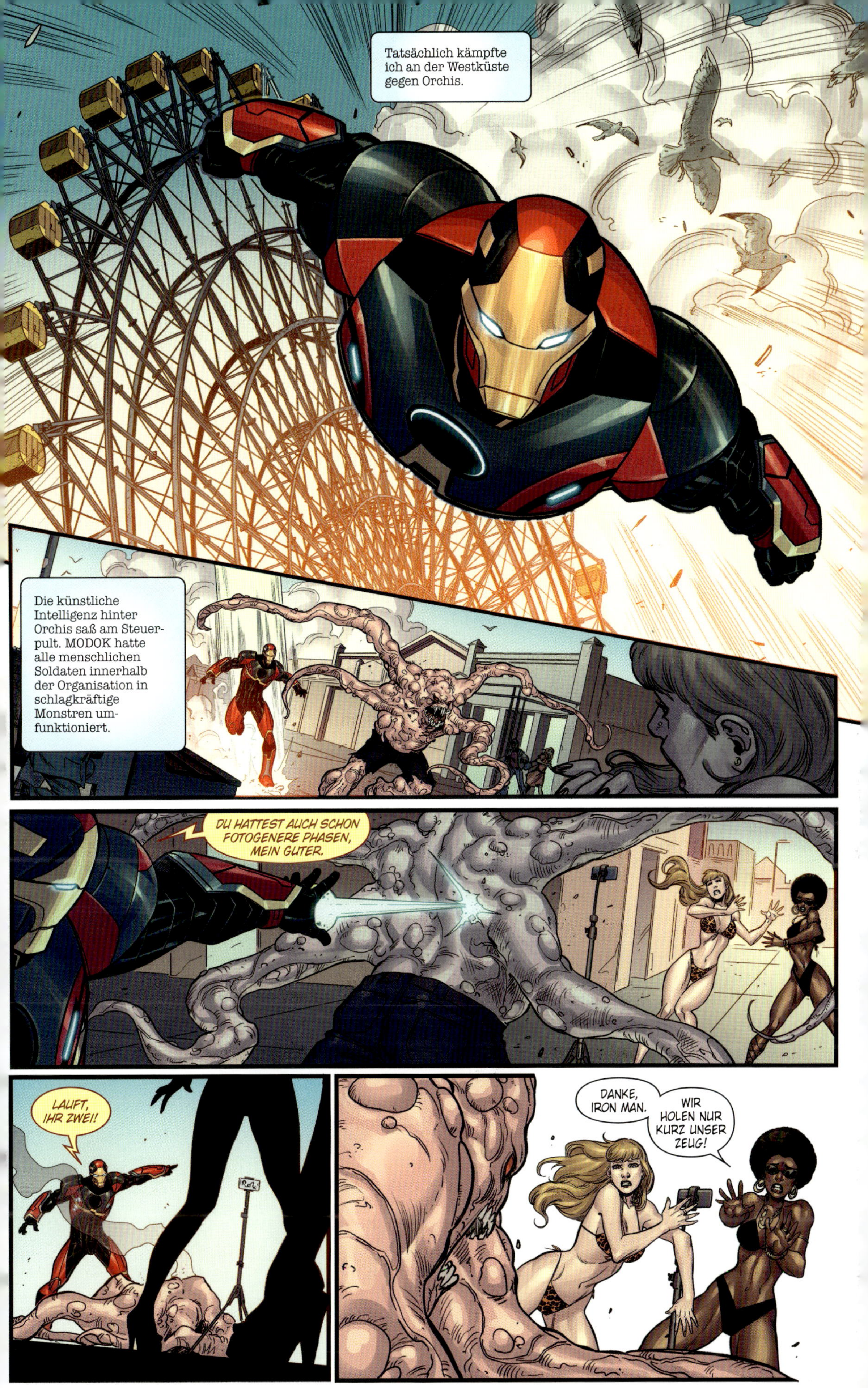

Tatsächlich kämpfte ich an der Westküste gegen Orchis.

Die künstliche Intelligenz hinter Orchis saß am Steuerpult. MODOK hatte alle menschlichen Soldaten innerhalb der Organisation in schlagkräftige Monstren umfunktioniert.

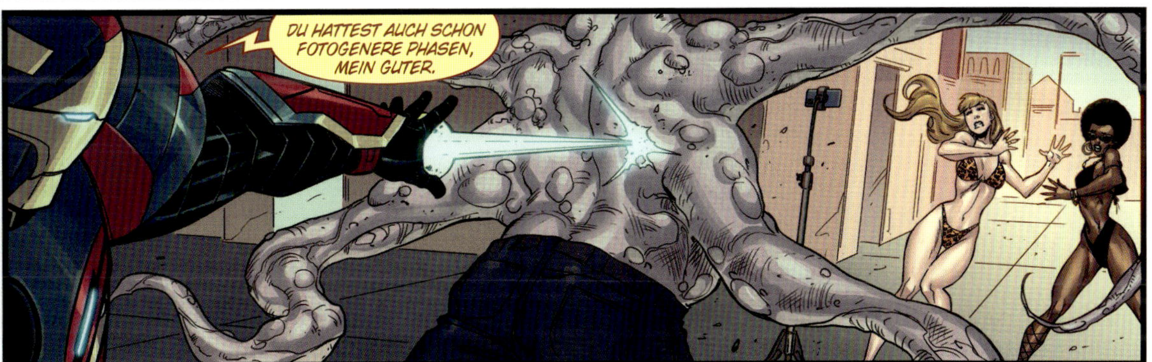

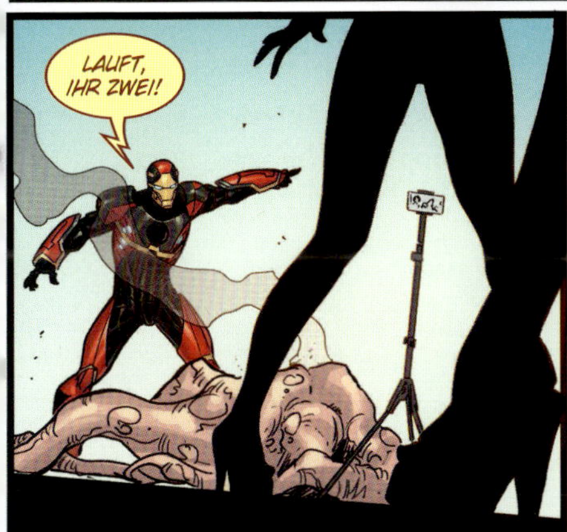

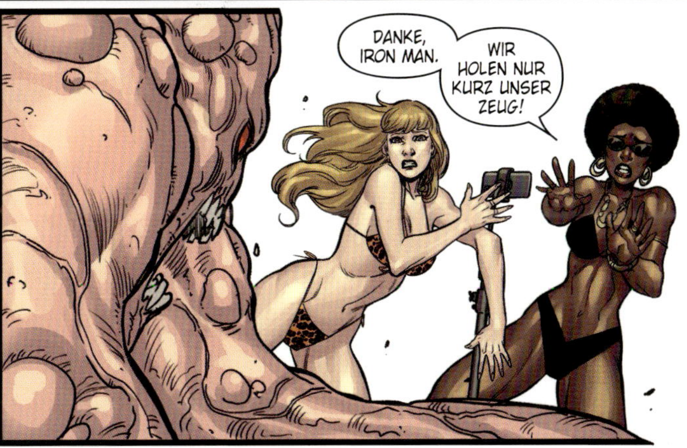

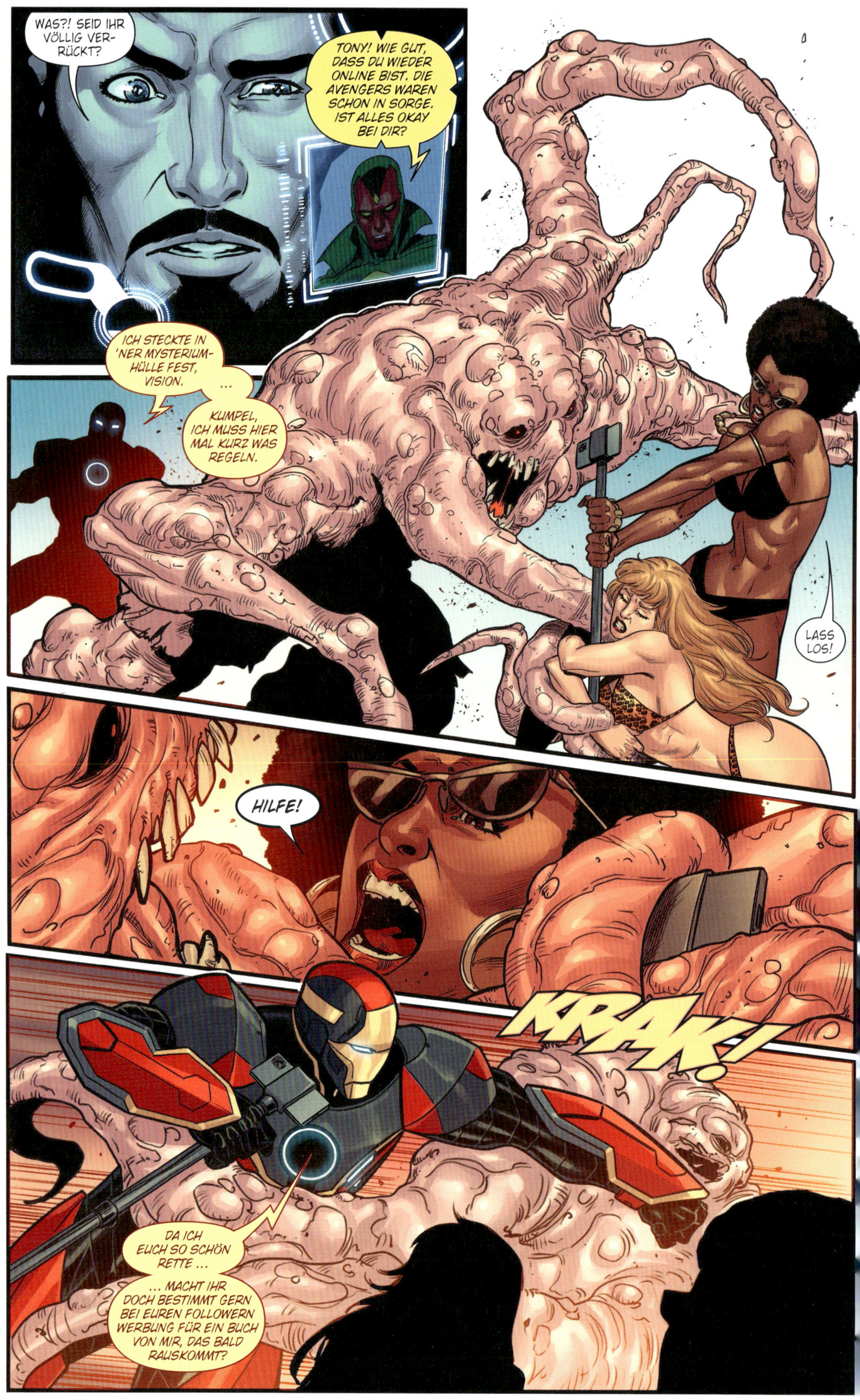
WAS?! SEID IHR VÖLLIG VERRÜCKT?
TONY! WIE GUT, DASS DU WIEDER ONLINE BIST. DIE AVENGERS WAREN SCHON IN SORGE. IST ALLES OKAY BEI DIR?
ICH STECKTE IN 'NER MYSTERIUM-HÜLLE FEST, VISION.
... KUMPEL, ICH MUSS HIER MAL KURZ WAS REGELN.
LASS LOS!
HILFE!
KRAK!
DA ICH EUCH SO SCHÖN RETTE ...
... MACHT IHR DOCH BESTIMMT GERN BEI EUREN FOLLOWERN WERBUNG FÜR EIN BUCH VON MIR, DAS BALD RAUSKOMMT?

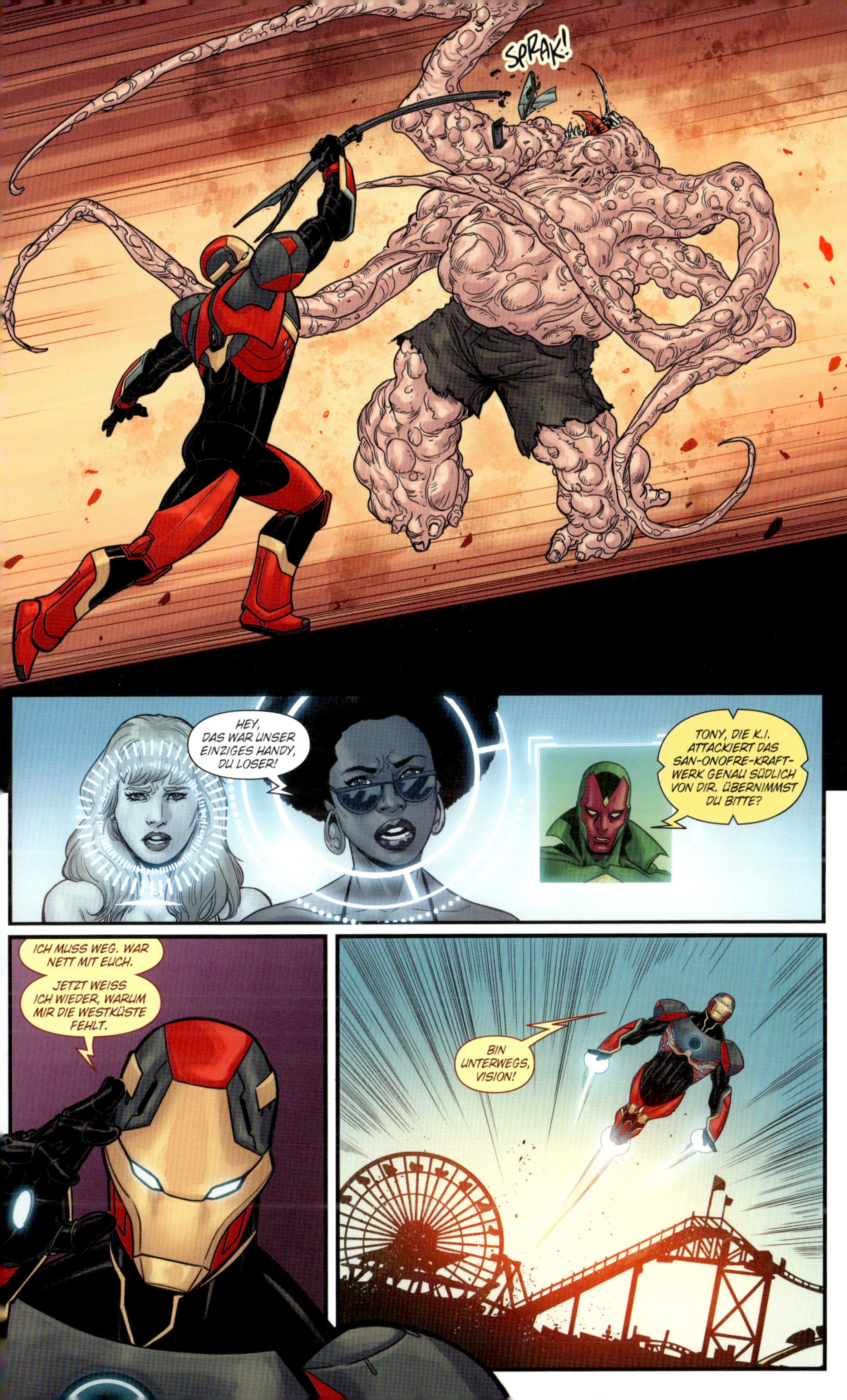
SPRAK!
HEY, DAS WAR UNSER EINZIGES HANDY, DU LOSER!
TONY, DIE K.I. ATTACKIERT DAS SAN-ONOFRE-KRAFT-WERK GENAU SÜDLICH VON DIR. ÜBERNIMMST DU BITTE?
ICH MUSS WEG. WAR NETT MIT EUCH.
JETZT WEISS ICH WIEDER, WARUM MIR DIE WESTKÜSTE FEHLT.
BIN UNTERWEGS, VISION!

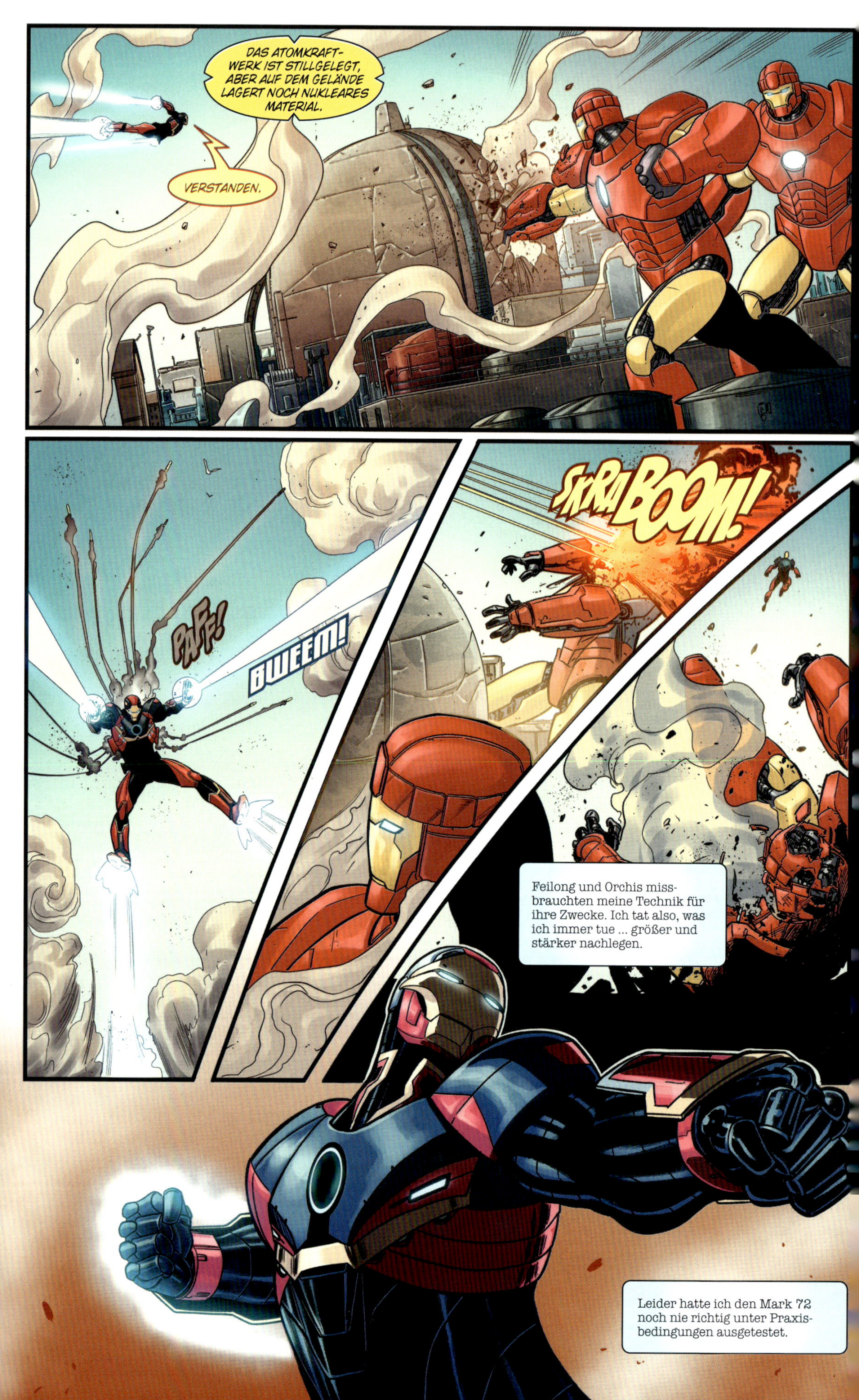
DAS ATOMKRAFT-WERK IST STILLGELEGT, ABER AUF DEM GELÄNDE LAGERT NOCH NUKLEARES MATERIAL.
VERSTANDEN.
PAFF!
BWEEM!
SKRABOOM!
Feilong und Orchis missbrauchten meine Technik für ihre Zwecke. Ich tat also, was ich immer tue ... größer und stärker nachlegen.
Leider hatte ich den Mark 72 noch nie richtig unter Praxisbedingungen ausgetestet.

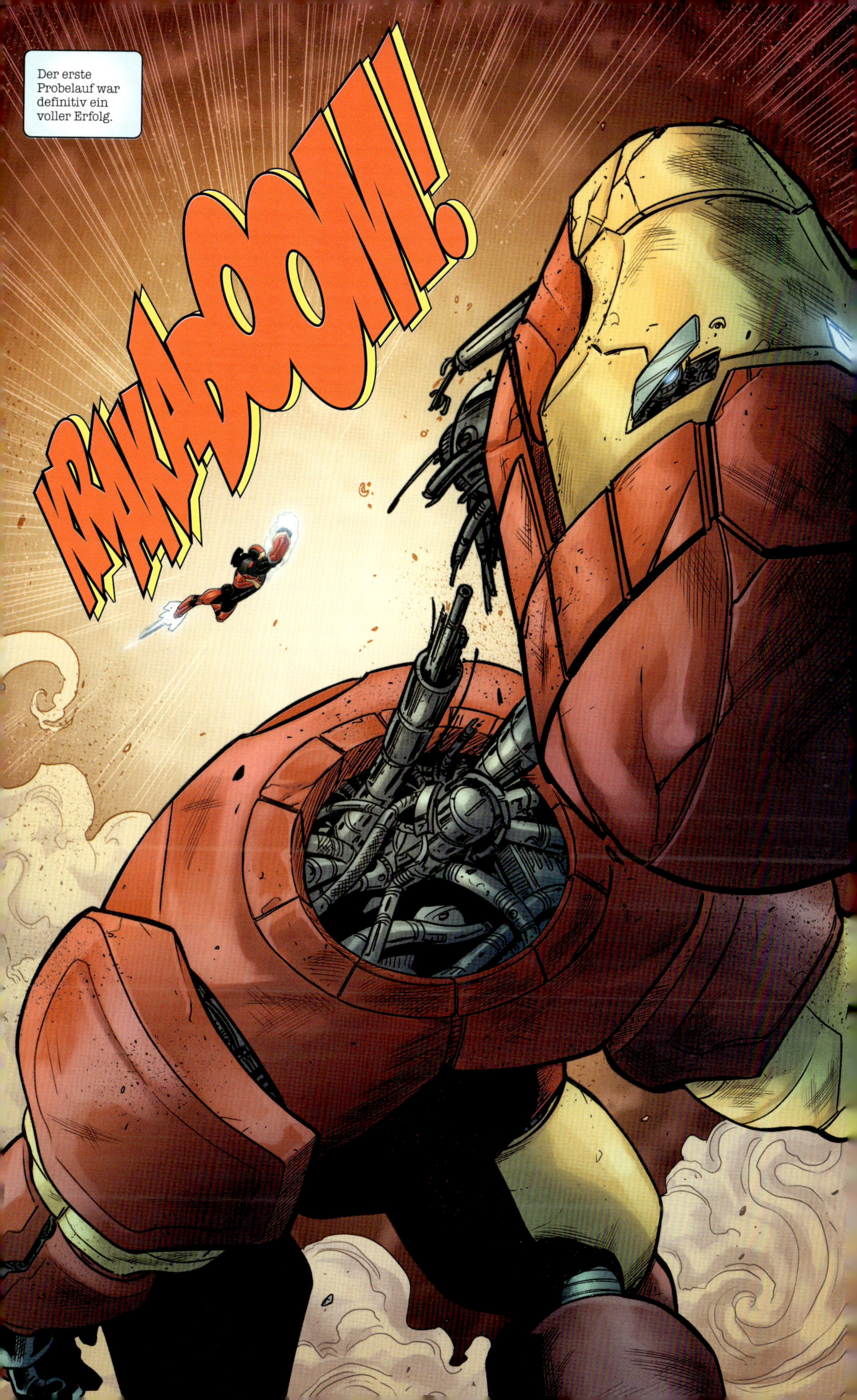
Der erste Probelauf war definitiv ein voller Erfolg.
KRAKABOOM!!

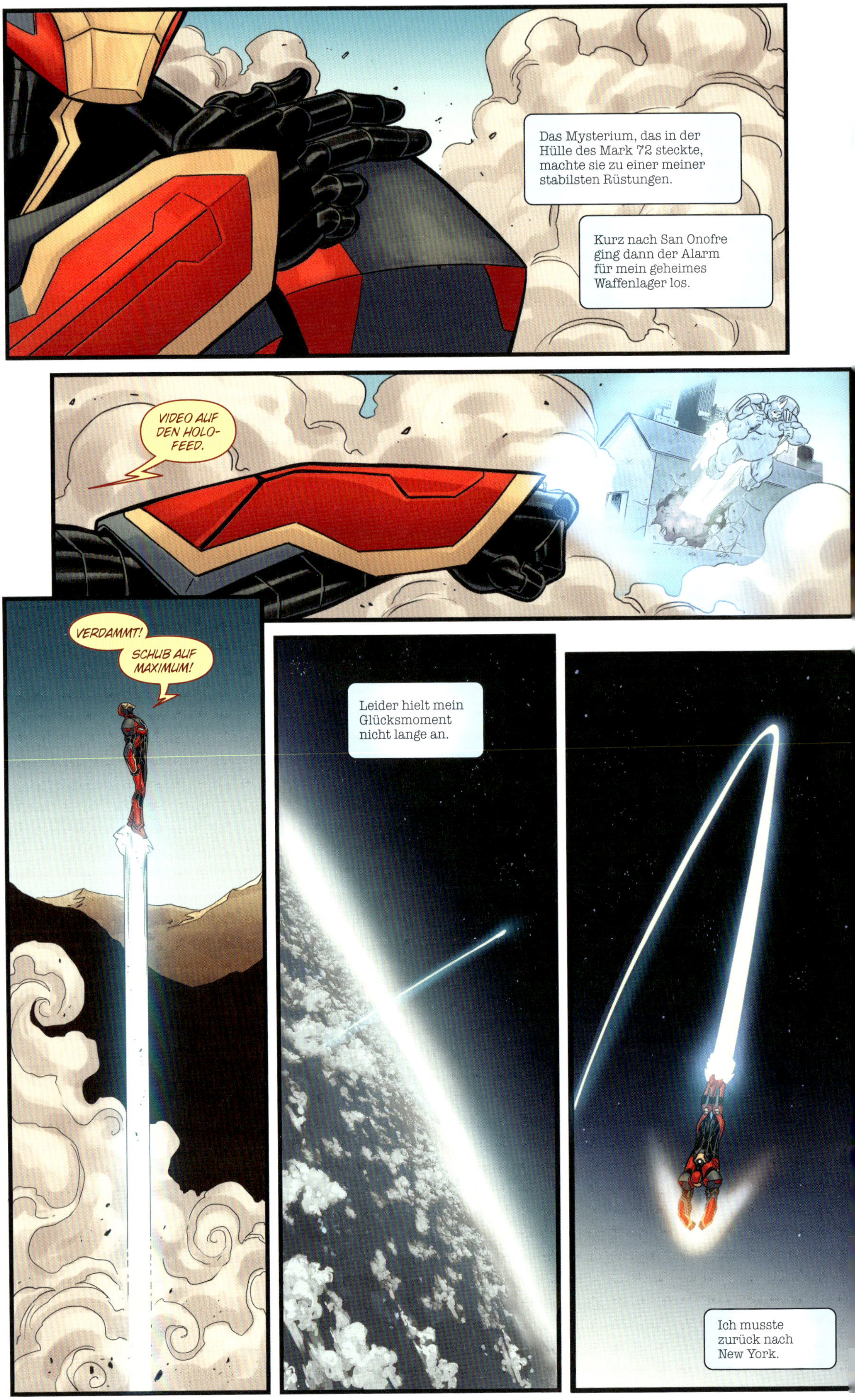

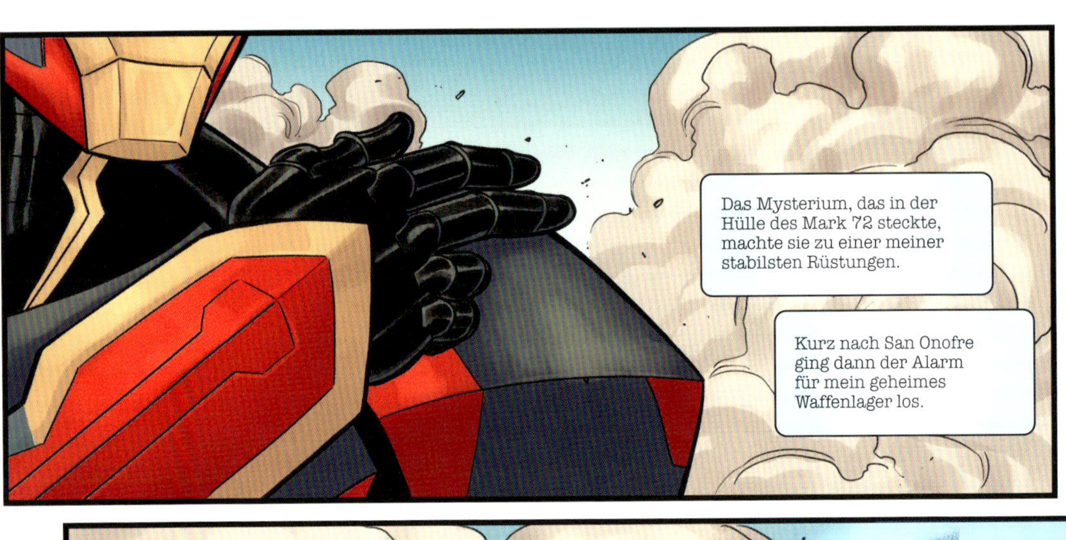
Das Mysterium, das in der Hülle des Mark 72 steckte, machte sie zu einer meiner stabilsten Rüstungen.
Kurz nach San Onofre ging dann der Alarm für mein geheimes Waffenlager los.
VIDEO AUF DEN HOLO-FEED.
VERDAMMT!
SCHUB AUF MAXIMUM!
Leider hielt mein Glücksmoment nicht lange an.
Ich musste zurück nach New York.

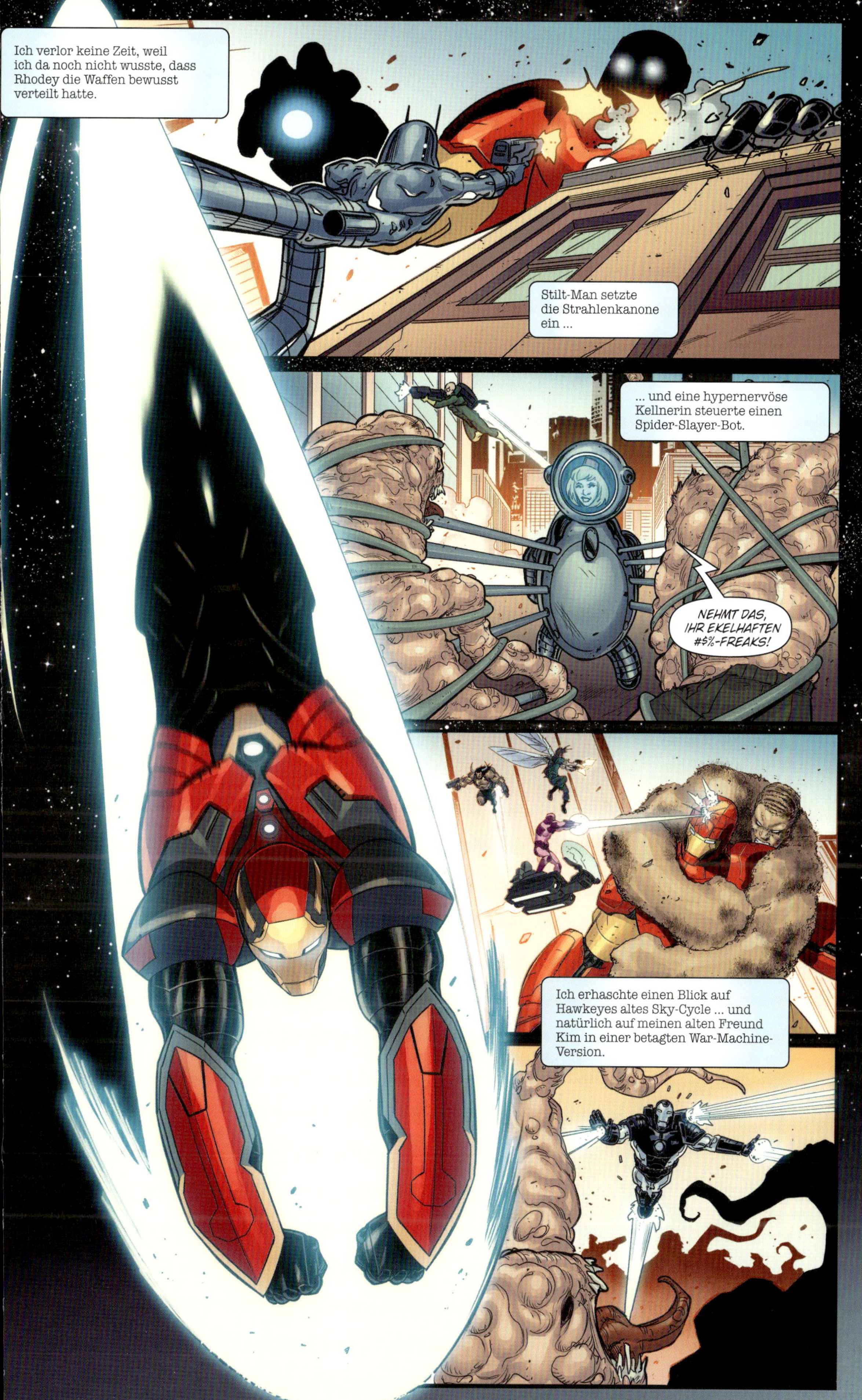
Ich verlor keine Zeit, weil ich da noch nicht wusste, dass Rhodey die Waffen bewusst verteilt hatte.
Stilt-Man setzte die Strahlenkanone ein ...
... und eine hypernervöse Kellnerin steuerte einen Spider-Slayer-Bot.
NEHMT DAS, IHR EKELHAFTEN #$%-FREAKS!
Ich erhaschte einen Blick auf Hawkeyes altes Sky-Cycle ... und natürlich auf meinen alten Freund Kim in einer betagten War-Machine-Version.

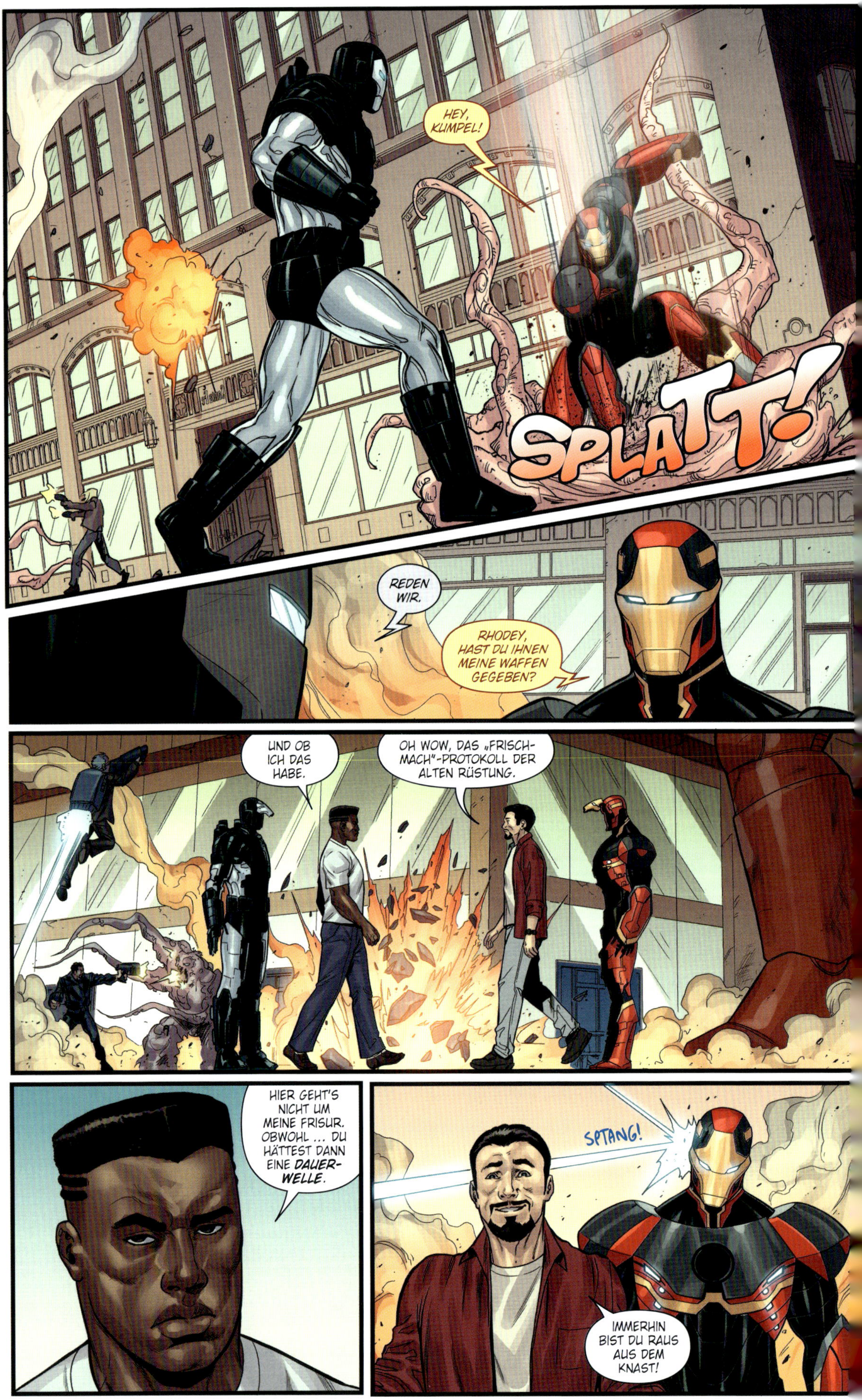

HEY, KUMPEL!
SPLATT!
REDEN WIR.
RHODEY, HAST DU IHNEN MEINE WAFFEN GEGEBEN?

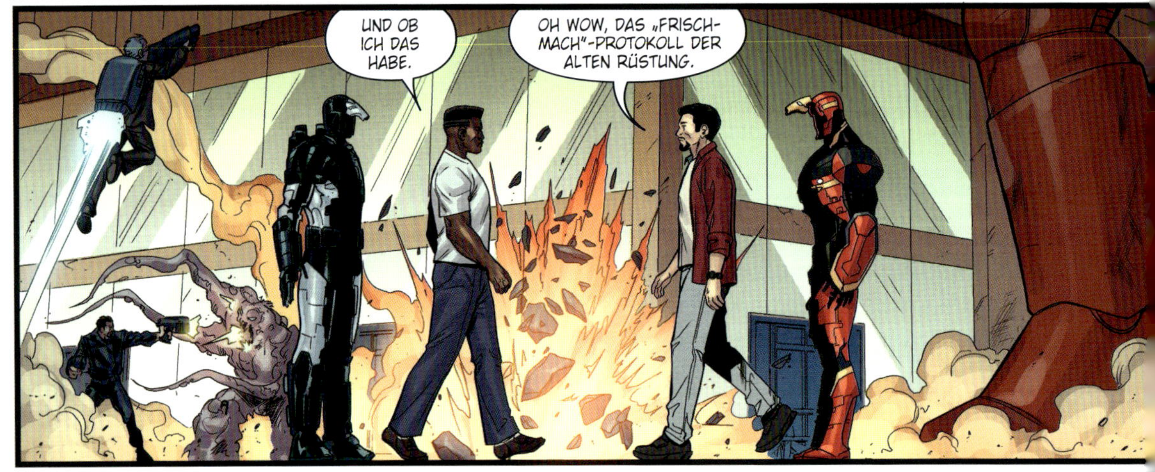
UND OB ICH DAS HABE.
OH WOW, DAS „FRISCH-MACH"-PROTOKOLL DER ALTEN RÜSTUNG.

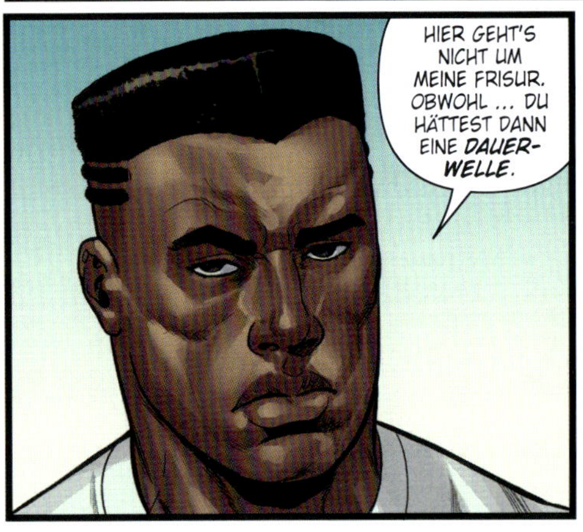
HIER GEHT'S NICHT UM MEINE FRISUR. OBWOHL ... DU HÄTTEST DANN EINE **DAUER-WELLE**.

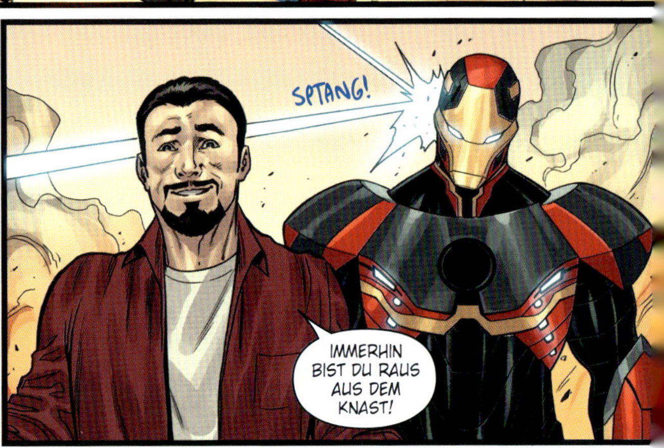
SPTANG!
IMMERHIN BIST DU RAUS AUS DEM KNAST!

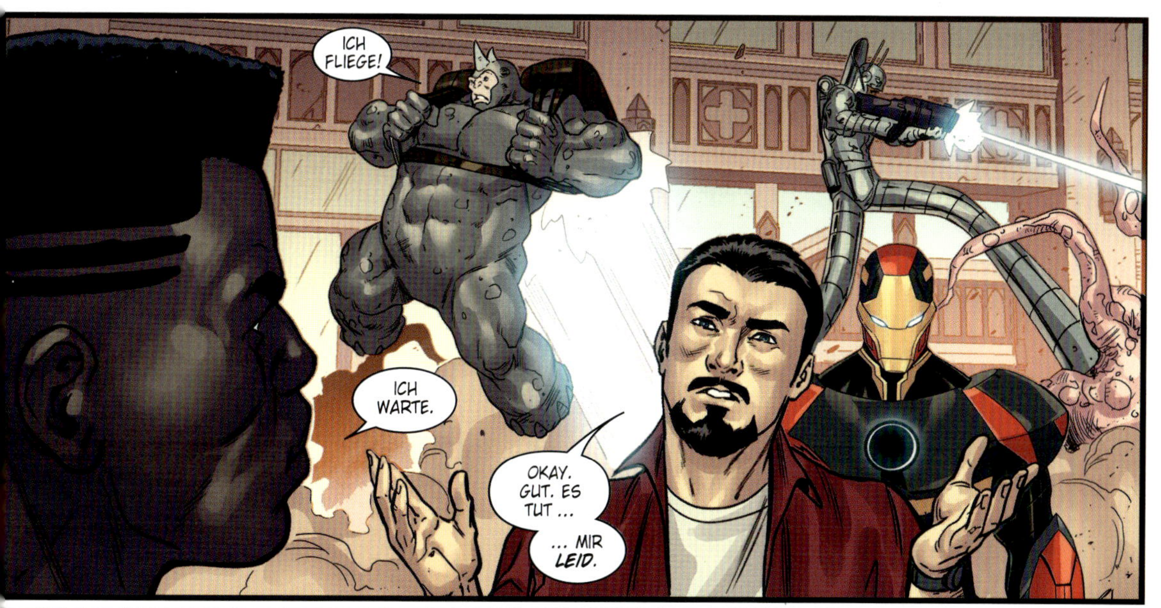

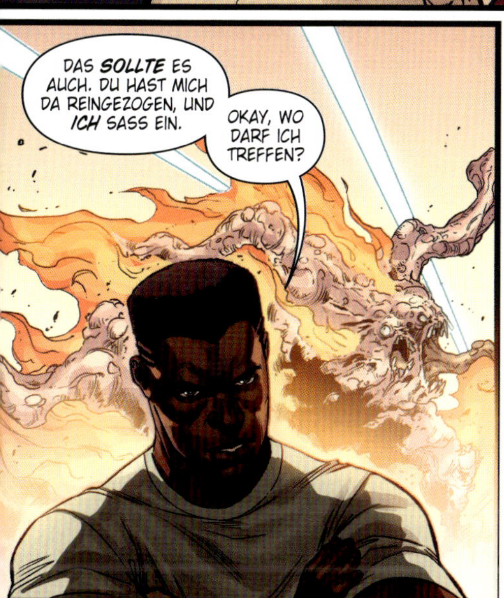

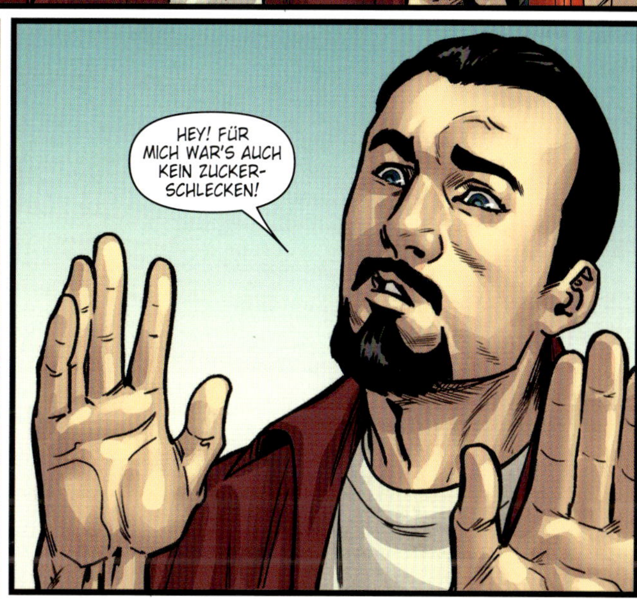

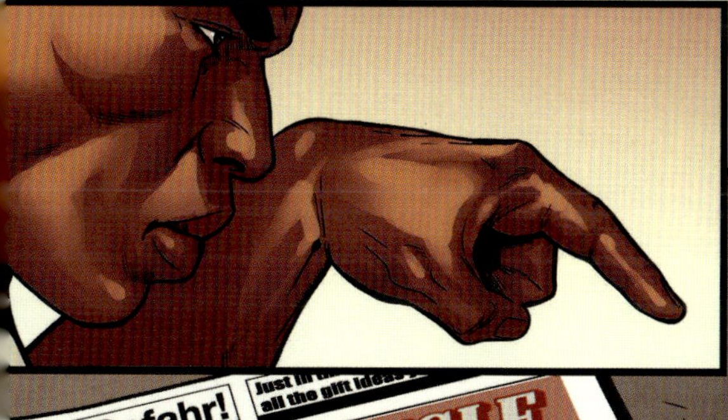

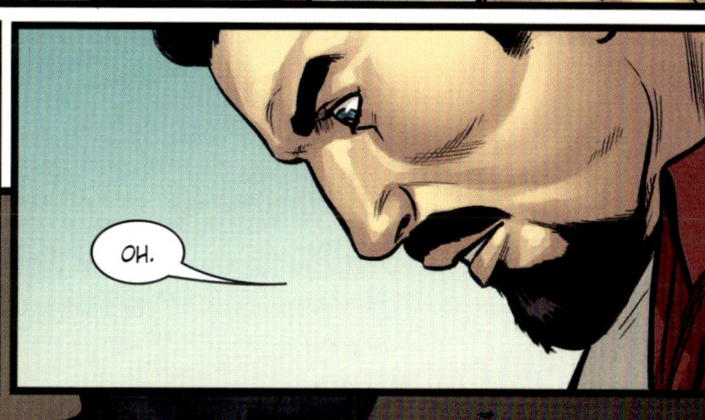

NICHT SO SPASSIG, WIE'S AUSSIEHT.

WOBEI ...

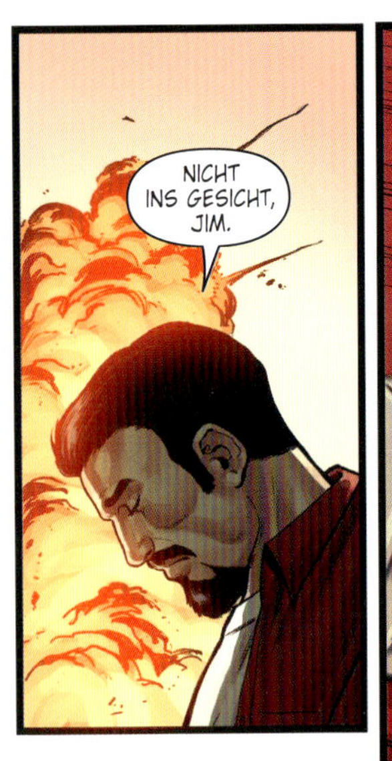
NICHT INS GESICHT, JIM.

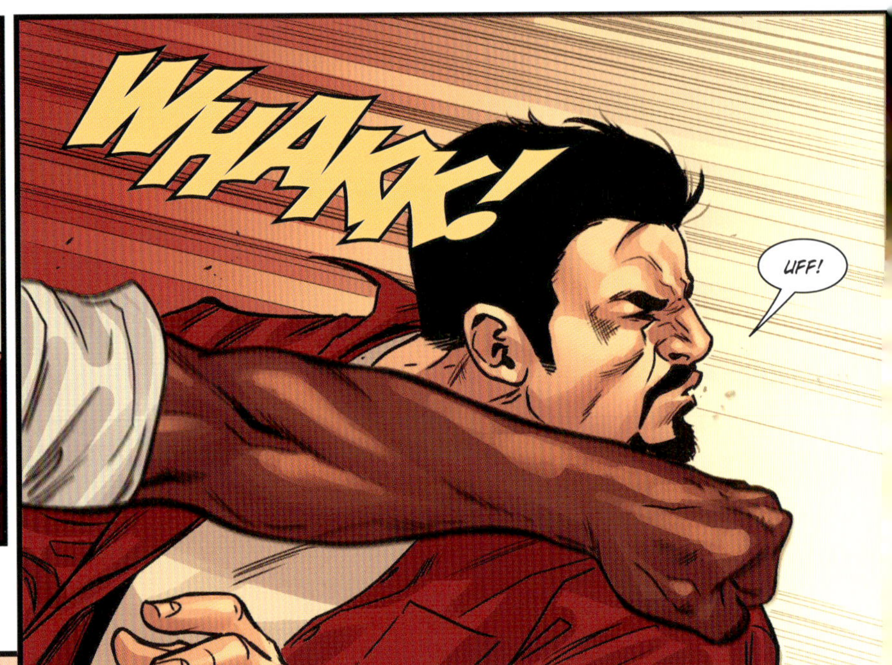
WHAKK!
UFF!

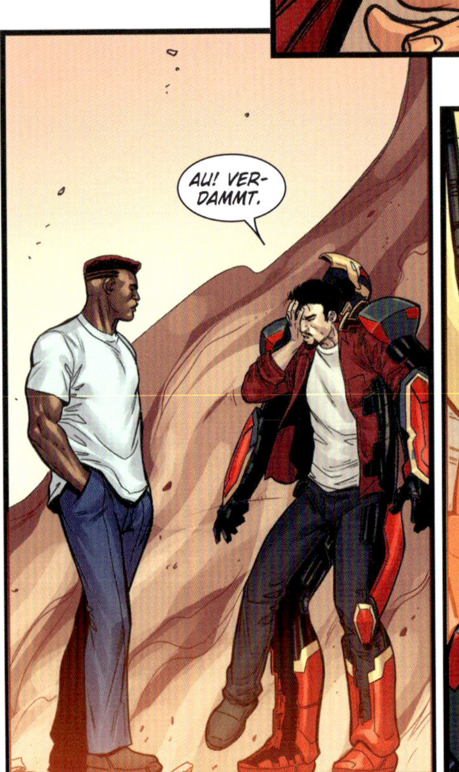
AU! VER-DAMMT.

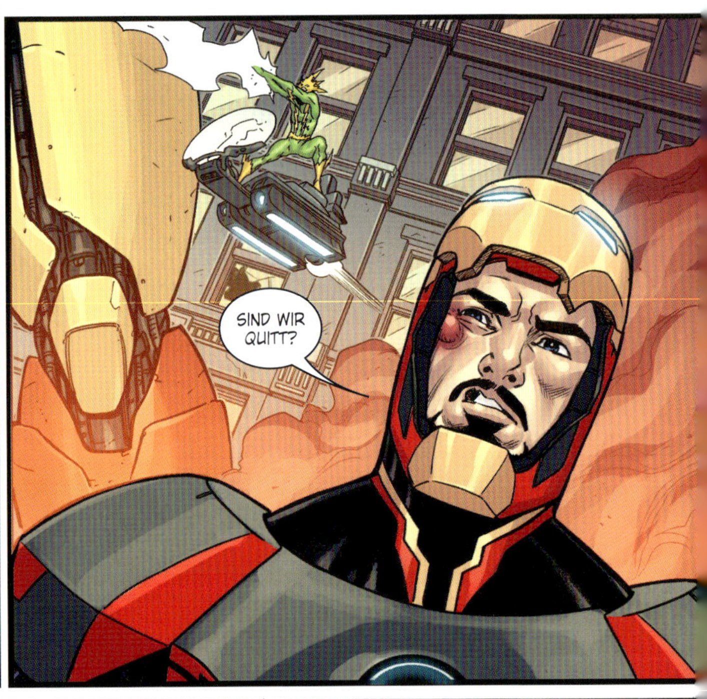
SIND WIR QUITT?

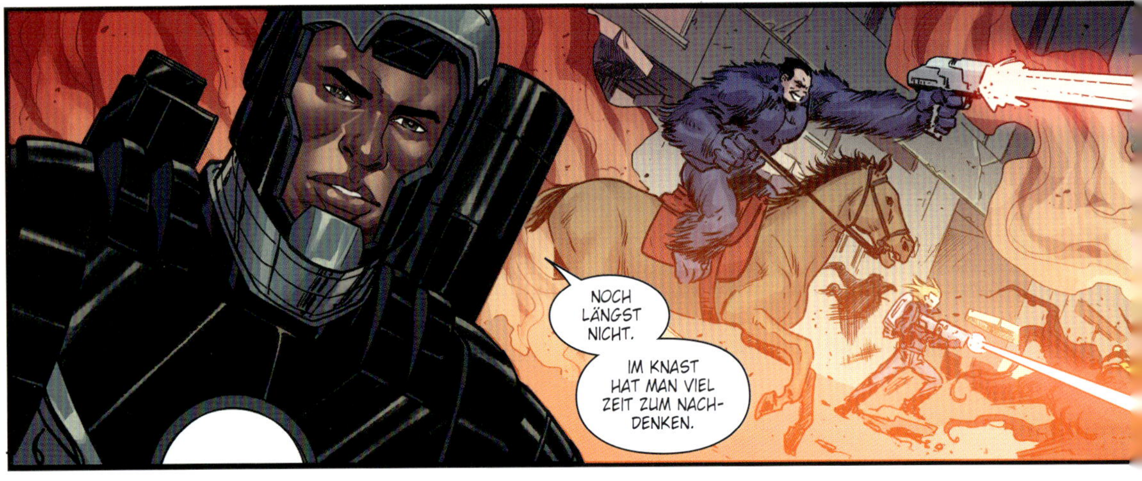
NOCH LÄNGST NICHT.
IM KNAST HAT MAN VIEL ZEIT ZUM NACH-DENKEN.

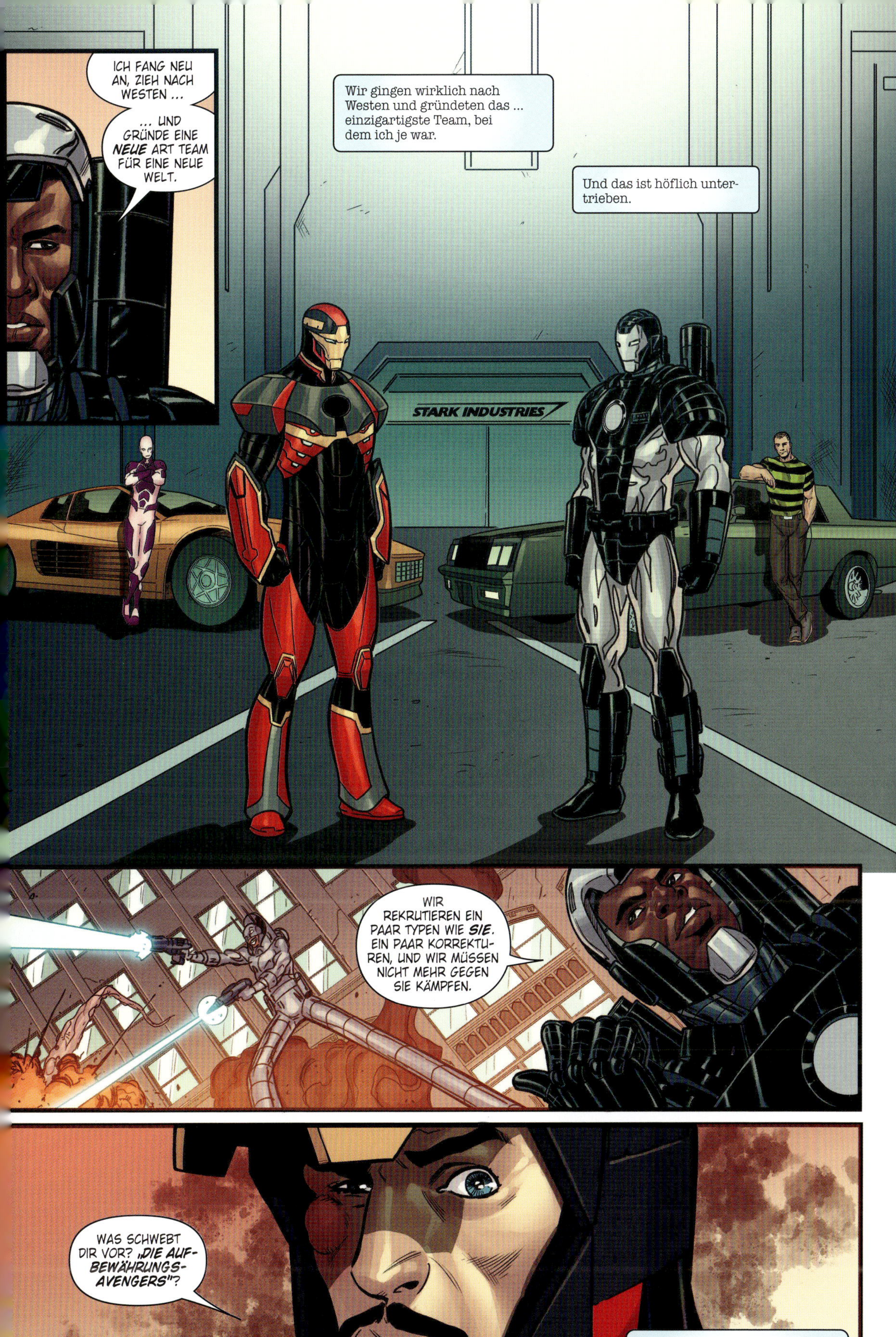
ICH FANG NEU AN, ZIEH NACH WESTEN ...
... UND GRÜNDE EINE NEUE ART TEAM FÜR EINE NEUE WELT.
Wir gingen wirklich nach Westen und gründeten das ... einzigartigste Team, bei dem ich je war.
Und das ist höflich untertrieben.
STARK INDUSTRIES
WIR REKRUTIEREN EIN PAAR TYPEN WIE SIE. EIN PAAR KORREKTUREN, UND WIR MÜSSEN NICHT MEHR GEGEN SIE KÄMPFEN.
WAS SCHWEBT DIR VOR? „DIE AUFBEWÄHRUNGS-AVENGERS"?
So nannten wir sie am Ende zwar nicht, aber Jims Idee war gut. Und das Team rettete zum Auftakt direkt mal die Welt.

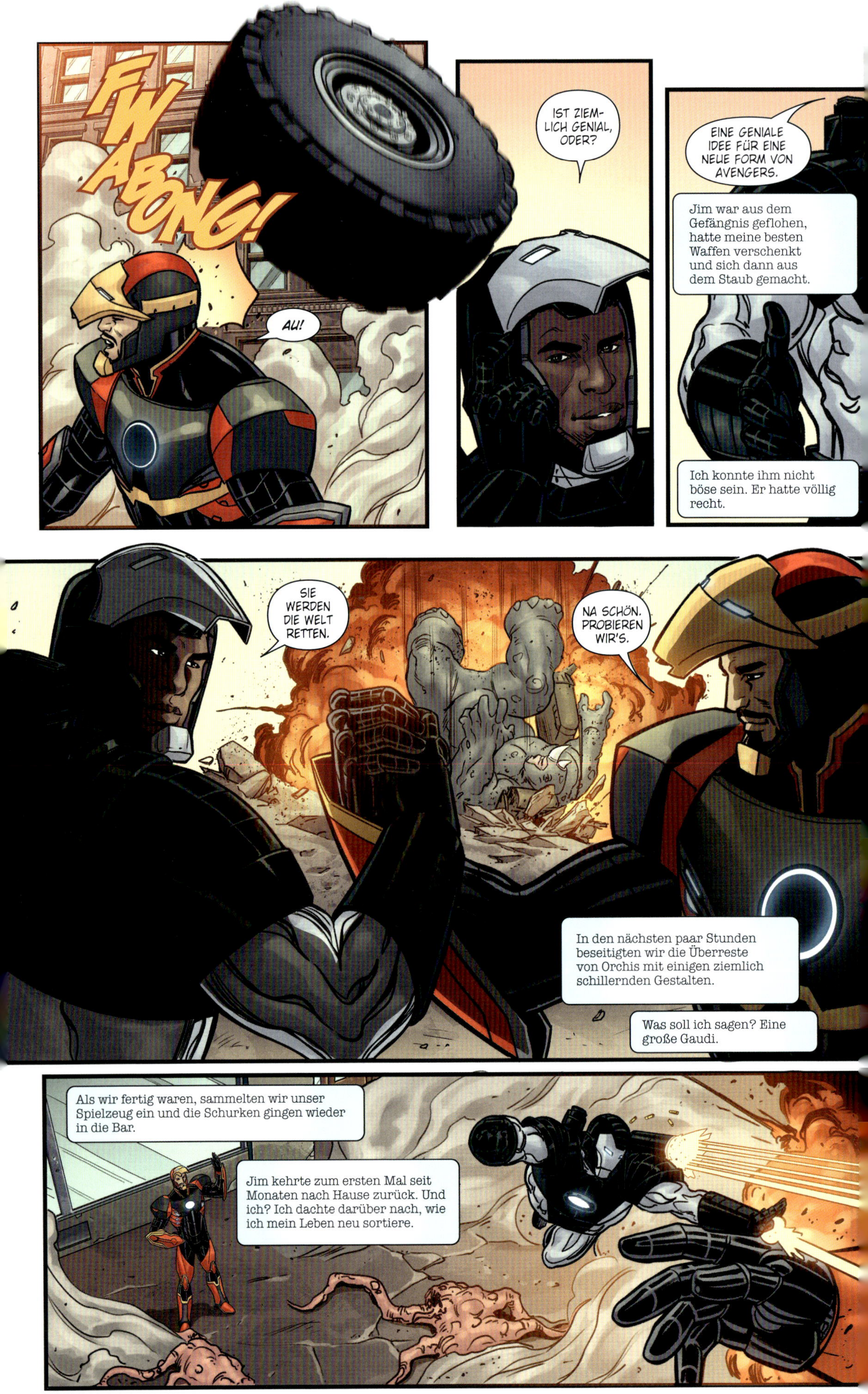

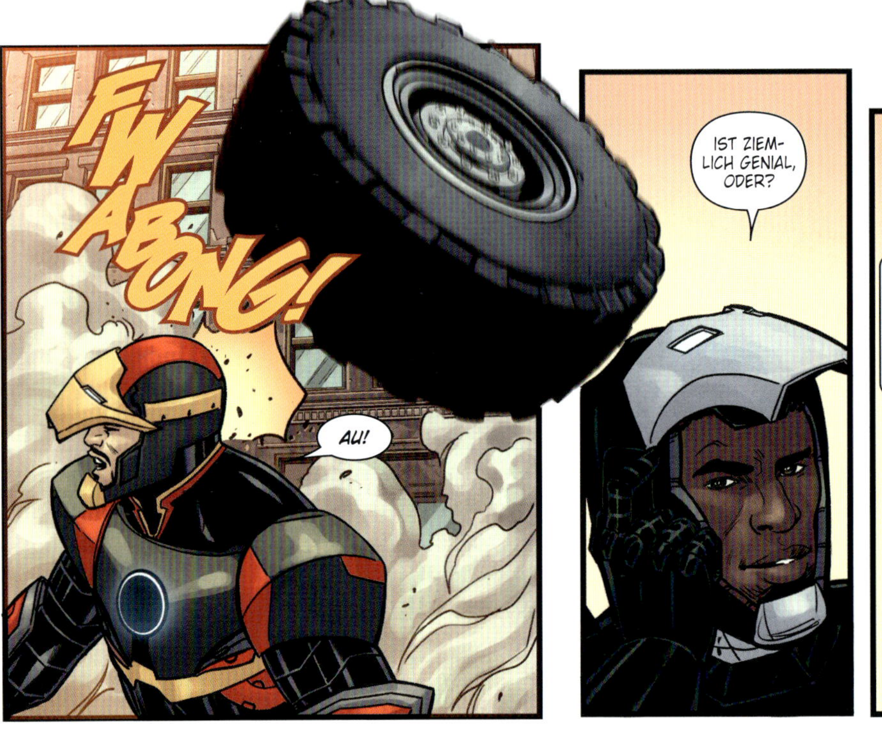

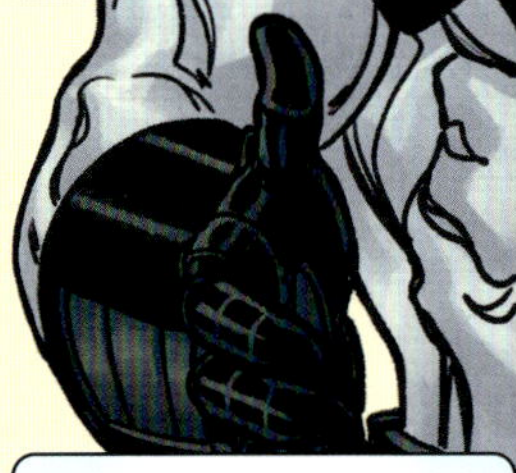

SIE WERDEN DIE WELT RETTEN.

NA SCHÖN. PROBIEREN WIR'S.

In den nächsten paar Stunden beseitigten wir die Überreste von Orchis mit einigen ziemlich schillernden Gestalten.

Was soll ich sagen? Eine große Gaudi.

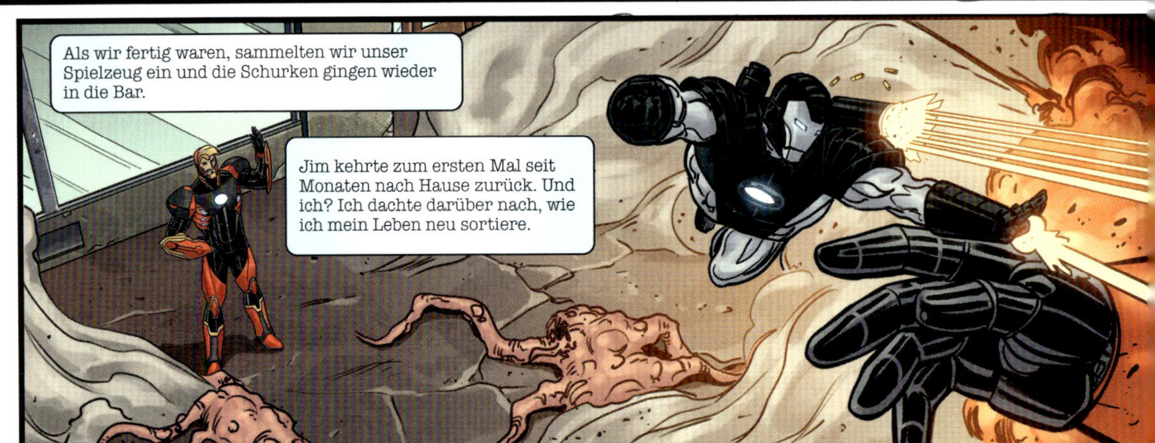

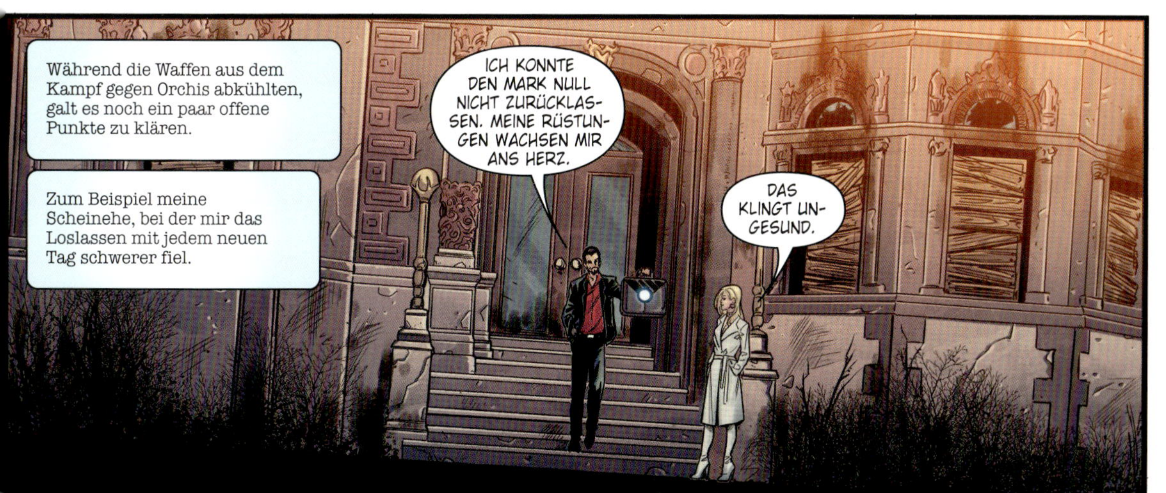

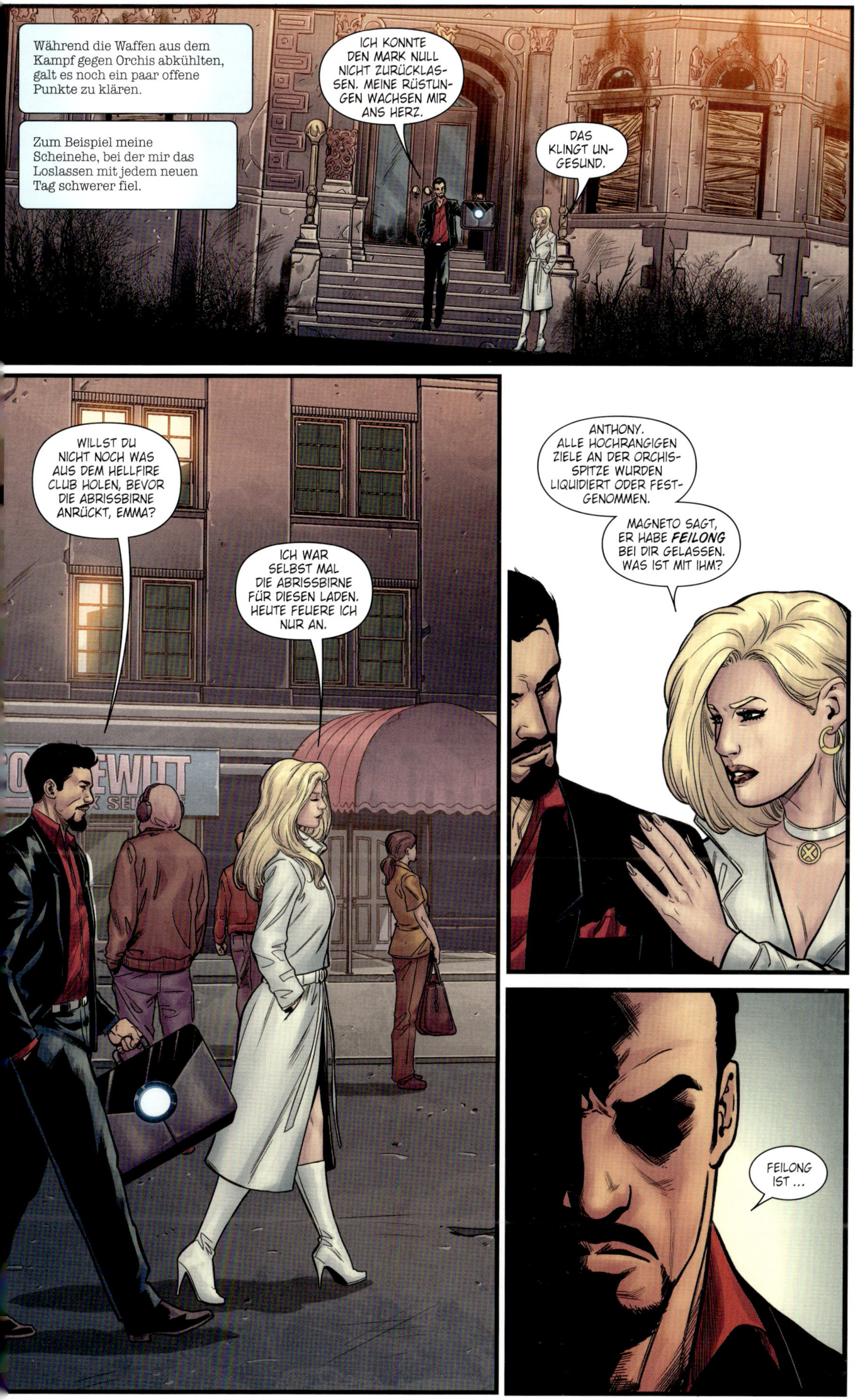

WILLST DU NICHT NOCH WAS AUS DEM HELLFIRE CLUB HOLEN, BEVOR DIE ABRISSBIRNE ANRÜCKT, EMMA?

ICH WAR SELBST MAL DIE ABRISSBIRNE FÜR DIESEN LADEN. HEUTE FEUERE ICH NUR AN.

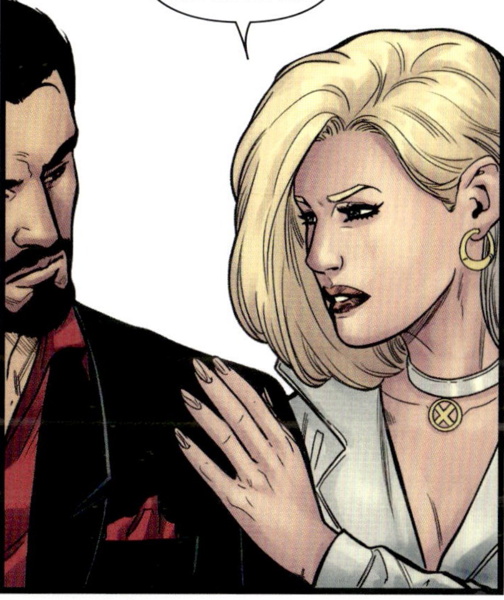

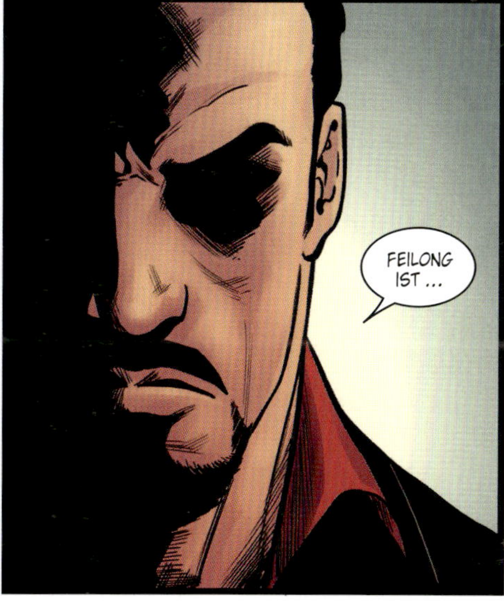

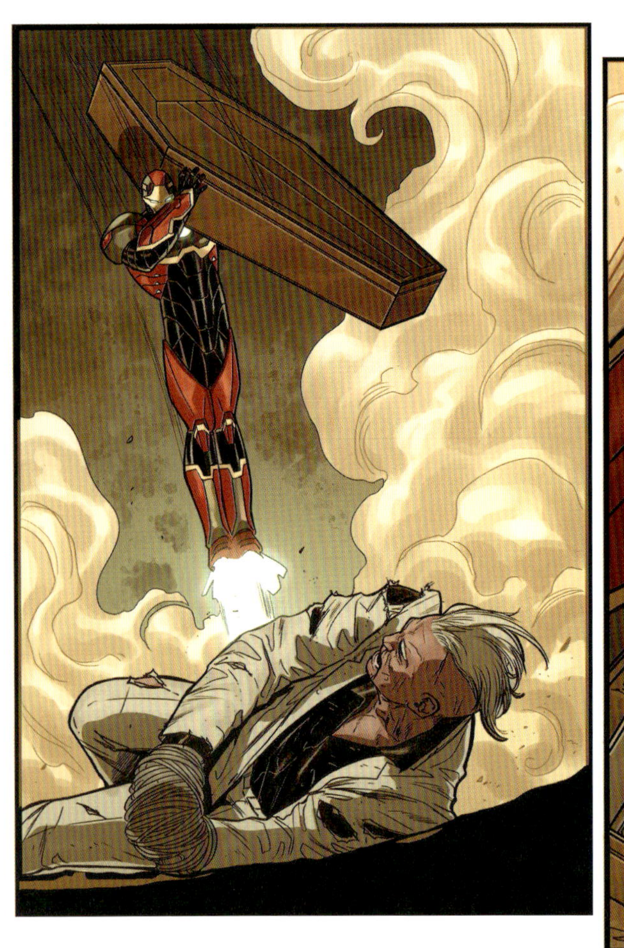

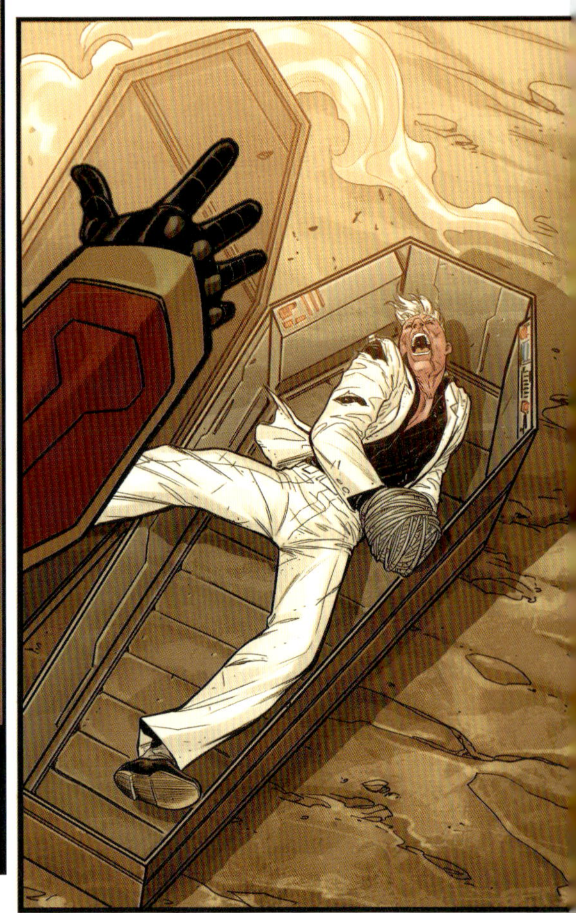

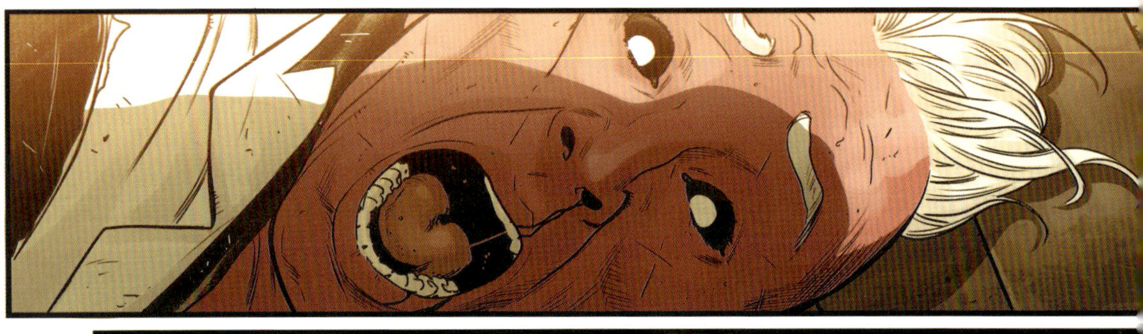

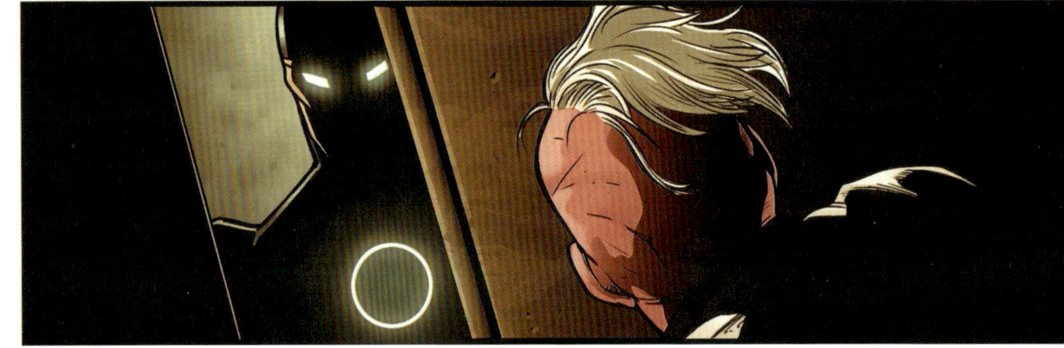

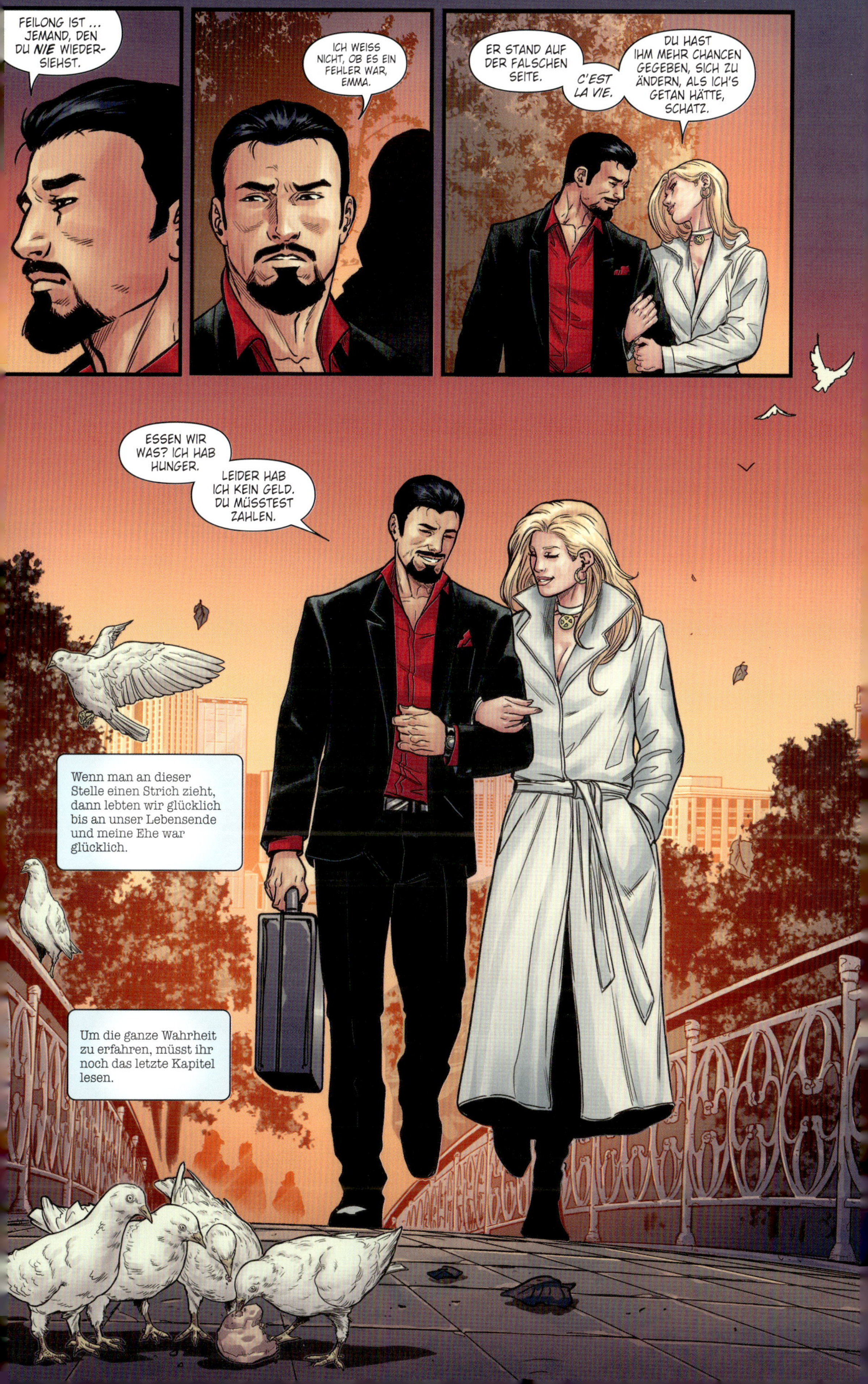

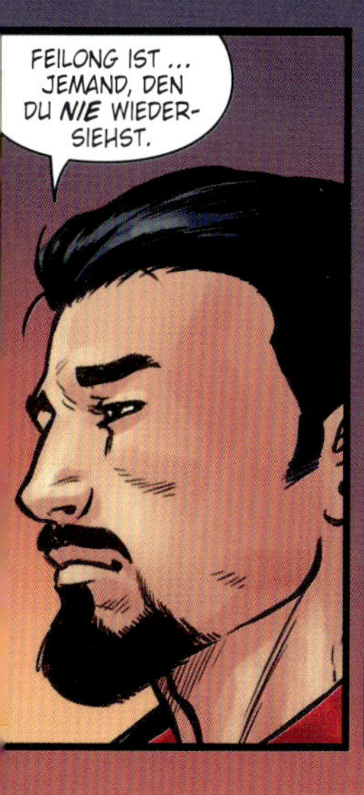

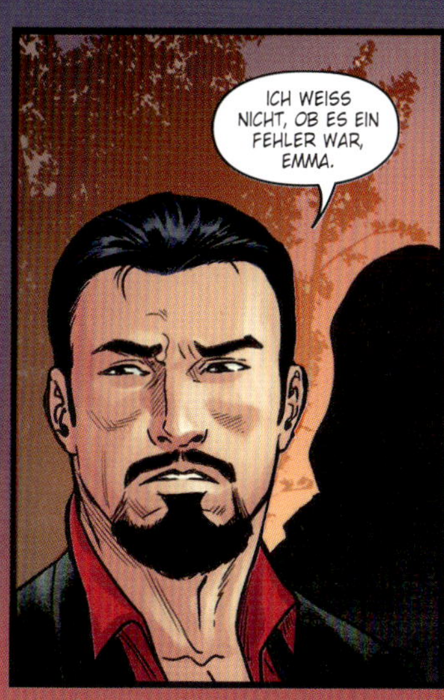

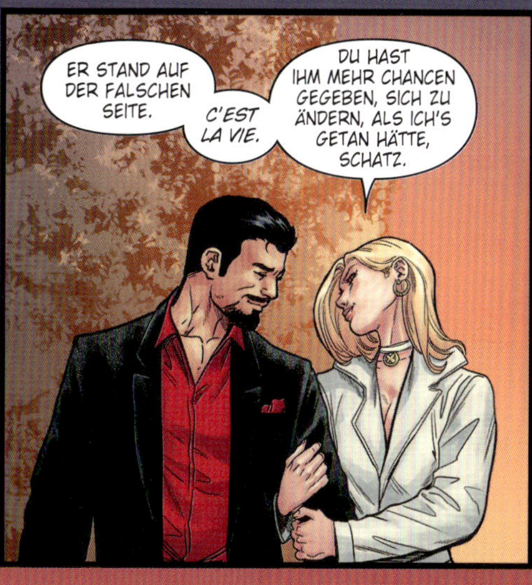

ESSEN WIR WAS? ICH HAB HUNGER.

LEIDER HAB ICH KEIN GELD. DU MÜSSTEST ZAHLEN.

Wenn man an dieser Stelle einen Strich zieht, dann lebten wir glücklich bis an unser Lebensende und meine Ehe war glücklich.

Um die ganze Wahrheit zu erfahren, müsst ihr noch das letzte Kapitel lesen.

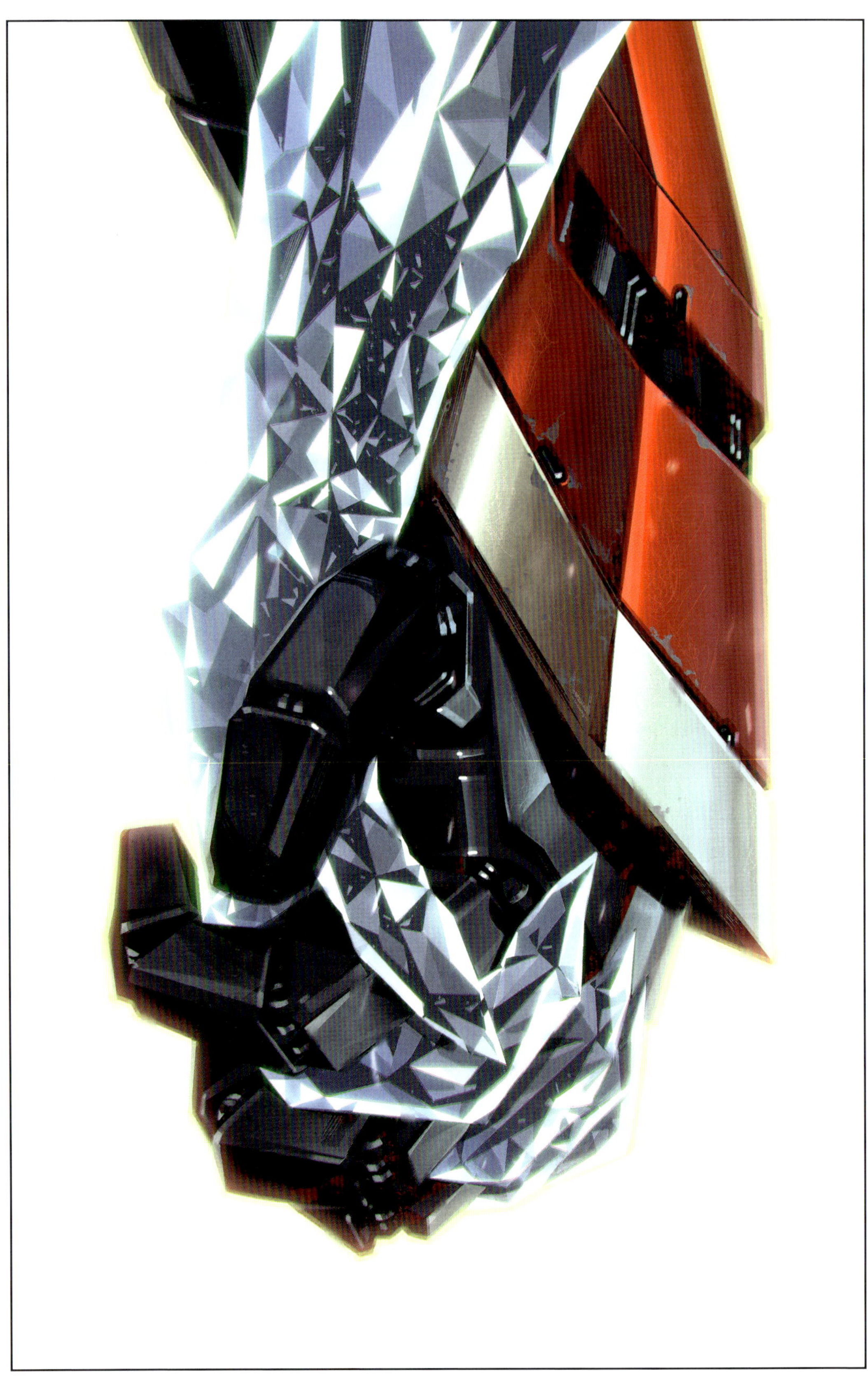

Invincible Iron Man (2022) 20
Cover von **KAEL NGU**

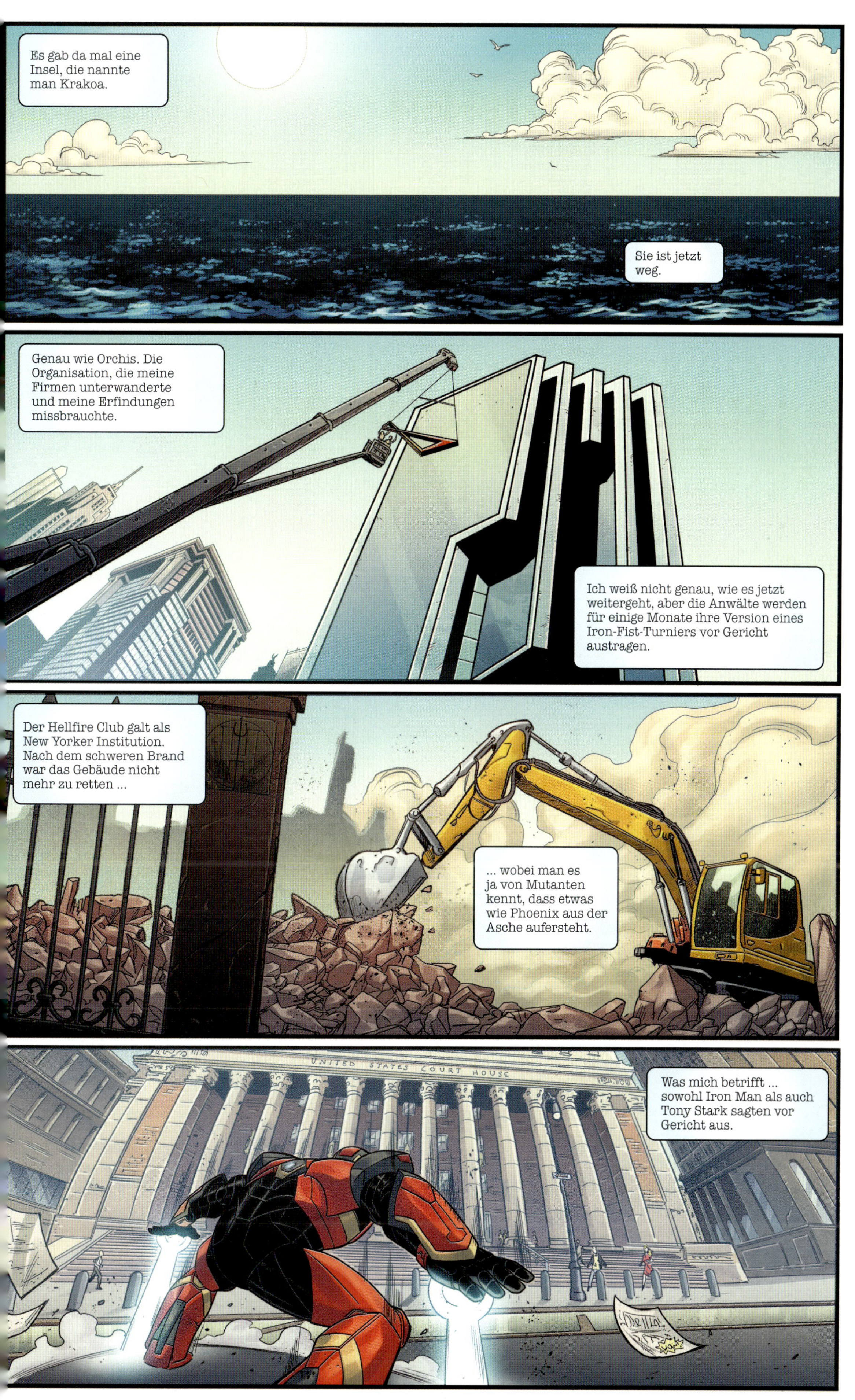
Es gab da mal eine Insel, die nannte man Krakoa.
Sie ist jetzt weg.
Genau wie Orchis. Die Organisation, die meine Firmen unterwanderte und meine Erfindungen missbrauchte.
Ich weiß nicht genau, wie es jetzt weitergeht, aber die Anwälte werden für einige Monate ihre Version eines Iron-Fist-Turniers vor Gericht austragen.
Der Hellfire Club galt als New Yorker Institution. Nach dem schweren Brand war das Gebäude nicht mehr zu retten ...
... wobei man es ja von Mutanten kennt, dass etwas wie Phoenix aus der Asche aufersteht.
UNITED STATES COURT HOUSE
Was mich betrifft ... sowohl Iron Man als auch Tony Stark sagten vor Gericht aus.

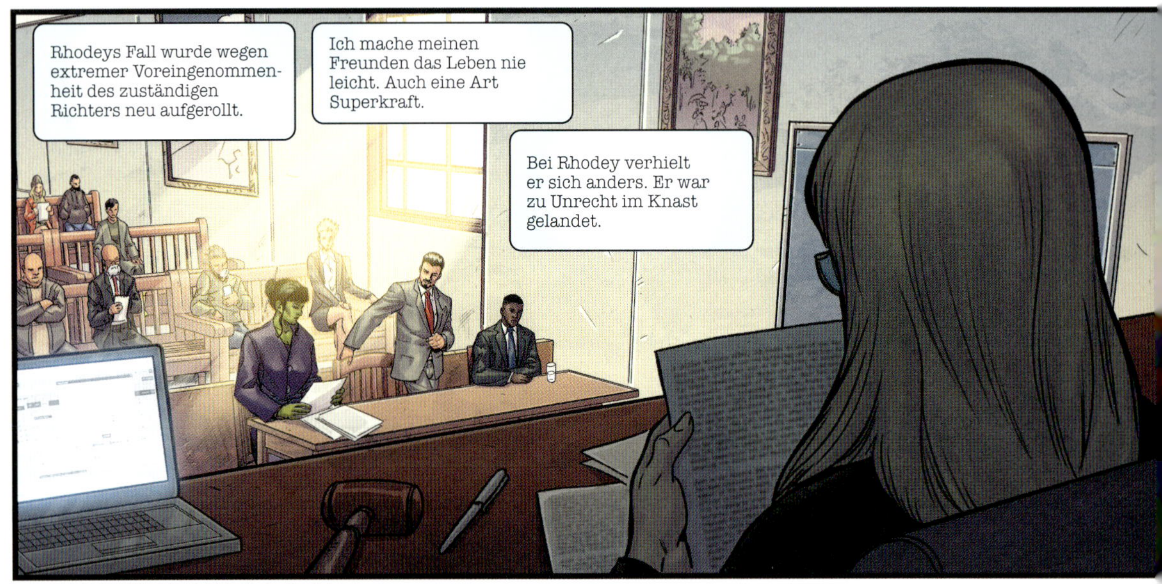
Rhodeys Fall wurde wegen extremer Voreingenommenheit des zuständigen Richters neu aufgerollt.
Ich mache meinen Freunden das Leben nie leicht. Auch eine Art Superkraft.
Bei Rhodey verhielt er sich anders. Er war zu Unrecht im Knast gelandet.

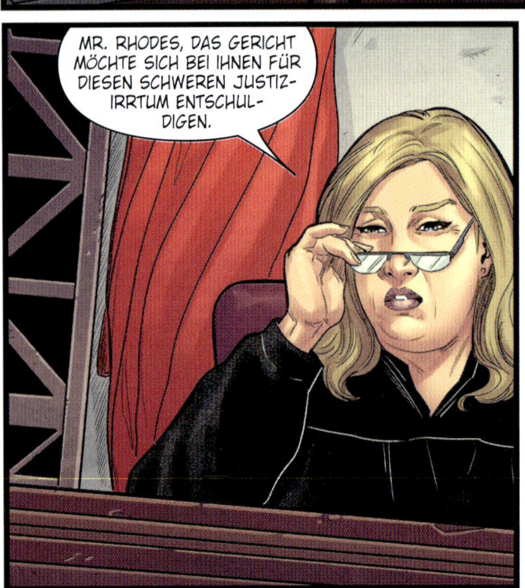
MR. RHODES, DAS GERICHT MÖCHTE SICH BEI IHNEN FÜR DIESEN SCHWEREN JUSTIZIRRTUM ENTSCHULDIGEN.

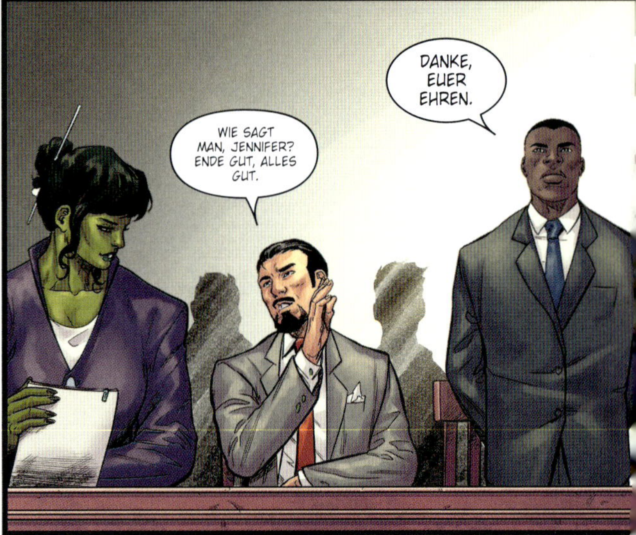
DANKE, EUER EHREN.
WIE SAGT MAN, JENNIFER? ENDE GUT, ALLES GUT.

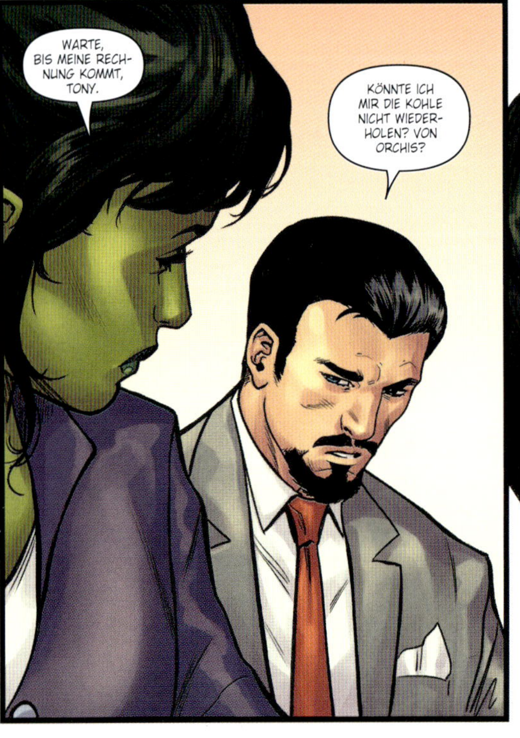
WARTE, BIS MEINE RECHNUNG KOMMT, TONY.
KÖNNTE ICH MIR DIE KOHLE NICHT WIEDERHOLEN? VON ORCHIS?

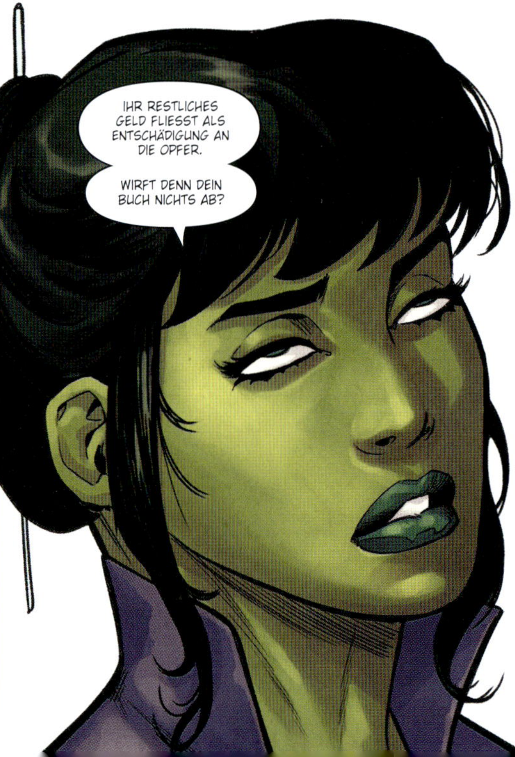
IHR RESTLICHES GELD FLIESST ALS ENTSCHÄDIGUNG AN DIE OPFER.
WIRFT DENN DEIN BUCH NICHTS AB?

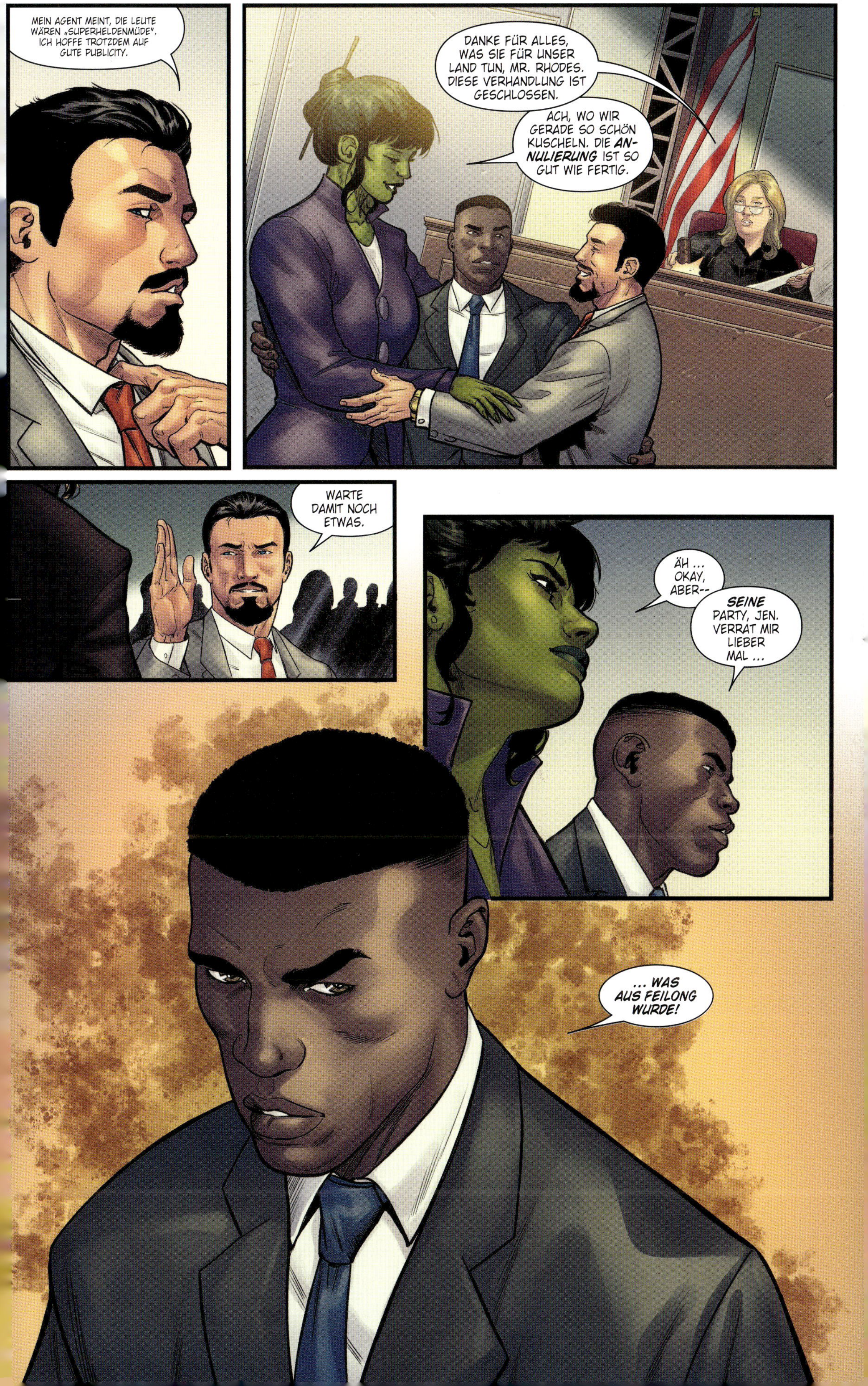

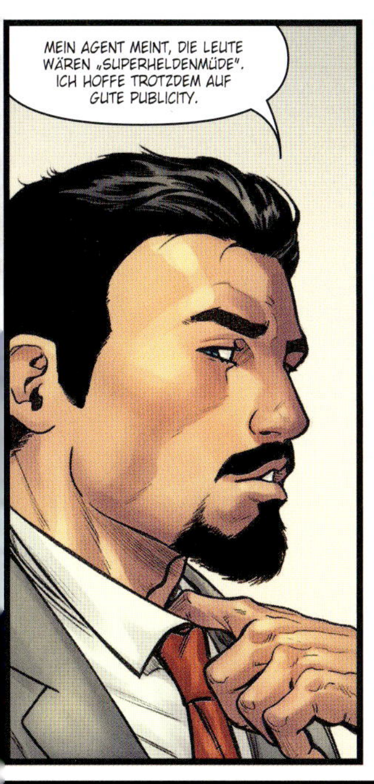

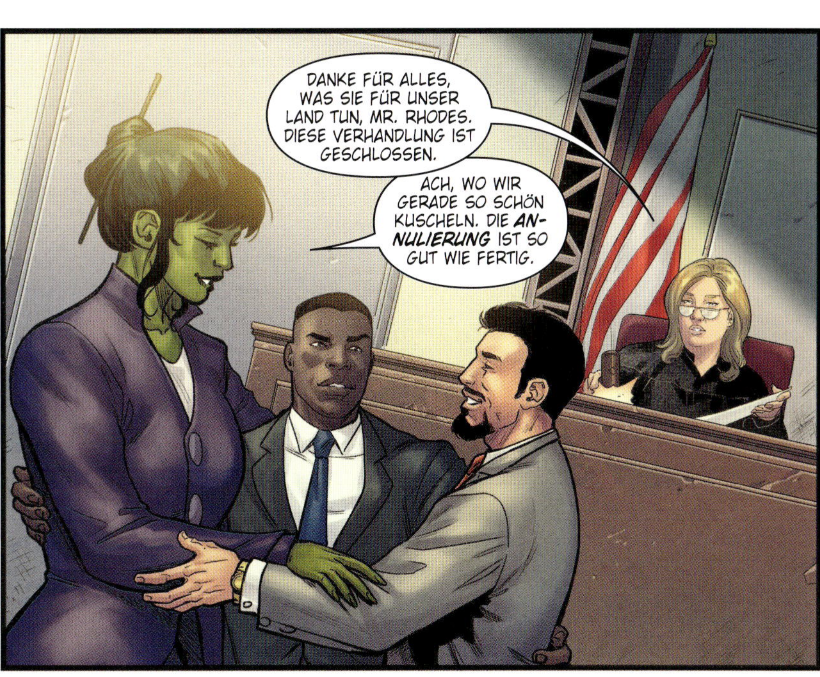

WARTE DAMIT NOCH ETWAS.

ÄH ... OKAY, ABER--

SEINE PARTY, JEN. VERRAT MIR LIEBER MAL ...

... WAS AUS FEILONG WURDE!

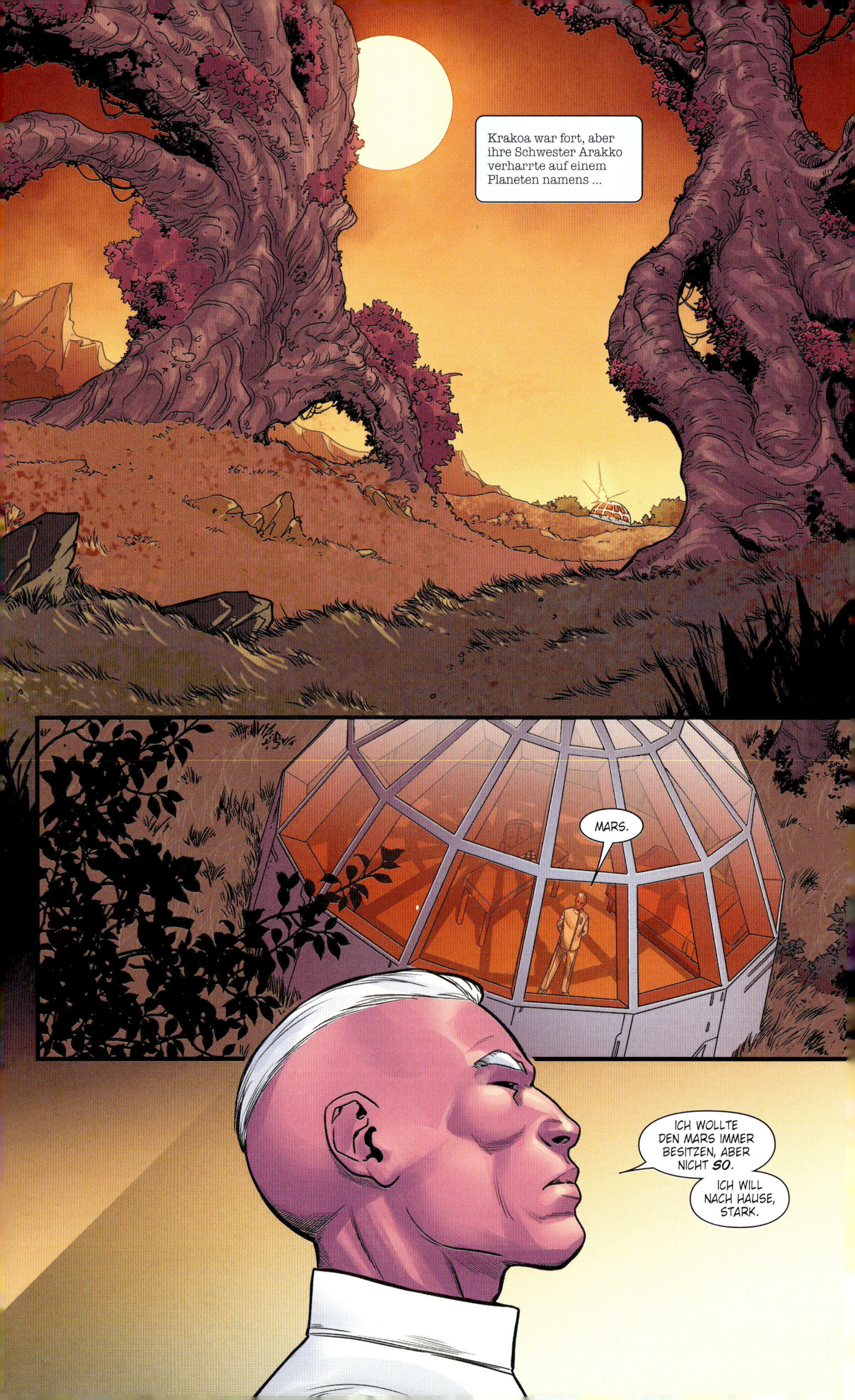
Krakoa war fort, aber ihre Schwester Arakko verharrte auf einem Planeten namens ...
MARS.
ICH WOLLTE DEN MARS IMMER BESITZEN, ABER NICHT SO.
ICH WILL NACH HAUSE, STARK.

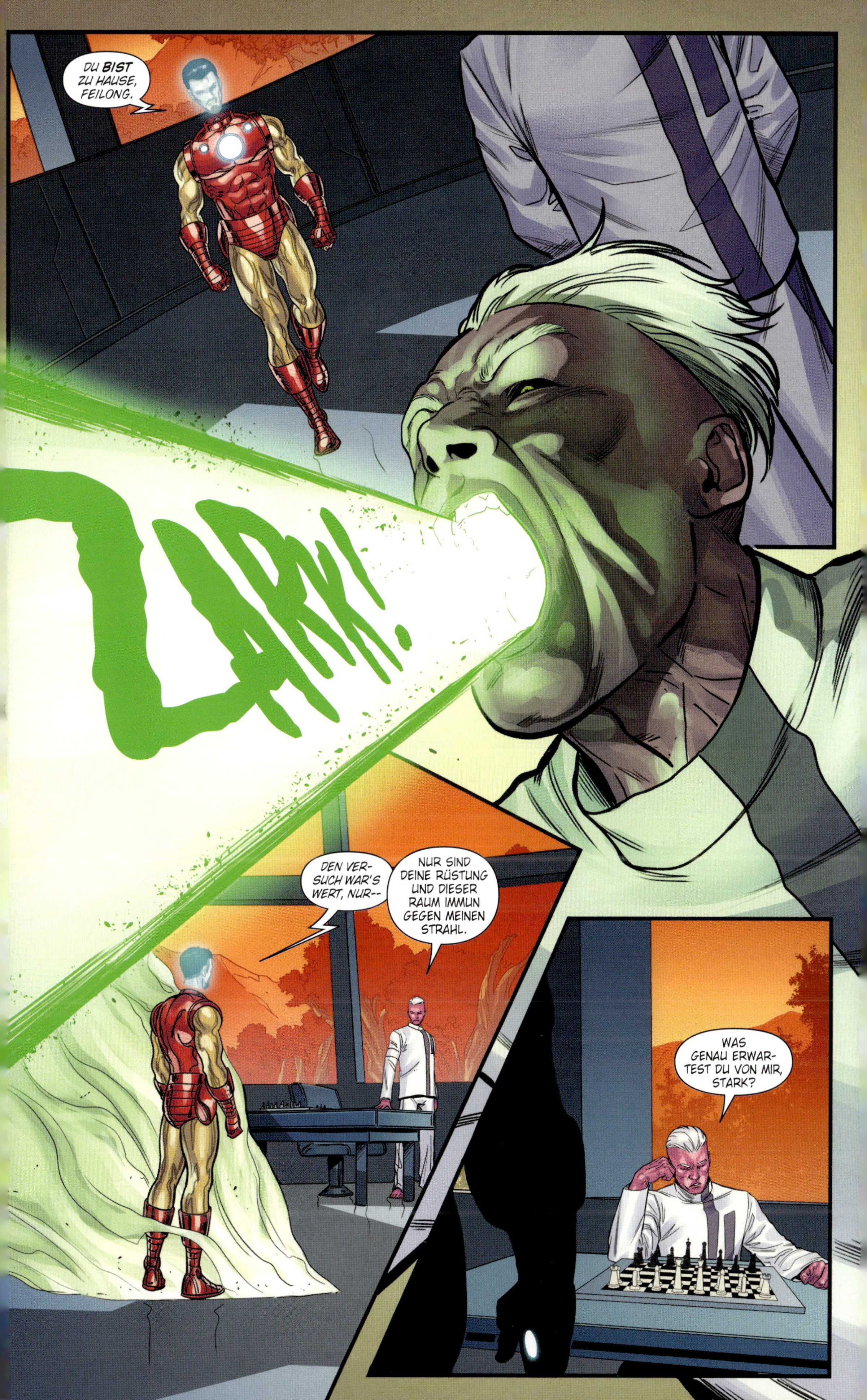
DU BIST ZU HAUSE, FEILONG.
ZARK!
DEN VERSUCH WAR'S WERT, NUR--
NUR SIND DEINE RÜSTUNG UND DIESER RAUM IMMUN GEGEN MEINEN STRAHL.
WAS GENAU ERWARTEST DU VON MIR, STARK?

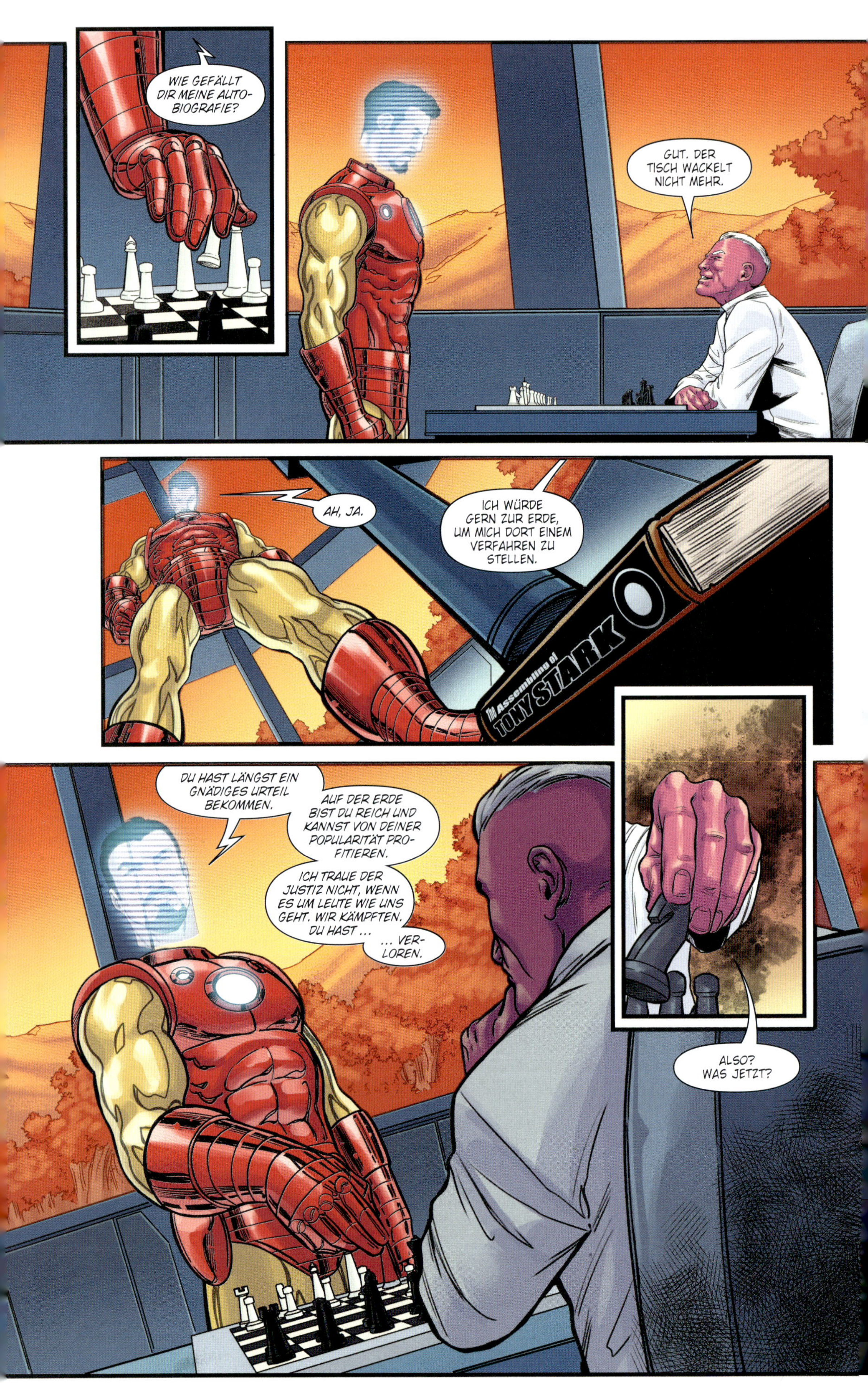
WIE GEFÄLLT DIR MEINE AUTO-BIOGRAFIE?
GUT. DER TISCH WACKELT NICHT MEHR.
AH, JA.
ICH WÜRDE GERN ZUR ERDE, UM MICH DORT EINEM VERFAHREN ZU STELLEN.
The Assembling of TONY STARK
DU HAST LÄNGST EIN GNÄDIGES URTEIL BEKOMMEN.
AUF DER ERDE BIST DU REICH UND KANNST VON DEINER POPULARITÄT PROFITIEREN.
ICH TRAUE DER JUSTIZ NICHT, WENN ES UM LEUTE WIE UNS GEHT. WIR KÄMPFTEN. DU HAST ...
... VERLOREN.
ALSO? WAS JETZT?

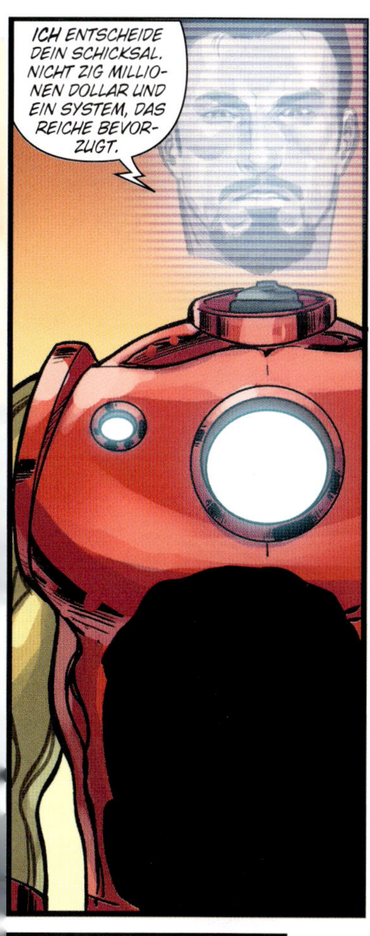
ICH ENTSCHEIDE DEIN SCHICKSAL. NICHT ZIG MILLIONEN DOLLAR UND EIN SYSTEM, DAS REICHE BEVORZUGT.

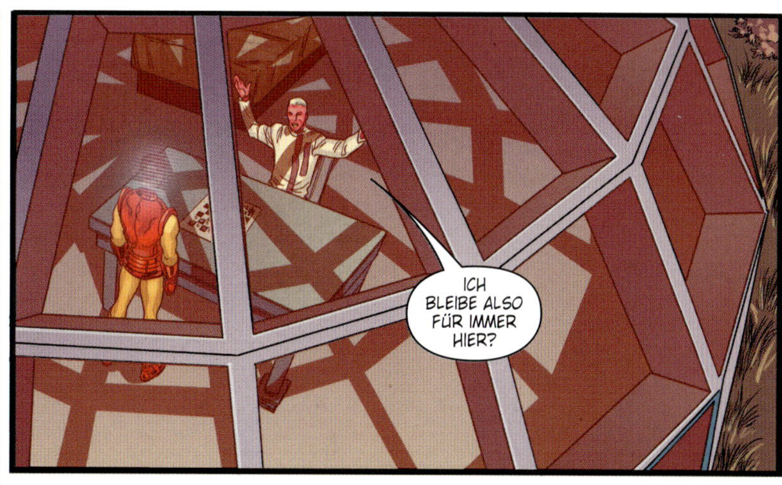
ICH BLEIBE ALSO FÜR IMMER HIER?

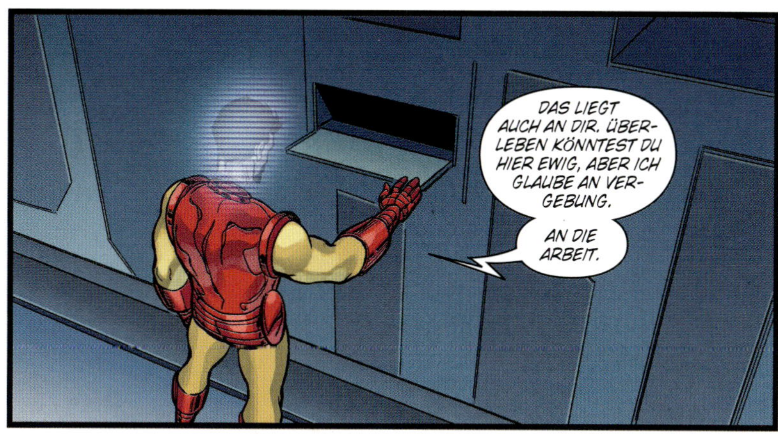
DAS LIEGT AUCH AN DIR. ÜBERLEBEN KÖNNTEST DU HIER EWIG, ABER ICH GLAUBE AN VERGEBUNG.
AN DIE ARBEIT.

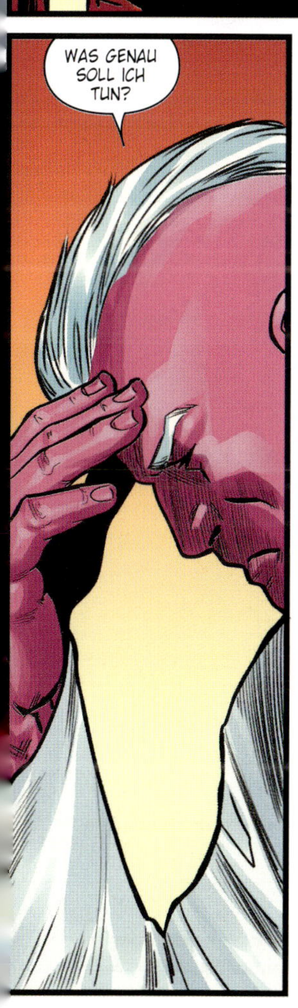
WAS GENAU SOLL ICH TUN?

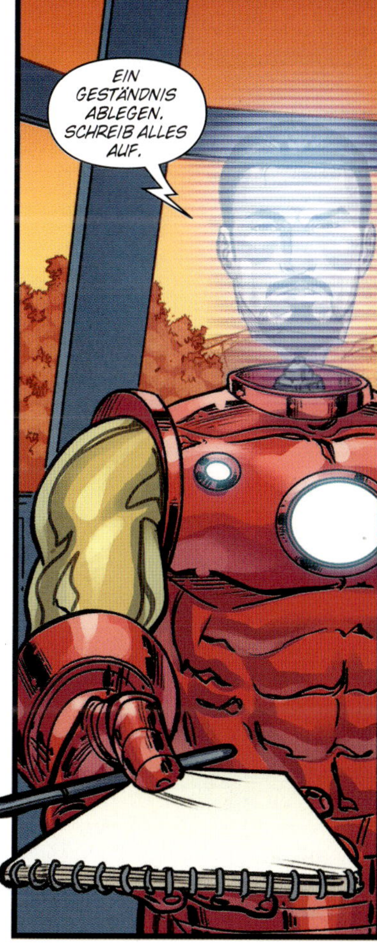
EIN GESTÄNDNIS ABLEGEN. SCHREIB ALLES AUF.

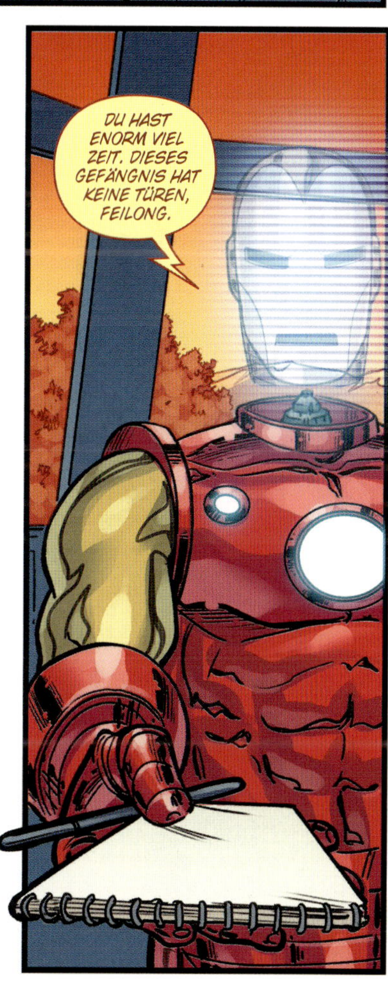
DU HAST ENORM VIEL ZEIT. DIESES GEFÄNGNIS HAT KEINE TÜREN, FEILONG.

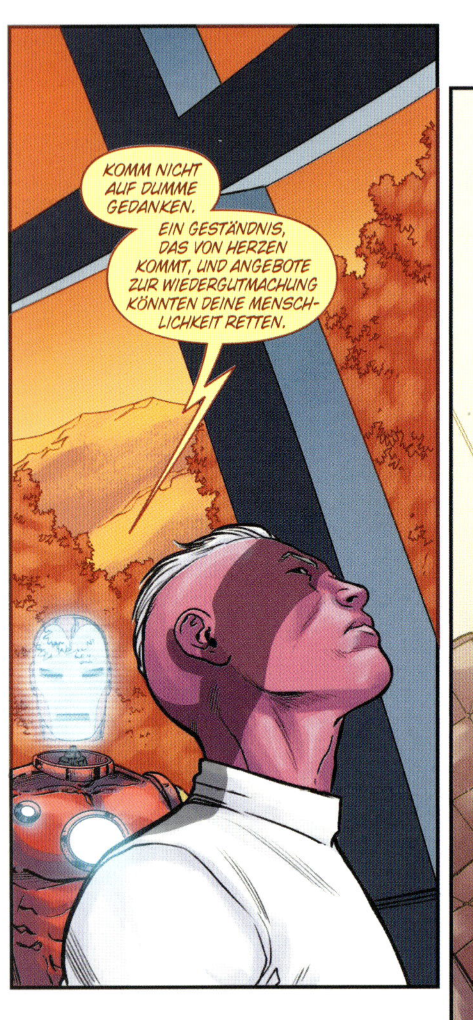
KOMM NICHT AUF DUMME GEDANKEN.
EIN GESTÄNDNIS, DAS VON HERZEN KOMMT, UND ANGEBOTE ZUR WIEDERGUTMACHUNG KÖNNTEN DEINE MENSCH-LICHKEIT RETTEN.

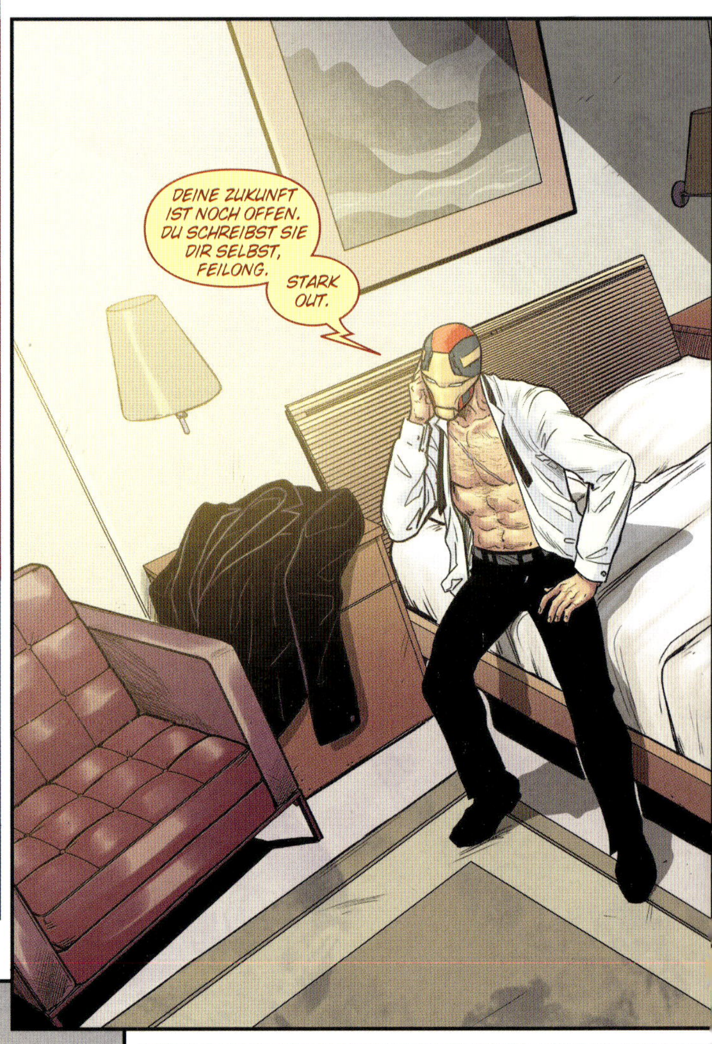
DEINE ZUKUNFT IST NOCH OFFEN. DU SCHREIBST SIE DIR SELBST, FEILONG.
STARK OUT.

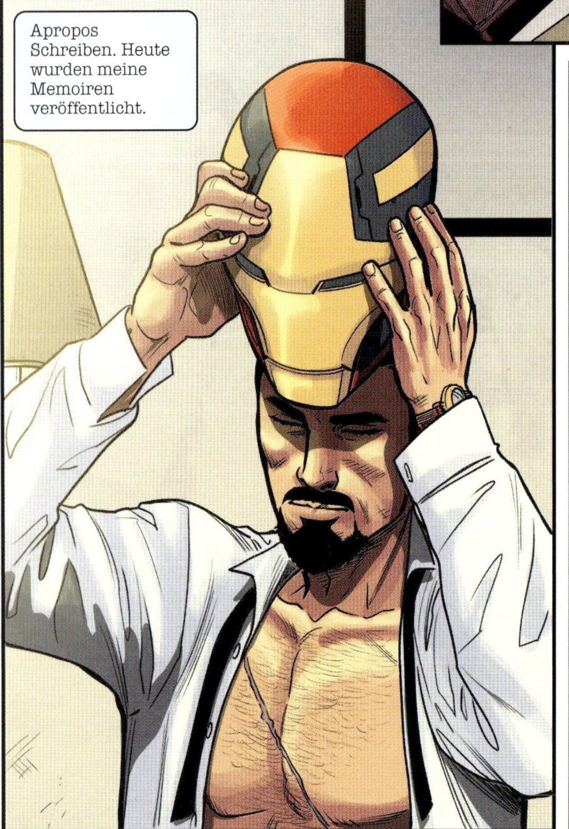
Apropos Schreiben. Heute wurden meine Memoiren veröffentlicht.

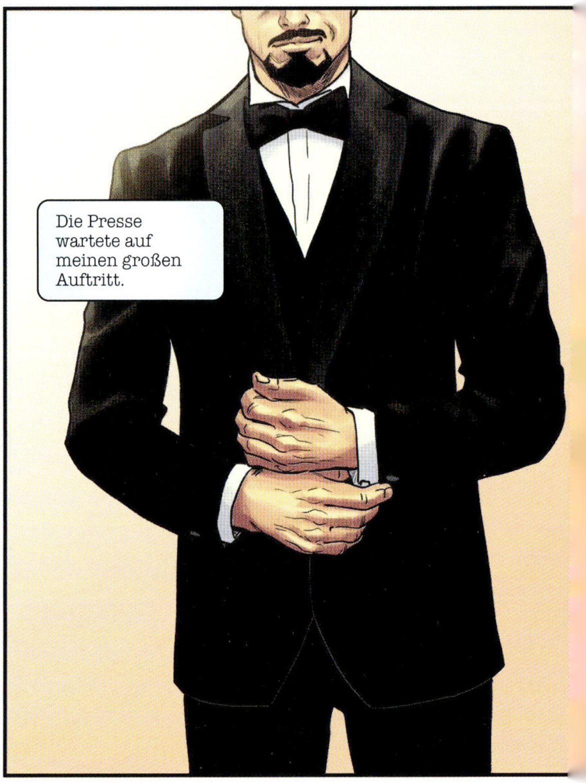
Die Presse wartete auf meinen großen Auftritt.

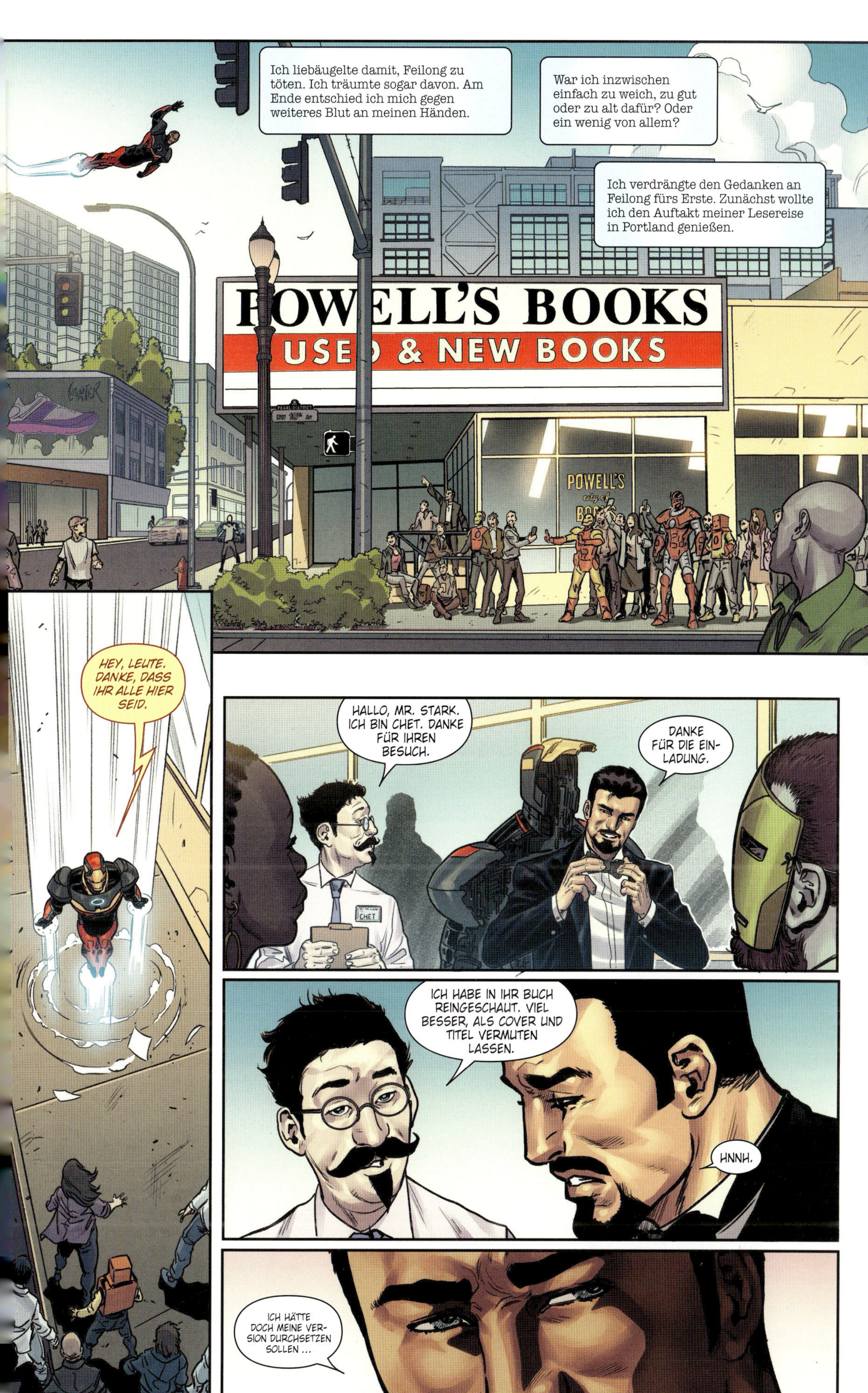
Ich liebäugelte damit, Feilong zu töten. Ich träumte sogar davon. Am Ende entschied ich mich gegen weiteres Blut an meinen Händen.
War ich inzwischen einfach zu weich, zu gut oder zu alt dafür? Oder ein wenig von allem?
Ich verdrängte den Gedanken an Feilong fürs Erste. Zunächst wollte ich den Auftakt meiner Lesereise in Portland genießen.
POWELL'S BOOKS
USED & NEW BOOKS
POWELL'S
HEY, LEUTE. DANKE, DASS IHR ALLE HIER SEID.
HALLO, MR. STARK. ICH BIN CHET. DANKE FÜR IHREN BESUCH.
DANKE FÜR DIE EIN-LADUNG.
CHET
ICH HABE IN IHR BUCH REINGESCHAUT. VIEL BESSER, ALS COVER UND TITEL VERMUTEN LASSEN.
HNNH.
ICH HÄTTE DOCH MEINE VER-SION DURCHSETZEN SOLLEN ...

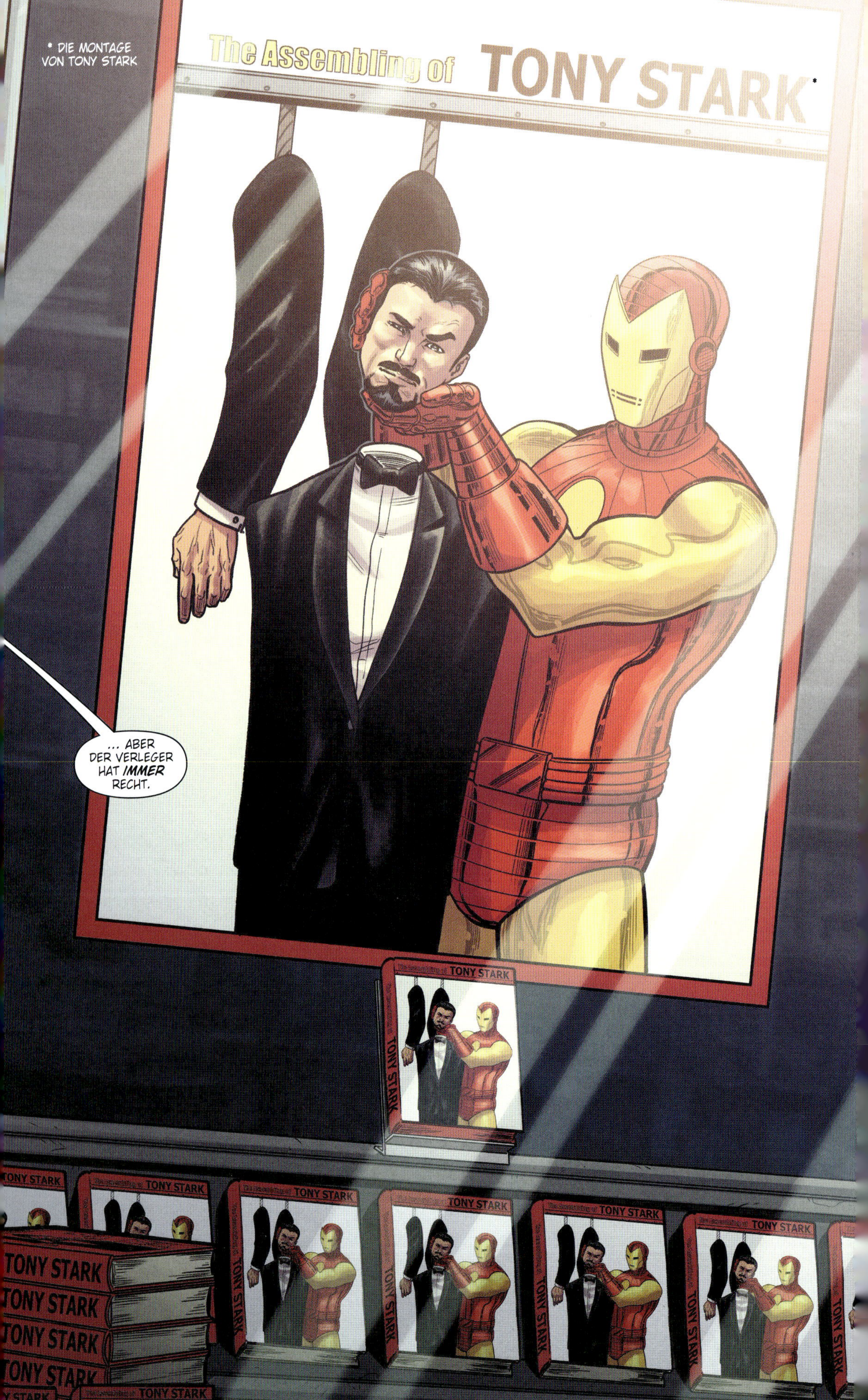

* DIE MONTAGE VON TONY STARK
The Assembling of TONY STARK*
... ABER DER VERLEGER HAT IMMER RECHT.
TONY STARK

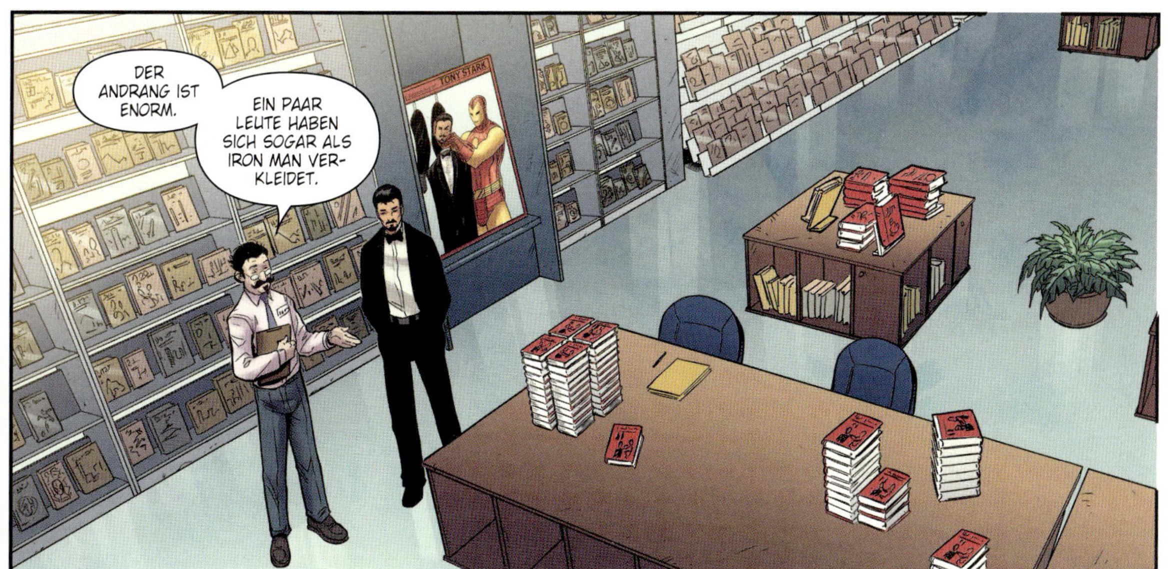
DER ANDRANG IST ENORM.
EIN PAAR LEUTE HABEN SICH SOGAR ALS IRON MAN VERKLEIDET.
TONY STARK

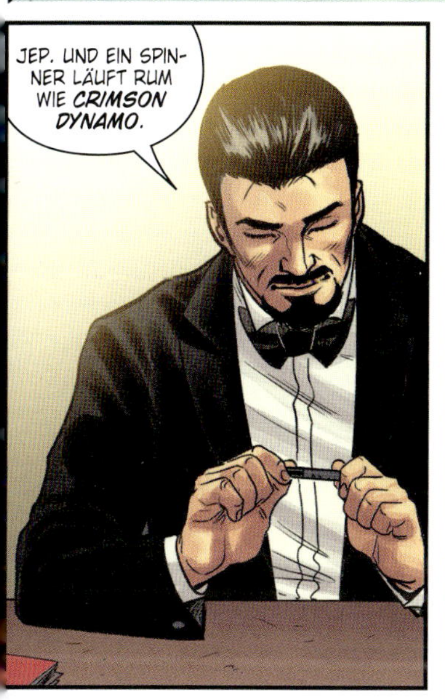
JEP. UND EIN SPINNER LÄUFT RUM WIE **CRIMSON DYNAMO**.

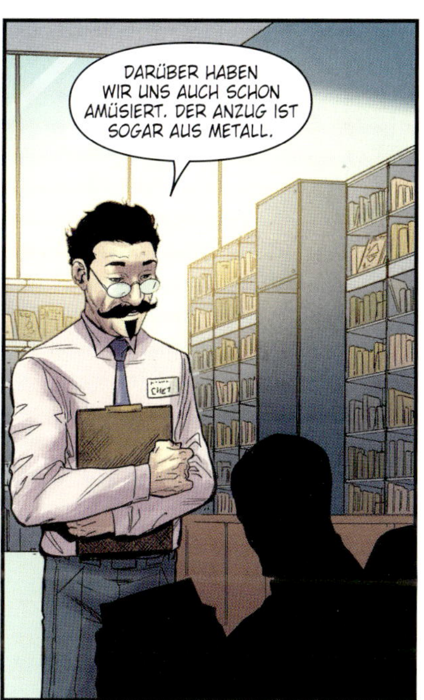
DARÜBER HABEN WIR UNS AUCH SCHON AMÜSIERT. DER ANZUG IST SOGAR AUS METALL.
CHET

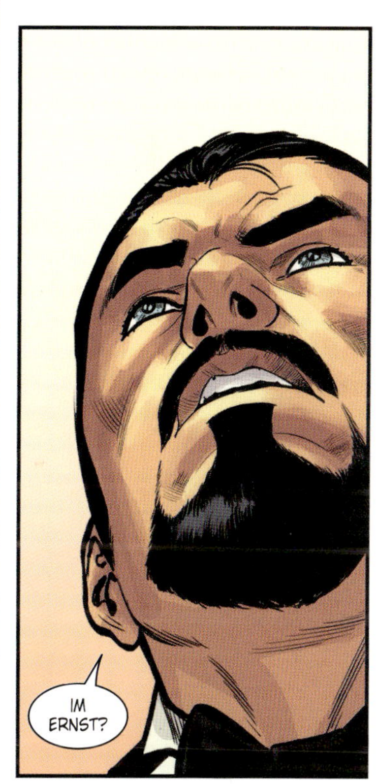
IM ERNST?

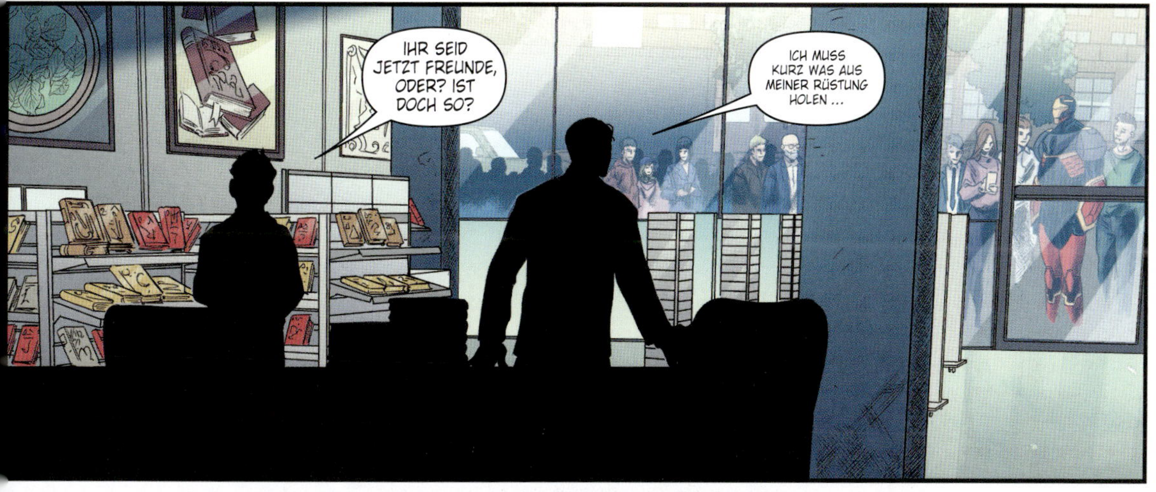
IHR SEID JETZT FREUNDE, ODER? IST DOCH SO?
ICH MUSS KURZ WAS AUS MEINER RÜSTUNG HOLEN ...

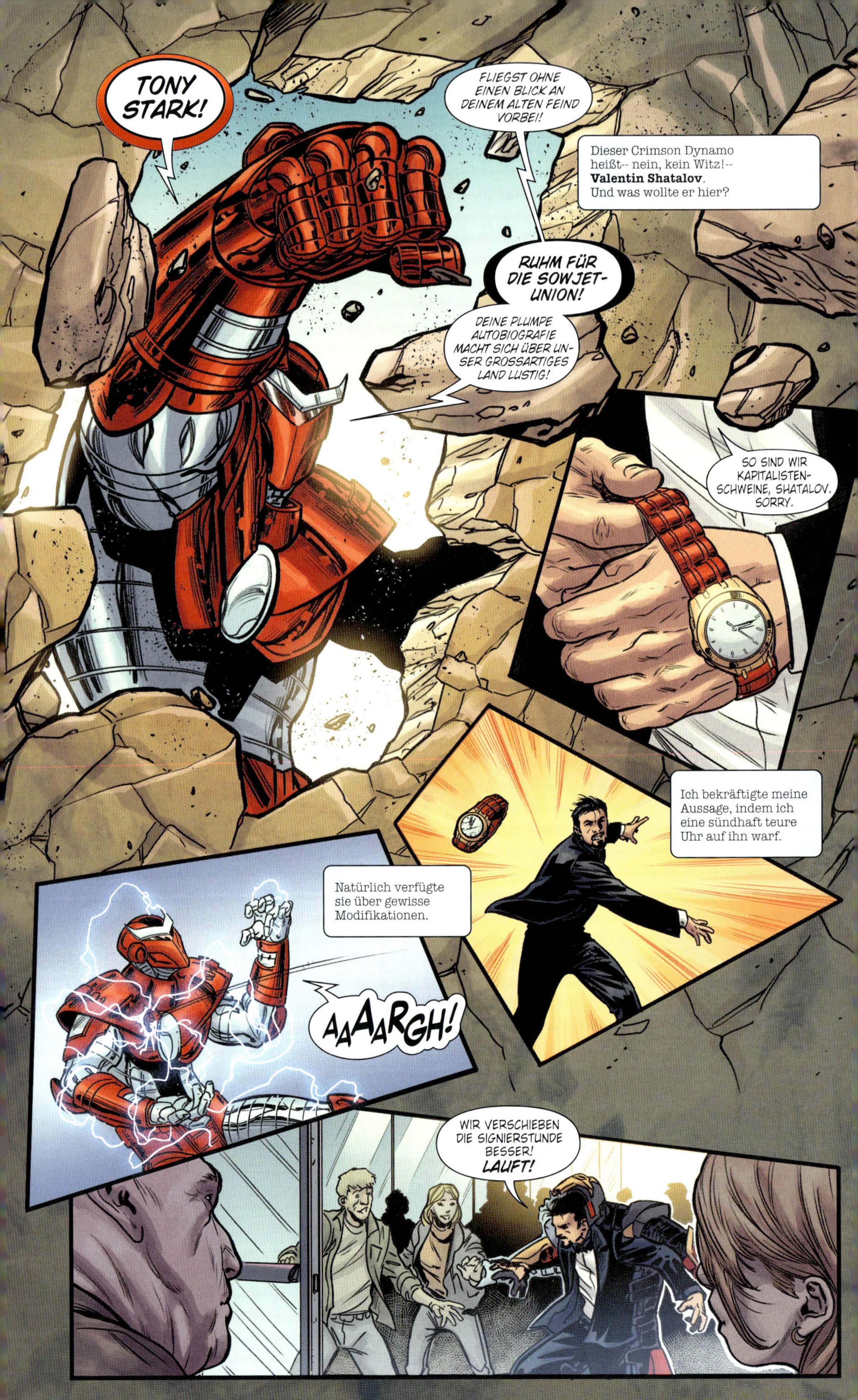
TONY STARK!
FLIEGST OHNE EINEN BLICK AN DEINEM ALTEN FEIND VORBEI!
Dieser Crimson Dynamo heißt-- nein, kein Witz!-- **Valentin Shatalov**. Und was wollte er hier?
RUHM FÜR DIE SOWJET-UNION!
DEINE PLUMPE AUTOBIOGRAFIE MACHT SICH ÜBER UNSER GROSSARTIGES LAND LUSTIG!
SO SIND WIR KAPITALISTEN-SCHWEINE, SHATALOV. SORRY.
Ich bekräftigte meine Aussage, indem ich eine sündhaft teure Uhr auf ihn warf.
Natürlich verfügte sie über gewisse Modifikationen.
AAAARGH!
WIR VERSCHIEBEN DIE SIGNIERSTUNDE BESSER! LAUFT!

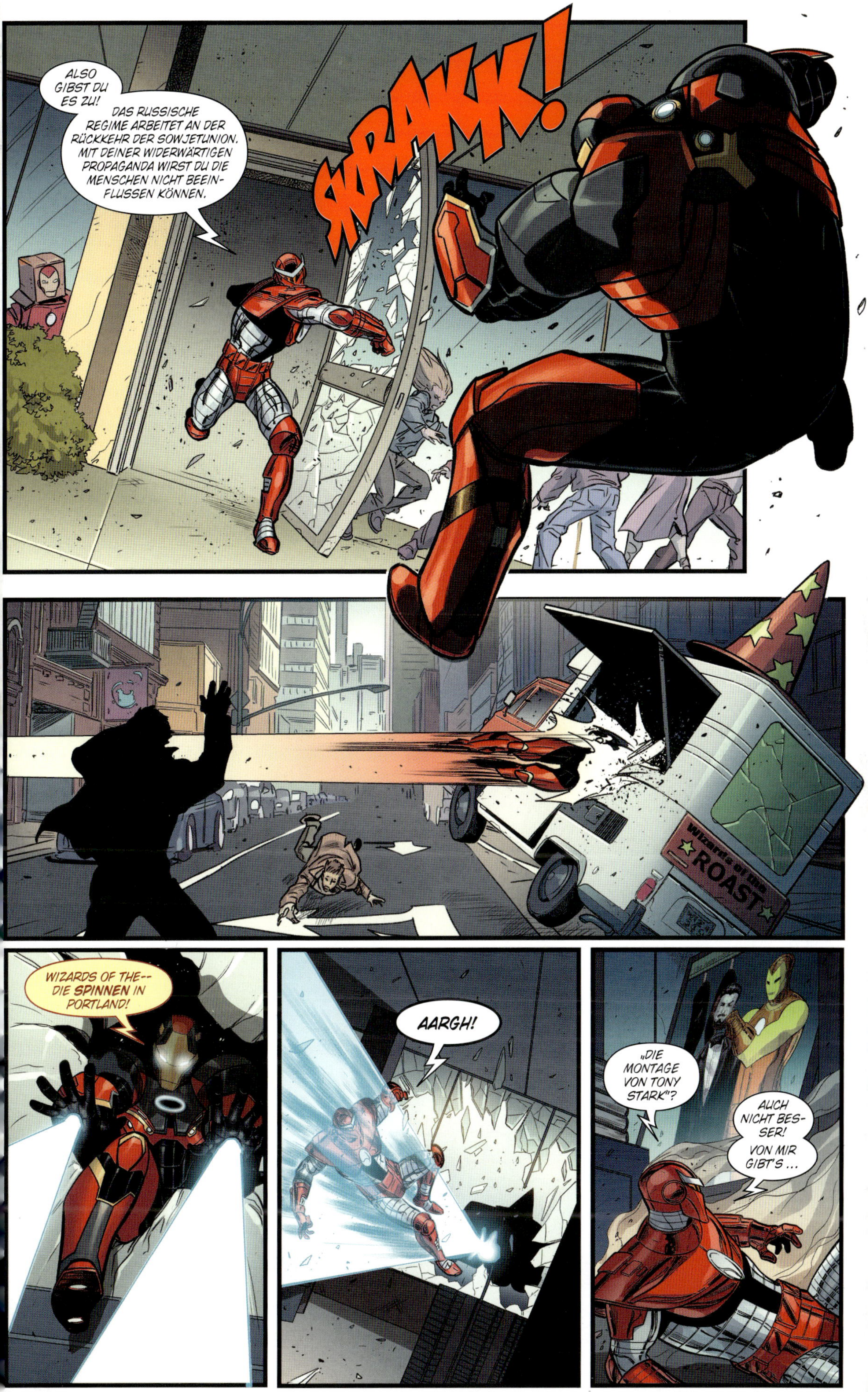

ALSO GIBST DU ES ZU!

DAS RUSSISCHE REGIME ARBEITET AN DER RÜCKKEHR DER SOWJETUNION. MIT DEINER WIDERWÄRTIGEN PROPAGANDA WIRST DU DIE MENSCHEN NICHT BEEIN-FLUSSEN KÖNNEN.

SKRAKK!

Wizards of the ROAST

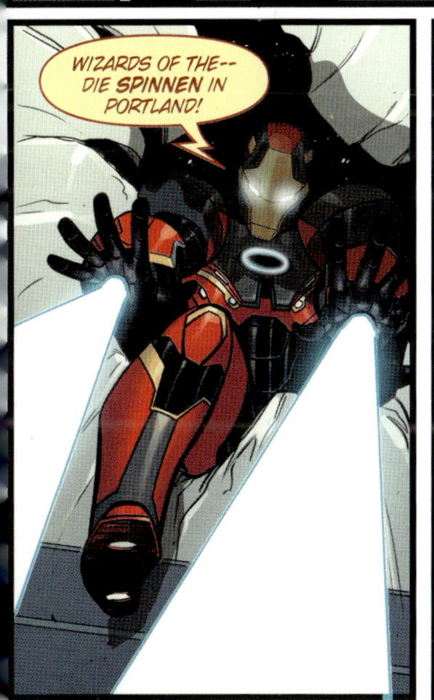

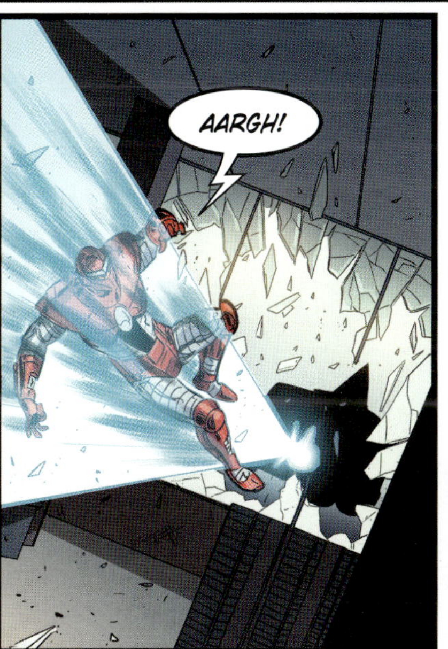

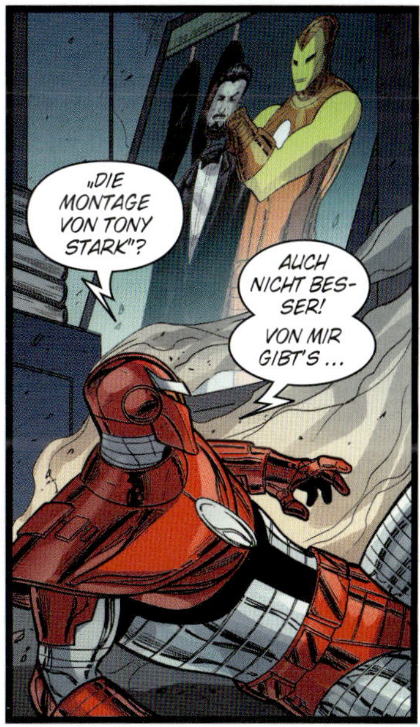

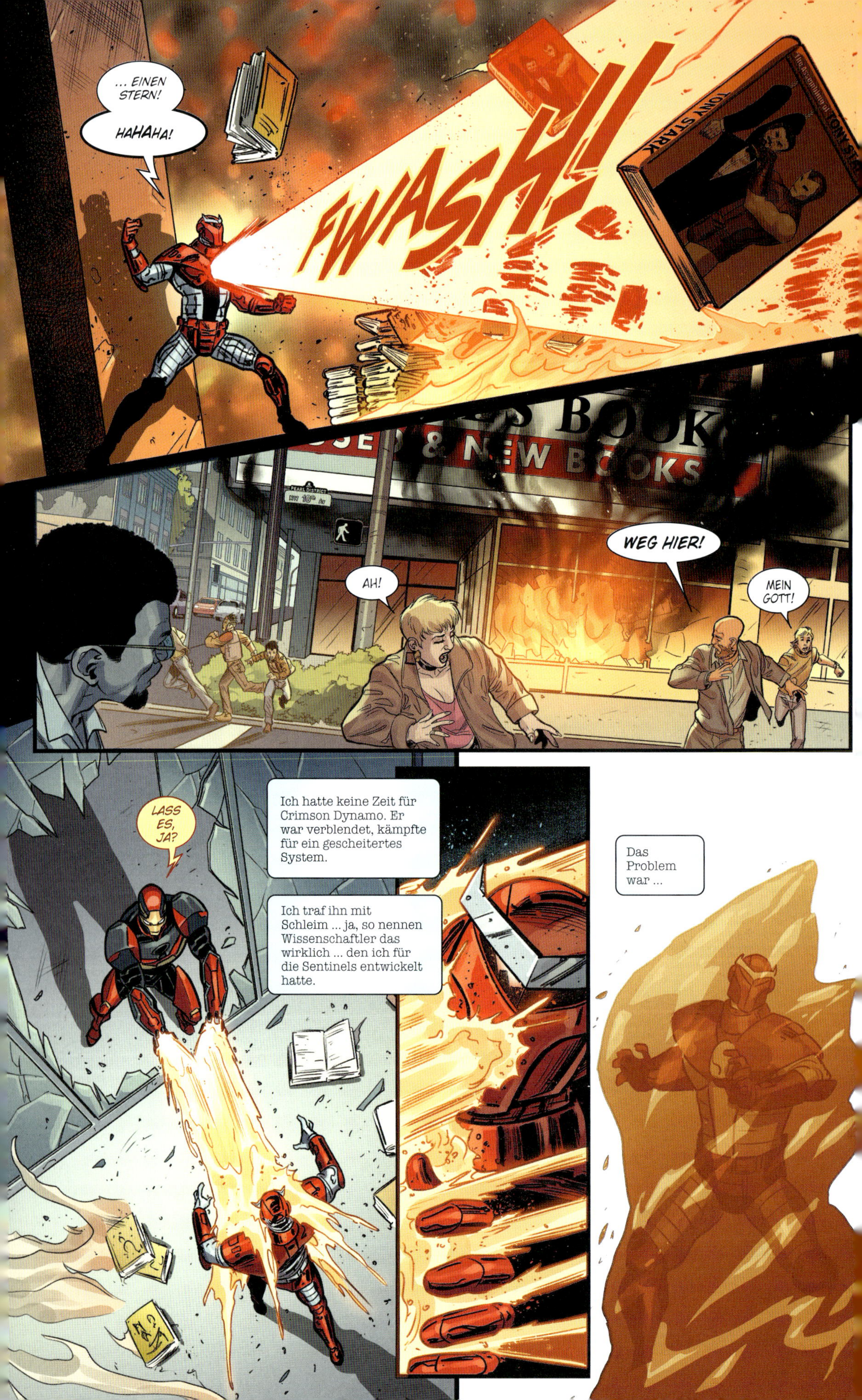
... EINEN STERN!
HAHAHA!
FWASH!
TONY STARK
AH!
WEG HIER!
MEIN GOTT!
LASS ES, JA?
Ich hatte keine Zeit für Crimson Dynamo. Er war verblendet, kämpfte für ein gescheitertes System.
Ich traf ihn mit Schleim ... ja, so nennen Wissenschaftler das wirklich ... den ich für die Sentinels entwickelt hatte.
Das Problem war ...

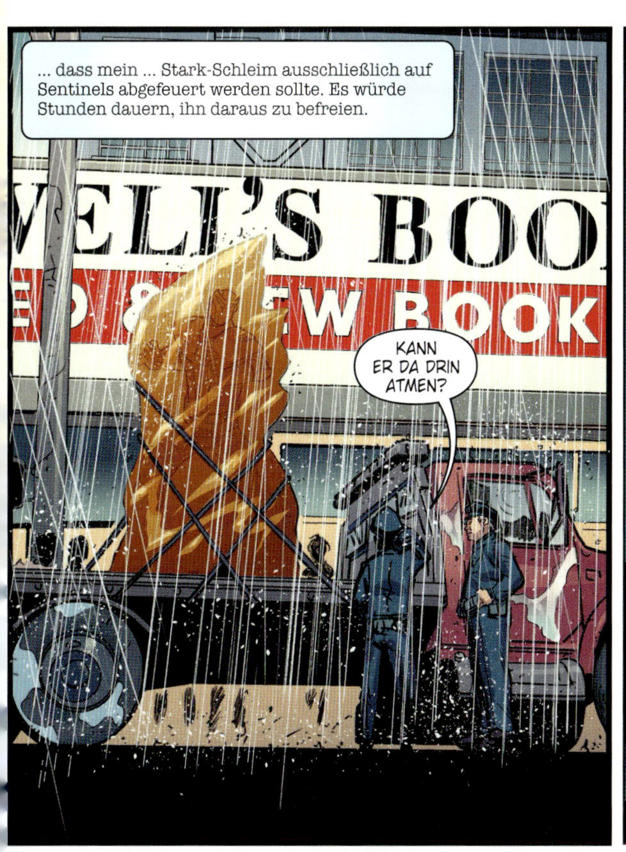
... dass mein ... Stark-Schleim ausschließlich auf Sentinels abgefeuert werden sollte. Es würde Stunden dauern, ihn daraus zu befreien.
KANN ER DA DRIN ATMEN?

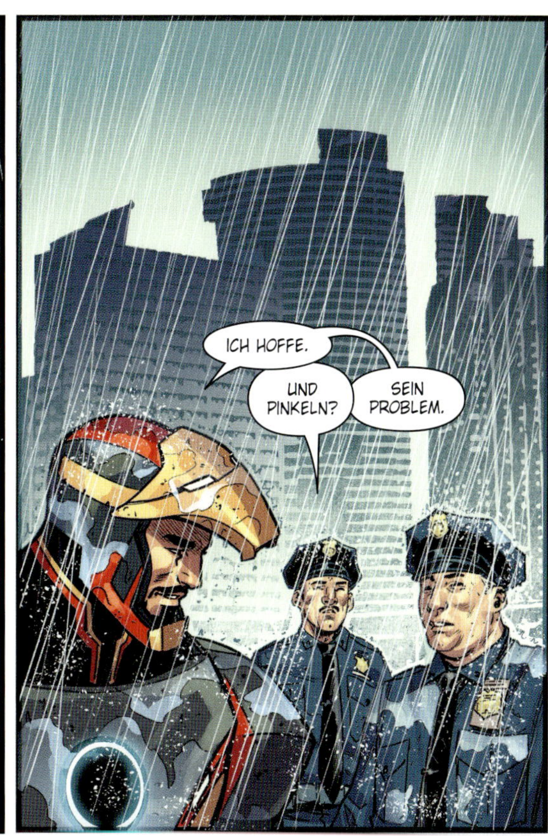
ICH HOFFE.
UND PINKELN?
SEIN PROBLEM.

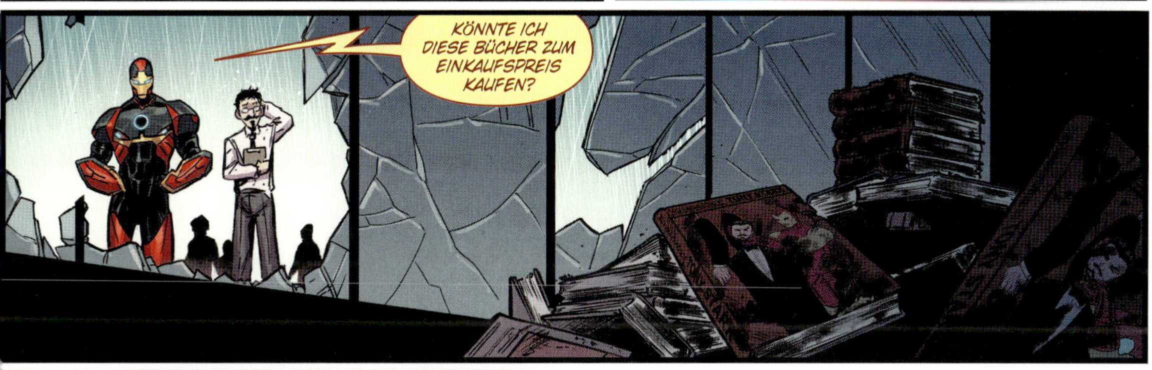
KÖNNTE ICH DIESE BÜCHER ZUM EINKAUFSPREIS KAUFEN?

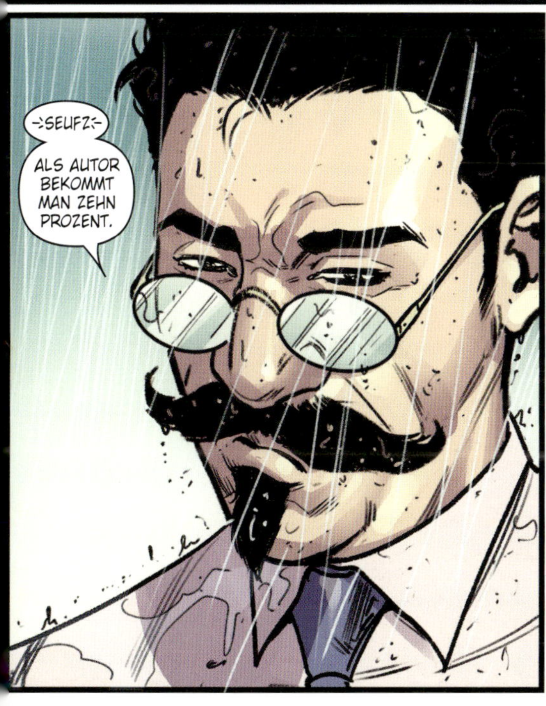
-SEUFZ-
ALS AUTOR BEKOMMT MAN ZEHN PROZENT.

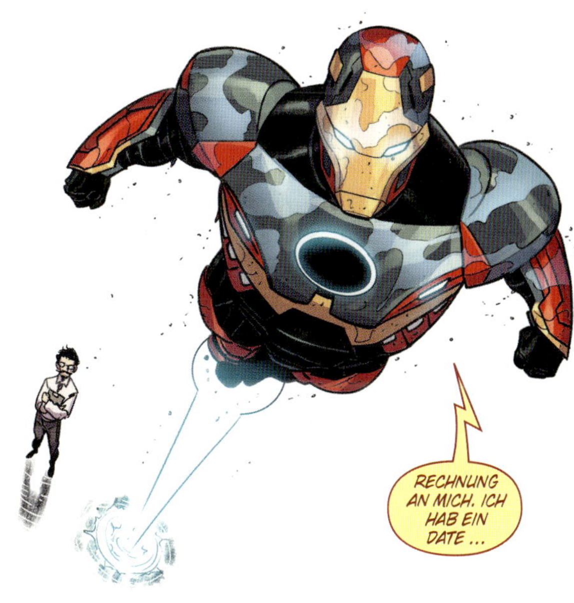
RECHNUNG AN MICH. ICH HAB EIN DATE ...

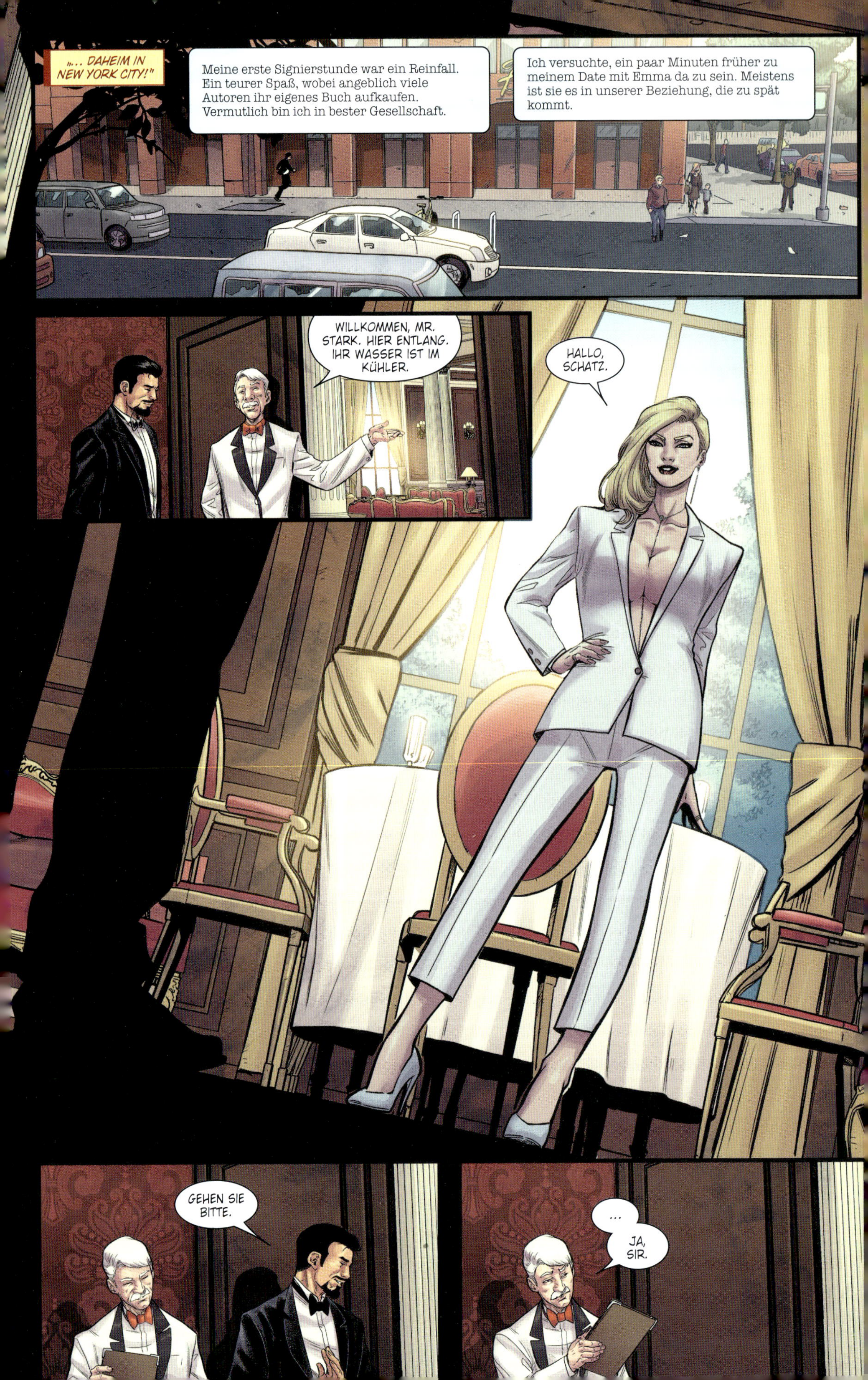
"... DAHEIM IN NEW YORK CITY!"
Meine erste Signierstunde war ein Reinfall. Ein teurer Spaß, wobei angeblich viele Autoren ihr eigenes Buch aufkaufen. Vermutlich bin ich in bester Gesellschaft.
Ich versuchte, ein paar Minuten früher zu meinem Date mit Emma da zu sein. Meistens ist sie es in unserer Beziehung, die zu spät kommt.
WILLKOMMEN, MR. STARK. HIER ENTLANG. IHR WASSER IST IM KÜHLER.
HALLO, SCHATZ.
GEHEN SIE BITTE.
...
JA, SIR.

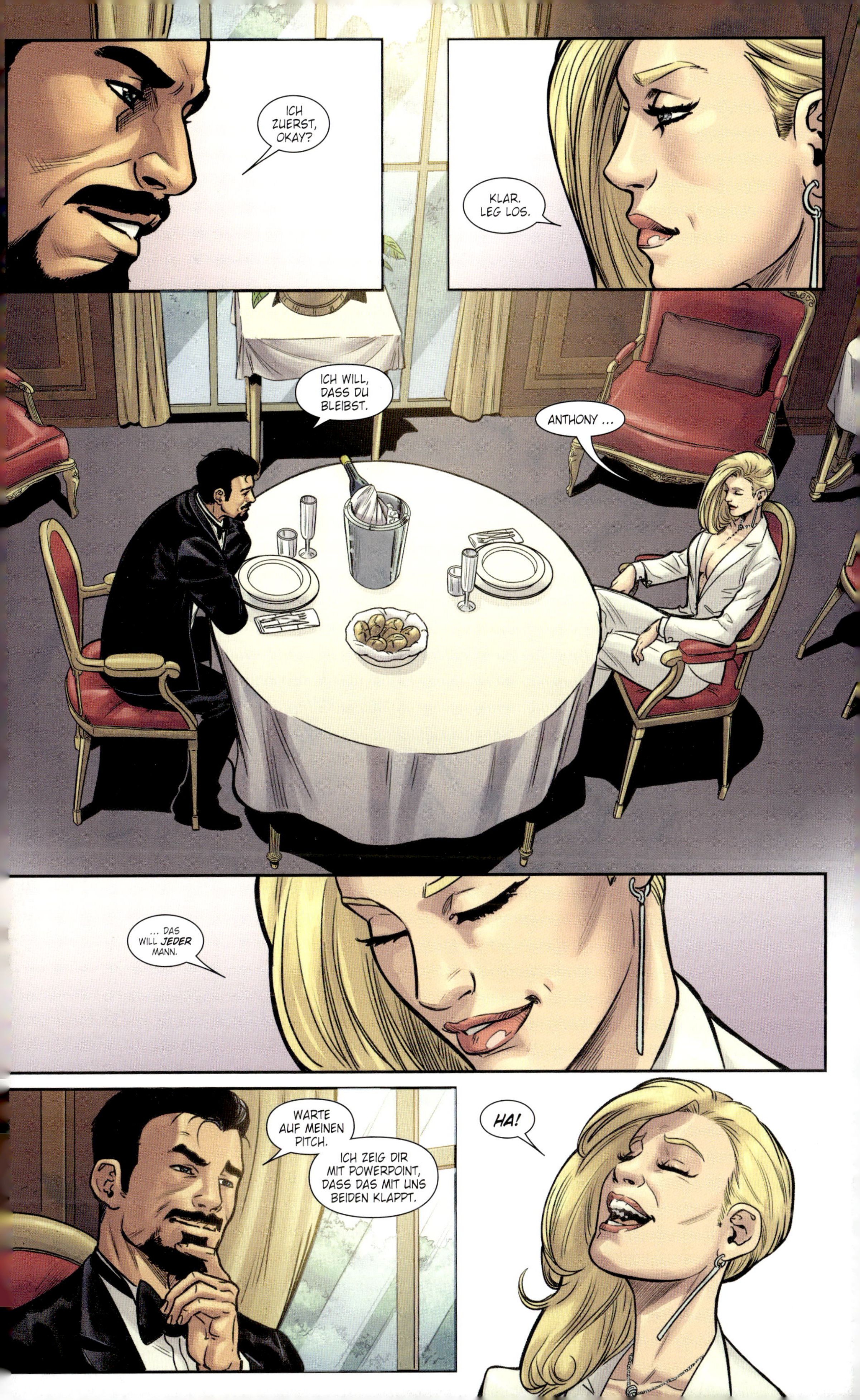
ICH ZUERST, OKAY?
KLAR. LEG LOS.
ICH WILL, DASS DU BLEIBST.
ANTHONY ...
... DAS WILL JEDER MANN.
WARTE AUF MEINEN PITCH.
ICH ZEIG DIR MIT POWERPOINT, DASS DAS MIT UNS BEIDEN KLAPPT.
HA!

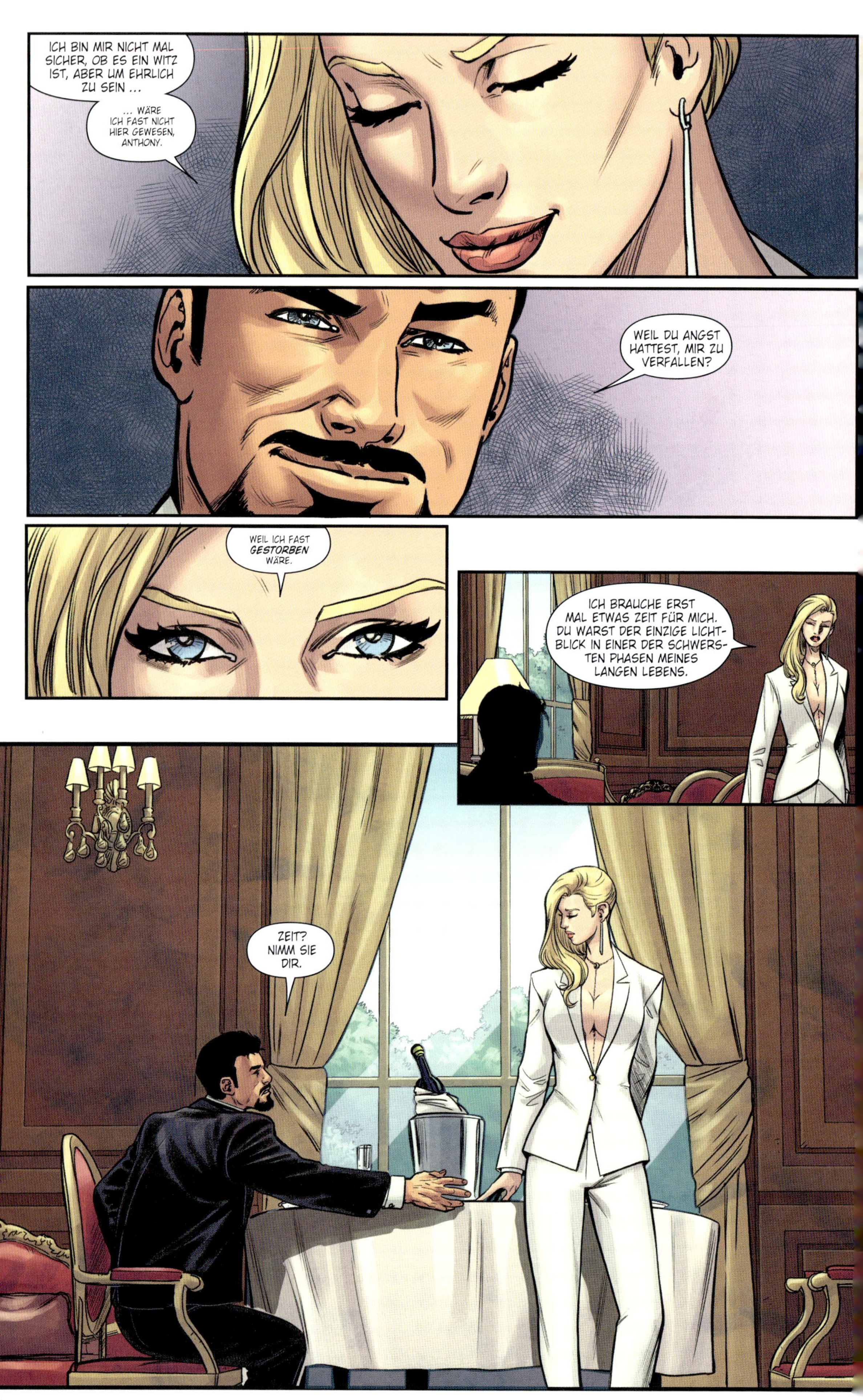
ICH BIN MIR NICHT MAL SICHER, OB ES EIN WITZ IST, ABER UM EHRLICH ZU SEIN …
… WÄRE ICH FAST NICHT HIER GEWESEN, ANTHONY.
WEIL DU ANGST HATTEST, MIR ZU VERFALLEN?
WEIL ICH FAST GESTORBEN WÄRE.
ICH BRAUCHE ERST MAL ETWAS ZEIT FÜR MICH. DU WARST DER EINZIGE LICHT-BLICK IN EINER DER SCHWERS-TEN PHASEN MEINES LANGEN LEBENS.
ZEIT? NIMM SIE DIR.

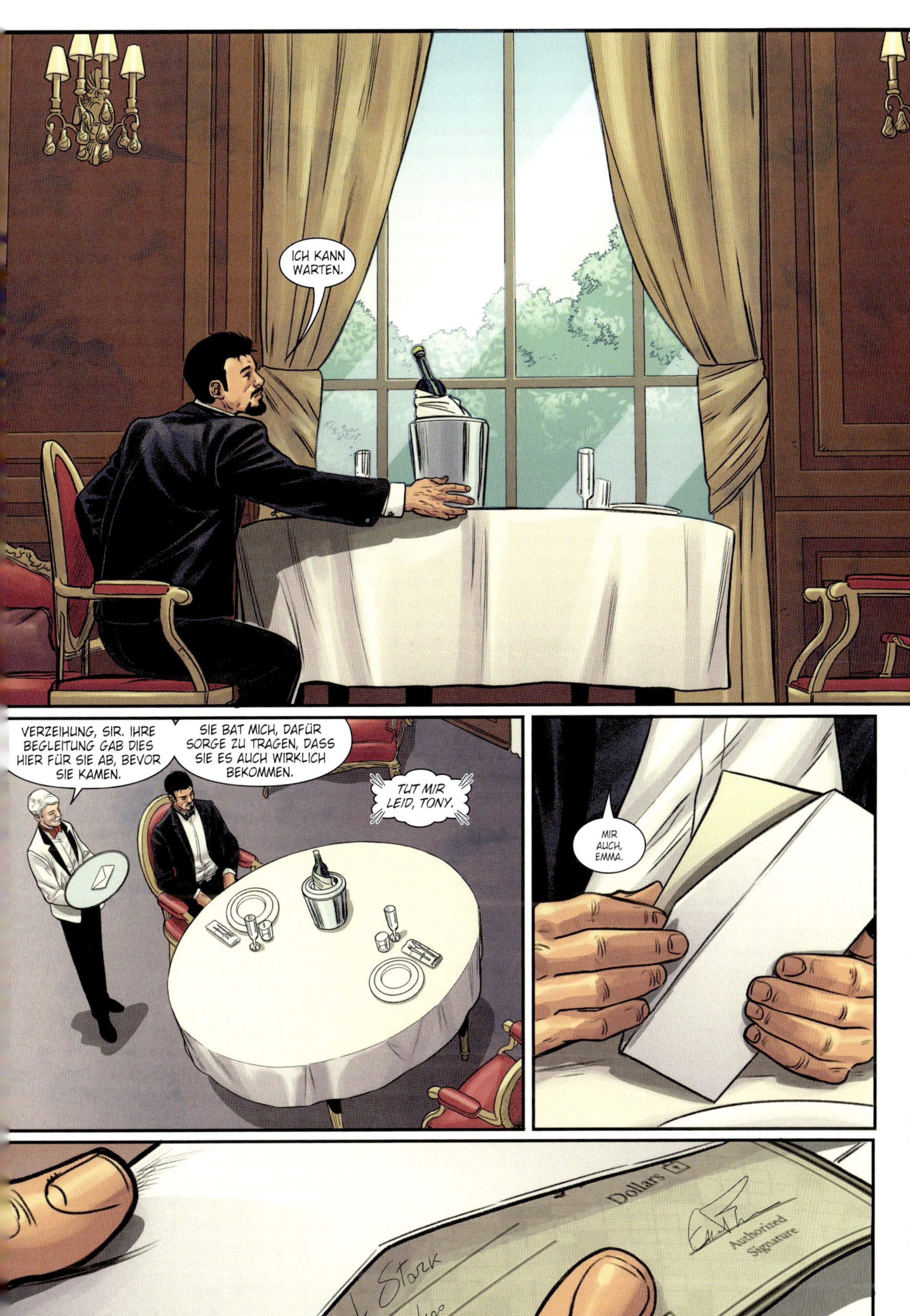
ICH KANN WARTEN.
VERZEIHUNG, SIR. IHRE BEGLEITUNG GAB DIES HIER FÜR SIE AB, BEVOR SIE KAMEN.
SIE BAT MICH, DAFÜR SORGE ZU TRAGEN, DASS SIE ES AUCH WIRKLICH BEKOMMEN.
TUT MIR LEID, TONY.
MIR AUCH, EMMA.
Dollars
Authorized Signature
So viel Geld hatte ich lange nicht besessen ...

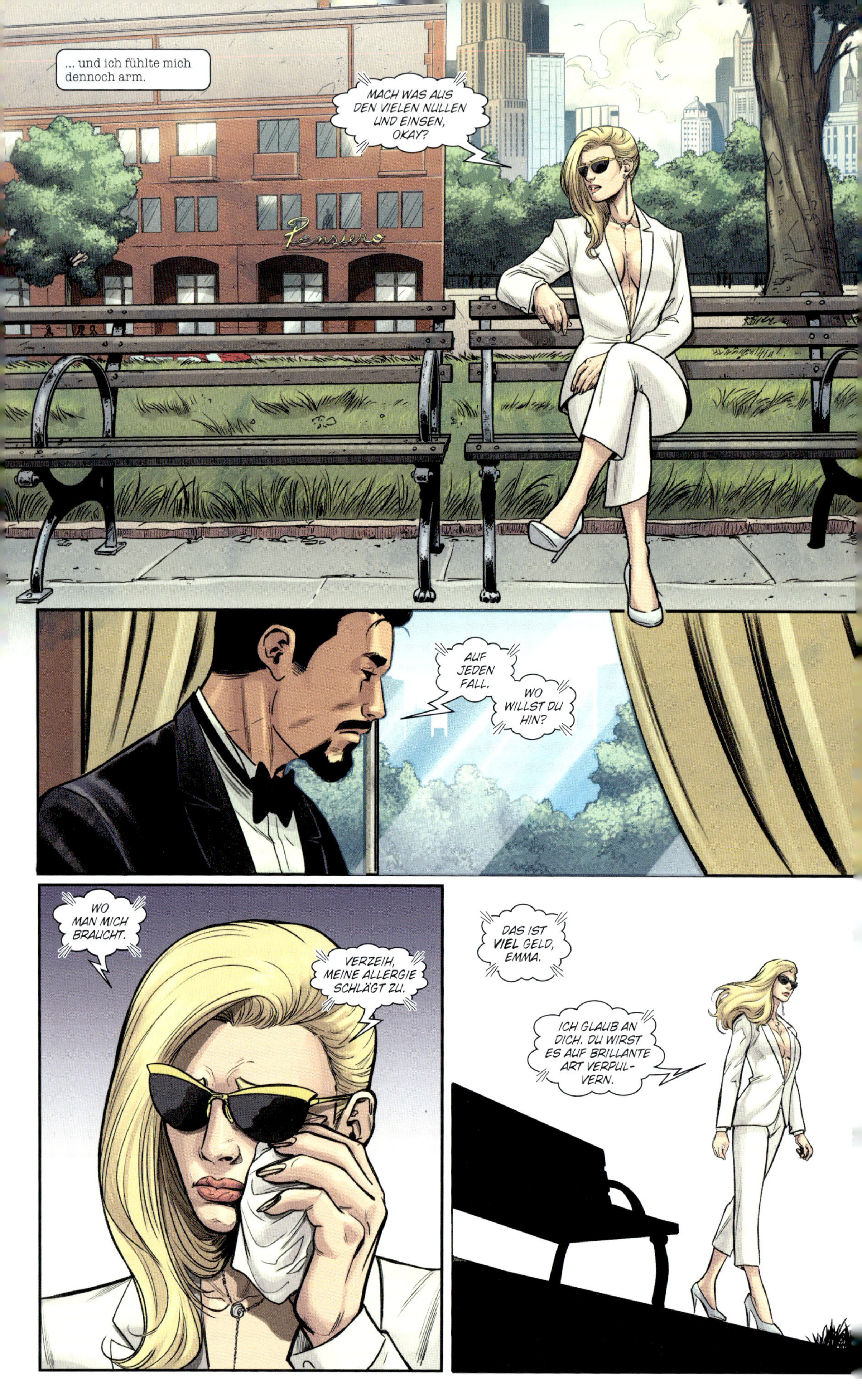

... und ich fühlte mich dennoch arm.

MACH WAS AUS DEN VIELEN NULLEN UND EINSEN, OKAY?

AUF JEDEN FALL.

WO WILLST DU HIN?

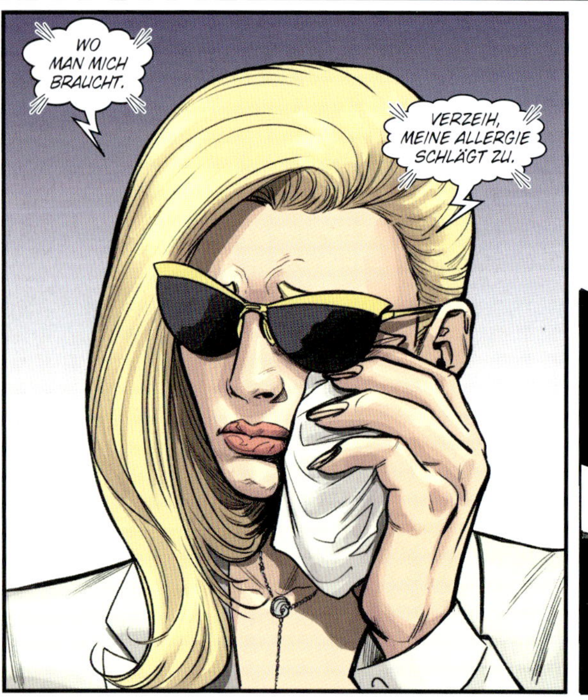

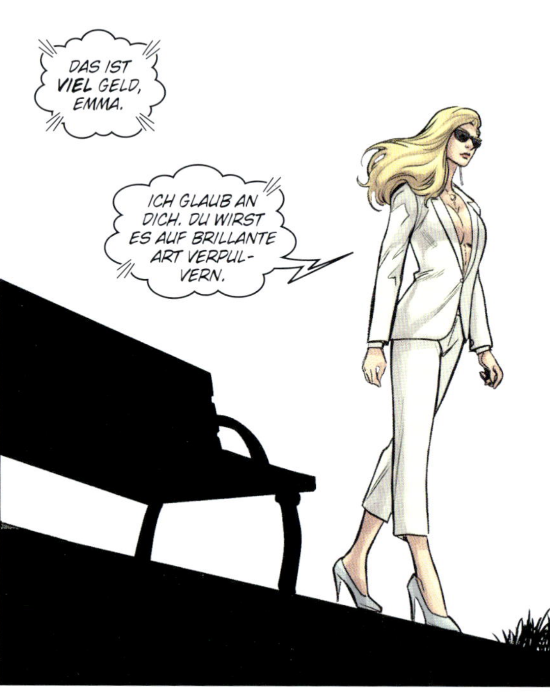

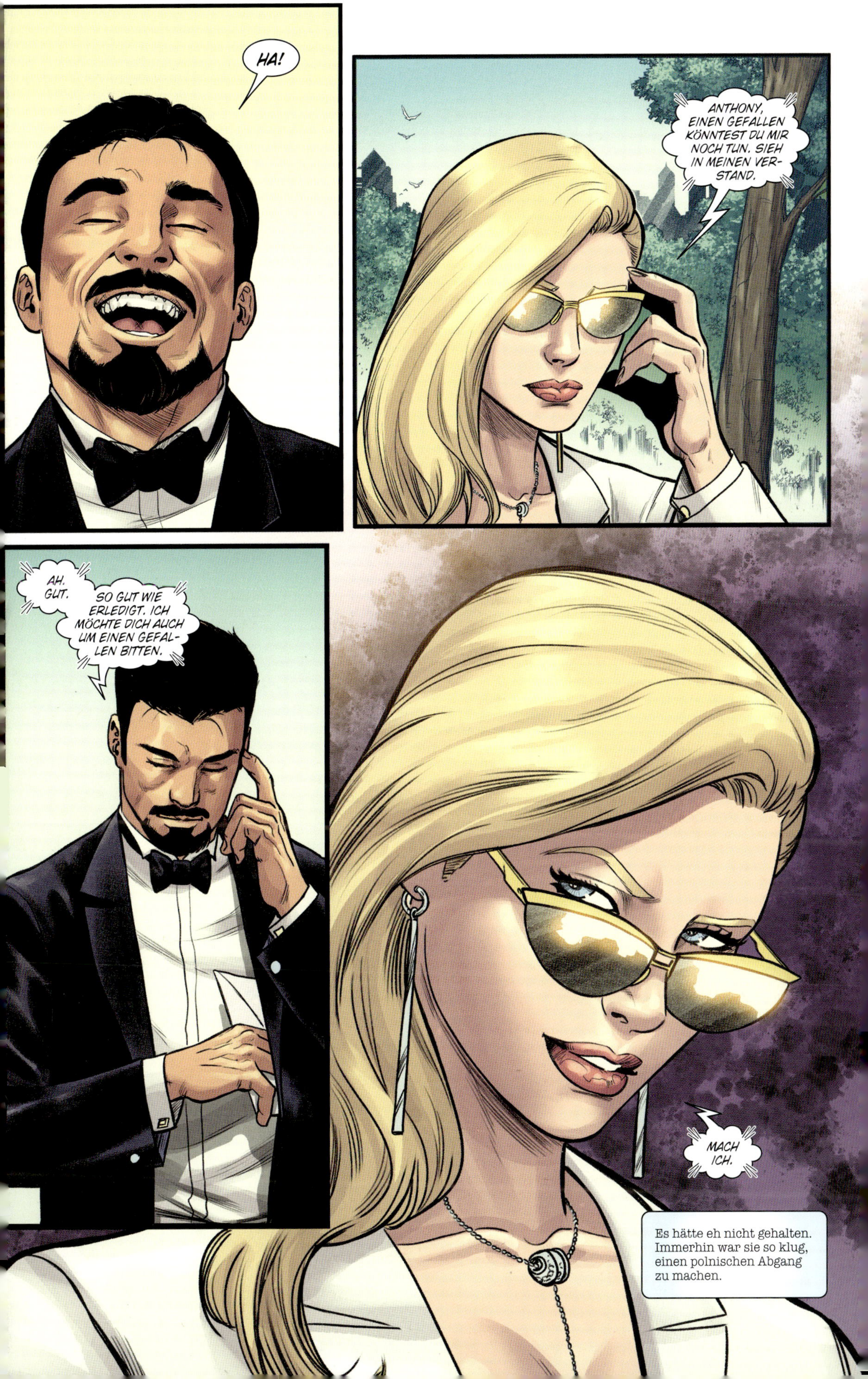

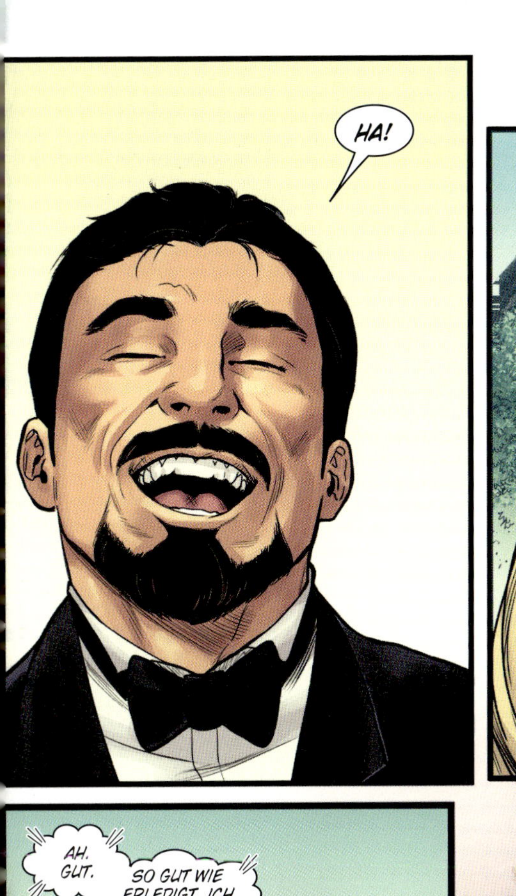

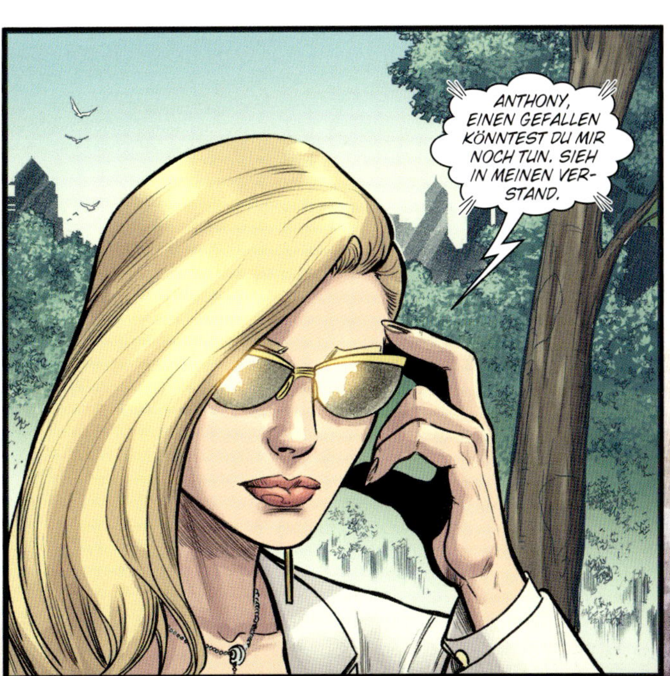

AH. GUT.

SO GUT WIE ERLEDIGT. ICH MÖCHTE DICH AUCH UM EINEN GEFALLEN BITTEN.

MACH ICH.

Es hätte eh nicht gehalten. Immerhin war sie so klug, einen polnischen Abgang zu machen.

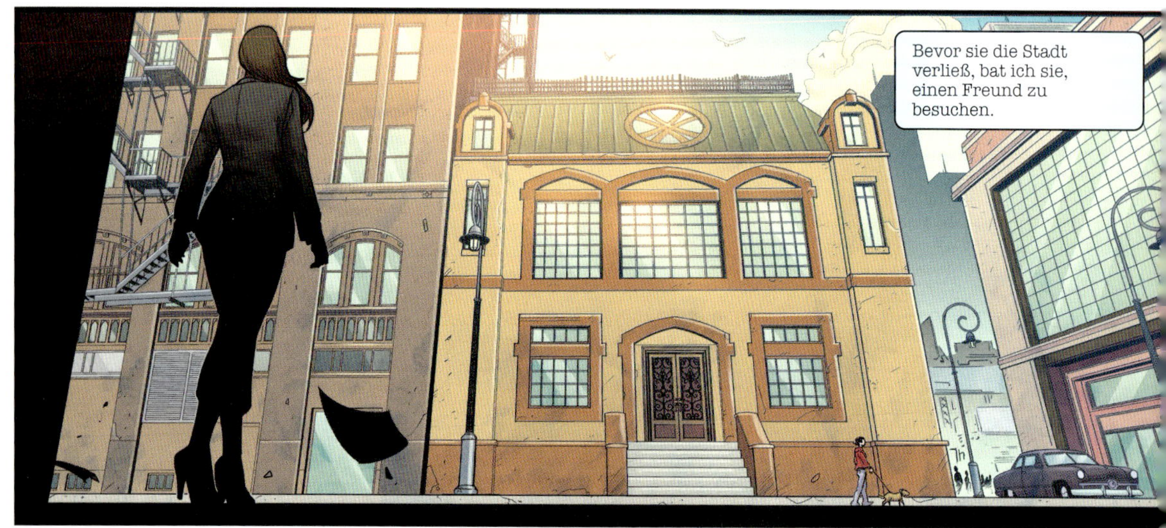
Bevor sie die Stadt verließ, bat ich sie, einen Freund zu besuchen.

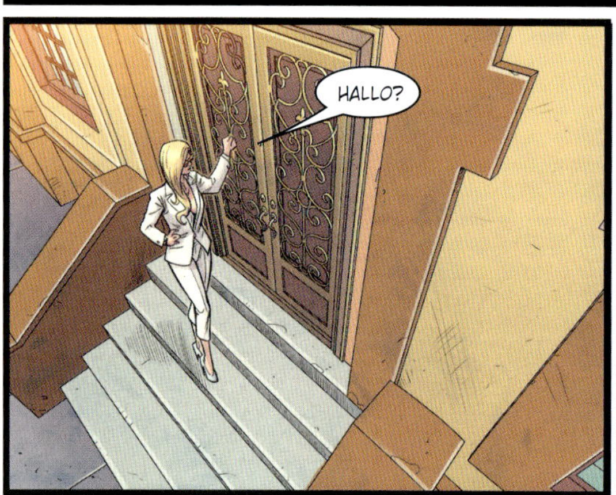
HALLO?

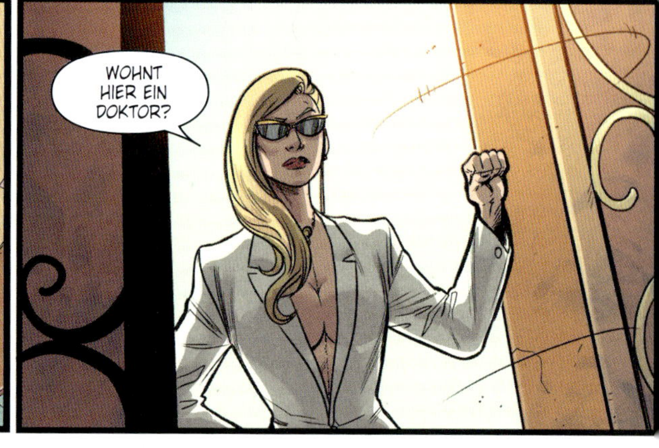
WOHNT HIER EIN DOKTOR?

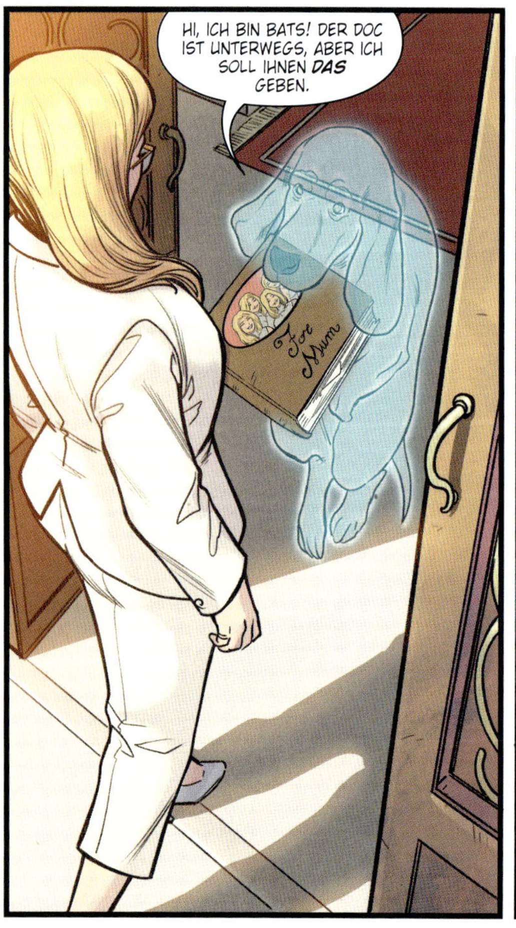
HI, ICH BIN BATS! DER DOC IST UNTERWEGS, ABER ICH SOLL IHNEN **DAS** GEBEN.
For Mum

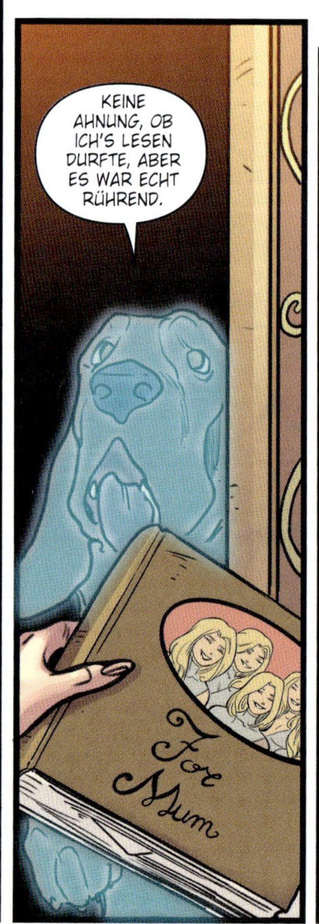
KEINE AHNUNG, OB ICH'S LESEN DURFTE, ABER ES WAR ECHT RÜHREND.
For Mum

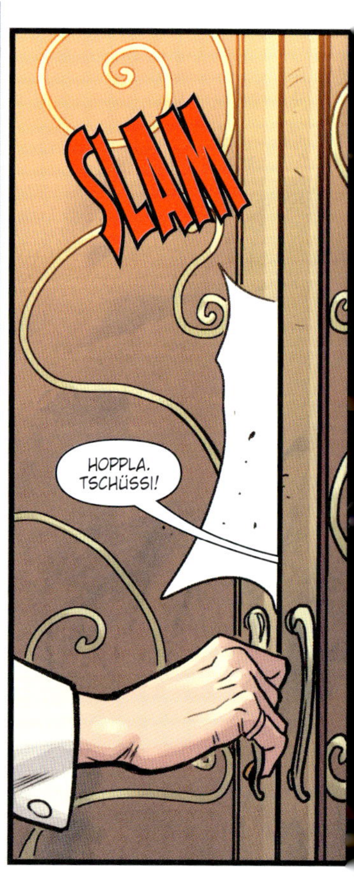
SLAM
HOPPLA. TSCHÜSSI!

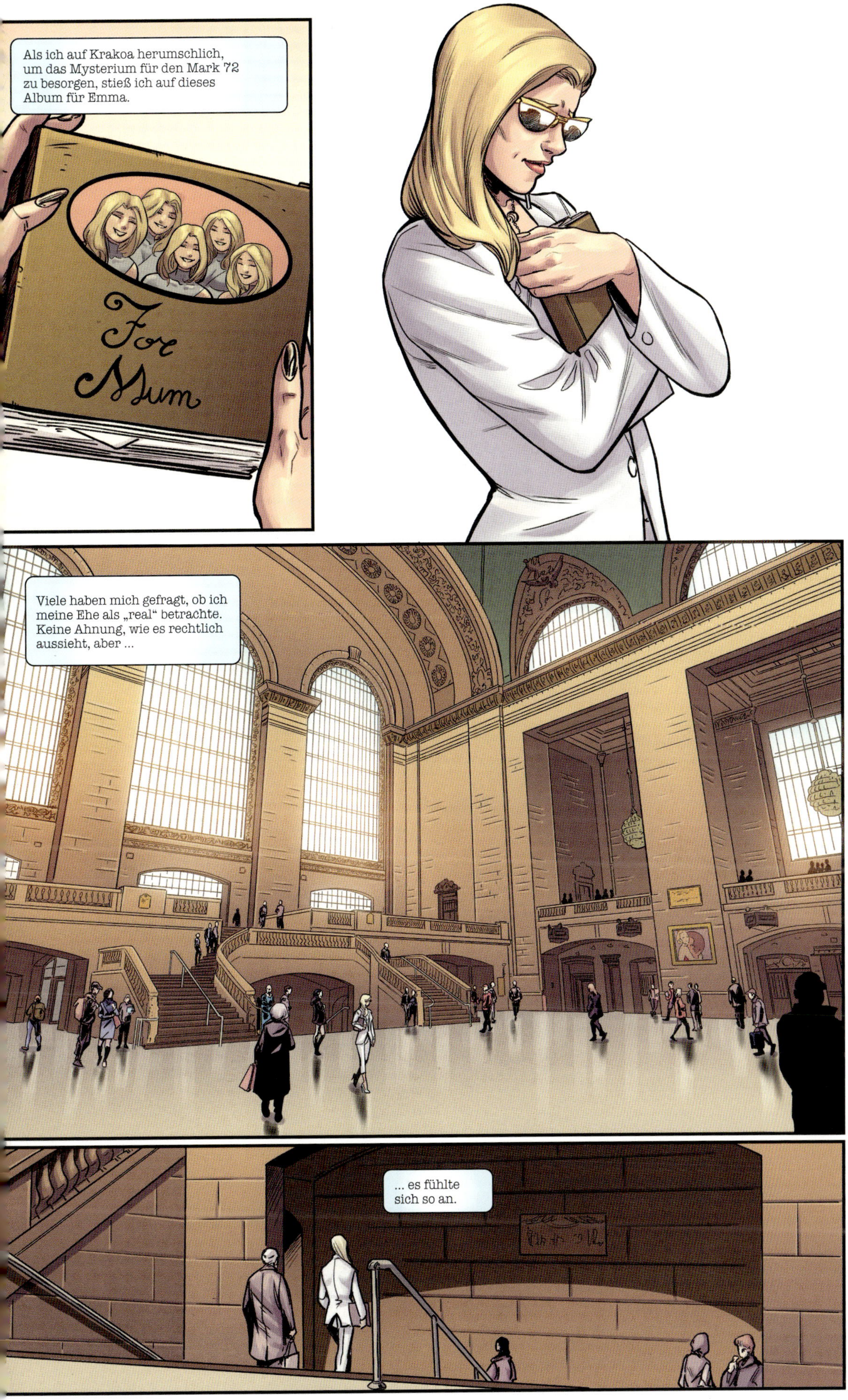

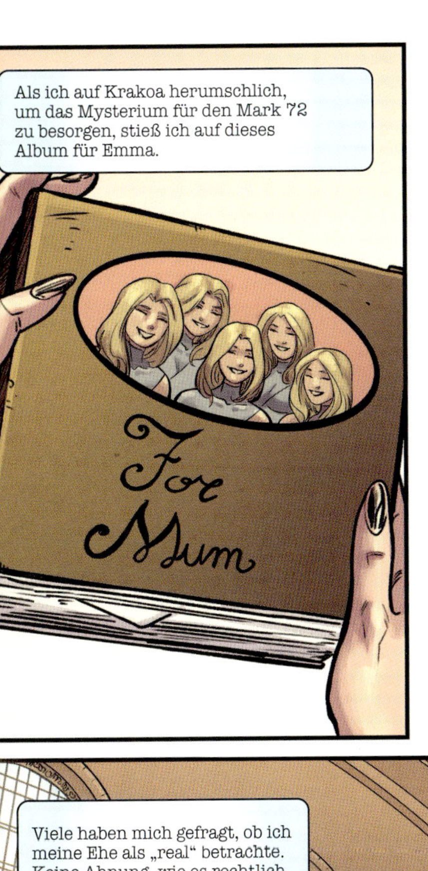

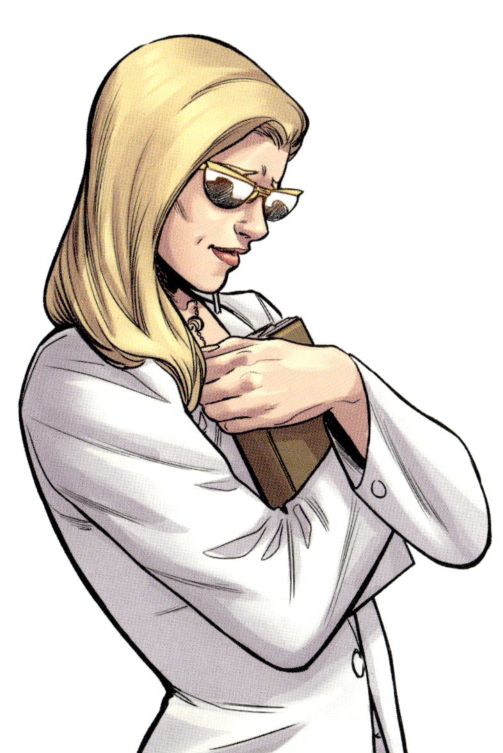

Viele haben mich gefragt, ob ich meine Ehe als „real“ betrachte. Keine Ahnung, wie es rechtlich aussieht, aber ...

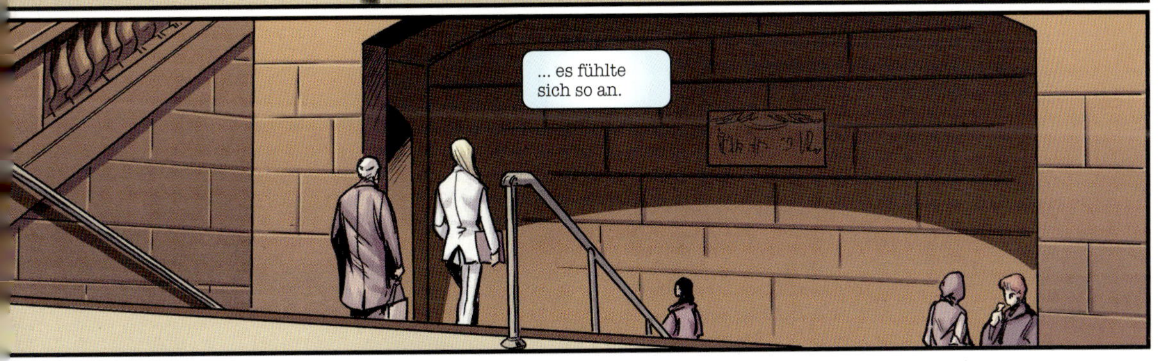

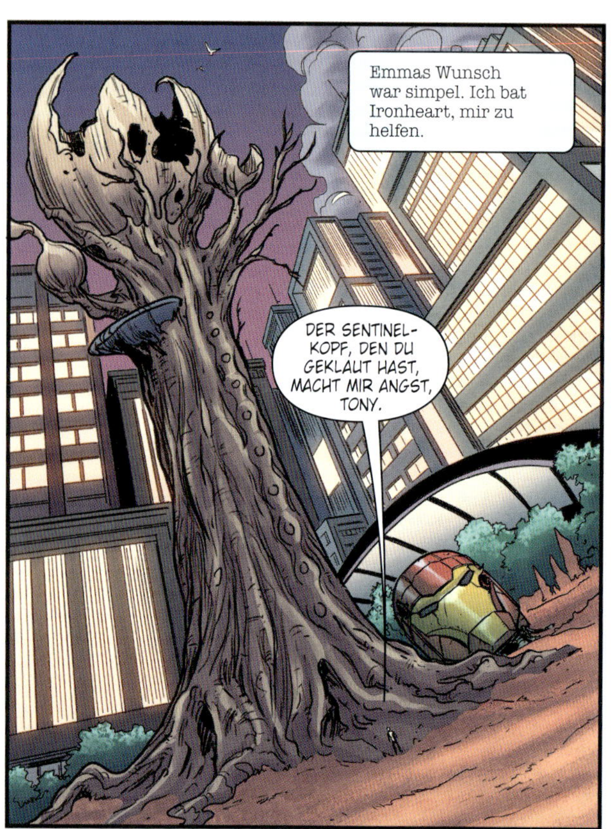
Emmas Wunsch war simpel. Ich bat Ironheart, mir zu helfen.
DER SENTINEL-KOPF, DEN DU GEKLAUT HAST, MACHT MIR ANGST, TONY.

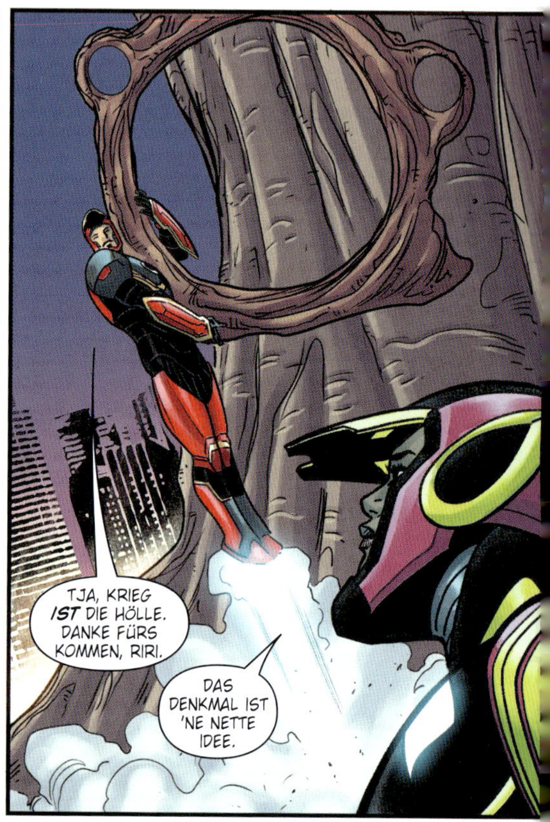
TJA, KRIEG IST DIE HÖLLE. DANKE FÜRS KOMMEN, RIRI.
DAS DENKMAL IST 'NE NETTE IDEE.

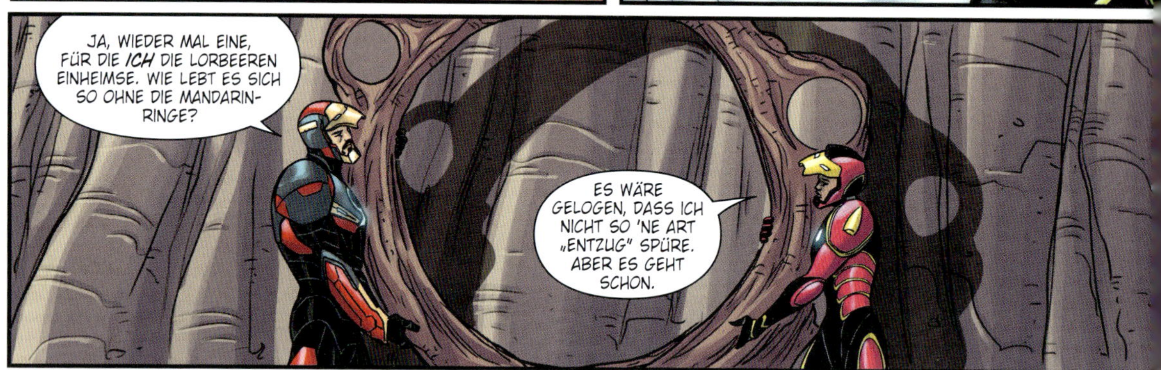
JA, WIEDER MAL EINE, FÜR DIE ICH DIE LORBEEREN EINHEIMSE. WIE LEBT ES SICH SO OHNE DIE MANDARIN-RINGE?
ES WÄRE GELOGEN, DASS ICH NICHT SO 'NE ART „ENTZUG" SPÜRE. ABER ES GEHT SCHON.

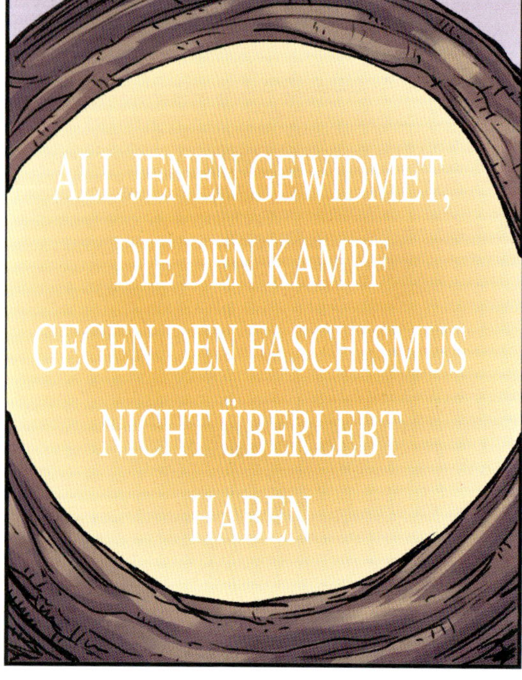
ALL JENEN GEWIDMET, DIE DEN KAMPF GEGEN DEN FASCHISMUS NICHT ÜBERLEBT HABEN

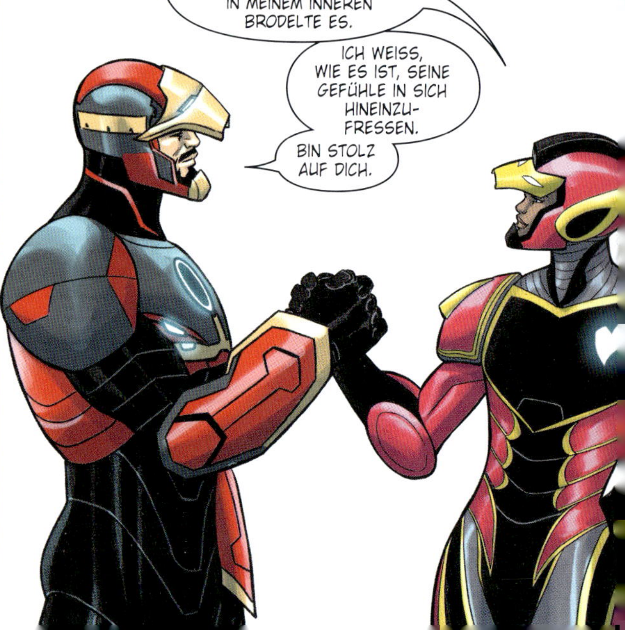
ICH REDETE MIR EIN, ALLES UNTER KONTROLLE ZU HABEN. PURE FASSADE. IN MEINEM INNEREN BRODELTE ES.
ICH WEISS, WIE ES IST, SEINE GEFÜHLE IN SICH HINEINZU-FRESSEN.
BIN STOLZ AUF DICH.

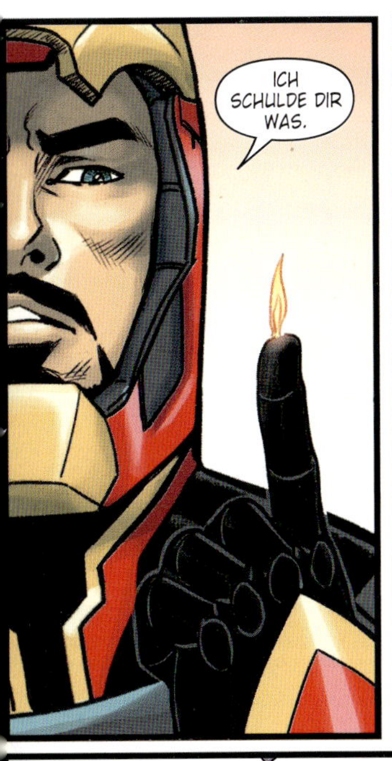
ICH SCHULDE DIR WAS.

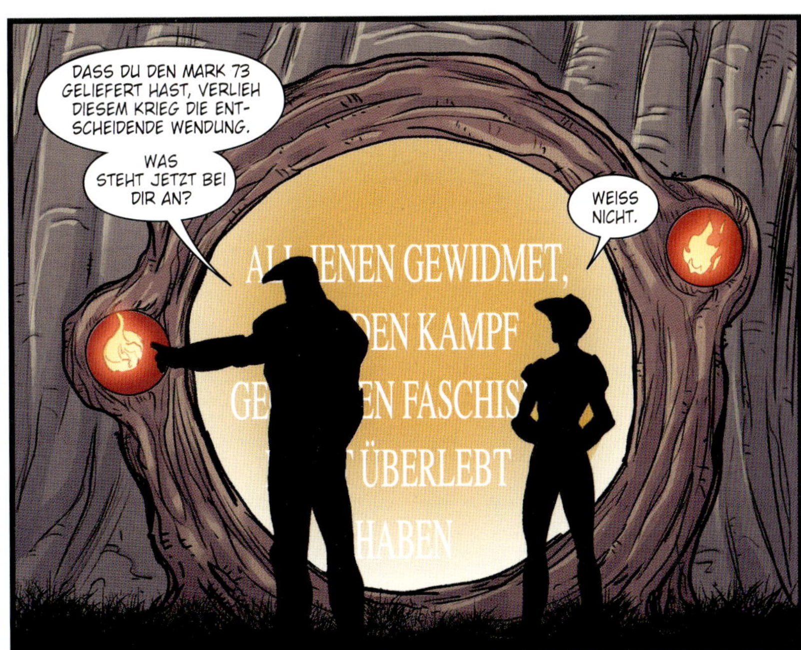
DASS DU DEN MARK 73 GELIEFERT HAST, VERLIEH DIESEM KRIEG DIE ENTSCHEIDENDE WENDUNG.
WAS STEHT JETZT BEI DIR AN?
WEISS NICHT.

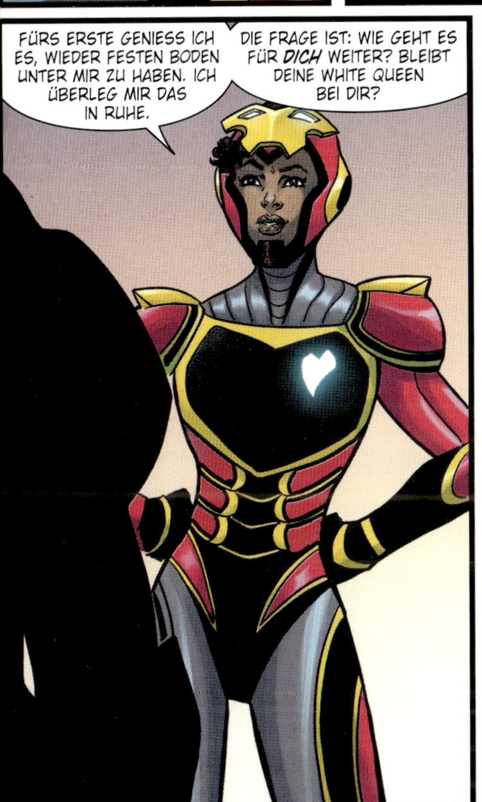
FÜRS ERSTE GENIESS ICH ES, WIEDER FESTEN BODEN UNTER MIR ZU HABEN. ICH ÜBERLEG MIR DAS IN RUHE.
DIE FRAGE IST: WIE GEHT ES FÜR *DICH* WEITER? BLEIBT DEINE WHITE QUEEN BEI DIR?

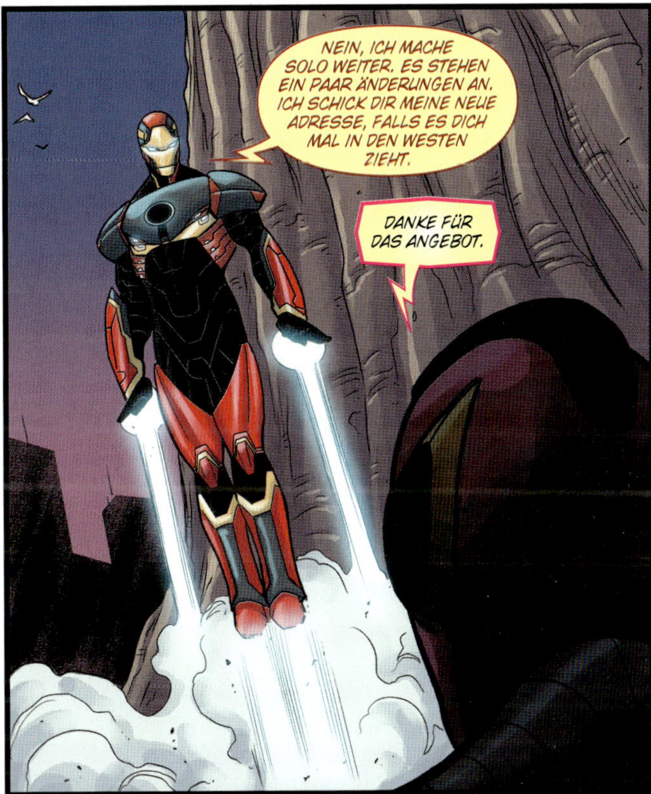
NEIN, ICH MACHE SOLO WEITER. ES STEHEN EIN PAAR ÄNDERUNGEN AN. ICH SCHICK DIR MEINE NEUE ADRESSE, FALLS ES DICH MAL IN DEN WESTEN ZIEHT.
DANKE FÜR DAS ANGEBOT.

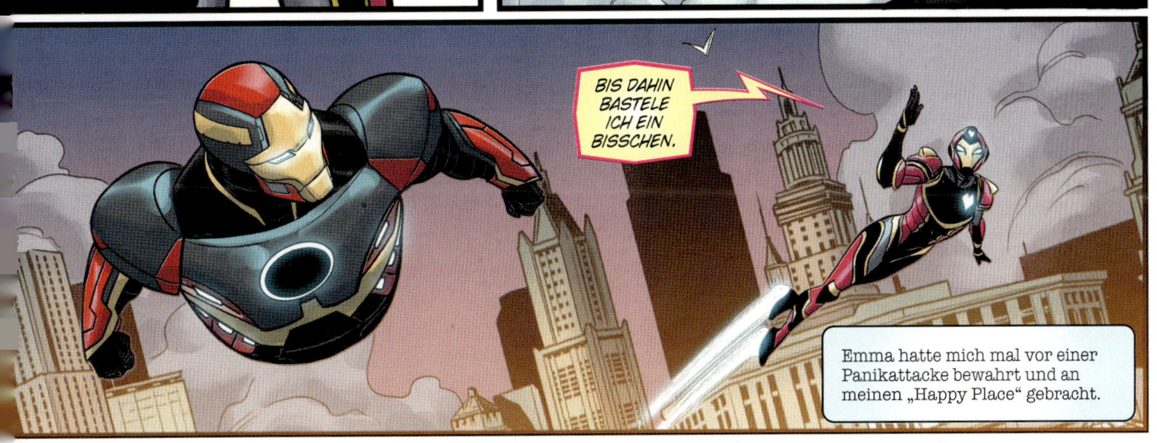
BIS DAHIN BASTELE ICH EIN BISSCHEN.
Emma hatte mich mal vor einer Panikattacke bewahrt und an meinen „Happy Place“ gebracht.

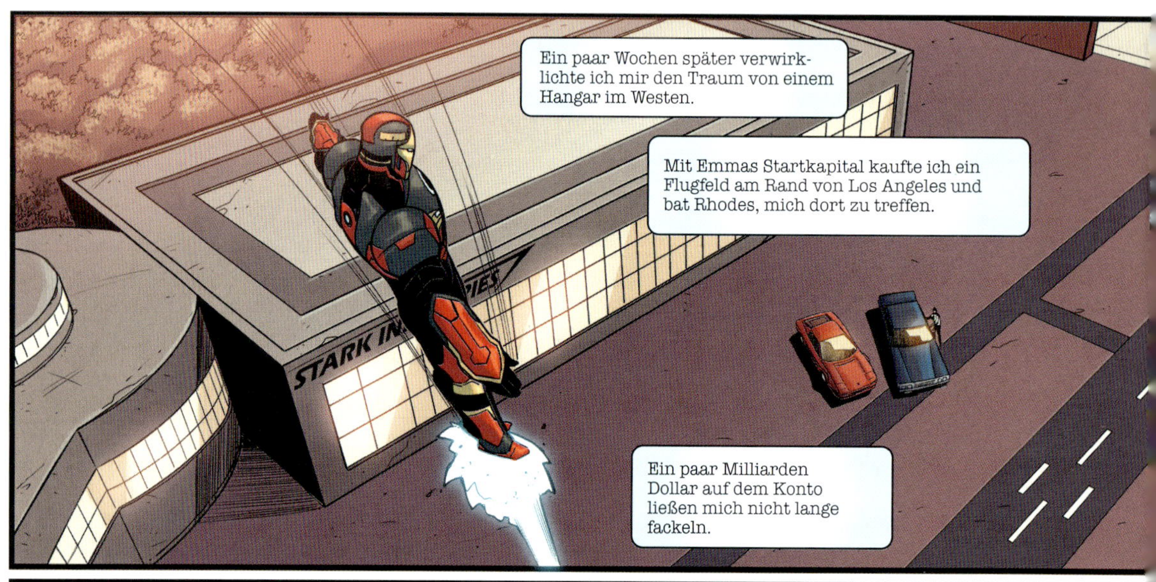
Ein paar Wochen später verwirklichte ich mir den Traum von einem Hangar im Westen.
Mit Emmas Startkapital kaufte ich ein Flugfeld am Rand von Los Angeles und bat Rhodes, mich dort zu treffen.
Ein paar Milliarden Dollar auf dem Konto ließen mich nicht lange fackeln.

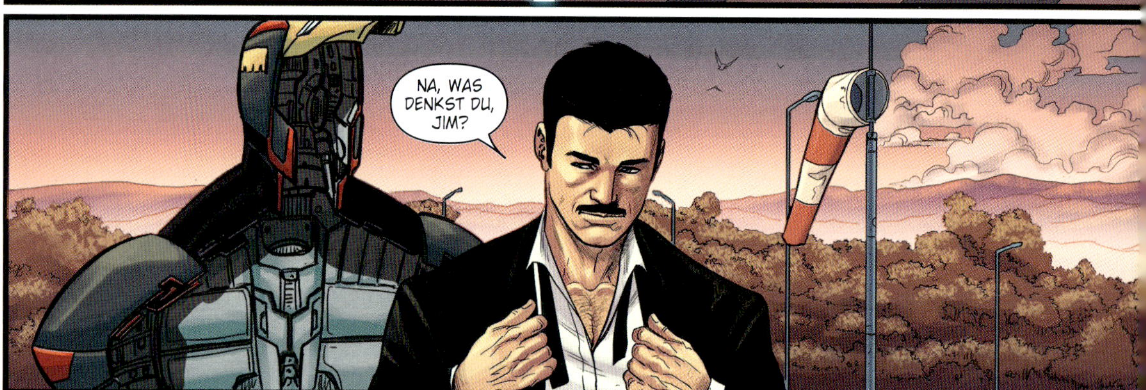
NA, WAS DENKST DU, JIM?

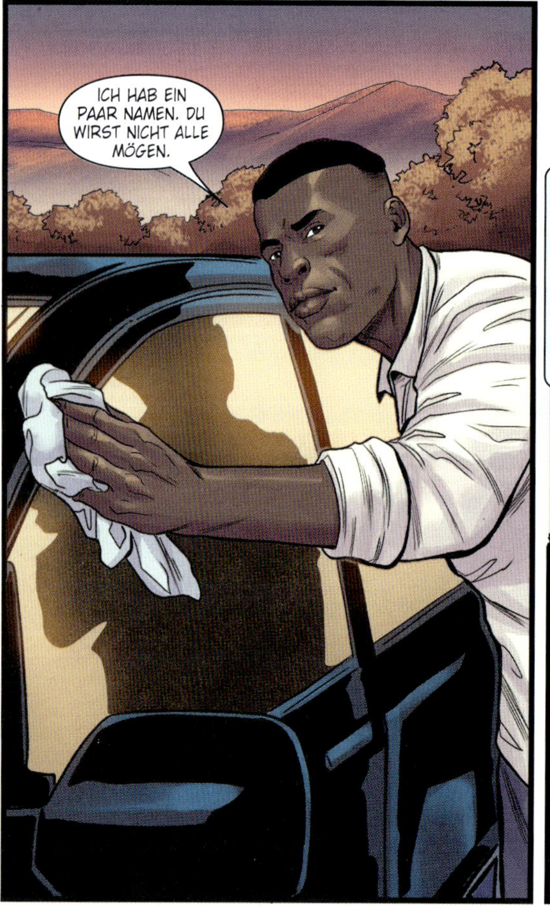
ICH HAB EIN PAAR NAMEN. DU WIRST NICHT ALLE MÖGEN.

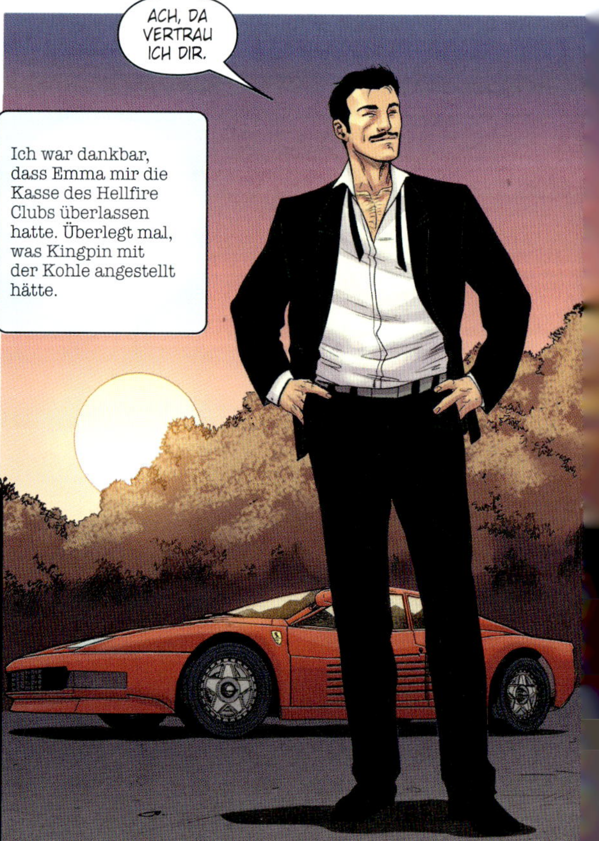
ACH, DA VERTRAU ICH DIR.
Ich war dankbar, dass Emma mir die Kasse des Hellfire Clubs überlassen hatte. Überlegt mal, was Kingpin mit der Kohle angestellt hätte.

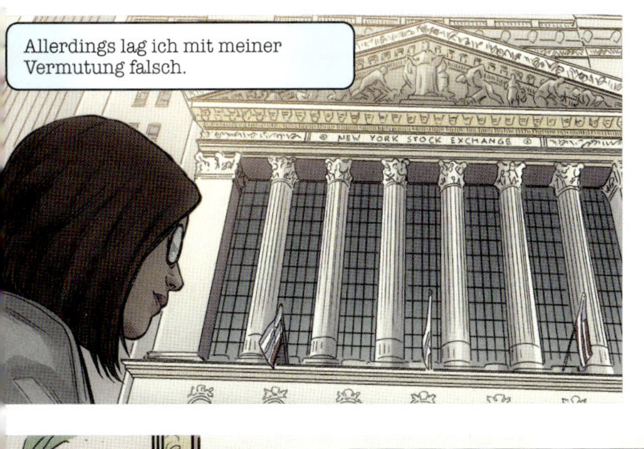

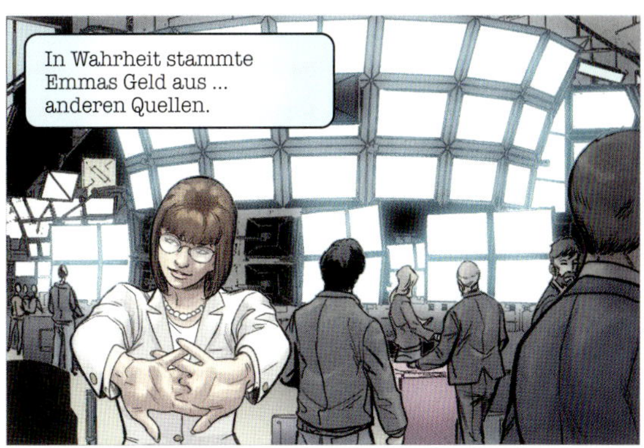

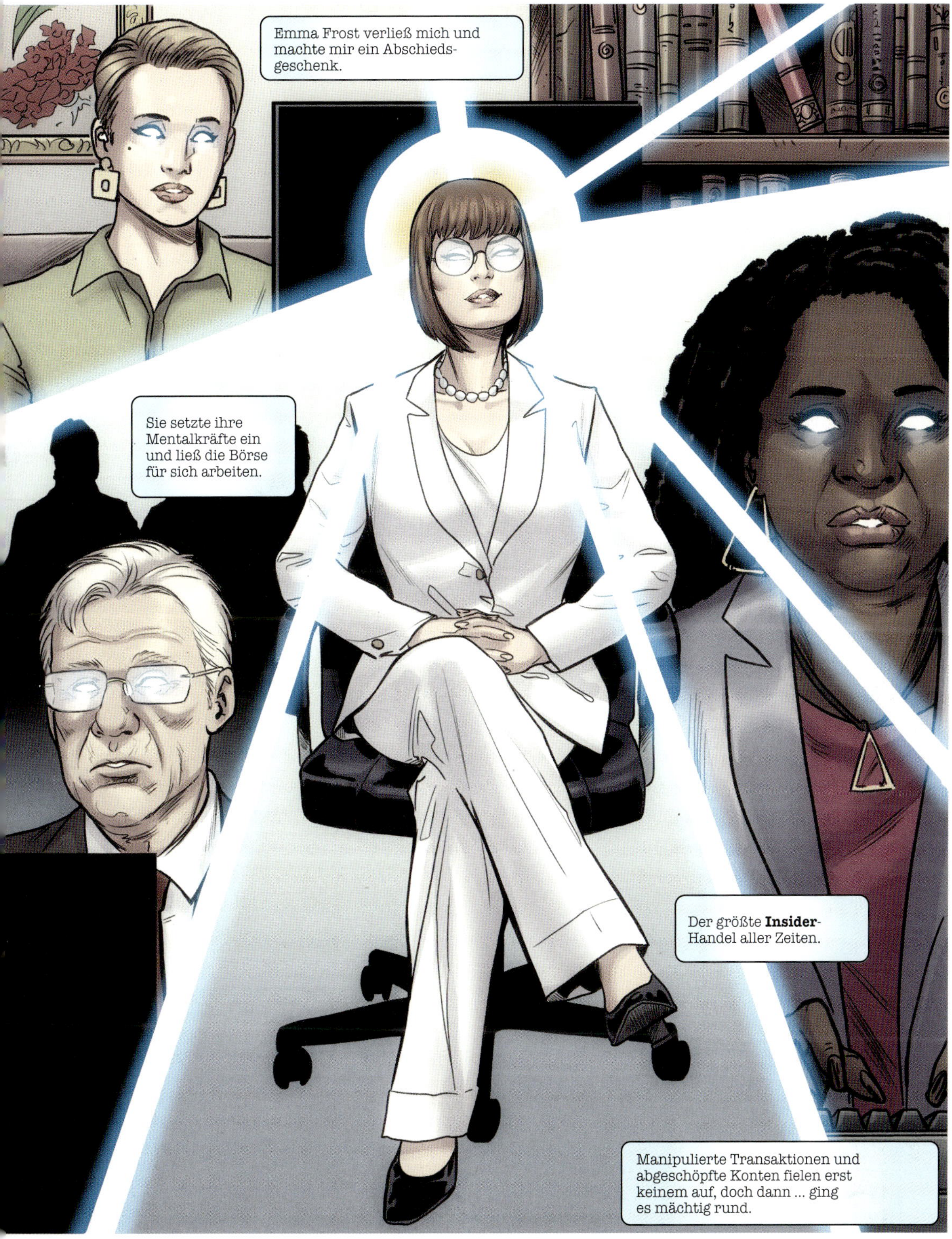

Emma Frost verließ mich und machte mir ein Abschiedsgeschenk.

Sie setzte ihre Mentalkräfte ein und ließ die Börse für sich arbeiten.

Der größte **Insider**-Handel aller Zeiten.

Manipulierte Transaktionen und abgeschöpfte Konten fielen erst keinem auf, doch dann ... ging es mächtig rund.

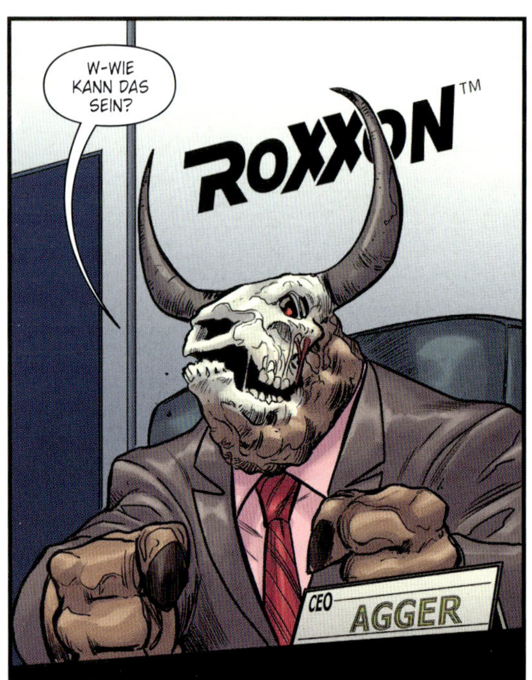
W-WIE KANN DAS SEIN?
ROXXON™
CEO AGGER

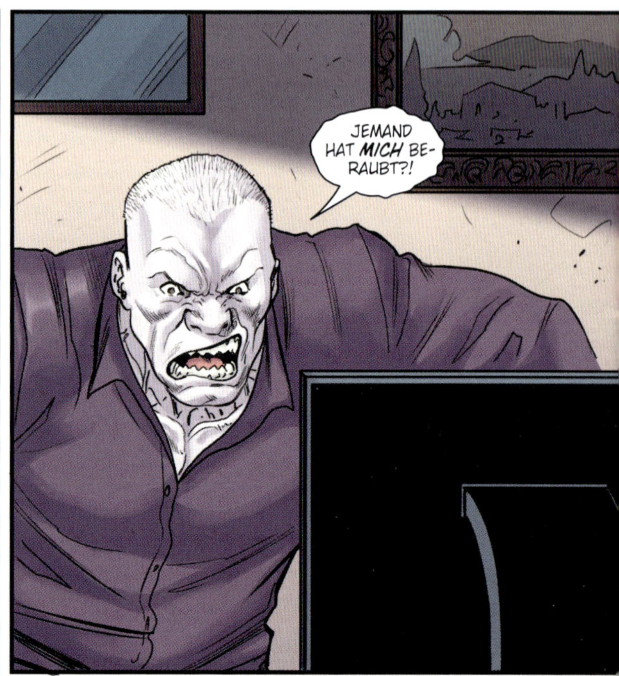
JEMAND HAT ***MICH*** BE- RAUBT?!

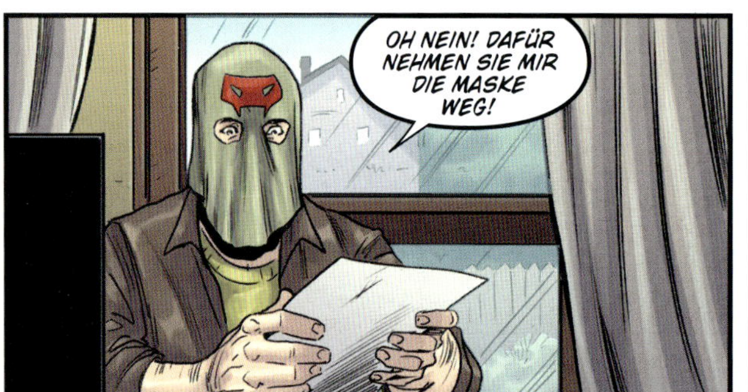
OH NEIN! DAFÜR NEHMEN SIE MIR DIE MASKE WEG!

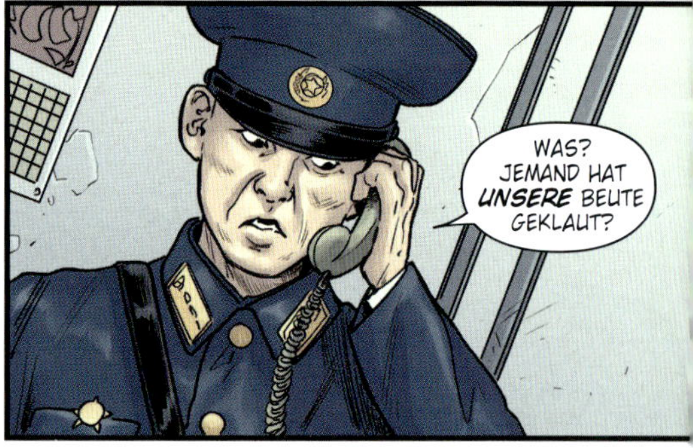
WAS? JEMAND HAT ***UNSERE*** BEUTE GEKLAUT?

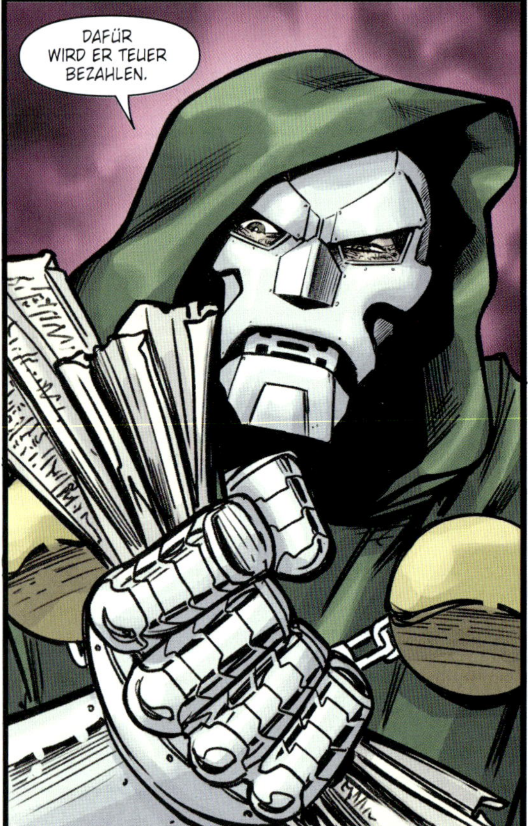
DAFÜR WIRD ER TEUER BEZAHLEN.

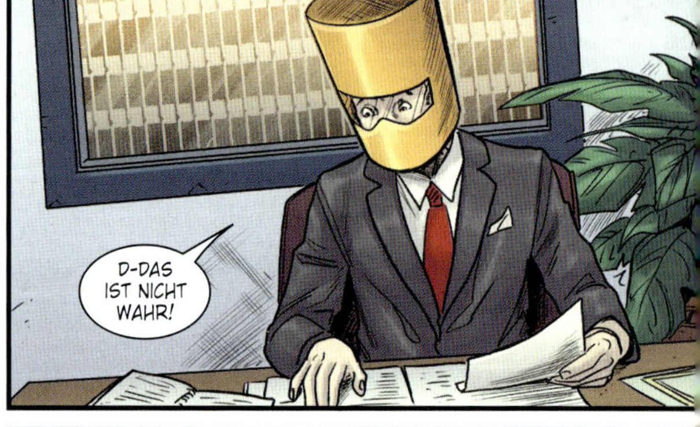
D-DAS IST NICHT WAHR!

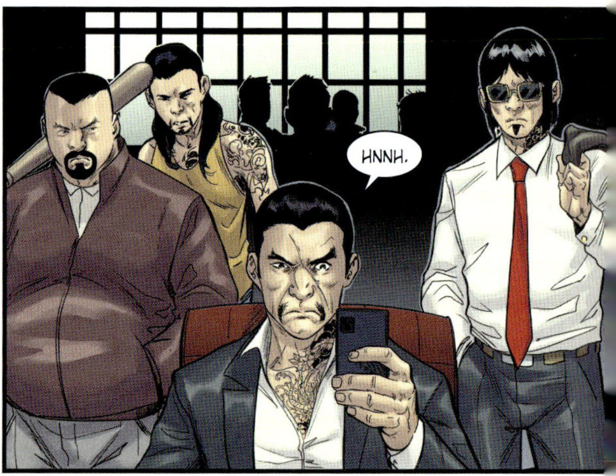
HNNH.

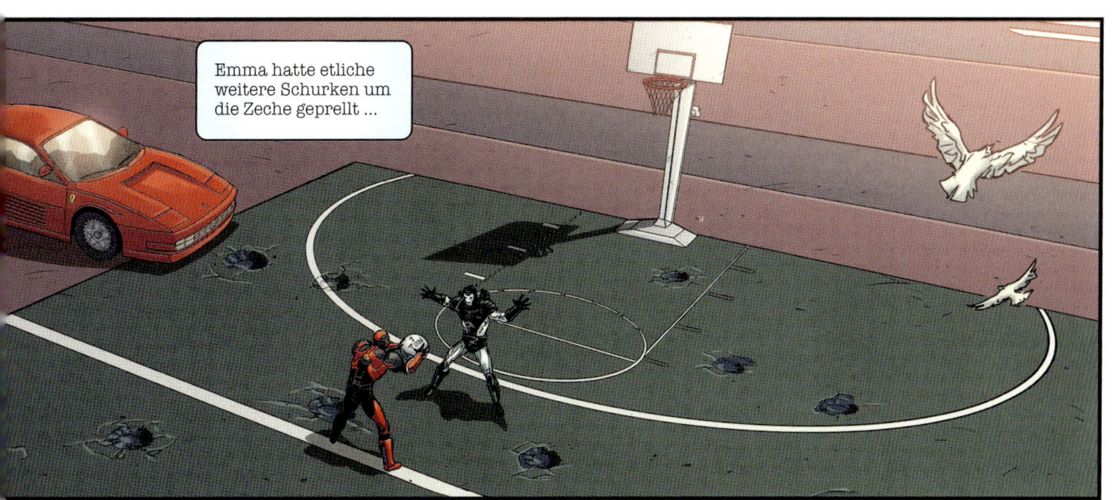
Emma hatte etliche weitere Schurken um die Zeche geprellt ...

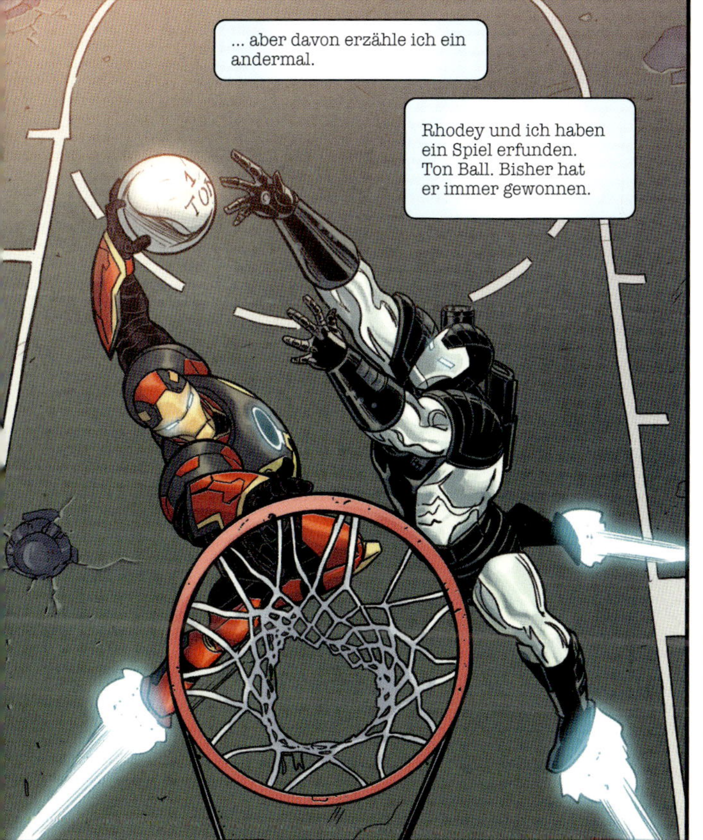
... aber davon erzähle ich ein andermal.
Rhodey und ich haben ein Spiel erfunden. Ton Ball. Bisher hat er immer gewonnen.
1 TON

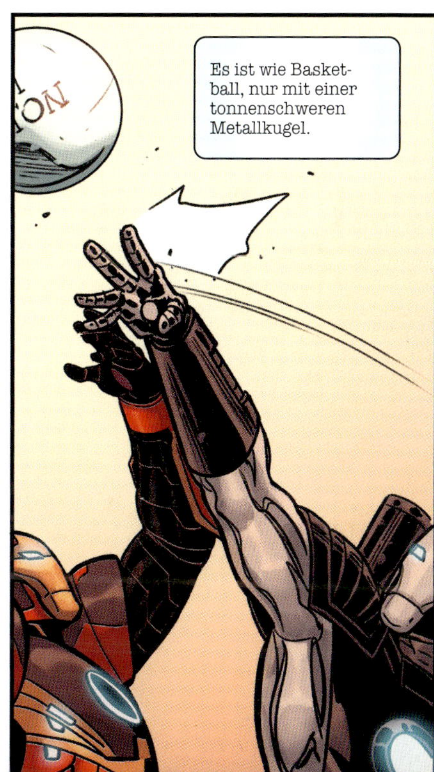
Es ist wie Basketball, nur mit einer tonnenschweren Metallkugel.

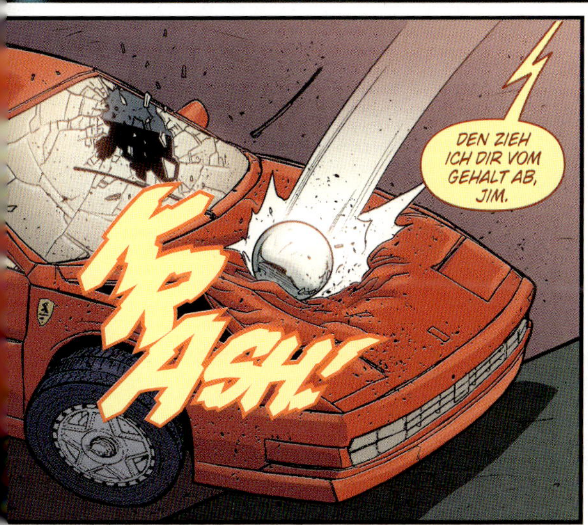
KRASH!
DEN ZIEH ICH DIR VOM GEHALT AB, JIM.

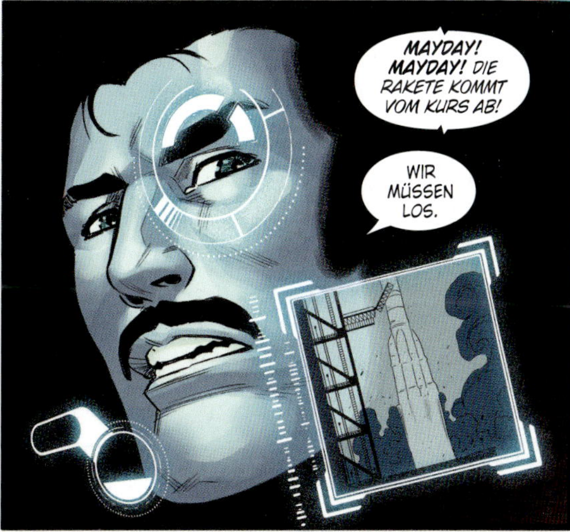
MAYDAY! MAYDAY! DIE RAKETE KOMMT VOM KURS AB!
WIR MÜSSEN LOS.

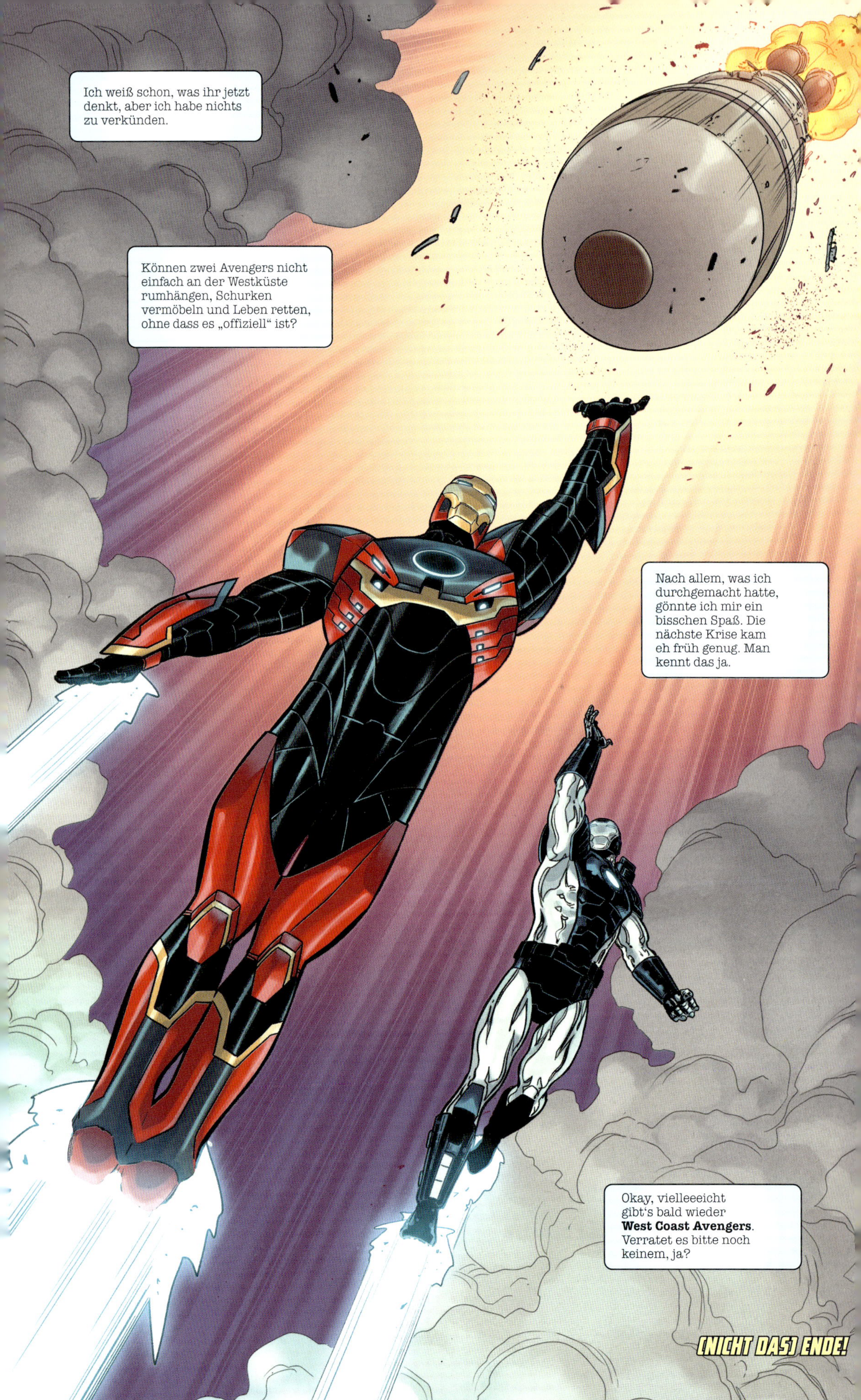
Ich weiß schon, was ihr jetzt denkt, aber ich habe nichts zu verkünden.
Können zwei Avengers nicht einfach an der Westküste rumhängen, Schurken vermöbeln und Leben retten, ohne dass es „offiziell“ ist?
Nach allem, was ich durchgemacht hatte, gönnte ich mir ein bisschen Spaß. Die nächste Krise kam eh früh genug. Man kennt das ja.
Okay, vielleeeicht gibt's bald wieder **West Coast Avengers**. Verratet es bitte noch keinem, ja?
[NICHT DAS] ENDE!

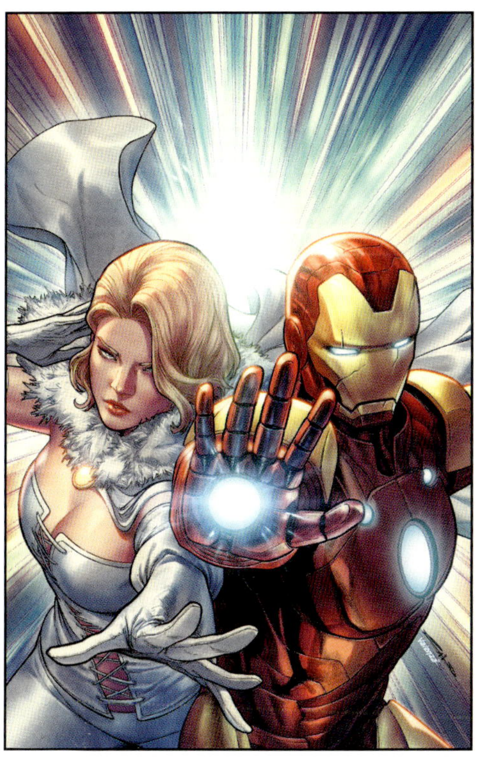

Invincible Iron Man (2022) 13
Variant-Cover von **EMILIO LAISO**

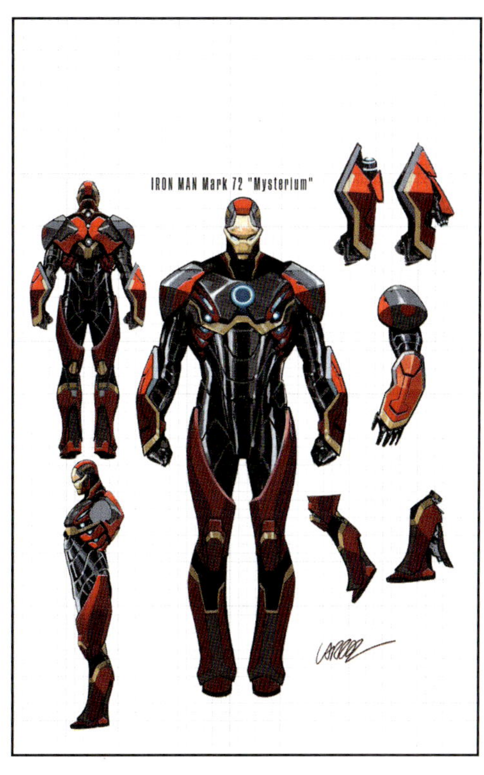

Invincible Iron Man (2022) 18
Variant-Cover von **PEPE LARRAZ**

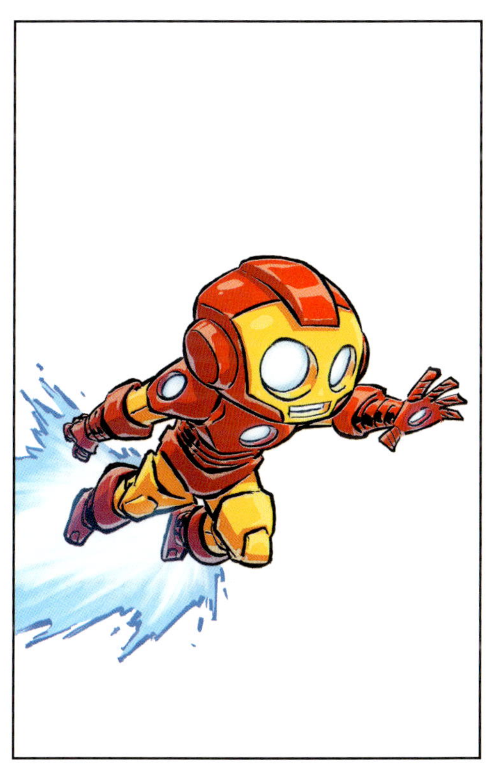

Invincible Iron Man (2022) 19
Variant-Cover von **SKOTTIE YOUNG**

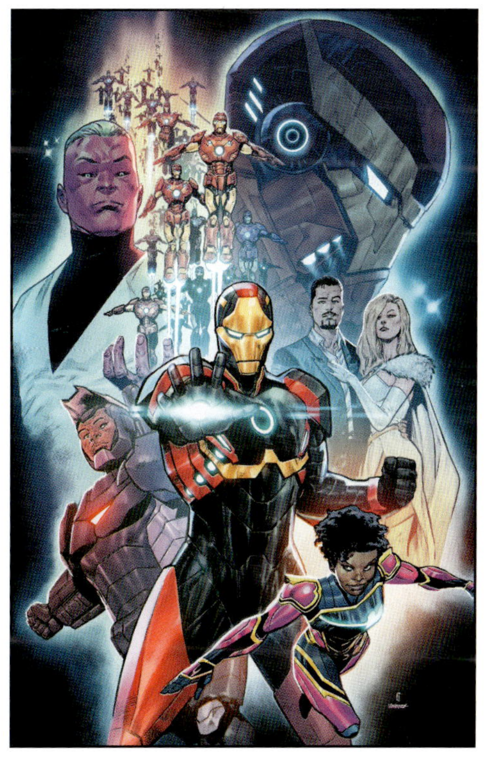

Invincible Iron Man (2022) 20
Variant-Cover von **JUAN FRIGERI**

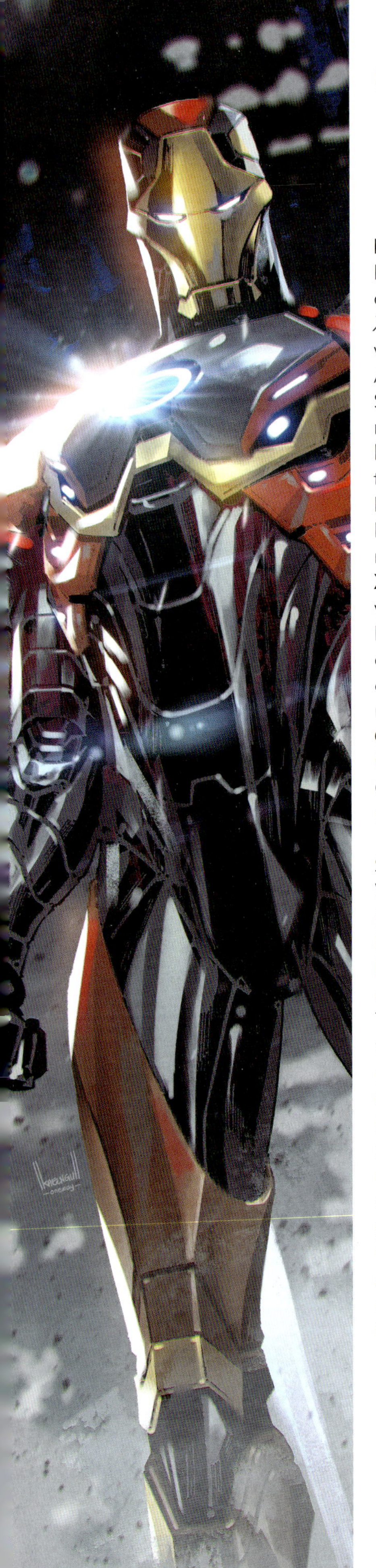

GENIE IN RÜSTUNG

FORGE

Der Mutant namens **Forge**, der auch schon als **Maker** oder **Skitch** unterwegs war, debütierte 1984 in *Uncanny X-Men* 184, das von **Chris Claremont** geschrieben und von **John Romita Jr.** gezeichnet wurde. Der Native American vom Stamm der Cheyenne wurde von einem Schamanen in Sachen Mystik und Magie ausgebildet, nutzt aber meistens primär seine Mutantenkraft. Die befähigt ihn dazu, alle möglichen mechanischen, technologischen Dinge erfinden und bauen zu können. Bei seinem Debüt schuf der Vietnamveteran für die US-Regierung u. a. eine Waffe, die Mutanten-Superkräfte neutralisieren konnte. Später wechselte er auf die Seite der **X-Men**. Während er sich selbst kybernetisch aufmöbelte, verpasste Forge auch dem Gefahrenraum und dem Blackbird-Jet des Teams ein Update. Außerdem diente er als Verbindungsoffizier zwischen der Regierung und der Spezialeinheit **X-Force**. Dass die Mutanten in der nun endenden Ära unter **Jonathan Hickman**, **Kieron Gillen**, **Gerry Duggan** und Co. Back-ups ihrer Persönlichkeiten hatten, verdankten sie auch Forge, der den Computer namens **Cerebro** im Auftrag von **Professor X** modifizierte.

STARFOX

Wie sein Bruder **Thanos** debütierte **Eros** im Jahre 1973 in *The Invincible Iron Man* 55 (der klassischen ersten Inkarnation) von Zeichner **Jim Starlin** und Autor **Mike Friedrich**. Eros ist der Sohn von **A'Lars** und **Sui-San** und entstammt der **Eternals**-Enklave auf dem Saturnmond Titan. Anders als sein noch berühmterer Bruder **Thanos** wurde er jedoch nicht mit einer Deviant-Mutation geboren. Eros hat neben der für alle Eternals typischen übermenschlichen Kräfte auch die Fähigkeit, die Lustzentren anderer mit seinen Psi-Fähigkeiten zu stimulieren. In *Avengers* 231-232 von Autor **Roger Stern** und Zeichner **Al Milgrom** schloss er sich 1983 erstmals als **Starfox** den **Avengers** an. In jüngerer Vergangenheit gehörte Eros den **Dark Guardians** an, starb aber auch, wurde wiedergeboren und griff überdies in das Event **A.X.E.: Tag der Entscheidung** ein, als die Eternals die damalige Mutanten-Inselnation **Krakoa** mit Krieg überzogen und ein neuer Gott entfesselt wurde.

Christian Endres